Hubertus Becker

Globale Nomaden
Osten

RHEIN
MOSEL
VERLAG

RHEIN-MOSEL-VERLAG
Zell/Mosel
Brandenburg 17, D-56856 Zell/Mosel
Tel 06542/5151 Fax 06542/61158

ISBN 978-3-89801-431-1
Lektorat: Gabriele Korn-Steinmetz
Korrektorat: Melanie Oster-Daum
Ausstattung: Stefanie Thur
Autorenportrait: Arne Houben
Umschlaggestaltung: Stefanie Thur unter Verwendung
eines Gemäldes von Lynn Jaye
»Sunrise in Paradise« 36" x 48", oil on canvas
www.lynnjaye.com

Hubertus Becker

GLOBALE NOMADEN

OSTEN

HEIKLE GESCHÄFTE IN ASIEN

Rhein-Mosel-Verlag

Darum zögert er, aus sich etwas zu machen; ein Charakter, Beruf, eine feste Wesensart, das sind für ihn Vorstellungen, in denen sich schon das Gerippe durchzeichnet, das zuletzt von ihm übrig bleiben soll. Er sucht sich anders zu verstehen; mit einer Neigung zu allem, was ihn innerlich mehrt, und sei es auch moralisch oder intellektuell verboten, fühlt er sich wie einen Schritt, der nach allen Seiten frei ist, aber von einem Gleichgewicht zum nächsten und immer vorwärts führt. Und meint er einmal, den echten Einfall zu haben, so nimmt er wahr, dass ein Tropfen unsagbarer Glut in die Welt gefallen ist, deren Leuchten die Erde anders aussehen macht.

Robert Musil »Der Mann ohne Eigenschaften«

»… ich fürchte, es wird schlecht enden. Man hält dich für schuldig. Dein Prozess wird vielleicht über ein niedriges Gericht gar nicht hinauskommen. Man hält wenigstens vorläufig deine Schuld für erwiesen.«

»Ich bin aber nicht schuldig«, sagte K. »es ist ein Irrtum. Wie kann denn ein Mensch überhaupt schuldig sein? Wir sind hier doch alle Menschen, einer wie der andere.«

Franz Kafka »Der Prozess«

An alle Quertreiber, Rumtreiber, Auftreiber, Aussteiger, Ausreißer, Freidenker, Zigeuner
Und an alle, und an alle, und alle, und an alle Vagabunden. Oioi …
Wir meaßn aufbrechen, oboschn, ausbrechn, obuxn, aufmucken, auszucken, abhaun
und ois Punkt und ois Punkt, und ois Punkt am Horizont verschwinden. Oioi …
An alle Furtgjagten, Ablagten, Gwetztn, Dögelten, Gschundna, Beutelten, Ghasstn, Prügelten
Und vom Leben, und vom Leben Ignorierten. Oioi …
Wir meaßn's augeh, aufsteh, zaumpackln, fuatgeh, s'Glück suacha, abhaun, frei sei
Und unsre Dram, unsre Dram, unsre Dram, endlich leben. Oioi …

Skolka »Gemma Gemma!«

Für alle Junks,
für die, die obdachlos sind,
und für alle die, die Widerstand leisten
und im Andenken an Jörg Fauser, Dirk Schoufs
sowie an Olympe de Gouges

Vorbemerkung

Überblicken wir die bisherigen Ereignisse, so ist festzustellen, dass sich ihre Folge mit der Zeit beschleunigt. Behandelte »Süden« noch einen Zeitraum von etwas mehr als vier Jahren, von Oktober 1973 bis Dezember 1977, so drängen sich die Reisen und Abenteuer in »Westen« in den Zeitrahmen von gut zwei Jahren, von Januar 1978 bis ins Frühjahr 1980, wo wir nahtlos zum dritten Band überwechseln. Und wieder verdichten sich die Geschehnisse: Was hier in »Osten« erzählt wird, spielte sich in der kurzen Zeitspanne zwischen April 1980 und März 1981 ab. Im Verlauf dieses Jahres umrundete ich mehrmals den Globus, und die vielen Ereignisse und Begegnungen sowie die Geschwindigkeit, mit der sie einander folgten, begannen mich mental zu überfordern. Hätte ich meine Tagebücher nicht konsequent geführt und die Flugtickets nicht aufbewahrt, wäre mir die Rekonstruktion meines Lebens während dieser Monate nicht möglich gewesen. Zeit zum Chillen hatte ich kaum. Ein türkisches Sprichwort lautet: Wenn einer von einer langen Reise zurückkehrt, braucht seine Seele noch drei Tage, um anzukommen. Diese drei Tage gestattete ich meiner betäubten Seele viel zu selten.

Im vorliegenden Band findet sich ein Kapitel, in dem ich mich mit der Hochrisikodroge Heroin auseinandersetze, die inzwischen dauerhaft an meinen Synapsen angedockt hatte, und die mich nicht mehr so einfach loslassen wollte. Mir fiel dazu irgendwann einmal als Allegorie ein Tiger ein. Hat der den Büffel nämlich einmal mit seinen Klauen und Zähnen gepackt, lässt er ihn nicht mehr los. Die Beute berauschender Drogen ist die Seele.

Bei »Heroin« handelt es sich um eines der zentralen Kapitel des ganzen Buches. Es geht einerseits um das Recht des Menschen, sich mit den Drogen zu berauschen, auf die er neugierig ist und andererseits um das hohe Suchtpotenzial einiger dieser Stoffe sowie die problematischen Auswirkungen auf das Leben der Betroffenen.

»Osten« beginnt mit der erstaunlichen Geschichte Hagen Coopers, die er mir seinerzeit in Amerika erzählt hatte. Sie brachte mich zu der Überzeugung, dass es auch heute noch echte Abenteuer gibt, sofern man den Mut aufbringt, sich auf Risiken einzulassen und man über das nötige Selbstvertrauen verfügt, ins Unbekannte aufzubrechen. Hagen war ein wunderbarer Geschichtenerzähler, was er erzählte, das blieb hängen. Jahre danach schlug er mir vor, seine Erlebnisse in Amerika aufzuschreiben. So sei dieses Eingangskapitel dem Nomaden Hagen Cooper gewidmet, einem der besten Freunde, die ich je hatte, und an den ich mich immer voller Bewunderung und nicht ohne Wehmut erinnern werde.

3.1 Hagen

Hagen Cooper wurde Mitte der dreißiger Jahre des letzten Jahrhunderts in Westfalen geboren, sein Vater hatte unter den Nazis einen verantwortlichen Posten in einem führenden deutschen Stahlunternehmen inne. Und da der alte Cooper sich während des Krieges bei der Ausbeutung von Zwangsarbeitern die Weste beschmutzt hatte und deshalb eine gute Chance hatte, nach dem Untergang des Dritten Reichs auf einer Anklagebank zu landen, tauchte er kurz vor dem Zusammenbruch unter und schlug sich mit seiner Familie nach Bayern durch. Wie so viele damals schaffte er es, der Aufmerksamkeit der alliierten Justiz zu entgehen. Mit der Hilfe alter Weggefährten gelang es ihm, sich in Bad Tölz eine neue Existenz aufzubauen: Die Amerikaner hielten ihn für ehrenhaft und kompetent genug, ein Waisenhaus zu übernehmen, das er dann auch zur Zufriedenheit der Besatzer leitete.

Kurz nach Kriegsende verstarb Hagens Mutter an Krebs. Der Junge war also früh auf sich gestellt und entwickelte in den Jahren der amerikanischen Besatzung ein Gespür für Geschäfte aller Art. Sein erster Deal resultierte aus dem Diebstahl einer Büchse Angelhaken, die er in einem unbewachten Augenblick von einem Militärlaster stibitzte. Die bayerischen Seen waren nach dem Krieg voller Fische, den Anwohnern fehlten allerdings die Haken, um sie zu fangen. Hagen, der damals zehn Jahre alt war, erkannte die Marktlücke und tauschte das Diebesgut für Naturalien ein. Täglich brachte er Eier mit nach Hause, *Lucky Strike* für seinen Vater, Kaugummi für sich und den jüngeren Bruder. Der Schwarzmarkt, an dem sich in den Jahren der Not viele beteiligten, wurde für Hagen die Schule, in der er lernte, Geschäfte zu machen.

Nachdem sich Ende der vierziger Jahre das Leben in Deutschland zu normalisieren begann, und Hagen die Schule verließ, meldete der Vater den aufgeweckten Jungen in München auf der Hotelfachschule an. Dort lernte er drei Jahre lang, was ein angehender Gastronom wissen muss. Und weil der alte Herr Cooper für seinen Sohn eine erstklassige Ausbildung wünschte, schickte er ihn anschließend für ein halbes Jahr nach Montreux, wo er in einem erstklassigen Hotel lernte, erstklassige Gäste zu bedienen.

Es folgte ein Jahr in einem Touristenresort auf Teneriffa, ein halbes Jahr im Ritz in Paris und schließlich noch ein Jahr Praktikum im Piccadilly Hotel in London. Ganz nebenbei eignete sich der junge Kellner Grundkenntnisse in Spanisch, Französisch und Englisch an. Ein weiteres Praktikum in Chicago musste Hagen Mitte der fünfziger Jahre abbrechen, weil sein Vater plötzlich erkrankte und kurz darauf verstarb. Hagen übernahm eine schicke Bar in der Nähe des Tegernsees und heiratete eine Schweizerin, mit der er eine Tochter und einen Sohn bekam. Er blieb der Nobel-Gastronomie treu, bis er in den Siebzigern in Bad Tölz einen Amerikaner kennenlernte, der ihm lukrative Geschäfte in den USA vorschlug.

Ben Hansen stammte aus Florida, wo er zusammen mit einigen Komplizen, einen Schmugglerring organisiert hatte, der schon seit Jahren erfolgreich Smaragde von Mittelamerika in die USA einführte. Ben bot Hagen an, einige Reisen für ihn zu machen und dabei jeweils einige Dutzend ausgesuchte Rohsmaragde mitzubringen.

Das Risiko erschien Hagen vertretbar, und so verabredeten sie sich im Dezember 1978 in Costa Rica, wo der erste Transport starten sollte. Vor Ort erfuhr er von einem Mittelsmann, dass die Edelsteine aus Kolumbien stammten, wo sie der Minengesellschaft von Muzo in der Provinz Boyacá unterschlagen wurden. Letztere ließ die Gegend von Paramilitärs* schützen, die in permanentem Kleinkrieg mit der Guerilla und den Bandoleros** lagen. Schließlich war das in den Minen rund um die Stadt Muzo geschürfte »grüne Gold« ein äußerst lukratives Geschäft, bei dem viele Tagelöhner ausgebeutet und wenige Patrones reich wurden. Die machten mit Edelsteindieben kurzen Prozess, was natürlich auch für die Schmuggler galt, sofern man ihnen auf die Schliche kam. Die Smaragdmafia zu bestehlen, musste einem anständigen Mann also nicht unbedingt das Gewissen aufwühlen!

Bref: Das Smaragdgeschäft war ähnlich dem Koka-Handel ein riskantes und gefährliches Unternehmen. Wie genau die Steine über Panama nach Costa Rica gelangten, erfuhr Hagen nie, wahrscheinlich wollte er es auch gar nicht wissen. Er erhielt seine Ware in San José in der Kanzlei eines Rechtsanwalts, der ihm als Garant

---

* Rechtsterroristen, Bürgerwehren

** Räuberbanden

diente, dass vor Ort niemand etwas über die wahren Absichten des deutschen Touristen erfuhr. Die Sache klappte anfangs reibungslos, ein halbes Dutzend Mal flog Hagen nach Costa Rica, um ein Sortiment Smaragde abzuholen. Pünktlich und korrekt wurde er in Miami von seinem Auftraggeber Hansen bezahlt. Das ging so lange gut, bis eines Tages ein kolumbianischer Kurier in Panama City auf offener Straße erschossen wurde. Drei Tage später lag der Anwalt in San José mit einer Kugel im Kopf in seiner Kanzlei, die offenbar danach von den Mördern gründlich durchsucht worden war. Spätestens da beschlossen die Männer in Miami abzuwarten und den deutschen Geschäftsreisenden vorerst nicht mehr loszuschicken. Und weil die Lage sich so schnell nicht beruhigte (nach drei Monaten kannten die Amerikaner noch immer nicht die Hintergründe der Morde), stieg Hagen aus dem Smaragdschmuggel aus.

Als umtriebiger Bursche hatte er in den Wochen und Tagen des Wartens in Miami Leute kennengelernt, und wie zuvor dargelegt, lernt man in Florida leicht solche kennen, die in irgendeiner Form im Drogenhandel aktiv sind. Schließlich waren auch wir uns im *Cowboys* in Fort Lauderdale begegnet.

Eines Tages lernte Hagen Buddy Judkowitz kennen, einen Immobilienmakler, der ihn auf die Idee brachte, Teile seiner Schmugglergage in Grundstücken anzulegen. Buddy stellte ihm seinen Freund Donald Walden vor, der ähnlich wie Big Fred Marihuana im großen Stil aus Kolumbien importierte. Auf der Jacht des Großdealers wurde Hagen Zeuge eines bemerkenswerten Brainstormings. Die anwesenden Gäste, von denen er bis auf den Makler niemanden kannte, die aber alle zu Donalds »Firma« gehörten, besprachen gerade, dass das aus Kolumbien gelieferte Marihuana dabei war, an Marktwert gegenüber dem in Kalifornien und Oregon angebauten zu verlieren. Den Grund dafür sahen sie darin, dass einheimische Grasanbauer Sorten gezüchtet hatten, deren Blütenstände keine Samen mehr ausbildeten.

Hanfsamen lassen sich bekanntlich nicht rauchen, und weil es für den Kiffer bequemer ist, *Sinsemilla** zu Joints zu verarbeiten als Marihuana, bei dem erst mühsam die Samenkörner aus den Buds entfernt werden müssen. Hinzu kam, dass die kolumbiani-

* Marihuana ohne Samen

sche Ware bis zu dreißig Prozent aus Samen und unbrauchbaren Stängeln bestand, weshalb sie für die Verbraucher unattraktiv und teuer war. Man diskutierte, man erwog Alternativen, kam aber zu keinem Ergebnis. Da schlug die Stunde des Deutschen. Pragmatisch und innovativ denkend machte Hagen den Amerikanern den Vorschlag, nur solches Gras in Kolumbien zu kaufen, das zuvor von Stängeln und Samen gereinigt worden sei. Eine ebenso einfache wie geniale Idee.

»Wer soll uns das Zeug denn sauber machen?«, fragte der Eigner der Jacht interessiert. »Die Kolumbianer lachen mich aus, wenn ich mit so einer Forderung an sie herantrete.«

»Alles eine Frage des Preises«, konterte Hagen. »Ich kann mir vorstellen, dass sich in Kolumbien Leute finden, die so eine Reinigung für kleines Geld durchführen. Arbeitslose gibt es da unten sicher genug.«

»Und wer soll die bezahlen?«

»Das müsst ihr wohl oder übel übernehmen. Ich nehme an, dass sich das unter dem Strich rechnet. Die paar Pesos, die ihr in Kolumbien fürs Reinigen bezahlt, holt ihr am Verkaufspreis in den Staaten locker wieder rein. Ihr müsst bedenken, dass ihr erstklassiges Gras anbietet, keine Stängel, keine Samen, nur die Blütenstände … Ich müsste mich arg täuschen, wenn das der Endverbraucher nicht in Form eines moderat erhöhten Preises honorieren würde.«

Theoretisch hörte sich das nicht schlecht an. Bloß, wer sollte den kolumbianischen Partnern diesen logistischen Mehraufwand verständlich machen und vor allem, wer würde dafür garantieren, dass sie es am Ende auch wie gewünscht umsetzten? Schließlich war hier nicht von Kleingeld die Rede.

»Ich traue mir zu, die Ware in Kolumbien zu kaufen und nach ein paar Wochen gereinigt und wasserdicht verpackt auf ein Schiff zu verladen«, bot Hagen an. »Ich sehe da keine unlösbaren Probleme.«

»Und was ist mit der Guerilla?«, warf Don ein. »Schon mal was von der FARC* und den *Paramilitares* gehört?«

»Habe ich. Wenn ich sie richtig einschätze, sind auch das Leute, die gerne morgens, mittags und abends was auf dem Teller haben wollen. Das heißt: Sollte uns da jemand im Weg stehen, dann müs-

* Linke Guerilla in Kolumbien

sen wir die Leute eben schmieren. Ich bin sicher, vor Ort lassen sich Wege finden.«

Was von den Anwesenden zunächst belächelt wurde, nahm konkrete Züge an, je selbstbewusster der Deutsche seine Vorstellungen darlegte. Den Zuschlag erhielt er zwei Tage später, nachdem Don Walden Informationen über ihn eingeholt hatte. Hagen bekam also den Auftrag, nach Kolumbien zu reisen und dort fünfzehn Tonnen Marihuana zu kaufen, zu reinigen und an die Pazifikküste zu transportieren, wo es dann an Bord eines noch zu findenden Schiffes verladen werden sollte.

Vorerst übergab der Chef seinem Projektleiter 5.000 Dollar in bar, weitere Gelder sollten ihm in Cartagena übergeben werden, sobald er einen Überblick hätte, mit welchen Investitionen insgesamt zu rechnen sei. Und als Hagen ihm erklärte, die Ware nicht wie üblich bei Dons kolumbianischem Geschäftspartner Lucho Vargas zu kaufen, sondern preisgünstiger und von mindestens gleicher Qualität direkt bei den Kleinbauern, da grinste der Ami und gab ihm den Zuschlag. Eine Bedingung stellte er allerdings noch: Hagen sollte sich unbedingt aus der Gegend fernhalten, in der Lucho das Monopol innehatte. Das heißt, die Sierra Nevada von Santa Marta sollte er auf jeden Fall weiträumig meiden. Auch darin sah Hagen kein Problem. Kolumbien ist groß und Gras, so vermutete er, wächst dort überall.

Nachdem alle erforderlichen logistischen Vorbereitungen in den USA erledigt waren, machte Hagen Cooper sich Anfang September 1979 auf den Weg. Das dürfte in etwa die Zeit gewesen sein, als wir auf Ibiza die denkwürdige Spontanfete feierten, auf der die Kolumbianer Elkin und Nelson Marín Musik machten und Paco de Lucía sich geweigert hatte zu spielen. In den USA stand gerade Gloria Gaynor mit dem Phili-Hit *I will survive* auf der Treppe, von der sie bis heute nicht wirklich heruntergestiegen ist.

Irgendwer in Florida hatte Hagen einen Kontakt in Bogotá hergestellt, damit er wenigstens eine Anlaufstelle in dem fremden Land hatte. Der Mann hieß Hernando Cortez Delgado, ein Musiker mit eigener Combo, der es sich in den Kopf gesetzt hatte, in dem salsa-verrückten Land dem deutschen Schlager zum Durchbruch zu verhelfen. Ich fand die Idee dermaßen bizarr, dass ich mich vor Lachen kaum halten konnte, als Hagen mir die Geschichte erzählte. Hinzu kam, dass der Mann nicht einmal kiffte, geschweige denn irgendetwas mit Drogenhandel zu tun hatte. Er konnte dem europäischen Abenteurer somit überhaupt nicht weiterhelfen. Immerhin verriet er nichts an die Polizei.

Ganz auf sich allein gestellt, holte Hagen in Bogotá auf der Straße Erkundigungen ein. Nach der Devise: »Tschuldigung, junger Mann, ich hab da mal 'ne Frage: Wo wächst in Ihrem Land das beste Gras?«

Nach einer Woche hatte Hagen folgendes in Erfahrung gebracht: Marihuana wächst in Kolumbien so ziemlich überall, die Hauptanbaugebiete liegen allerdings im Norden in den karibischen Provinzen Chocó, Antioquia, Bolivar, Cordoba, Magdalena, César und Guajira. Die sowohl an die Karibik als auch an den Pazifik grenzende Provinz ist der Chocó, und an der dortigen Küste sollte am Ende die Verladung auf einen Frachter erfolgen. Also orientierte sich Hagen nach Westen, zumal der Osten, insbesondere die Provinzen César und Magdalena von Lucho Vargas beherrscht wurden. Der Kokamarkt wurde zu der Zeit übrigens von Pablo Escobar aus Medellín kontrolliert, aber dessen Interessen tangierte das geplante Unternehmen zum Glück nicht. Nach einer Woche in Bogotá bestieg Hagen einen Bus nach Medellín, der Hauptstadt der Provinz Antioquia.

Auf langen Busreisen lernt man leicht Leute kennen, und wenn man am Ziel ist, hat man zuweilen eine Freundschaft geschlossen. Paco erging es so, als er Osiris kennenlernte; und bei Hagen war es nicht anders. Im Bus, einem abenteuerlich aussehenden, buntbemalten Gefährt, das vom deutschen TÜV samt Fahrer aus dem Verkehr genommen worden wäre, setzte er sich neben eine Frau, die auffallend elegant gekleidet war. Unterwegs kamen die beiden ins Gespräch (hier zahlte sich die Weitsicht des alten Herrn Cooper aus, der seinen Sohn damals zum Praktikum nach Teneriffa geschickt hatte, wo er ganz nebenbei Spanisch gelernt hatte), und als der Busfahrer irgendwo in den Bergen eine halbe Stunde Pause ankündigte, packte die junge Dame ihren Picknickkorb aus und lud den Reisegefährten ein, zuzugreifen. Es gab gekochtes

Huhn, in Zeitungspapier gewickeltes Schweinefilet, kalte Yucca und eine Sorte Obst, die Hagen nie zuvor gesehen, geschweige gegessen hatte. Doch als er der Frau schöne Augen machte und verbale Vorbereitungen im Hinblick auf ein Schäferstündchen traf, da lachte sie laut, bloß um ihm anschließend ins Ohr zu flüstern, sie sei die Geliebte des Don Pablo, und der ließe sich nicht gerne Hörner aufsetzen. Nichts für ungut, grinste Hagen, dann werde er sich heute Abend wohl damit begnügen müssen, von ihr zu träumen. Immerhin hatte er eine Freundin des mächtigsten Mannes von Medellín kennengelernt, und das sollte sich im weiteren Verlauf der Geschichte noch als Vorteil erweisen.

Wie sich später herausstellte, war Magalil, so ihr Name, nicht touristisch unterwegs: In ihrem Alukoffer steckten bündelweise Dollars, die sie im Auftrag ihres Galans in Bogotá bei einer Bank abgeholt hatte. Natürlich reiste sie als Finanzkurier nicht allein: Im hinteren Teil des Busses saßen zwei schwer einzuschätzende Gesellen, die die Frau nicht aus den Augen ließen. Aber das bemerkte Hagen erst, als einer der Männer nach vorne kam, um sich bei Magalil zu erkundigen, ob alles in Ordnung sei (oder ob der Deutsche sie etwa belästige). Die Busreise von Bogotá nach Medellín dauerte viele Stunden, und das Gespräch der beiden berührte viele Themen. Magalil dürfte aufgefallen sein, dass Hagen sich wiederholt nach dem Marihuana-Anbau im Allgemeinen und nach Kontakten im Besonderen erkundigte. Seiner Ansicht nach ging er dabei sehr umsichtig vor, aber man kann sich vorstellen, dass der jungen Frau recht bald klar wurde, in welchen Geschäften ihr neuer Bekannter unterwegs war.

Am Busbahnhof von Medellín verabschiedeten sie sich herzlich und ehe Magalil und ihre Begleiter in einer dunkel getönten Limousine verschwanden, verriet sie Hagen noch den Namen des sichersten Hotels der Stadt. Dabei zwinkerte sie ihm zu und stieg ein. Hagen steuerte das nächste Straßencafé an und trank dort seinen ersten kolumbianischen Kaffee.

Als er eine Stunde später vor dem Portal des Park 10 Hotels aus dem Taxi stieg, staunte er nicht schlecht, mit welchem Eifer die

Bell-Boys* ihm das Gepäck aus der Hand rissen, aber noch mehr staunte er, als er erfuhr, dass sein Zimmer schon bezahlt war.

»Wie bitte? Wer soll denn mein Zimmer bezahlt haben?«

Hagen blickte den Mann an der Rezeption verständnislos an.

»Tut mir leid, das kann ich Ihnen im Moment nicht sagen. Hier steht bloß Ihr Name und dass das Zimmer für drei Tage reserviert und bezahlt ist«, erklärte der Mann.

Als Hagen weiterhin ratlos stehen blieb, ergänzte der Angestellte: »Machen Sie sich keine Gedanken, Señor Cooper. So was gibt es hier öfter. Vielleicht hat Ihre Firma das Zimmer ja gebucht, ohne dass Sie es wussten?«

Wie dem auch sei, der Chronist und die Leser wissen längst, wer dafür gesorgt hatte, dass das luxuriöse Apartment im luxuriösen Hotel Park 10 gebucht und bezahlt war. Der Rest soll Schweigen sein.

Was anschließend geschah, wurde mir im Detail nie ganz klar. Hagen verfiel jedes Mal in eine für ihn untypische Wortkargheit, wenn es um seine kolumbianischen Beziehungen ging. Ein einziges Mal erwähnte er den Namen Escobar, sonst sprach er immer nur von »meine kolumbianischen Kontakte«, grinste vielsagend vor sich hin, als habe er sich gerade dabei ertappt, wie er im Begriff war, ein Geheimnis zu lüften, welches zu enthüllen ihm nicht erlaubt war.

Es war jedenfalls Magalil, die ihn am nächsten Tag im Hotel abholte und zu einer Villa außerhalb der Stadt brachte. Dort lernte er dann Leute kennen, die ihm zunächst misstrauische Fragen stellten, aber sobald klar war, dass er nicht in Sachen Kokain unterwegs war, entspannte sich die Atmosphäre spürbar. Wie gesagt, Details dazu hat er mir nie verraten, aber es muss wohl so gewesen sein, dass er den Männern von seinem Plan erzählt hat. Und weil Hagen ein charismatischer Typ war, dem man recht schnell Vertrauen entgegenbrachte, beschlossen die Kolumbianer, ihn logistisch zu unterstützen. Vielleicht war es von ihrer Seite ja eine Art Investition in die Zukunft: neue europäische Kontakte können im Geschäft mit Drogen nie schaden.

---

* Kofferträger, Hotelangestellte

Als Hagen nach drei Tagen Medellín verließ, hatte er die Adresse eines Mannes aus Turbo in der Tasche, den er kontaktieren sollte, und der ihm bei der weiteren Organisation seines Vorhabens behilflich sein würde.

Der Mann, den er in Turbo, einer kleinen Hafenstadt am Golf von Urabá, kennenlernte, hieß Armando Valdez. Er war *trochero** von Beruf und verdiente sein Geld in erster Linie damit, dass er Schmuggler von Kolumbien nach Panama brachte. Das Arbeitsgerät eines *trochero* ist die Machete, und sein Orientierungssinn ist sein Kompass.

Die Grenzprovinz nennt sich Chocó und gehört zu den am wenigsten erschlossenen Landschaften ganz Südamerikas. Nicht umsonst endet die berühmte Panamericana** in Panama in dem Ort Yaviza und beginnt erst wieder in Turbo auf der kolumbianischen Seite des Golfes. Das unbefahrbare, etwa hundert Kilometer breite Zwischenstück, der *Tapón del Darién,* ist ein nahezu undurchdringlicher Dschungel, zum großen Teil Sumpfland. In dieser von keiner modernen Infrastruktur erschlossenen Gegend lebten diverse Indianerstämme und an den vielen wasserreichen Flüssen haben sich die Nachfahren ehemaliger schwarzer Sklaven angesiedelt.

Turbo ist der Außenposten der sogenannten Zivilisation, gegenüber der Mündung des Rio Atrato gelegen, einem der wasserreichsten Flüsse Kolumbiens. Der geografische Exkurs ist deshalb von Bedeutung, weil es sich um die Landschaft handelt, in der Hagen die nächsten Monate unterwegs sein würde. Was eine Durchquerung des Chocó zusätzlich zu Sumpf und Regenwald inklusive der Fauna und Flora (giftige Schlangen, Kaimane, Tigrillos, Insekten aller Bösartigkeit und Mücken in Myriaden) zu einem riskanten Unternehmen machte, ist der Umstand, dass das unwegsame Gebiet den Rebellen der FARC als Rückzugsraum diente. Dass man unter diesen Bedingungen einen erfahrenen *trochero* dabei haben sollte, leuchtet ein.

---

* Pfadfinder durch den Urwald

** Die längste Straße der Welt, die Alaska mit Feuerland verbindet und die nur im Grenzbereich Panama – Kolumbien unterbrochen ist.

Turbo hatte gegen Ende der siebziger Jahre etwa 30.000 Einwohner, die meisten davon Afro-Kolumbianer. Die Hafenstadt war eines der Zentren des Bananenanbaus, aber ihre wirtschaftliche Bedeutung erhielt sie durch den Schmuggel von Waren aller Art, in erster Linie Drogen und Smaragde nach Panama, aber auch Elektronik und Chemikalien zur Herstellung von Kokain nach Kolumbien. Außerdem wird in den Kordilleren des Chocó Gold und Platin abgebaut, was dem Ort zusätzliche Brisanz verleiht, und wenn man erfährt, dass in den Slums von Turbo mehr Menschen hausen als in der eigentlichen Stadt, mag man ahnen, welche Überraschungen man bei einem nächtlichen Spaziergang in den Straßen erleben kann.

Ich selbst war nie dort, aber was Hagen mir erzählte, machte mich neugierig. Klingt jedenfalls wie ein Geheimtipp für den nächsten Abenteuerurlaub.

Hagen traf seinen Kontaktmann Armando Valdez zunächst nicht zu Hause an. Wie von seiner Frau, einer sogenannten *Morena**, zu erfahren war, erwartete sie ihren Mann in den nächsten beiden Tagen von einer Dschungeltour zurück. Unterdessen sah sich Hagen die Stadt an, trank mit Einheimischen in den Straßenkneipen und setzte ein erstes Telegramm nach Florida ab.

In dem kleinen Hafen von Turbo herrschte wegen der nahen Grenze zu Panama ein emsiger Verkehr. Die Straßen waren damals größtenteils noch nicht betoniert. Die Häuser bestanden aus Stein, Lehm und Holz, in den Slums vorzugsweise aus Wellblech und Brettern.

Tatsächlich kehrte Armando schon am nächsten Tag von seiner Arbeit zurück. Aufmerksam studierte er das Schreiben, das man Hagen in Medellín für ihn mitgegeben hatte. Zur Absicherung führte er noch ein Telefonat, und als er zurückkam, behandelte er den unbekannten Gast wie einen alten Kumpel.

Armandos Haus lag direkt an der Bucht und ruhte auf einem steinernen Fundament, der Aufbau bestand aus Holz. Das Dach war, wie fast alle Dächer in Turbo, mit Wellblech gedeckt. Fenster und Türen bestanden aus Fliegengittern, die Terrasse zur Bucht hin

---

* Mischling

ruhte auf Pfählen und an der hauseigenen Landestelle lag ein Boot, das von einem prähistorischen Außenborder angetrieben wurde.

Armando bot Hagen eine Schlafstelle in seinem Büro an, das allerdings mit einem Büro in Europa nicht viel gemeinsam hatte: Chochi, seine Frau, bewahrte darin Lebensmittel auf, ein Stuhl diente als Ablage für Bügelwäsche, und in einem selbstgezimmerten Käfig krächzte ein Papagei. Immerhin gab es eine Liege für den Gast und ein Moskitonetz. Ansonsten verfügte die Hütte (es handelte sich wohl eher um eine solche als um ein Haus) über ein kleines Schlafzimmer und den Wohnraum, der Küche, Diele, Esszimmer und Wohnzimmer in einem war. Auf der Terrasse hinter dem Haus lag ein Hund, ebenfalls ein Mischling, dessen Urahnen den spanischen Eroberern möglicherweise einmal geholfen hatten, entflohene Indianer-Sklaven wieder einzufangen. Ein unangenehmer Bastard, der den Fremden anfangs nicht aus den Augen ließ. Hagen nahm Armandos Einladung an und ging zum Hotel, um seine Sachen zu holen.

Armando dürfte sechzig Jahre alt gewesen sein, Chochi etwa halb so alt, Hagen übrigens Mitte vierzig. Während die Frau den Fisch zubereitete, den ihr Mann mitgebracht hatte, setzten sich die Männer bei einem Bier zu einem ersten Gespräch zusammen. Hagen erklärte Armando seinen Plan, in der Hoffnung, diesen durch das Angebot einer guten Gage für den Posten des Projektleiters gewinnen zu können. Der Kolumbianer hörte aufmerksam zu und dachte anschließend eine Weile nach, ehe er sich dazu äußerte.

»Grundsätzlich sehe ich dabei kein unlösbares Problem. So eine Expedition erfordert natürlich eine gründliche Vorbereitung. Da werden wir einiges an Material kaufen müssen.«

»Heißt das, du bist mit von der Partie?«

»Was bleibt mir denn anderes übrig! Schließlich hast du mir ein Empfehlungsschreiben von Don Pablo übergeben.«

»Das habe ich mir gedacht«, sagte Hagen. »Also gut, dann sind wir ab jetzt sowas wie Partner. Hast du schon eine Idee, wo wir das Lager aufschlagen können? Schließlich müssen wir die ganze Ausrüstung irgendwie dorthin verfrachten.«

»Irgendwo werden wir schon einen Platz finden, wo wir ungestört arbeiten können. Und wo nicht mit einem unliebsamen Besuch zu rechnen ist.«

»Du meinst, von der Polizei?«, fragte Hagen beunruhigt. »Treiben die sich denn im Urwald herum?«

»Nicht die offizielle *Policía*. Aber das Militär und die Guerilla. Denen sollten wir aus dem Weg gehen. Sonst kommen wir nicht ohne Schmiergeld aus, und das können wir von Anfang an vermeiden, indem wir eine gut versteckte Stelle finden. Ich denke an den Nationalpark, der südlich des Río Sinú beginnt«, erklärte Armando.

»Kennst du dich dort aus?«

»Nun ja, auskennen wäre zu viel gesagt. Ich weiß, wie man hinkommt. Aber in San Pedro de Urabá habe ich einen Kumpel, der sich in dem Park auskennt. Ruben Galván.«

»Dann sollten wir diesen Ruben anheuern und mitnehmen. Nicht dass wir uns am Ende im Urwald verlaufen«, sagte Hagen.

»Wir beide fahren morgen nach San Pedro und reden mit ihm. Einverstanden?«

Am Tag danach saßen Hagen und Armando in einem betagten Landcruiser, den der *trochero* sich bei einem Autohändler geliehen hatte. Wer sich in Kolumbien einen Wagen mietet, macht nichts verkehrt, wenn er sich für ein geländegängiges Fahrzeug entscheidet. Die Straße von Turbo nach San Pedro war eine Sand- und Schotterpiste, ähnlich der, die ich vor zwei Jahren von Villavicencio nach Puerto Lopez befahren hatte: eine nicht enden wollende Folge von Löchern und Buckeln. Die Fahrt dauerte den ganzen Vormittag, wenngleich es sich nur um sechzig Kilometer handelte. Sie führte entlang eines Flusses, der auf halber Strecke die Ausläufer der östlichen Kordillere durchschneidet und wand sich danach durch eine hügelige Landschaft.

San Pedro de Urabá ist ein kleines Nest am Ufer eines Flusses gelegen, »am Arschloch der Welt«, wie Hagen es mir gegenüber beschrieb. Ruben Galván, ein Afrokolumbianer, war gerade dabei, das Dach seines Hauses zu flicken, als der Wagen aus Turbo vorfuhr. Auf der überdachten Veranda vor dem Haus drängten sich neugierig ein halbes Dutzend Kinder um die Gattin, die verlegen die von Armando mitgebrachten Geschenke entgegennahm.

Ruben war hochzufrieden, als er im Gespräch mit seinen Besuchern erfuhr, dass er womöglich mit zwei Monaten Vollbeschäftigung rechnen könne. Nachdem er, soweit erforderlich, die Details kennengelernt hatte, sagte er per Handschlag zu. Und er begann sofort mit der Planung. Ruben kannte eine Gegend im Nationalpark, die ihm für ein unauffälliges Camp sehr geeignet erschien. Er sprach von einem Felsplateau, auf dem nur Gebüsch und kleine Bäume wüchsen, wo es also wenig zu roden gab. Daraufhin entwickelten die drei einen konkreten Plan.

Sobald wie möglich sollte Ruben damit beginnen, sechzig möglichst junge und belastbare Männer anzuwerben. In zwei Wochen wollte man sich in einem nicht weit entfernten Ort namens Puerto Salgar am Río Sinú einschiffen und dann flussaufwärts bis nach Santa Ana fahren, wo eine Talsperre die Weiterfahrt unmöglich machte. Von Santa Ana aus sollte es mit Hilfe von Maultieren und unter der Führung der beiden Kolumbianer nach Süden in den Parque Nacional Paramillo gehen, eine gebirgige Gegend ohne nennenswerte Siedlungen, ohne Straßen und ohne Infrastruktur. An der von Ruben vorgeschlagenen Stelle, unweit der Vereinigung zweier Flüsse, sollte das Lager aufgeschlagen werden. Dazu waren Zelte zu kaufen, Seile, Lebensmittel und all die Werkzeuge und das Zubehör, das für die Reinigung des Hanfs benötigt wurde. Last not least sollten die Bauern in der Umgebung dazu angehalten werden, ihre Grasernte an einen Ort namens Tierralta zu bringen, ein gottverlassenes, schwer zugängliches Nest mitten in den Bergen, das wie der Name andeutet, auf einem Hochplateau unweit des geplanten Lagers lag. Um den Bauern die Entscheidung zu erleichtern, einigte man sich auf einen Preis, der deutlich über dem lag, der üblicherweise von den *Marimberos** der Gegend gezahlt wurde.

Ehe Armando und Hagen am Nachmittag wieder zurück nach Turbo aufbrachen, hatten sie eine Liste zusammengestellt, auf der alle Artikel vermerkt waren, die für die Expedition in den Urwald erforderlich waren. Als letzte Posten wurden drei Schrotflinten und drei Karabiner vermerkt. Bevor sich Hagen und Armando bei Ruben und seiner Familie verabschiedeten, übergaben sie ihm noch ein Bündel Pesos, damit sichergestellt war, dass der Mann sich ab

* Marihuana-Großhändler

sofort voll und ganz auf seine neue Aufgabe konzentrieren konnte. Mit dem angebotenen Lohn war er zufrieden.

Bei ihrer Rückkehr war die Dämmerung bereits angebrochen. Unterwegs hatten sie überlegt, was noch alles zu erledigen wäre. Am Abend setzten sie sich zusammen, um eine Kalkulation zu erstellen. Sie listeten die Preise für Ausrüstung und Ware auf. Leider kann ich mich nach der langen Zeit nicht mehr erinnern, wie viel Hagen am Ende für eine Tonne Gras bezahlt hat, aber der Preis lag unter dem, den Don Walden seinem kolumbianischen Partner Lucho Vargas üblicherweise hinblättern musste.

Während Armando sich um die Materialbeschaffung kümmerte, setzte Hagen sich in einen Bus nach Cartagena, wo er einen Abgesandten Don Waldens traf, der ihn mit den nötigen Finanzen ausstattete. Nicht zuletzt nannte der Mann ihm den Namen des Schiffes sowie die Bucht an der Pazifikküste, wo es beladen werden sollte.

Drei Tage war der griechische Kapitän bereit, auf Hagen und seine Fracht zu warten. Würde er in diesem vorgegebenen Zeitfenster den Pazifik nicht erreichen, wäre die Expedition gescheitert. Eine hochriskante Verabredung, die Hagen damit einging, denn seine Kalkulation war von unkalkulierbaren Faktoren durchsetzt. Weder wusste er, wie lange er benötigen würde, die 15 Tonnen Gras zu finden, zu kaufen und zu reinigen, noch hatte er eine Vorstellung von den Strapazen oder der Dauer des Transportes hinüber zum Pazifik. Erst vor zwei Tagen hatte er erfahren, dass auf dem Weg ein Bergmassiv und ein Sumpfgebiet lagen. Aber was blieb ihm anderes übrig, als sich auf sein Gefühl zu verlassen und der groben Kalkulation Armandos zu vertrauen? Er nannte dem Emissär aus Florida einen Ort und ein Datum, an dem das Schiff vor Ort sein sollte. Mit dem Kapitän sollte Don Walden vereinbaren, bis zu einer Woche zu warten. Hagen versprach, alles dafür zu tun, um pünktlich an der Pazifikküste einzutreffen.

Ein paar Tage genoss er noch den Luxus im Hilton, dann machte er sich wieder auf den Weg nach Turbo, wo Armando unterdessen einen Schuppen gemietet hatte, in dem alle angelieferten Waren gelagert wurden. Hagen war nur kurz erstaunt, als er feststellte, dass das Lager von zwei Polizisten bewacht wurde. Er schenkte den Beamten je eine Schachtel Marlboro, und schon waren sie Freunde.

Täglich war Armando mit der Liste unterwegs, um neue Artikel zu bestellen, täglich fielen ihnen Dinge ein, die sie bis dahin übersehen hatten, zum Beispiel kleine Scheren, um die Blütenstände von den Stängeln zu schneiden. Bei einem Apotheker bestellten sie zehn Erste-Hilfe-Taschen, inklusive Morphium, um bei Krankheiten und leichten Unfällen helfen zu können. Logistisch war die geplante Expedition in den Dschungel eine echte Herausforderung. Allein zur Bearbeitung der Ware benötigten sie vier große Zelte, die das trockene Gras vor Regen schützen sollten. Um die Samen abzusondern, wurden Siebe benötigt. Um die gereinigten *Buds* transportgerecht zu verpacken, musste ein Schreiner vier Holzkisten herstellen, in die im gepressten Zustand 25 Kilo passen würden. Es wurden große Abdeckplanen benötigt, Werkzeuge aller Art (Äxte, Sägen, Spaten, Messer, Hämmer, Zangen und vieles mehr). Außerdem ein Generator, Munition für die Gewehre, komplettes Zubehör für die Feldküche und nicht zuletzt zentnerweise Reis und Yuca*, Bohnen und Kochbananen. Die Vorbereitung ähnelte der von Expeditionen in den Himalaja. An alles musste gedacht werden, denn der nächste Ort, wo es etwas zu kaufen gab, war ein Nest namens Valencia, jenseits des Río Sinú gelegen, was allerdings einen zehnstündigen Fußmarsch durch den Urwald, eine Bootsfahrt von drei Stunden und ab Puerto Salgar noch einmal 30 Kilometer mit dem Auto erforderte, so denn dort gerade eines zur Verfügung stünde. Das bedeutete, die Planer sollten möglichst nichts Wichtiges vergessen, und das taten sie Hagens Bericht zufolge auch nicht.

Nach gut einer Woche war der Lagerschuppen mit Ausrüstungsgegenständen so vollgepackt, dass Hagen Schwierigkeiten hatte, eine Inventur zu erstellen, was ihm aber schließlich doch gelang. Von Ruben, der sich vor lauter Ungeduld nach zehn Tagen in einen Bus setzte und nach Turbo kam, »um nach dem Rechten zu sehen«, war zu erfahren, dass seinerseits alles vorbereitet war. Es hatten sich mehr Männer beworben als benötigt wurden, die meisten aus der Umgebung. Sie alle würden sich in zwei Tagen in San Pedro einfinden.

---

* Maniok, eine in Südamerika beliebte Wurzel, die viel Stärke enthält und als Beilage gegessen wird.

Ein Boot, mit dem ansonsten Bananen transportiert wurden, hatte Ruben in Los Bongos aufgetan, einem kleinen Ort einige Kilometer flussabwärts. Abreise sollte am darauffolgenden Freitag sein, also in drei Tagen. Armando fuhr zusammen mit Ruben am nächsten Morgen voraus, um dabei zu sein, wenn die Expeditionsteilnehmer angeheuert werden sollten. Er wollte sich persönlich davon überzeugen, dass man nur tüchtige Männer verpflichtete. Hatte er den Eindruck oder die Information, dass ein Bewerber zu viel Alkohol trank oder *Basuco** rauchte, schickte er ihn, ohne sich auf eine Diskussion einzulassen, nach Hause. Der im Vergleich zu den dortigen Verdienstmöglichkeiten als Plantagenarbeiter gute Lohn, den Ruben in Aussicht gestellt hatte, lockte nicht nur fleißige Familienväter an, sondern auch eine Reihe von Taugenichtsen und Raufbolden, und die wollte Armando mit geschultem Blick vorher aussortieren.

Während die Kolumbianer also in San Pedro Vorbereitungen trafen, blieb Hagen allein bei Chochi in Turbo. Ich habe kurz überlegt, ob ich von dem erotischen Zwischenfall überhaupt berichten soll, will es aber unter anderem deshalb tun, weil damit eine von Hagens Schwächen offenkundig wird, und die will ich neben all seinen positiven Eigenschaften nicht verschweigen. Abgesehen davon, dass ich es generell nicht in Ordnung finde, wenn ein Mann die Frau seines Freundes oder Partners verführt oder umgekehrt, die Frau den Freund ihres Mannes, so ist gerade Kolumbien für ein derartiges Abenteuer der denkbar schlechteste Ort. Wie Gabriel Garcia-Marquez, der übrigens aus dieser Gegend stammte, in mehreren seiner Bücher kritisch beschrieben hat, verstehen kolumbianische Männer wenig Spaß, wenn ihnen Hörner aufgesetzt werden. Hätte Armando Valdez jemals in Erfahrung gebracht, dass es wenige Stunden nach seiner Abreise zwischen seiner Ehefrau und seinem Partner gefunkt hatte, Hagen hätte womöglich im Parque Paramillo seine letzte Ruhe gefunden, vielleicht sogar im Magen einiger Kaimane. Eine detaillierte Schilderung dieses erotischen Stelldicheins will ich uns ersparen, im Gegensatz zu Hagen, dem die Nummer mit Chochi drei Jahre danach noch die

* Ein minderwertiges Zwischenprodukt bei der Kokainherstellung, das in Kolumbien als Arme-Leute-Koks konsumiert wird und hochgiftig ist.

Libido anwärmte. Zu seinen Gunsten ist einzig der Umstand zu nennen, dass die Glut angeblich von der Frau angefacht wurde, aber so wie ich ihn kannte, brauchte es nicht viel Sauerstoff, um sie zum Lodern zu bringen. Als er am vereinbarten Tag in San Pedro eintraf, umarmte der leutselige Armando ihn herzlich, offenbar vertraute er seinem Partner schon so sehr, dass er ihn bedenkenlos mit seiner Frau zurückgelassen hatte. Ein Glück für Hagen (und natürlich auch für Chochi), dass der One-Night-Stand nie ans Tageslicht von Turbo gelangte. Es gab zwar einen Zeugen, den Hund, aber der hielt sein Maul!

Zurück zur Expedition in den Nationalpark: Pünktlich war am Nachmittag des Vortages der Bananendampfer aus Los Bongos in Puerto Salgar vor Anker gegangen. Der Kapitän, ein schlitzohriger alter Flussotter, machte sich seine Gedanken über die seltsame Truppe mit dem vielen Gepäck und stellte neugierige Fragen. Zu viele, wie Hagen fand. Es gelang Ruben aber, den Mann zu überzeugen, sich lieber auf seine Arbeit zu konzentrieren, als sich Gedanken um Dinge zu machen, die ihn nichts angingen. Beleidigt schwieg der *Capitán* während der gesamten Fahrt nach Santa Ana, bis Hagen ihm ein paar Hundert-Peso-Scheine extra in die Hand drückte. Das versöhnte ihn, und danach half er sogar beim Leichtern der Ladung.

Die Stimmung war gut, als sich die Truppe, bestehend aus den drei Expeditionsleitern und den etwa siebzig verpflichteten Schwarzen am Ufer des Río Sinú im Schatten großer Bäume versammelte und auf die fünfzehn Maultiere wartete, die den größten Teil der mitzuschleppenden Last transportieren sollten. Die Männer, die Ruben mit der Beschaffung der Tiere beauftragt hatte, waren noch nirgendwo zu sehen. Ihnen blieb nichts anderes übrig als zu warten, und weil einige der Männer Hunger verspürten, kaufte Armando einem Bauern ein Rind ab, ließ es schlachten und am Rost braten. So verging die Zeit und die Stimmung blieb ausgelassen.

Hagen nutzte die Gelegenheit zu einer Ansprache, bei der er den Männern erstmals den Zweck der Expedition erklärte und die Hierarchie festlegte. Ursprünglich hatte er damit warten wollen, bis sie ihr Lager aufgeschlagen hätten, aber der Moment war gut, weil alle Teilnehmer beisammen waren. Es verstand sich von selbst, dass sich die Vertragsarbeiter ihren beiden Vorarbeitern Armando und Ruben unterzuordnen hatten. Hagen als der Organisator und Finanzier des Ganzen, hatte ohnehin eine Ausnahmestellung inne. Er war der selbst ernannte Boss. Als die Maultiere endlich in Santa Ana eintrafen, war es zu spät, um noch aufzubrechen. Man beschloss, an Ort und Stelle zu übernachten. Um sich vor dem Regen zu schützen, mit dem in dieser tropischen Gegend immer zu rechnen ist, wurden große Planen zwischen den Bäumen aufgespannt. Sobald die Tiere begutachtet und bezahlt waren, (Armando und Ruben schickten drei magere Esel mit den Treibern zurück), pflockten die Männer sie an.

In aller Früh brach die Karawane auf. Die Ausrüstung wurde auf die Tiere verteilt, die spezielle Tragegestelle statt Sättel auf dem Rücken trugen. Was nicht mehr auf die Lasttiere passte, wurde von den Arbeitern geschultert. Hagen trug lediglich eine kleine Umhängetasche und eine Schrotflinte mit sich.

Zunächst nutzte man einen Pfad, den die Leute aus dem Dorf entlang eines Baches eingetrampelt hatten, aber nach kurzer Zeit mussten Ruben und Armando an die Spitze, um mit ihren Macheten den Weg durch den dichten Bergwald zu bahnen. Trotzdem kamen sie erstaunlich schnell voran, denn die *trocheros* nutzten jede von Unterholz freie Fläche und jede kleine Lichtung, um vorwärts zu gelangen. Hagen, auch das muss zu seiner Schande gesagt werden, lief nicht lange zu Fuß. Nach einer Stunde ließ er ein Maultier entladen und setzte sich selbst auf dessen Rücken. Alle anderen marschierten ohne zu murren.

Ohne Zwischenfall erreichten sie das Plateau, welches Ruben vor einem Jahr entdeckt hatte, als er die Gegend auf der Suche nach Heilpflanzen durchstreifte. Für die Nacht richteten sie sich provisorisch ein. Am nächsten Tag sollten dann ein paar Bäume gefällt und eine Fläche von etwa tausend Quadratmetern gesäubert werden. In kürzester Zeit rodeten die Männer den Wald, stellten die Zelte auf und bauten ein Dutzend wasserdichte Unterstände aus nichts als Holzstangen, Planen und Schnüren. Nach zwei Tagen stand der Teil des Lagers, der als Unterkunft diente: sechs Behausungen für je zwölf Männer, die in Hängematten schliefen. Des

Weiteren ein Vorratszelt, ein Unterstand, der als Werkzeuglager diente, ein Küchenzelt und ein »Büro«, in dem die Verwaltungsarbeit auf einem Campingtisch erledigt wurde. Armando hatte sogar an Klappstühle gedacht.

Anschließend wurden bei einer Versammlung die Zuständigkeiten geklärt. Dabei ging es recht unbürokratisch zu: Ruben rief eine Stelle aus, etwa als Koch, Lebensmittelverwalter oder als Verantwortlicher für die Werkzeugausgabe. Fühlte sich jemand dazu berufen, hob er die Hand, und falls sich mehrere für denselben Posten meldeten, entschieden Ruben und Armando nach kurzer Besprechung mit den betreffenden Männern, wem er zufallen sollte. Zwei Leute würden in der Umgebung des Lagers auf die Jagd gehen, um für frisches Fleisch und Fisch zu sorgen. Hagen klärte die Truppe eindringlich darüber auf, dass er wünsche, Konflikte würden ohne Gewalt gelöst. Und dass die *oficina,* das heißt, die Hütte, in der er, Armando und Ruben wohnten, von niemandem ohne Erlaubnis betreten werden dürfe. Der Bayer erklärte sich selbst zum Schiedsmann, sollte es zu Reibereien kommen. Wer sich nicht an diese Regeln halte, müsse das Lager augenblicklich und ohne Bezahlung verlassen. Das galt für jeden Beteiligten, der in eine Schlägerei verwickelt wäre, womit in einem Land wie Kolumbien immer zu rechnen war. Schon vor Antritt der Expedition waren die Männer von Ruben darauf hingewiesen worden, ihre Feuerwaffen daheim zu lassen. Eine Anordnung, die nicht jeder befolgt hatte, wie sich leider herausstellen sollte.

Nachdem das Lager stand und auch funktionierte, machten sich die Männer daran, eine »Produktionsstraße« zu errichten, an deren Anfang die angelieferte Rohware registriert und gewogen wurde und an deren Ende ein großes wasserdichtes Zelt stand, in dem die fertig in Plastikbahnen eingepackten *bales** gestapelt werden sollten. Auf dem Weg, den das Gras durch diese Reinigungsstraße nahm, wurde zunächst das Hanfstroh entfernt, dann wurden die Blütenstände herausgeschnitten und anschließend siebte eine Arbeitsgruppe die Samen aus den Buds. Zum Schluss kam das gereinigte Marihuana in Plastiksäcke, in denen es erneut gewogen wurde. Hatte der Sack das erforderliche Gewicht, wurde der

* Quadratischer Ballen

Inhalt in die zuvor schon erwähnten Holzkisten gefüllt und dort so lange gepresst, bis sich ein solider Block bildete, der dann mit mehreren Lagen Plastikfolie umwickelt wurde. Ein Ballen maß, wenn ich mich nicht täusche, 40 x 40 x 60 cm und er wog 25 Kilo netto. Während im Dschungelcamp noch fleißig gebaut wurde, (ein erfindungsreicher Arbeiter hatte aus einer Plane ein Regenwasserauffangbecken konstruiert, so dass bei dem zuverlässig in der Nacht fallenden Niederschlag immer frisches Trinkwasser im Lager vorrätig war) machten sich Ruben und drei seiner Leute aus San Pedro mit einigen Maultieren auf den Weg nach Tierralta, dem Flecken, wo die Bauern ihre Ernte abliefern sollten.

Es gibt jede Menge Hanfsorten, allein in Kolumbien sind mehr als hundert Arten bekannt. So war es unvermeidlich, dass das angekaufte Marihuana von unterschiedlichem THC-Gehalt war, aber es törnte ausnahmslos. Unter den Arbeitern befanden sich natürlich auch Kiffer, sodass Armando zwei davon auswählte, um die Ware zu testen, zweifellos die besten Jobs, die im Camp zu vergeben waren. Aber wie sich bald herausstellte, war die Qualität durch die Bank zufriedenstellend, sodass das Testkiffen nach einer Woche eingestellt wurde.

Schon nach wenigen Tagen war die Arbeit zur Routine geworden: Die Küche funktionierte, der Generator sorgte abends für ausreichend Licht, die Reinigungsanlage arbeitete effizient und das soziale Klima im Lager war zufriedenstellend. Hagen hatte zehn Stunden Arbeit festgesetzt, alle zwei Stunden gab es eine Pause von fünfzehn Minuten. Wie lange die Produktion im Camp dauern würde, konnte keiner abschätzen, zumal der Nachschub nach zehn Tagen zu stocken begann. Alle Bauern, die in der näheren Umgebung lebten, hatten ihre erntereife Ware schon abgeliefert, jetzt musste *la marimba** von weiter entfernteren Orten geholt werden. Aber auch das klappte. Täglich wuchs im Lagerzelt der Berg verpackter Ballen. Bei einer Menge von fünfzehn Tonnen sollten es am Ende 600 sein, und die wurden es auch.

Das Problem, mit dem Hagen anschließend konfrontiert wurde, war der Transport zur Pazifikküste, wobei nicht weniger als 200 Kilometer zurückzulegen waren, zunächst über die Ausläufer

* In Kolumbien gebräuchlicher Name für Marihuana

der Ost-Kordillere und anschließend quer durch den Dschungel des Chocó. Die Reise würde durch unbekanntes Land führen, anfangs zu Fuß, anschließend den größten Teil mit vor Ort zu charternden Booten. Die Überwindung der Berge machte die Sache zusätzlich kompliziert, denn die afro-kolumbianischen Träger waren nicht an Höhen von mehr als 1000 Meter gewöhnt, sodass zu befürchten stand, dass sie schlapp machen würden. Daher war es notwendig, Indianer aus den Hochtälern anzuwerben, die mit der dünnen Luft besser zurechtkamen. Überhaupt konnte bei dem unwegsamen Gelände keinem Träger mehr als ein Ballen zugemutet werden. Was es notwendig machte, weitere Männer zu finden, um die Transportphase nicht unnötig in die Länge zu ziehen. Darüber machten sich Hagen, Armando und Ruben abends im »Büro« Gedanken. Schließlich einigten sie sich darauf, spätestens nach zehn Stunden Marsch ein Zwischenlager einzurichten, das von bewaffneten Posten bewacht werden sollte, während der Tross zurückkehren würde, um weitere Ballen zu holen.

Als nach drei Wochen die letzte Lieferung Marihuana im Camp eintraf und nach weiteren zwei Tagen alles gereinigt und verpackt im Lager gestapelt lag, begann der abenteuerlichste Teil des Unternehmens. Ruben war mit einem Vertrauten aus seinem Dorf aufgebrochen, um in der Gegend der Talsperre weitere Träger anzuheuern. Die Männer hatten diesmal keine Zeit, die Bewerber zu überprüfen, sie nahmen jeden, der ihnen kräftig und gesund erschien. Hätten sie geahnt, dass sich unter den eilig Angeworbenen zwei landesweit gesuchte *sicarios** befanden, die sich seit einigen Wochen im Urwald vor der Polizei versteckt hielten, Ruben hätte gern auf deren Dienste verzichtet. Als er zum Lager zurückkehrte, brachte er dreißig Träger und zusätzlich noch sechs Maultiere mit. Was weder er noch Hagen ahnen konnten: Die beiden Killer hatten von Anfang an nicht vor, schwere Lasten durch den Sumpf zu schleppen. Sie hatten es auf Hagens Spesenkasse abgesehen!

Am Tage des Aufbruchs schulterten sich etwa hundert Träger einen Ballen, und jedes der etwa zwanzig Mulis schleppte deren

* meist jugendliche Mörder, die im Auftrag der Drogenkartelle deren Gegner aus dem Weg räumten

fünf. Machte 200 Ballen pro Tour. Armando, der Stunden zuvor mit zwei Männern und einem Maultier aufgebrochen war, um den Pfad durch das unwegsame Gelände zu finden, hatte schon ein Zwischenlager aufgeschlagen, als die erste Transportkarawane eintraf. Da es schon spät am Nachmittag war, blieben sie bis zum Morgen, ehe sie den Rückweg antraten. Am dritten Tag war das Camp leer, und als die letzte Ware abtransportiert war, brachen Hagen und einige zuverlässige Helfer die Zelte ab und vergruben den Müll. Den Rest würde der Dschungel in kurzer Zeit wieder bedecken, so als hätte es diese Rodung im Urwald nie gegeben.

Sie folgten dem Tross mit kleinem Gepäck. Der Pfad führte stetig bergan, und als sie im ersten Zwischenlager eintrafen, erfuhren sie von Armando, dass das nächste Lager schon am Ufer eines kleinen Flusses installiert werde, und zwar in einem Dorf, welches in der Nähe einer Goldmine lag. Das hatte den Vorteil, dass dort keine Zelte aufgebaut werden mussten, denn die Bewohner, ebenfalls Nachkommen afrikanischer Sklaven, waren zusammengerückt und hatten für die ungewöhnliche Truppe Platz in ihren Häusern geschaffen. Gegen einen bescheidenen Mietzins, versteht sich. Zusätzlich verpflichtete Armando zwei neue Expeditionsteilnehmer, die ortskundig waren und ihnen den weiteren Weg weisen konnten.

Die Minenarbeiter schlugen vor, direkt zu einem Indianerdorf in eines der Hochtäler zu gehen, um sich zu erkundigen, ob die Indios bereit wären, das schwere Gepäck über den 2000 Meter hohen Pass zu tragen. Auf der anderen Seite ergieße sich ein Fluss in die Ebene, über den der Río Atrato in ein paar Tagen zu erreichen sei. Offenbar handelte es sich dabei um den Rio Murrí, einen der wasserreichsten Zuflüsse des Atrato. Unklar blieb jedoch, von wo ab der Fluss schiffbar war und ob es dort überhaupt Boote gab, die man mieten konnte. Eine logistische Unbekannte, mit der sie vorerst leben mussten. Die beiden Dunkelmänner, nennen wir sie Navas und Prado, hielten sich vorerst bedeckt. Sie waren noch nicht im Bilde, wer von den Expeditionsleitern die Kasse verwahrte. Dass Hagen und Armando Flinten trugen, war ihnen nicht entgangen. Sie waren sich einig, so lange bei der Truppe zu bleiben, bis sich ihnen eine Gelegenheit böte, das Geld an sich zu bringen, welche Maßnahme dazu auch immer erforderlich wäre. Was mich an dieser haarsträubenden Geschichte beruhigte: Mir war klar, dass Hagen sie überlebt hatte, denn sonst hätte er sie mir nicht mehr erzählen können …

Nach zwei Tagen erreichte die kriminelle Karawane das besagte Indiodorf. Die Bewohner waren zunächst beunruhigt wegen den unerwarteten Besuchern, die auf einmal zwischen ihren Hütten auftauchten. Jedenfalls bemerkte Armando, wie einige Männer sich mit ihren Karabinern hinter Häusern und Bäumen verbargen. Zum Glück waren die beiden Minenarbeiter im Dorf bekannt, da die Indianer Handel mit ihnen trieben. So beruhigte sich die Lage bald. Der Häuptling berief eine Versammlung ein, auf der Armando das Wort ergriff und den Indianern das Angebot machte, die umfangreiche Fracht auf die andere Seite der Berge zu tragen. Da Hagen einen guten Lohn versprach, wurden sie sich einig. Das Problem war lediglich, dass die Indianer nicht über genügend Träger verfügten. Es würde somit ein paar Tage dauern, ehe die fünfzehn Tonnen und das übrige Gepäck über den Gebirgskamm geschafft wären, aber das war nach Lage der Dinge nicht zu ändern.

Am darauffolgenden Morgen machte sich die Kolonne an den Aufstieg, die Schwarzen mit leichtem Gepäck, die Indianer (man hatte fünfundzwanzig Männer und sieben Frauen anwerben können) je mit einem schweren Ballen Gras. Ruben und einige seiner zuverlässigsten Nachbarn aus San Pedro blieben im Indianerdorf zurück, um auf den Rest der Fracht Acht zu geben. Auch ohne Gepäck hatte Hagen mit dem Berg zu kämpfen. Immerhin lief es sich auf dem steinigen Pfad einfacher als durch den sumpfigen Urwald, den sie schon durchquert hatten. Als sie nach stundenlangem Aufstieg endlich den Bergsattel erreichten, lag vor ihnen das Tiefland des Chocó. In der Ebene war das breite Bett des Río Murrí zu erkennen, der sich träge mäandernd dem Río Atrato entgegen wälzte. Hagen gestattete sich selbst und den Trägern eine einstündige Rast, ehe sie sich an den Abstieg machten. Sobald man im Tal einen günstig gelegenen Lagerplatz gefunden hatte, ein halbtrockenes, mit Felsbrocken übersätes Flussbett, bauten die Männer die Zelte auf.

Die Indianer benötigten drei Tage, bis der letzte Ballen über die Berge geschafft war. Hagen drückte jedem Indio persönlich seinen Lohn in die Hand, dann trennte man sich. Die Indianer, denen man die Anstrengung kaum ansah, kletterten in kleinen Gruppen den Hang hinauf, während sich der ursprüngliche Tross auf den nächsten Tag vorbereitete. Navas und Prado konnten beobachten, wie Hagen die Indios entlohnte. Sie wussten jetzt, dass das Geld in einem wasserdichten Brustbeutel steckte, den der Boss stets bei sich trug. Der indes ahnte nichts von der Gefahr, in der er sich befand.

Die Jäger hatten die dreitägige Pause genutzt und einige Wildschweine geschossen, die zerlegt wurden und nun über großen Feuern brutzelten. Eine kleine Gruppe unter Armandos Führung hatte inzwischen den weiteren Weg entlang des Flusses erkundet und den Pfad von Gestrüpp und Lianen befreit, sodass die Truppe am nächsten Morgen gestärkt und, ohne von Hindernissen aufgehalten zu werden, vorankam. Kaum hatten sie die Berge hinter sich gelassen, stieß Armando, der stets die Vorhut bildete, am Nachmittag auf eine befestigte Straße. Es handelte sich um die Nationalstraße 62, die von Turbo nach Medellín führt, der zuvor schon beschriebenen Panamericana. Hagen gestand mir später, dass, als er die Straße sah, er am liebsten auf den nächsten Bus gewartet und den Heimweg angetreten hätte. Die vier Wochen, die er inzwischen unter ungewohnten Bedingungen im Dschungel unterwegs war, hatten ihm arg zugesetzt. Er hatte zehn Kilo Speck eingebüßt, was allerdings für die weitere Expedition nicht unbedingt von Nachteil gewesen sein dürfte. Aber Aufgeben war für ihn keine Option, schließlich trug er die Verantwortung und außerdem fand er, das härteste Stück Arbeit sei schon geschafft. Die von Norden nach Süden verlaufende N62 war weit und breit die einzige Straße, die diese Gegend durchquerte, eine Ost-West-Verbindung existierte damals nicht. So war jede Überlegung, ein Stück des Weges mit dem Lastwagen zurückzulegen, von vorne herein müßig. Der Pazifische Ozean lag im Westen, und dorthin führte keine Straße. Sie hegten allerdings die Hoffnung, ein großes Stück des Weges durch den Chocó mit dem Boot zurücklegen zu können.

Wegen der Brisanz ihrer Fracht sammelten sich die Männer im Schutz des Dickichts unweit der Brücke, die über den Fluss führte. Dort passten sie eine verkehrsarme Viertelstunde ab, ehe sich einer nach dem anderen unter der Fahrbahn hindurch schlich, um auf der gegenüber liegenden Seite im schützenden Wald Deckung zu suchen. Nachdem alle die Straße unterquert hatten, versammelten sie sich unter dem Dach eines Urwaldriesen. Ruben und ein weiterer Mann wurden ausgesandt, um entlang der Straße zu erkunden, ob und ab wo der Rio Murrí schiffbar sei und ob es Boote gebe, die man gegebenenfalls chartern könne. Da niemand wusste, wie lange Ruben und sein Begleiter ausbleiben würden, beschloss Armando, an Ort und Stelle das Nachtlager aufzuschlagen. Während die Männer in den Hängematten dösten und versuchten, sich die Moskitos vom Leib zu halten, die in dieser Gegend nicht nur zahlreich, sondern auch besonders bösartig sind, brausten im Zehnminutentakt Lastwagen und Busse über die Panamericana, was manch einen der Männer an zu Hause erinnerte. Immerhin waren sie seit mehr als einem Monat unterwegs.

Die Truppe mochte etwa eine Stunde gerastet haben, als es plötzlich zu einem heftigen Disput unter den Trägern kam. Wie sich herausstellte, wollten vier der Männer zurück zur Straße, um dort einen Bus nach Turbo anzuhalten und zu ihren Familien zurückkehren. Lautstark näherten sie sich Hagen und Armando und verlangten den vereinbarten Lohn. Armando erkannte, dass er handeln musste, denn wenn er den Aufruhr nicht sofort im Keim erstickte, könnte es zu einer Meuterei kommen, was er auf alle Fälle verhindern musste. Er lief den Unzufriedenen entgegen, um die sich inzwischen ein kleiner Pulk geschart hatte. Einer der Hitzköpfe verlangte, seine drei Gefährten und ihn selbst sofort zu entlohnen und ziehen zu lassen. Unmissverständlich beharrte Armando auf der Einhaltung des Vertrags und lehnte jeglichen Kompromiss ab. Wer sich zu Beginn der Expedition per Handschlag verpflichtet habe, teilzunehmen, der müsse auch bis zum Ende dabei bleiben. Jedem stünde es zwar frei, zu gehen, aber dann ohne Lohn. Lediglich Krankheit sei ein Grund, abzubrechen und die Hälfte der vereinbarten Summe ausgezahlt zu bekommen.

Inzwischen hatten sich die vier Männer aber so sehr in ihr Vorhaben hineingesteigert, dass Armandos vernünftige Argumente nichts mehr auszurichten vermochten. Ein Wort gab das andere, bis plötzlich einer der Meuterer einen Revolver zog und den Lauf aus kurzer Distanz auf den Trochero richtete. Prado und sein Komplize Navas witterten ihre Chance. Gelänge es den Meuterern die Kasse an sich zu bringen, würden sie sich ihnen anschließen und so bald wie möglich handeln.

Nun drohte die Sache zu eskalieren, denn schon stellten sich ein halbes Dutzend weiterer Männer hinter die Verweigerer. Einer schlug gar vor, Hagen die Brusttasche zu entreißen, um sich die Löhne anschließend selbst auszuzahlen.

Hagen, der das zum Glück hörte und verstand, war augenblicklich alarmiert. Ohne lange nachzudenken, griff er nach seiner Flinte und feuerte einen Schuss in die Baumkronen, sodass morsches Geäst niederprasselte. In der allgemeinen Verwirrung richtete er die Waffe auf die Gruppe der Meuterer, entschlossen, den Aufstand zu beenden und sei es mit Gewalt. Er näherte sich dem Pistolero mit vorgehaltener Waffe.

Unterdessen hielt auch Armando seine Waffe schussbereit. Als Hagen den Kerl mit dem Revolver erreicht hatte, rammte er ihm unversehens den Kolben gegen den Schädel. Der Mann brach mit einer blutenden Wunde und gebrochenem Jochbein zusammen. Geistesgegenwärtig sprang Armando hinzu und entriss dem am Boden Liegenden die Kanone. Im Nu waren die vier Meuterer von loyalen Männern überwältigt. Als man bei der Durchsuchung eine weitere Waffe fand, beschlossen Armando und Hagen, dass sie mit diesen Leuten keinen Meter mehr marschieren würden. Die Abtrünnigen wurden aufgefordert, ihr Bündel zu schnüren und auf der Stelle zu verschwinden. Hagen gab ihnen gerade so viel Geld, damit sie den Bus nach Hause nehmen und sich unterwegs verpflegen konnten. Die Waffen konfiszierte Armando. Ruben werde sie ihnen nach seiner Rückkehr in San Pedro wieder aushändigen. Abschließend schärfte er ihnen ein, dass, sollten sie das Unternehmen in irgendeiner Form gefährden, sie es mit dem Leben bezahlen würden. Dann wurden sie einer nach dem anderen zur Straße eskortiert und davongejagt. Es erübrigt sich fast, zu betonen, dass diese Demonstration von Stärke und Entschlossenheit den beiden *sicarios* einen gehörigen Schrecken einjagte. Hagens Reisekasse zu erbeuten, würde nicht einfach werden. Dennoch: das Überraschungsmoment gehörte ihnen.

Vorgreifend berichtete mir Hagen, die Fahnenflüchtigen hätten die Warnung ernst genommen und sich, daheim angekommen, bedeckt gehalten. Alles andere wäre für kolumbianische Verhältnisse eine große Dummheit gewesen, denn in kaum einem Land der Welt starb man damals schneller durch eine Kugel als in Kolumbien. Hätten die Kerle die Polizei über Hagens Expedition informiert, wäre das einem Todesurteil gleichgekommen, schließlich hätten sie nicht nur eine von der Familie Escobar wohlwollend geduldete Operation gefährdet, sondern gleichzeitig alle Träger aus San Pedro und Umgebung in Gefahr gebracht, also ihre Nachbarn und Bekannten. So fügten die Abtrünnigen sich in ihr Schicksal und schwiegen.

Ehe sie den Weg fortsetzten stellte Hagen den verbleibenden Männern die Frage, ob sie bis zum Ende an der Expedition teilnehmen oder wie ihre Gefährten einen Bus nach Hause besteigen wollten. Er zog es vor, mit ein paar Leuten weniger unterwegs zu sein, als mit unberechenbaren und möglicherweise bewaffneten Draufgängern die gefährliche Durchquerung des Chocó in Angriff zu nehmen, eine ein- bis zweiwöchige Strapaze durch unbekanntes Gebiet. Zum Glück blieben die übrigen Männer bei der Truppe.

Ruben und sein Begleiter kehrten spät am Abend zurück. Ein Holztransporter hatte sie mit in den nächsten Ort genommen, wo sie Erkundigungen über die Schiffbarkeit des Río Murrí eingeholt hatten. So hatten sie in Erfahrung gebracht, dass der Fluss ein launischer Geselle sei, der permanent seinen Lauf ändere und dessen Sandbänke, insbesondere am Oberlauf, niemand genau kenne. Regelmäßige Schiffe verkehrten erst ab Finca Bellavista, einem kleinen Handelsposten dreißig Kilometer flussabwärts. Das bedeutete, dass Armando bis dorthin einen Weg entlang des Flusses finden musste. Nachdem sich die Männer wieder beruhigt hatten, verbrachten sie die Nacht im Wald unweit der Panamericana.

Am nächsten Morgen machten sie sich früh auf den Weg. Mit Armando und seiner Machete an der Spitze kamen sie zunächst gut voran. Ihr Etappenziel hieß also Finca Bellavista, wo Hagen und Armando vorhatten, einige Lastkähne zu chartern, mit denen die Fracht so weit wie möglich über die Flüsse nach Westen transportiert werden könnte.

Der nun folgende Abschnitt der Expedition führte sie durch einen schwierig zu überwindenden Sumpf, in dem vor allem die Maultiere mit Problemen zu kämpfen hatten. Zudem hörte es den ganzen Tag nicht auf zu regnen. Zuweilen sank eines der schwer beladenen Tiere so weit ein, dass es erst entladen werden musste, ehe man es aus dem Schlamm ziehen konnte. Das alles kostete bei 35 Grad und einer entsprechend hohen Luftfeuchtigkeit Zeit und Mühe.

Hagen, der derartige Bedingungen nicht gewohnt war, hatte hart mit seinem inneren Faulenzer zu kämpfen. Der Fußmarsch durch den Sumpfwald wurde ihm zu einer echten Herausforderung. Drei Tage benötigte der Tross, ehe man die hundert Wellblechhütten erreichte, die aus einem unerfindlichen Grund den Namen Bellavista trugen. Denn eine »schöne Aussicht« war in diesem vom Teufel verlassenen Nest inmitten der Hölle nirgendwo zu genießen. Der Flecken war nur durch den Fluss mit der Welt verbunden. Keine Straße, nicht einmal ein begehbarer Pfad führte nach Bellavista! Immerhin lagen dort ein Dutzend *Lanchas** an im Schlamm steckenden Pfählen vertäut. Vor einer primitiven Tankstelle ragte ein hölzerer Bootssteg in den Fluss. Nachdem sich die Aufregung ob des überraschenden Besuches bei den Einheimischen gelegt hatte, waren die Bootsbesitzer, eine Bande verwegener Schwarzer, bereit, sich auf das vorgeschlagene Abenteuer einzulassen.

Sie schlugen vor, zunächst dem Rio Murrí bis zu dessen Mündung in den Atrato hinab zu folgen, eine Strecke von etwa 70 Kilometern. Anschließend wollten sie den breiten Strom des Atrato flussaufwärts befahren, bis zu einem kleinen Hafen namens Opogadó, wo der Nebenfluss gleichen Namens von Westen her kommend

---

* kleine Boote mit Außenbordmotoren

in den Atrato mündet, eine Strecke von weiteren 50 Kilometern. Über den Rio Opogadó könne man zwar weiter in Richtung Pazifik vordringen, allerdings kannten die Bootsführer sich in diesem Teil des Chocó nicht wirklich aus. Sie rieten Hagen und Armando, vor Ort zu entscheiden, ob sie von Opogadó aus den Weg durch den Dschungel nehmen oder weiter mit den Booten gen Westen vordringen wollten. Der Plan schien der einzig mögliche zu sein. Armando, Ruben und Hagen besprachen sich und willigten ein. Sie charterten alle verfügbaren Boote und zumindest das »Management« konnte sich an diesem Abend nach langer Zeit wieder in ein Bett legen, denn die Leute der Finca Bellavista waren gastfreundlich und großzügig. Die Träger richteten sich auf dem Dorfanger ein, einer Mischung aus Fußballplatz und Müllhalde. Am Ufer des Murrí wurden Feuer entfacht und die tagsüber gefangenen Flussfische gegrillt. Dörfler und Besucher feierten ein spontanes Fest, bei dem Bier und *Aguardiente** getrunken wurden.

Was sich später in der feuchtfröhlichen Nacht in Bellavista abspielte, konnte auch Hagen nicht mit letzter Sicherheit sagen. Fest stand, dass auch Navas und Prado dem Schnaps zusprachen. Da sie sich seit Wochen im Urwald versteckt gehalten hatten, lag ihre letzte Nacht mit einer Frau schon weit zurück. Und weil es in Bellavista ein paar hübsche Töchter gab, luden sie eines der Mädchen, ein frivoles, freches Ding, zu ein paar Gläsern *Aguardiente* ein. *Bref:* Sie rückten der jungen Frau auf die Pelle, lockten sie in einen Schuppen, und als sie sich wehrte, vergewaltigten sie sie brutal. Noch bevor das Verbrechen vollendet war, tauchte plötzlich der Bruder der Frau in der düsteren Hütte auf. In der Linken hielt er eine Petroleumlampe, in der Rechten eine Machete. Sekunden später lag Navas mit gespaltenem Schädel am Boden, während Prado sich nach einem Stich in den Bauch auf einem Haufen Bambusstangen krümmte, und weil ihm niemand helfen konnte, verblutete er innerhalb weniger Minuten.

Die Aufregung war groß in Bellavista, und es dauerte eine halbe Stunde, ehe Schwester und Bruder sich soweit gefasst hatten, dass sie den Tathergang erklären konnten. Nach einer langen und hitzigen Debatte, meldeten sich zwei von Armandos Leuten und

* kolumbianischer Anisschnaps

berichteten, dass sie am Abend ein Gespräch zwischen den Getöteten mitgehört hatten, in dem diese über ihren Plan sprachen, Hagen in einen Hinterhalt zu locken, ihn zu töten und sein Geld an sich zu bringen. Als die persönlichen Beutel der *sicarios* gefunden und durchsucht wurden, fanden sich je ein Revolver und eine Stichwaffe.

Ruben und Armando hatten einiges an Überzeugungsarbeit zu leisten, ehe sie die Dörfler beruhigt hatten, dass ihnen die Verbrecher nicht wirklich bekannt waren, und die übrigen Expeditionsteilnehmer nichts weiter mit ihnen zu schaffen hatten. Um ein Haar wäre der ganze Deal mit dem Chartern der Boote geplatzt. Nur der Umstand, dass die Fremden in der Überzahl waren und die Flussschiffer sich das vereinbarte Geld nicht entgehen lassen wollten, verhinderte eine schlimmere Eskalation. Was wohl ebenfalls eine Rolle spielte, so Hagens Vermutung: Die Besucher waren wie die Bewohner von Bellavista mehrheitlich Schwarze. Armandos indiskrete Auskunft dem Dorfältesten gegenüber, die illegale Fracht stünde unter dem Schutz Pablo Escobars, dürfte ebenfalls zur Versöhnung beigetragen haben.

Dennoch dauerte es am Morgen, bis genügend Lastkähne und Fischerboote gefunden waren, um die Expeditionsteilnehmer und ihre Fracht aufzunehmen. Die Maultiere, die bisher gute Dienste geleistet hatten, mussten zurückgelassen werden. Sie wurden Teil des Chartervertrags und blieben im Dorf. Das bedeutete, dass die gesamten fünfzehn Tonnen getragen werden müssten, sobald die Boote nicht mehr weiterkämen. Ein kaum zu kalkulierender Plan und eine erstaunliche Anforderung an die etwa neunzig Männer, die jetzt an Bord der Schiffe gingen. Sollte alles nach Plan verlaufen und der Rio Opogadó bis in seinen Oberlauf hinein schiffbar sein, dann wären bis zum Endziel, der Bucht von Cupica noch etwa zwanzig Kilometer zu Fuß über die Serrania del Baudó zu marschieren, ein Mittelgebirge ohne Pfade oder gar Straßen.

Wie und wo die getöteten Killer, deren Identität weder interessierte noch geklärt wurde, beerdigt wurden, wissen wir nicht. Ehe die Boote am Vormittag ablegten, steckte Hagen dem Dorfältesten noch einen Hundertdollarschein zu. Die beiden Männer verabschiedeten sich per Handschlag, und damit war diese Episode Geschichte.

Möglicherweise hat das Schicksal meinem Freund in Bellavista das Leben gerettet. Hagen knöpfte sich die beiden Burschen vor, die das Gespräch zwischen den Killern mitgehört hatten, und fragte sie, weshalb sie ihn nicht umgehend vor den düsteren Plänen der beiden gewarnt hätten, doch die zuckten nur mit den Schultern. In Kolumbien ist es ratsam, sich nicht in Dinge einzumischen, die einen nicht selbst betreffen, und selbst wenn sie einen betreffen, ist es oft besser, zu schweigen. Die beiden Schwarzen hatten einfach Angst vor den weißen Mordbuben. So wird es gewesen sein …

Die Flussfahrt den Rio Murrí hinunter war ein Abenteuer für sich. Es kam zu einer Motorpanne, die das betroffene Boot zum Anhalten zwang. Die Fracht wurde auf die übrigen *Lanchas* verteilt. Dann tauchten scharfe Biegungen und parallele Seitenarme auf, sodass die Flotte sich auseinander zog und man sich streckenweise aus den Augen verlor. Die meiste Zeit konnten sich die Bootsführer untereinander nur durch Zeichen verständigen. Des Öfteren stürzten unvorsichtige Männer ins Wasser, von denen zwei im Strudel des tückischen Flusses ertranken, ehe Hilfe möglich war. Die wenigsten der Afrokolumbianer konnten schwimmen. Schaffte es ein über Bord gegangener Passagier nicht, die Rettungsleine zu packen, die man ihm zuwarf, war er verloren. Von Zeit zu Zeit kamen sie an Pfahldörfern vorbei, ansonsten wurden die Ufer von Sumpfpflanzen und Schilf verdeckt oder der Dschungel reichte bis ans Wasser. Je weiter sie kamen, umso tiefer und breiter wurde der Fluss. Da er in Mäandern fließt, wurden aus zehn Kilometern Luftlinie leicht die dreifache Fahrstrecke.

Bei Einbruch der Dunkelheit erreichte die kleine Flotte die Einmündung des Murrí in den Rio Atrato, den großen Strom, der den Chocó in die Karibik entwässert. Die Schiffe legten vor einer auf Pfählen errichteten Wellblechbaracke an, wo sie frisch betankt wurden. Auf einer hölzernen Plattform standen ein halbes Dutzend Benzinfässer. Auf Hagens Kosten wurden alle Tanks und auch die Wasserkanister gefüllt. Die Nacht verbrachte man in den Hängematten, die sie zwischen Hütten und Bäumen aufspannten.

Mit dem Sonnenaufgang setzten sie ihre Reise fort. Als Bordverpflegung hatte Ruben mehrere Bananenstauden und Körbe voll Mangos und Chirimoyas pflücken lassen, ein willkommenes Geschäft für die Frau des Tankstellenbetreibers. Kurz nachdem sie aufgebrochen waren, erreichte die Flotte die träge Flut des Atrato, der laut Hagen, am Mittellauf dreihundert Meter breit war. Der Rio Atrato, ein außerhalb von Kolumbien weitgehend unbekannter Strom, ergießt an regenreichen Tagen dreimal so viel Wasser ins Meer wie der Rhein, er bildet die Hauptschlagader der Provinz Chocó, die wiederum eine der artenreichsten Regionen der Erde ist, und in der es so viel regnet, wie kaum an einem anderen Ort, also mehrmals täglich und in Strömen. Das machte die Fahrt in den offenen Booten zu einer feuchten Angelegenheit und es erwies sich als kluge Maßnahme, dass Hagen die Grasballen hatte wasserdicht einpacken lassen. Die Passagiere suchten während der Regengüsse Schutz unter den Planen, die sie auf dem Treck nachts über die Hängematten gespannt hatten.

Immer wieder tauchten Ansammlungen von Hütten auf, meist direkt am Ufer gelegen und auf Pfählen errichtet. Das Flussbett des Atrato ist schwer zu definieren, denn an vielen Stellen tritt er über und überschwemmt riesige Sumpfbecken oder er speist ganze Seen von stattlicher Größe, die flach und dampfend ihr Wasser zu den Wolken schicken. Die Tiefebene des Chocó ist ein einzigartiges Feuchtgebiet mit einem reichen Biotop, dazu sehr fruchtbar, ein natürliches Treibhaus. Die Bewohner dieser Provinz sind fast ausschließlich Afro-Kolumbianer, lediglich in den Bergen und Hügeln leben noch Indianer, an deren Lebensumständen sich seit der Kolonialisierung nicht viel geändert hat.

Die Fahrt den Atrato hinauf bis nach Opogadó dauerte mehrere Tage. Mehrfach mussten Dörfer angelaufen werden, um Treibstoff und Proviant an Bord zu nehmen. Die Kapitäne der Kähne, auf denen die Fracht verstaut war, erkundigten sich bei den Einheimischen nach der Schiffbarkeit des Rio Opogadó. Sie brachten in Erfahrung, dass der Fluss etwa fünfzig Kilometer weit befahrbar sei, danach beginne die Bergkette, jenseits derer der Pazifik liegt. Schluchten und Stromschnellen machten diesen Nebenfluss des Atrato im Oberlauf für Schiffe unbefahrbar. Wie zuvor vermutet, würden die Männer das vor ihnen liegende Gebirge zu Fuß überschreiten müssen. Mit dem Problem der Schiffbarkeit der Flüsse des Chocó hatte sich übrigens schon Alexander von Humboldt befasst, der die Gegend im 19. Jahrhundert bereist hatte. Humboldt erkannte, dass der Atrato und seine von Westen einmündenden Nebenflüsse eine Alternative zum Panamakanal sein könnten, denn der zu grabende Kanal müsste lediglich etwa zwanzig Kilometer durch die Serrania del Baudó gefräst werden. Aber das war nach dem damaligen Stand der Technik wohl zu aufwendig.

Zurück zu Hagen Coopers Expedition an die Pazifikküste, genauer: zur Bahía de Cupica. Nach zweitägigem Aufenthalt in der Flusssiedlung Opogadó setze die ungewöhnliche Flotte ihre Reise fort.

(Aufmerksamer Leser, pfiffige Leserin, die ihr bei meinen Zeitangaben zuweilen fragend die Stirn in Falten legt: Ich bitte um Nachsicht, denn ich erzähle eine Geschichte nach, die mehr als dreißig Jahre im Schlamm meiner Erinnerung versunken war. Was die Dauer von Aufenthalten und die Charakteristik von Örtlichkeiten angeht, haben sich möglicherweise Ungenauigkeiten eingeschlichen, die allerdings für den Fortgang der Expedition von nachgeordneter Bedeutung sind. Abgesehen davon, dass die Erinnerung generell ein unzuverlässiger Begleiter des fortschreitenden Lebens ist, sind mir Teile des Abenteuers aus dem Jahr 1979 völlig abhanden gekommen, sodass ich aus dramaturgischen Erwägungen diese Leerstellen mit eigenen Vorstellungen gefüllt habe. Hagen Cooper, den ich hätte befragen können, lebt leider nicht mehr, nachdem er im Jahr 2002 seiner lebenslangen Nikotinsucht zum Opfer gefallen ist.)

Irgendwo am Oberlauf des Río Opogadó steuerten die Bootsführer unweit eines Indianerdorfes das Ufer an einer Stelle an, wo es von einem dichten Bambuswald gesäumt wurde, der sich dafür eignete, vor allem die Frachtkähne sicher zu vertäuen. Zudem ließen sich aus den Stangen Stege und Leitern bauen, über die die schweren Ballen an Land getragen werden konnten. Nachdem man sich mit den Indianern verständigt hatte, die, erst scheu dann neugierig, herbei kamen, schlugen die Männer an Ort und Stelle das Nachtlager auf. Hagen zahlte den Bootsführern den vereinbarten Preis, woraufhin diese die Rückreise nach Rio Sucio oder Finca Bellavista antraten. Vorsichtshalber behielt er zwei kleinere *Lanchas* unter Vertrag, falls es doch noch einmal nötig werden sollte, den Ort über den Fluss zu verlassen. Er hatte beschlossen, den Trägern zwei Tage Ruhe zu gönnen, ehe man zur vorerst letzten Etappe aufbrechen wollte. Den Indios kauften sie Fleisch und Früchte ab, Fische fingen sie selbst und brieten sie an Bambusspießen. Armando und Ruben erkundigten sich bei zwei jungen Indianern, die in der Stadt Quibdo (am Oberlauf des Río Atrato gelegen) zur Schule gingen und dort Spanisch lernten, nach dem gangbarsten Weg über die Berge. Dem Lauf des Río Opogadó weiter zu folgen, erwies sich als unmöglich, da er wenige Kilometer oberhalb des Lagers aus einer engen Schlucht in den Urwald stürzte, wo es kein begehbares Ufer mehr gab. Immerhin hatten die Indianer Pfade durch den Wald angelegt, über die sie zu ihren Jagdgründen und zu einer kleinen Goldmine gelangten, die offenbar genug abwarf, dass sie davon leben konnten. Dort, wo der Dschungelpfad endete, begann aufs Neue die Arbeit der *trocheros*.

Um das Terrain zu erkunden, brach Armando in Begleitung der beiden Spanisch sprechenden Indios auf, die sich in der unwegsamen Bergregion auskannten, während der Tross am Fluss campierte und auf die Rückkehr der Kundschafter wartete. Sie mussten nicht lange warten, denn schon am nächsten Tag kehrten sie zurück: als Gefangene einer kleinen Einheit bewaffneter Guerilleros, denen sie im Wald über den Weg gelaufen waren.

Es handelte sich um Freiheitskämpfer der FARC, vor denen man Hagen schon in Miami gewarnt hatte. Die Rebellen, die in Kampfanzügen steckten und mit Maschinenpistolen bewaffnet waren, und die zunächst nicht wussten, was sie von den drei Gefangenen zu halten hatten, waren nach einer Besichtigung des Camps schnell im Bilde, um wen es sich bei den Fremden handelte. Für sie war es eine willkommene Gelegenheit, ihre unregelmäßigen Einkünfte aufzubessern. Der *Comandante* der Guerilleros, ein junger Schwarzer, beschloss, die Expedition so lange aufzuhalten, bis er über Funk mit seinem Vorgesetzten Kontakt aufgenommen und das weitere Vorgehen besprochen hatte. Es ging einzig und allein darum, Hagen einen Wegezoll abzupressen. Und weil die logistische Ausrüstung der Kämpfer nicht auf dem neuesten technischen

Stand war, dauerte es zwei Tage, bis die Kommunikation mit dem Hauptquartier stand und eine konkrete Forderung gestellt werden konnte. Für jede Tonne Marihuana forderten die Freiheitskämpfer 1.000 US-Dollar, also 15.000, die Hagen allerdings nicht bezahlen wollte. Man setzte sich im Schatten einer Plane zusammen und begann zu feilschen. Hagen verstand aus den Gesprächen der Guerilleros, dass diese auf ein Boot warteten, welches sie nach Rio Sucio bringen sollte, wo ein Sabotageeinsatz gegen das kolumbianische Militär geplant war. Sie hatten also keine Zeit, sich lange mit Geiseln aufzuhalten, die sie im Übrigen auch würden ernähren müssen. Ebenso wenig hatten sie die Möglichkeit, die fünfzehn Tonnen Gras zu beschlagnahmen, denn für einen solchen Transport waren sie nicht gerüstet. Das nutzte Hagen aus, um seine Verhandlungsposition zu stärken und um seinen Spielraum zu begrenzen. Er weigerte sich hartnäckig, mehr als die angebotenen 5.000 zu bezahlen.

Im Laufe der Verhandlung schweifte man immer wieder ab, die Kämpfer wollten von Hagen beispielsweise Einzelheiten über das Leben in Miami wissen, eine Stadt, die, ihrem Sehnsuchtsfaktor entsprechend, für viele Südamerikaner gleich nach dem Paradies rangierte. Auf diese Weise entkrampfte sich der anfangs frostige Dialog zwischen den Verhandlungspartnern und am Ende wurde sogar gelacht, was ich mir bei Hagen und seiner charmanten Art der Gesprächsführung gut vorstellen kann. Mit dem Ergebnis, dass man sich auf ein Drittel der ursprünglichen Forderung einigte. Die Indianer, die sich an die Nachbarschaft der Guerilla schon seit Jahren gewöhnt hatten und auf unabsehbare Zeit mit ihr würden leben müssen, hielten sich diplomatisch aus allem heraus.

Als die Erpressung am dritten Tag per Handschlag besiegelt war, schifften sich die Rebellen noch vor Mittag auf den beiden Booten ein, die noch am Ufer lagen. Als sie endlich hinter der Biegung des Flusses verschwunden waren, gratulierten Armando, Ruben und viele der anderen ihrem Boss dazu, ein so akzeptables Ergebnis erzielt zu haben. Genauso gut hätten die Guerilleros die Expedition auflösen, Hagen als Geisel nehmen und die transportfertigen Ballen beschlagnahmen können. In einem Staat wie Kolumbien, in dem Gewalt in der Luft liegt, erklärbar aus dem Verhalten der nicht gerade zimperlich aufgetretenen Konquistadoren und der Jahrhunderte dauernden kolonialen Geschichte, in einem solchen Land muss immer mit Gewalt und Willkür gerechnet werden. Hinzu treten ein die Wirtschaft kontrollierender Geldadel, die brutalen Geschäftspraktiken vieler Drogenbarone, der Bürgerkrieg zwischen mehreren Guerillaorganisationen, den *Paramilitares* und der Armee und nicht zuletzt das Millionenheer aus Binnenflüchtlingen, die vor dem Krieg geflohen sind. Last not least die unrühmliche Rolle der USA, die diesen seit Jahrzehnten andauernden Kampf um Macht und Drogen mit enormen Finanzmitteln erst ermöglicht haben. Stichwort: Ronald Reagans *War on Drugs*!

Vor diesem Hintergrund hatte Hagen tatsächlich das Beste herausgeschlagen. Wobei er andeutete, dass der Einfluss der Familie Escobar bei der Lösung des Problems eine Rolle gespielt haben könnte. Armando hatte nämlich gute Beziehungen nach Medellín, und der war an den Verhandlungsgesprächen teilweise beteiligt. So ließe sich auch erklären, dass das Hauptquartier der Guerilla Hagens Angebot mit einem Mal akzeptierte, nachdem man zuvor tagelang stur auf der Zahlung der 15.000 beharrt hatte.

Ohne weitere Zeit zu vergeuden, wurde das Lager abgebaut und Armando begann zu kalkulieren, welche Menge an Fracht und Ausrüstung sie transportieren könnten. Von Anfang an war klar, dass sie nicht alles auf einmal mitnehmen konnten. Ruben und drei Männer, die dabei waren, Schlangenbisse auszukurieren, sollten zurückbleiben, um das Zelt mit der Ware zu bewachen, die übrigen sollten zur Pazifikküste aufbrechen, wo sie ein letztes Lager aufschlagen wollten. Anschließend sollten die Träger dann solange hin und her gehen, bis der letzte Ballen auch über diese Bergkette geschafft wäre.

Da die Wasserscheide der Serrania del Baudó nur wenige Kilometer vom Meer entfernt liegt, waren dort auch keine für Schiffe befahrbaren Flüsse zu erwarten, über die die Fracht zu dem Handelsschiff gebracht werden konnte, das in der Bucht von Cupica seit einigen Tagen vor Anker lag. Wahrscheinlich würde der aus Ecuador kommende und nach San Francisco segelnde Bananenfrachter nicht länger warten als vor Wochen in Cartagena vereinbart. Es wurde zudem höchste Zeit für Hagen, ein Telefon zu finden, von dem aus er seinen amerikanischen Partner anrufen und über den Stand des Unternehmens informieren konnte.

Die vor ein paar Tagen von den Guerilleros unterbrochene Erkundung des Geländes durch Armando und seine beiden Helfer wurde teilweise dadurch kompensiert, dass die Rebellen ihnen den Weg beschrieben hatten. Armando wusste, dass sie sich in nordwestlicher Richtung bewegen mussten.

Die Karawane brach noch am selben Tag auf. Der Beschreibung folgend, bahnte Armando den Trägern den Pfad durch das schwierige Gelände des Mittelgebirges. Der Marsch war anstrengend, solange der Weg bergauf und durch dichten Urwald führte. So kamen sie zunächst nur mühsam voran. Als die Nacht die Berge bedeckte, hatten sie die Wasserscheide der Serranía noch nicht erreicht. Ein weiteres Nachtlager war erforderlich.

Am nächsten Morgen erklommen sie endlich die Passhöhe. Vor ihnen lag silbrig und ohne erkennbaren Horizont der Pazifische Ozean. So ähnlich mochte ihn der Spanier Vasco Nuñez de Balboa gesehen haben, als er ihn als erster Europäer im Jahre 1513 im heutigen Panama von einer Bergspitze aus unter sich liegen sah …

Von hier aus führte der Weg stetig bergab. Gegen Abend gelangte die Karawane in ein Tal, dessen Fluss die letzten zwei, drei Kilometer bis zum Ozean mit Paddelbooten befahrbar war. Er mündete in den nördlichen Teil der Bucht von Cupica, in der Nähe einer kleinen Ansiedlung. Im Schatten niedriger Bäume schlugen die Männer das letzte Camp auf. Während Hagen sich anderentags mit einem Begleiter auf den Weg in den Ort Cupica machte, wo er hoffte, ein Telefon zu finden, begaben sich die Träger zurück zum Indianerdorf am Ufer des Río Opogadó, um die restliche Ware zu holen. Bei 600 Ballen erforderte das zehn Passüberquerungen für jeden Träger, was einige Tage in Anspruch nehmen würde. So waren alle mehr als zufrieden, als Hagen mit der guten Nachricht zurückkam, dass er seinen Partner in Miami erreicht hatte, der wiederum über Funk den Schiffskapitän informiert und nun alles für die Beladung vorbereitet habe. Am meisten freuten sich die Männer über frischen Tabak, den Hagen mitbrachte sowie über die zehn Maultiere, die er in einer Finca am Ortsrand von Cupica gemietet hatte. Die Tiere sollten am nächsten Morgen samt zweier Führer im Camp eintreffen.

Während Ruben bis zum Schluss am Río Opogadó blieb, hielt Armando die Stellung im Camp an der Bucht. Das ermöglichte es Hagen, im Dorf ein Zimmer zu beziehen, von wo aus er telefonieren und für den reibungslosen Ablauf der letzten Etappe sorgen konnte, für die er verantwortlich war: das Verbringen der Fracht auf das Schiff. Darum kümmerte er sich, während in den Bergen zügig die Ware herangeschafft wurde. Trotz der Maultiere dauerte es noch ein paar Tage, bis endlich alle 600 Ballen unter einer Plane am Ufer des kleinen Flusses lagerten.

Für die Bewohner von Cupica war es nicht ungewöhnlich, eine Lieferung Marihuana oder Koka an Bord eines Schiffes zu bringen. Das war zuletzt vor zwei Monaten der Fall gewesen, als ein Flieger von Medellín über die Berge gekommen war und am Strand mehrere Ballen Kokain abgeworfen hatte, die dort schon erwartet und anschließend von den Fischern der Gegend aufs Meer hinaus gebracht worden waren. So musste Hagen nicht lange suchen, niemanden überreden und auch der Preis für die Dienstleistung stand mehr oder weniger fest. Ein paar Tage, nachdem sie die Bucht am Pazifischen Ozean erreicht hatten, war das gereinigte und gepresste Gras an Bord des panamaischen Frachters NN, der anschließend Kurs auf San Francisco nahm. Das Angebot des griechischen Kapitäns, ihn an Bord zu nehmen, schlug Hagen aus. Er wollte sich nach Panama City durchschlagen und von dort aus nach Miami fliegen. Um das, was nun weiter mit der Ware geschah, wo sie ausgeladen wurde, wer den Zoll bestach, wer die Lagerung in den USA organisierte, all das fiel nicht mehr in seine Zuständigkeit, darum würde sich Don Walden kümmern.

Am Abend des letzten Tages rückte die Truppe, die zweieinhalb Monate solidarisch zusammengehalten hatte, in Cupica ein. Hagen hatte Armando und Ruben beauftragt, ein Fest zu veranstalten, bei dem es ausreichend zu trinken gab, wo leckeres Grillfleisch gegessen wurde und alle erleichtert auf den Erfolg des Unternehmens anstießen. Dann zahlte er den Männern den Lohn, und da er noch Spesengeld übrig hatte, kriegte jeder noch einen Dollar-Bonus obendrauf, alles in allem eine für kolumbianische Verhältnisse gute Bezahlung. Nicht auszudenken, hätten die Rebellen ihn durchsucht und ausgeplündert … Aber daran dachte an diesem letzten Abend niemand mehr, sondern alle sprachen erleichtert über den Zwischenfall mit den Guerilleros der FARC.

Am nächsten Tag löste sich die Truppe auf. Die Kolumbianer traten, jeder mit 250 Dollar in der Tasche, den Heimweg über die Berge an, zurück zum Rio Atrato, wo sie ein Schiff nach Turbo zu finden hofften. Hagen verabschiedete sich von seinen wichtigsten Helfern Armando und Ruben und gab auch ihnen den vereinbarten Lohn. Er versprach, Armando bei Gelegenheit in Turbo zu besuchen. Vielleicht würde der Gringo ihn ja noch einmal nach Kolumbien entsenden, auszuschließen war das nicht.

Nachdem alle Cupica verlassen hatten, ließ sich Hagen mit dem Boot die Küste hinab bis nach Bahia Solano bringen, wo es eine Landepiste gab, von der aus er am Nachmittag mit einer Cessna nach Panama flog. Der Rest war Routine: Mit Braniff* ging es weiter nach Miami, wo ihn sein Partner am Flughafen erwartete. Unterwegs auf dem Expressway in die Stadt, schlug Don anerkennend seine Pranke auf Hagen Knie und sagte: »Goddamit! Nun verstehe ich, weshalb sich die Russen so schwer getan haben, euch Deutsche zu besiegen.«

Der Frachter aus Panama traf kurz darauf in der San Francisco Bay Area ein und löschte seine Fracht in Oakland. Die 15 Tonnen Gras kamen in ein Lager, von wo aus die Ware in Transporten zwischen zehn bis zwanzig *bales* ausgeliefert wurde und ihren Weg in die unterschiedlichsten Ecken der Vereinigten Staaten fand. Die Kunden waren hoch erfreut über die gereinigte Ware, wollten es teilweise kaum glauben, dass es sich um *»Punta Rojo«* handelte, wie die Kolumbianer eine ihrer besseren Marihuana-Sorten benannt hatten. Wenngleich, wie wir wissen, Hagen ja einen Mix aus vielen Sorten hatte ankaufen und verpacken lassen. Aber danach fragte später niemand mehr, Hauptsache das Zeug tat seine Wirkung und die Hausfrau in Wisconsin und der Rechtsanwalt in Illinois konnten sich vor (!) der Arbeit einen *Reefer* drehen.

* eine inzwischen aufgelöste US-Fluggesellschaft

Wie man Hagen am Ende für seine Arbeit entlohnte, habe ich vergessen, jedenfalls beklagte er sich nicht. Sein eigentlicher Lohn war das Abenteuer, auf das er sich mit Mumm und Herzblut eingelassen hatte. Und nicht zu vergessen: Chochi, die ihm in dieser denkwürdigen Nacht von Turbo den Saft aus der Flasche gezogen hatte.

3.2 Mirabell

Nachdem der Koks-Deal in Kalifornien, der im letzten Kapitel des vorherigen Bandes erzählt wurde, schief gelaufen war und mein neuer Freund Joey Palmano mir die finanziellen Mittel gegeben hatte, um bald wieder kapitalistischen Boden unter die Füße zu bekommen, konnte ich mich nicht lange in München aufhalten. Ich hatte vor, sobald wie möglich nach Thailand zu fliegen und einen weiteren Heroinschmuggel auf den Weg zu bringen. Eine Maschine der Pan Am brachte mich von Miami nach Frankfurt, wo ich den nächsten Anschlussflug nach München nahm. Mitte April kam ich in Gräfelfing bei meiner Familie an.

Eigentlich hätte ich mehr Zeit mit Lisa und dem kleinen Santiago verbringen sollen. Das hatte ich auch geplant, aber das misslungene Geschäft mit den Kolumbianern und die daraus resultierende Ebbe in der Kasse erforderte, sobald wie möglich nach Fernost aufzubrechen. Mir war klar geworden, dass mein zigeunerhaftes Wesen, meine Freude an der Bewegung, am Unterwegssein und nicht zuletzt die Momente des Glücks, die ich nach einem bestandenen Risiko fühlte, die eigentliche Nahrung war, nach der meine Seele verlangte. Zwangsläufig ging dieser Lebensstil auf Lisas und Santiagos Kosten.

Während der Monate unserer Trennung lebte jeder sein eigenes Leben, wir machten eigene Entwicklungen durch, knüpften eigene soziale Beziehungen, beschäftigten uns mit verschiedener Literatur und hatten je andere Probleme zu lösen. Nicht zu vergessen, möglicherweise die wichtigste Komponente bei dem Versuch, eine starke Bindung herzustellen: die Zeit, die man miteinander verbringt.

Auch erotisch gingen wir zwangsläufig eigene Wege. Es wäre blauäugig von mir gewesen, zu glauben, Lisa werde wie eine Nonne mit Gelübde in München oder auf Ibiza auf mich warten, denn das war nicht ihr Ding. Und es lag auch nicht im Zeitgeist der siebziger Jahre. Heute ist mir bewusst, sie plagte sich wie ich, mit narzisstischen Persönlichkeitsanteilen herum, sie machte gern Männer scharf, kleidete sich begehrenswert, und zuweilen lockte sie Kerle, die ihr gefielen, auf ein Quickie in die Kiste. Was mich allerdings nicht sonderlich störte, wenn ich es denn erfuhr. Bei allen

Schwächen, die sich hartnäckig in mir hielten, Eifersucht gehörte nicht dazu. Zuweilen schlich der beklemmende Gedanke in mein Bewusstsein, meine Unfähigkeit zur Eifersucht sei nur das narzisstische Pendant zur verkümmerten Liebesfähigkeit. Wer nicht lieben kann, der empfindet auch keine Eifersucht. Später wurde mir diese Erkenntnis zur Gewissheit, und ich erschrak darüber. Ich bin auf Freundschaft, Kreativität und Risiko gepolt, aus denen die Perlen fallen, die mir das Glück bedeuten. Die traditionell verstandene Ehe holt Kraft aus anderen Gewissheiten: Sex, Verantwortungsgefühl, erotische Treue, Sicherheit. Dies alles hatte für mich nur marginale Bedeutung. Die Tugenden, die ich seit meiner Kindheit anstrebe, heißen Freundschaft, Loyalität und Courage.

Lisa lebte also in meiner Abwesenheit ihre kleinen Romanzen aus, und ich war jedes Mal irritiert, wenn mich die Kunde darüber erreichte. Was hätte ich tun sollen, ohne mein Nomadenleben und die Geschäfte aufzugeben, von denen, wie ich mir einbildete, unsere Familie wirtschaftlich abhing? Hinzu kam, dass ich immer seltener nüchtern war, also keinen klaren Kopf mehr hatte, in dem sich liebevolle oder wenigstens vernünftige Gedanken hätten bilden können.

Es ist auch im Nachhinein erkennbar, dass es sich um das komplexe Zusammenspiel verschiedenster Phänomene handelt, welche die Entwicklung einer zwischenmenschlichen Beziehung bestimmen, vom Kennenlernen und Verlieben bis hin zum Gewöhnen und Sich-auseinander-leben und Trennen. Auf der Basis meiner Überzeugung, dass der Wille des Menschen nur bedingt frei ist, halte ich dann auch Schuldzuschreibungen für müßig. Dass dadurch, dass ich so oft auf Reisen war und meine Familie allein zurück ließ, eine Atmosphäre entstand, die letztendlich unsere Beziehung am Wachsen hinderte, steht außer Zweifel. Mein Streben nach Autonomie war stärker als mein Bedürfnis nach Bindung. Mein Drogenkonsum war das Agens, welches mich dazu führte, das mit der Ehe gegebene Versprechen aus dem Blick zu verlieren und die Familie wie eine abgebrochene Eisscholle driften zu lassen. Hinzu kam, dass ich, was meine eigenen erotischen Abenteuer anging (wie etwa das jüngste mit Penny), ebenso wenig Schuldgefühl verspürte wie Eifersucht angesichts der Seitensprünge meiner Frau.

Lediglich wenn ich bei Lisa war, erwartete ich von ihr, die »außerehelichen Pflichten« zu vernachlässigen. Da ich mich aber nie für ihre Liebhaber interessierte, niemals mehr darüber erfuhr als das, was mir zufällig zu Ohren kam, weiß ich zu diesem Thema auch nicht viel zu berichten, zumal das Intimleben anderer zu den Dingen zählt, die selten Gegenstand meines Interesses waren. Fest steht, um unsere Ehe stand es schon damals nicht gut, und die Tatsache, dass Lisa mich mit einem dicken Bauch begrüßte, führte mir das Dilemma nun sehr deutlich vor Augen: In wenigen Wochen erwartete sie unser zweites Kind.

Natürlich wusste ich, dass eine weitere Geburt anstand, und es verrät einiges über meine psychische Verfassung, dass ich dieses bedeutende Ereignis bis dahin so marginal behandelt hatte. Die geplante Thailandreise musste also um einen Monat verschoben werden. Ich kontaktierte meine Freunde, allen voran Mauricio und Wacki, erledigte behördliche Dinge, die ich lange hatte schleifen lassen, nahm dabei jedes Mal meinen inzwischen zweieinhalbjährigen Sohn mit und verbrachte die Abende zu Hause bei guter Musik. Zuweilen bestellte Lisa eine Babysitterin und begleitete mich ins Sugar Shack, das von Kurti Müller mit großer Gelassenheit geleitet und von Klaus Sturm charmant gemanaged wurde. Pit und seine Kollegen wachten an der Tür darüber, dass unliebsame Leute draußen blieben und oben sorgten Bernd, Muggi und Jens für den geilsten Sound, der nördlich des Alpenhauptkamms zu betanzen war. Das Sugar Shack war gegen Ende der Siebziger der ultimative Spot für feinste Musik, illegale Konsumgüter und erotische Lüsternheit: nach Mitternacht fanden sich die schärfsten Bräute der Stadt auf der Tanzfläche des Sugar ein. Und wenn die Stones oder Queen in München ein Konzert gegeben hatten, lief man Gefahr, ihnen im Sugar an einer der Bars zu begegnen.

Am 1. Mai 1980 war es endlich soweit: Mitten in der Nacht kam Mirabell in einer Geburtsklinik am Starnberger See zur Welt. Unter dem Einfluss eines wirksamen Opiates stand ich Lisa während der Wehen bei, und ich erinnere mich noch an das Kompliment des Arztes, der mich ob meiner beruhigenden Ausstrahlung auf meine Frau lobte. Solche Väter habe er noch nicht oft erlebt. Ein Nachteil meines narkotisierten Zustands war der, dass ich die Geburt emotional auf kleiner Flamme erlebte, von Aufregung konnte wirklich keine Rede sein. Nach den obligatorischen postnatalen Untersuchungen an Mutter und Kind kamen die beiden nach ein paar Tagen nach Gräfelfing.

Zwei Wochen blieb ich daheim und half das Baby wickeln. Dann erforderte die prekäre Finanzlage, dass ich mich ums Geschäft kümmerte. Mitte Mai verabschiedete ich mich von Lisa und den Kindern und bestieg den Flieger nach Thailand. Auf der Reise mit Werinher im Vorjahr hatten wir in Bangkok eine junge Familie kennengelernt, die uns mehrmals bewirtet hatte. Ganz entgegen der Erwartung, die der Spitzname Tiger evoziert, war der junge Thai ein friedlicher und zuvorkommender Zeitgenosse. Er hatte Interesse gezeigt, mit uns ins Geschäft zu kommen, und der Einfachheit halber suchte ich ihn auf, um mich nach seinen Möglichkeiten zu erkundigen. Durch die unergiebigen Operationen in den USA hatte ich wenig Investitionskapital, aber Tiger machte mir einen guten Preis und besorgte in wenigen Tagen ein halbes Kilo *china white*. Er half mir dabei, das Heroin in die Röhren des Stativs meiner Kameraausrüstung zu pressen, sodass ich nach ein paar Tagen nach Europa zurückfliegen konnte.

Ich landete in Athen, von wo aus ich, wie schon bei einigen Reisen zuvor, den Zug nach München bestieg. Das Stativ deponierte ich in einem Hohlraum über der Toilette, sodass ich die Reise entspannt genießen konnte und keine indiskreten Zöllner fürchten musste. Auf der langen Strecke durch Jugoslawien fotografierte ich die Landschaft aus dem Zugfenster, dabei fiel mir ein, dass mein Vater irgendwo in Bosnien vier Jahre als Kriegsgefangener in einer Kohlemine geschuftet hatte.

Der Grenzübertritt verlief, wie erwartet, ohne Zwischenfall. Als ich wieder zu Hause ankam, war ich gerade eine Woche lang unterwegs gewesen. Das Heroin schickte ich in fünf Wertbriefen zu Hunter James nach Kalifornien, der das Geld dafür innerhalb weniger Wochen in unverdächtigen Teilzahlungen auf Lisas Konto überwies. Ich bat ihn, bei Joey meine Schulden zu begleichen und ließ Paco Geld nach Bogotá anweisen. Nachdem ich auch in München unsere Verbindlichkeiten eingelöst hatte, blieben uns noch mehr als 100.000 Dollar. Die prekäre finanzielle Lage, hervorgerufen durch die Fehlinvestition in Kolumbien, war damit überwunden. Dies alles klingt im Nachhinein recht simpel, und das war es wohl auch, wenn man das hohe Risiko außer Acht lässt, welches man bei einem Heroinschmuggel dieser Größenordnung eingeht.

Wieder blieb ich einen Monat zu Hause und suchte nach einer sinnvollen Beschäftigung. Die Kinder wurden von Lisa liebevoll betreut, und ich versuchte, mich als Vater zu fühlen. Allein, außer für die materielle Sicherheit der Familie zu sorgen, drängte sich mir keine weitere Aufgabe auf. Natürlich schmuste und spielte ich zuweilen mit den Kleinen, aber eben nur dann, wenn ich auch zuhause war. Es kam zu einem ernsthaften Grundsatzgespräch zwischen mir und Lisa, die von mir verlangte, mit dem exzessiven Heroinkonsum aufzuhören und einen Entzug zu versuchen. Dann belegte ich einen Schreibmaschinenkurs, weil ich das Bedürfnis verspürte, mehr als bloß mein Tagebuch zu schreiben, schlief allerdings mehrmals beim Kurs ein, sodass mich die Kursleiterin ermahnte, doch in Zukunft ausgeschlafen in die Übungsstunden zu kommen. Wie hätte ich ihr sagen sollen, dass es am Entzug lag, dass ich dauernd so müde und unaufmerksam war.

Es wurde damals in Bayern noch keine wissenschaftlich fundierte Substitution angeboten, die offizielle Politik gab die Marschrichtung vor. Drogenabhängigkeit wurde als Resultat eines schlechten Charakters angesehen, Beschaffungskriminalität als ein weiterer Beweis dafür. Ein verständnisvoller Apotheker verkaufte mir mehrere Flaschen Polamidon, ein Substitutionsmedikament, und ich stieg von Heroin auf Heroinersatz um. Aber ich merkte schon bald, dass man zur Heilung einer Suchtkrankheit psychotherapeutische Begleitung braucht. Sonst wird das in den allermeisten Fällen nichts. Und so blieben denn meine Versuche, mich von der Droge zu befreien, auf halbem Weg stecken, und nach kurzer Zeit hielt ich dieses unangenehme Ziehen in den Gliedern, die innere Unruhe, die Lustlosigkeit und Leere, die einem beim Entzug zu schaffen machen, nicht mehr aus und wurde rückfällig. Dafür schämte ich mich dann vor mir selbst und vor Lisa, aber einen Ausweg fand ich dennoch nicht.

Eines Abends klopfte es und Jenny Hermann, unsere Untermieterin stand vor der Wohnungstür. Sie hatte eine Freundin mitgebracht, eine dunkelhaarige Amerikanerin, mit der sie den Abend bei uns verbringen wollte. Die junge Frau sah aus wie eine Weinkönigin, schlank mit geschmeidigem Gang, einer hohen Stirn und in ihren Ohrläppchen steckten zwei Diamantensplitter, die dem aufmerksamen Beobachter nicht entgingen. Lisa bereitete etwas Leckeres zu essen, ich ging in den Keller und holte eine Flasche Riesling, und es kam zu einer anregenden Unterhaltung mit den beiden Frauen. Toni, so stellte sich die junge Dame vor, stammte aus Florida und hatte ein paar Tage in München zu tun. Sie war Fotomodell und hatte einige Shootings in Mailand, München und Paris. Viel ist mir von dem Abend nicht mehr in Erinnerung, aber als sie sagte, sie lebe in Miami, und als ich ihr erzählte, dass ich Miami kenne und Freunde dort habe, lud sie mich ein, sie zu besuchen, sobald ich wieder einmal nach Florida käme. Ich schob ihr mein Adressenbuch hin, und sie notierte ihren Vornamen und die Telefonnummer.

Gegen Mitternacht verabschiedeten sich die beiden Frauen und ein paar Wochen später hatte ich den Abend vergessen, wie eine bedeutungslose Notiz, die man zwar notiert hat, die aber in einer Schublade verschwindet, bis man sie Jahre später zufällig wieder entdeckt, sie einem aber nichts mehr sagt. Ich erwähne den Besuch deshalb, weil wir uns mehr als ein Jahr später unter bemerkenswerten Umständen wieder begegnen sollten.

Ich weiß nicht mehr, wie lange ich es damals ohne die Droge ausgehalten habe, mehr als zwei Wochen dürften es nicht gewesen sein. Anlässlich eines Besuches bei meinem Freund Wacki, der ebenfalls seit einigen Jahren Heroin konsumierte, wurde ich schwach und ließ mich von ihm zu ein paar Linien einladen. Da es ihm finanziell schlecht ging, schlug ich vor, zusammen in den Fernen Osten zu fliegen und einen Schmuggel in die USA zu organisieren. Sollte er bereit sein, ein halbes Kilo von Bangkok nach Tokio zu transportieren, versprach ich ihm 20.000 Dollar, sobald wir in Kalifornien ankämen. Er brauchte den Stoff nur bis Tokio zu bringen, da ich vorhatte, ihn von dort per Post an Hunter zu schicken, denn das ersparte uns den Stress, der jedes Mal mit einer

Zollkontrolle in den USA einherging. Niemand sollte uns nachsagen, dass wir auf dem Weg zum vermeintlichen Glück nicht bereit gewesen wären, Risiken einzugehen, aber ein Gefängnisaufenthalt in den USA gehörte nicht zu den Szenarien, auf die wir neugierig waren. Die Amerikaner betreiben nämlich, für den, der es noch nicht mitbekommen hat, mit die unmenschlichsten Gefängnisse auf der ganzen Welt, was in Anbetracht der Ausbeutung, insbesondere der überproportional eingesperrten Schwarzen, eine Fortführung der Sklaverei unter dem Deckmantel der »*Correction*« ist.

Im Gegensatz zu meiner Frau war Wacki mit meinem Plan einverstanden. In einer Woche wollten wir aufbrechen.

3.3 Indien

Im Hurricane-Reisebüro an der Leopoldstraße bestellte ich die Tickets. Weil Wacki Asien noch nicht kannte, buchte ich einen Flug, der touristische Aspekte berücksichtigte: Zürich – Bombay – Bangkok – Taipeh – Tokio – Honolulu – San Francisco. An jedem dieser Orte wollten wir Station machen und ein paar Tage bleiben. Wir nahmen den Zug nach Zürich und checkten dort bei der Swissair ein, die uns direkt nach Bombay brachte. Wir überflogen den Balkan, die Türkei und Syrien; über Kuweit und den Persischen Golf erreichten wir den Indischen Ozean und steuerten auf Bombay zu.

Über der Metropole hingen wie immer gewaltige Kumulus-Wolken, in die wir im Landeanflug eintauchten. Die riesige DC10, seinerzeit nach dem Jumbo das zweitgrößte Verkehrsflugzeug, rollte auf die angewiesene Parkposition und eine mobile Fluggasttreppe wurde angedockt, über die Passagiere damals an den meisten Flughäfen von Bord gingen. Als sich die Türen der Maschine öffneten, stand da wieder diese indische Wand aus sengend heißer Luft vor uns. Die wenigen Minuten zu Fuß vom Flugzeug zur Ankunftshalle genügten, um uns den Schweiß aus den Poren zu treiben.

»Ich hoffe, die haben eine Dusche im Hotel«, fasste mein Reisegefährte seinen ersten Eindruck zusammen.

»Keine Sorge. Wir steigen zwar nicht im Sheraton ab, aber Wasser gibt es auch in indischen Hotels.«

Wir ließen uns vom Taxifahrer zu einem Hotel bringen, welches mir auf der letzten Reise ein Amerikaner empfohlen hatte. Den Namen der Herberge habe ich vergessen, es handelte sich um eine zum Hotel umfunktionierte englische Kolonialvilla aus dem 19. Jahrhundert. Sobald das Taxi in die Einfahrt bog, strömten uns die Hotelangestellten entgegen, die im Schatten hoher Büsche auf Kundschaft harrten. Die jungen Männer nahmen uns das Gepäck ab und führten uns in die Lobby. Nachdem wir die Anmeldeformulare ausgefüllt hatten, geleiteten sie uns in den zweiten Stock, wo das Doppelzimmer mit Blick auf den Hafen lag, das man uns aufgeschwatzt hatte. Da der Aufzug nicht funktionierte, nahmen wir die Treppe. Unser »Doppelzimmer« bestand aus einem geräumigen ehemaligen Esszimmer, einem ebenso großzügigen Schlafzimmer mit zwei Doppelbetten und einem Bad, anderenorts hätte man gesagt eine Suite, wäre das alles nicht in einem so bedauernswerten Zustand gewesen. Alle Räume waren untermöbliert, aber immerhin hingen Ventilatoren unter den Decken, die einen angenehmen Luftzug erzeugten. Als Wacki ins Bad trat, stellte er fest, dass kein Wasser aus den Hähnen kam.

»Was ist das denn?«, beklagte er sich bei einem der Männer, die unsere Koffer hinaufgetragen hatten. *»No water?«*

»No water«, sagte der Mann lachend, indem er auf indische Weise mit dem Kopf wackelte. *»No problem Sir, water coming later.«*

Wir verstanden ihn zwar nicht, fügten uns zunächst aber in den Wassermangel. Bombay war eben nicht Frankfurt, da musste man zuweilen Abstriche hinnehmen. Oder, um es einmal mit dem Weltschriftsteller Altmann zu sagen: Niemand wird schneller bescheiden als ein Reisender.

»Hast du das gehört?«, fragte Wacki. »Der hat ›Sir‹ zu mir gesagt.«

»Was soll er denn sonst sagen? Indien war fast zweihundert Jahre von den Engländern unterdrückt, und die haben den Jungs hier beigebracht, den weißen Mann mit ›Sir‹ oder ›Sahib‹ anzusprechen.«

»Dass hier mal die Engländer waren, weiß ich selber«, maulte er beleidigt. »Aber die sind doch mittlerweile wieder fort. Da könnten die Inder doch langsam mit uns gleichziehen, ich meine, auf Augenhöhe kommen.«

»Wart's ab. Die spielen schon noch ihre Rolle. Atombomben haben sie angeblich jetzt schon«, belehrte ich meinen Kumpel weiter. »Außerdem: Wer sagt denn, dass die Inder nicht längst mit uns Europäern mithalten können? Auf kulturellem und spirituellem Gebiet allemal.«

»Insbesondere was die Drogenkultur anbelangt«, grinste Wacki und würgte eine Lektion in indischer Kulturgeschichte ab, die er wohl von mir befürchtet hatte. Dabei kannte ich mich in der indischen Kultur ebenso wenig aus wie er. Was wusste ich damals schon über Indien, über seine Geschichte, seine Kultur, seine Gesellschaftsordnung? Nicht gerade viel, um nicht zu sagen *nada*. Und ich war mir auch nicht sicher, inwieweit ich mich auf das Land und die Leute einlassen wollte. Wir waren nach Indien gekommen, um ein paar Tage lang Opium zu rauchen, um Rashid und die Schwester meines Münchener Freundes Glenn zu besuchen, um Menschen und ihre Geschichten kennenzulernen. Falls uns darüber hinaus noch Zeit blieb, wollten wir die Stadt besichtigen und das damals in Europa noch weitgehend unbekannte indische Essen probieren. Rashids Einverständnis vorausgesetzt, wollte ich ein paar gute Fotos in der Opiumhöhle machen, ein Ort, zu dem nicht jeder Tourist und erst recht nicht jeder Reisejournalist Zugang fand. Außerdem hatten wir beschlossen, uns mit Rashid die Slums anzusehen, die zu den elendesten der Welt zählen sollten, falls er den Nerv dazu hatte.

Da ich darauf bestand, das Wasserproblem im Bad sofort zu beheben, organisierte der Oberkofferträger eine Kolonne von zehn Burschen, die sich daran machten, aus einem in der Nachbarschaft gelegenen Brunnen eimerweise Wasser herbeizuschleppen und damit die Wanne zu füllen. Das heißt, ehe sie gefüllt werden konnte, musste sie gereinigt und ein Stöpsel gefunden werden. Die Burschen schleppten also Eimer um Eimer die Treppe hoch, und weil sich vor dem Badezimmer ein kleiner Stau bildete, beschloss einer der Jungs, den schweren Wassereimer kurz auf dem Bett abzustellen. Das Unvermeidliche geschah, der Eimer kippte, und zehn Liter Wasser fluteten Laken und Matratze.

Ich war geneigt, mich aufzuregen, beließ es jedoch bei mildem Kopfschütteln, als ich die schuldbewusste Miene des jungen Mannes sah. Er hatte es gut gemeint, hatte den vollen Eimer die Treppe hoch geschleppt und dafür wahrscheinlich eine Münze erwartet oder wenigstens ein Lob. Ihm fehlte einfach das Alltagswissen, dass man einen Eimer Wasser nicht so ohne weiteres auf eine weiche Matratze stellen kann. Wahrscheinlich hatte er noch nie auf einer Matratze geschlafen, woher sollte er also wissen, wie Matratzen auf volle Wassereimer reagieren? Das Malheur war geschehen, der Schaden konnte aber behoben werden.

Lachend zogen die Boys das nasse Laken ab, schleppten eine andere Matratze herbei, und zehn Minuten später war alles erledigt: Die Badewanne war gefüllt, die Betten frisch bezogen, das Zimmer geputzt. Wacki gab ihnen ein paar Rupien, dann zogen sie ab, und wir richteten uns ein.

Ich erwähne diese kleine Geschichte deshalb, weil sie meines Erachtens typisch für das damalige Indien war. Gerade bei der praktischen Umsetzung von Dingen, die nicht zur alltäglichen Routine gehörten, hatten viele Inder ihre Probleme. Andererseits regte sich niemand über Missgeschicke auf, und es wäre ihnen nie eingefallen, sich darüber gar zu streiten. Wir hatten es einfach mit einer anderen Kultur zu tun, mit anderen sozialen Strukturen, anderen gedanklichen Zugängen und einer von der europäischen völlig verschiedenen Lebenserfahrung. Man konnte Indien nicht nach unseren Maßstäben beurteilen. Sollte der Begriff des Kulturschocks für uns Europäer je seine Berechtigung gehabt haben, dann hier, angesichts unserer Ratlosigkeit bei der Einordnung all der Verhaltensweisen und Phänomene, die man damals in Indien beobachten konnte.

Der erste Weg in Bombay führte uns in die Opiumhöhle. Rashid, der mich längst zu den Stammgästen zählte, hieß meinen Kumpel willkommen und bot uns den Platz vor dem Balkon an. Wacki, der zuvor noch nie Opium geraucht hatte, empfand den Rausch noch besser als den der strengen Schwester Heroin. Wir hätten in Rashids Etablissement übernachtet, hätte der uns gegen vier Uhr in der Früh nicht sanft hinauskomplimentiert. Bloß um am Nachmittag wieder unter den ersten Gästen zu sein. Von der Stadt sahen wir nicht viel, denn die meiste Zeit lagen wir bei Rashid auf dem Teppich und ließen uns Pfeifen stopfen, bis wir in unseren Träumen versanken.

Nachdem Rashid herausgefunden hatte, dass es für meinen Freund die erste Indienreise war, fühlte er sich verpflichtet, ihm ein wenig über sein Land zu erzählen, als Moslem, der er war, natürlich durch die mohammedanische Brille. Hindus und Moslems hatten nicht die besten Beziehungen damals, irgendwer hetzte sie gegeneinander auf.

Rashid versuchte, uns das Kastenwesen zu erklären, welches die Menschen in vier Kategorien einteilt: in Priester und Lehrer, in Krieger und Soldaten, in Händler und Bauern, in Arbeiter und Tagelöhner. Die sogenannten Parias, die Unberührbaren stehen an unterster Stelle. Deren einzige Pflicht ist es, zu gehorchen und zu dienen. Mahatma Gandhi nannte sie liebevoll *Harijan* (Kinder Gottes).

Wie passte das alles mit den Menschenrechten zusammen, an die wir glaubten? Wie mit Demokratie, mit dem Streben des Menschen nach Freiheit, sozialer Anerkennung und Glück? Hier fängt es für einen Westler an, kompliziert zu werden. Was hat man unter Unberührbarkeit zu verstehen? Handelt es sich um eine Art Apartheid? Eine religiöse Diskriminierung, die uns aus der katholischen Kirche nicht unbekannt war?

Auch wenn Rashid, der als Moslem keiner Kaste angehörte, sich Mühe gab, uns diesen Wahnsinn zu erklären – nachvollziehen konnten wir dieses System nicht. Gewiss waren die Hippies, die in Indien eine Nische für ihre libertäre Lebensweise gefunden hatten, blauäugig, wenn sie nach der Rückkehr von dem Land schwärmten und jeden auf Ibiza oder in München mit *»Namaste«* begrüßten, ganz so, als seien sie persönliche Emissäre des verstorbenen Mahatma Ghandi und dazu bestimmt, der westlichen Kultur den Weg zu weisen. Es gab sicher viel Bewundernswertes in Indien, aber auch ebenso viel Wahnsinn, wie eben dieses Kastenwesen, das Millionen von Menschen von vorneherein keine Chance einräumte. Zumal jeder Inder (und jede Inderin) durch Namen und Hautfarbe verraten, welcher jeweiligen Kaste sie angehören. Jeder Hindu lebt mit dieser Fessel in einer klar definierten Ordnung festgelegter Normen und Tabus, was im Einzelnen so weit geht, dass es Vorschriften darüber gibt, was man essen und nicht essen, was man anziehen und nicht anziehen darf, mit wem man seine Zeit verbringen, ein Lokal besuchen und wen man lieben oder nicht lieben darf, all diese persönlichen Angelegenheiten sind genau geregelt. Und weil die Hindus unter den Indern, bei weitem die größte Bevölkerungsgruppe, sich schicksalhaft in diese Vorgaben fügen, die letztlich wie bei den meisten Religionen, ein ausgeklügeltes System der Machtausübung darstellen, hat es die aufgeklärte Mittelschicht so schwer, Änderungen einzuleiten. Die Kaste bestimmt das Schicksal eines jeden Hindu von Geburt an, so war es die letzten 3.000 Jahre. Der Hindu glaubt, es hänge vom jetzigen Leben ab, in welche Kaste er bei der Wiedergeburt zur Welt kommen wird. Je besser und gottgefälliger man lebt, desto höher ist die Kaste, in die er im nächsten Leben hineingeboren wird. Womit wir beim nächsten Irrglauben angekommen wären, was mir den eleganten Ausstieg aus diesem Exkurs ermöglicht. Rashid versprach, uns mit einem Mann bekannt zu machen, der uns mehr zu Indien und seiner Gesellschaft erzählen könne.

Am zweiten oder dritten Tag stellte er uns einen Mann vor, der in einer nördlichen Vorstadt von Bombay ein Filmstudio besaß. Sein Name war Sitaram Senn. Er kam von Zeit zu Zeit in Rashids Lokal, um ein paar Pfeifen Opium zu genießen. Nachdem Rashid uns einander vorgestellt hatte, gesellte er sich zu uns, und nachdem er zwei Pfeifen geraucht hatte, was ihn sichtlich entspannte, kam eine lebhafte Unterhaltung in Gang. Der Mann sprach über den Film, den man gerade in seinem Studio drehte, dann bot er uns an, uns mit indischen Filmsternchen bekannt zu machen, was Wacki und ich einigermaßen befremdet zur Kenntnis nahmen. Irgendwie schienen wir nicht zusammenzupassen: Während wir auf die Dreißig zugingen, dürfte er bereits nahe der Fünfzig gewesen sein. Wir bezeichneten uns als Hippies, was in Asien niemandem einfallen würde, denn Hippies waren in ihren Augen Habenichtse und Schmutzfinken, hatten also ein denkbar schlechtes Image.

Herr Senn gehörte zur *Upper-Class* von Bombay, trug ein traditionelles indisches Gewand und achtete sehr auf sein Äußeres. Ihm lag viel daran, dass man ihn sofort als reichen Mann identifizierte, uns hingegen war es ziemlich egal, als wen oder was man uns ansah, abgesehen davon, dass wir nicht wollten, dass Polizisten und Zöllner uns als Rauschgiftschmuggler erkannten. So blieb die Konversation im euro-asiatischen Smalltalk stecken, bis es mit Sitarams Geduld vorbei war, und er mit der Sprache herausrückte. Rashid hatte ihm wohl erzählt, dass ich in schöner Regelmäßigkeit in Bombay auftauche und Fotograf von Beruf sei. Das ließ Herrn Senn spekulieren, ich könne möglicherweise nackte Frauen fotografieren, denn dort lag sein Interesse. Nachdem er noch eine Weile um den heißen Reis geredet hatte, fragte er uns schließlich, ob wir ihm Pornografie beschaffen könnten. Dazu muss man wissen, dass seinerzeit pornografische Bilder und Filme in Indien gesetzlich verboten waren. Mir fiel ein, dass mir bei der Einreise schon wiederholt der *Playboy* konfisziert worden war, was mich jedes Mal belustigt hatte. Bei der Ausreise durfte ich das im Zolltresor aufbewahrte Heft dann wieder mitnehmen. Sitaram bat uns, bei der nächsten Indienreise Magazine und Filme mit pornografischem Inhalt mitzubringen, er werde gut dafür bezahlen.

Wacki und ich mussten grinsen angesichts der Ernsthaftigkeit, mit welcher der Inder dieses Geschäft anzubahnen versuchte. Wir versprachen ihm, bei Gelegenheit einige Videos mitzubringen. Hoch erfreut lud er uns daraufhin für den nächsten Tag zu sich nach Hause zum Essen ein, wo er uns seiner Gattin und seinen beiden Kindern vorstellen wollte.

Er lebte mit seiner Familie in einem Hochhaus in Colaba, nicht weit vom Viktoria Bahnhof entfernt, einem weiteren Wahrzeichen der Stadt. Als er erfuhr, in welch einem heruntergekommenen Haus wir abgestiegen waren, ordnete er an, dass wir ins noble Taj Mahal umziehen sollten, er bestand sogar darauf, die Kosten zu übernehmen. Gewiss konnte er sich die 110 Dollar leisten, die er dort pro Tag für uns zu berappen hatte, also willigten wir ein. Mir schien, dass es unsererseits eine Geste des Respekts darstellte, sein Angebot anzunehmen.

Wir aßen vegetarisch im Hause des Filmproduzenten, wo man die hinduistischen Speisegebote befolgte. Die Zubereitung des Essens war Aufgabe des Küchenpersonals. So lernte ich zum ersten Mal die klassische indische Küche kennen, die ich seither so sehr schätze. Ich erfuhr, dass Curry eine Mischung aus vielen Gewürzen ist, die in Indien jede Hausfrau und jeder Koch individuell zusammenstellt. Frau Senn war in einen seidenen Sari gehüllt, das Mädchen und der Junge, beide kurz vor der Pubertät, kleideten sich westlich, was der Vater milde lächelnd tolerierte.

Wacki und ich blieben, bis wir auch den letzten Leckerbissen probiert hatten, dann brachte uns Herr Senn persönlich zum alten Hotel, wo er angewidert beobachtete, wie die Kofferträger unser Gepäck zum Wagen schleppten. In der Empfangshalle des Taj hellte sich seine Miene auf, während er die Formalitäten an der Rezeption erledigte. Als uns das luxuriöse Zimmer vorgeführt wurde, zeigte der Inder eine Spur des Understatements, welches er wahrscheinlich von den alten Kolonialherren übernommen hatte. Anschließend lud er uns zu einem Drink in die Hotelbar ein. Nach zwei Whiskeys und indischem Knabberzeug (mit Curry frittierte Reisnudeln und Chips) schlug er vor, am nächsten Tag zusammen mit ihm in sein Appartement nach Juhu zu fahren, einer weiteren Vorstadt, wo der schönste Strand der Gegend zu bewundern sei. Er bot uns sogar an, dort die verbleibenden Tage zu wohnen, sollte es uns am Strand besser gefallen als im Taj Mahal Hotel. Als Leckerbissen offerierte er uns eine Nacht mit zwei angehenden Schauspielerinnen, »wunderschöne junge Damen aus arrivierter Kaste«, die uns zeigen würden, was der Kamasutra-geschulte Hindu unter Sex und Erotik versteht. Das klang nicht übel, und wieder einmal bewies sich, dass Wacki und ich ähnlich gestrickt waren. Welcher Mann kann ein derartiges Angebot ablehnen! Und um die Sache perfekt zu machen, kündigte Sitaram an, auch er werde sich ein Mädchen mitbringen, was er sich nach fast zwanzig Jahren mit seiner »Misses« redlich verdient habe.

Wacki stimmte ihm zu, wenngleich die Misses Senn, die wir kennengelernt hatten, alles andere als eine verdorrte Pflanze zu sein schien. Nachdem wir die Bar verlassen hatten, verabschiedete sich unser neuer Bekannter und wir nahmen ein Taxi zur Cashmere Opium Den, nach wie vor *der* Ort in Bombay, an dem wir uns am wohlsten fühlten. Wir rauchten, spielten Poker mit anderen Gästen, während Rashid sich erfreut darüber zeigte, dass wir mit dem Filmproduzenten »ins Geschäft« gekommen waren. Diesmal warf er uns nicht hinaus, nachdem die letzten Gäste betäubt hinausgewankt waren. Ich behauptete, nicht mehr transportfähig zu sein, und Wacki erklärte, dass auch er sich nur von einer Ambulanz zum Hotel würde bringen lassen. Damit hatten wir Rashid ausgebremst, und er gestattete uns resigniert, in seinem Lokal zu übernachten. Wir rauchten noch eine Pfeife zusammen, ehe er sich auf den Weg zu seiner Familie machte, die nicht weit vom Geschäft in der Shuklaji-Street wohnte.

Am Morgen tauchte als erste eine fette Ratte auf, kurz darauf erschien Bangali, der Geschäftsführer, der dafür zu sorgen hatte, dass immer genügend frisches Opium aufgekocht war und der für Sauberkeit und Hygiene zuständig war. Außerdem führte er die Kasse, aber damit hatten wir nichts zu schaffen, seit Rashid mich einmal um tausend Dollar abgezockt hatte und mir anschließend reuig »lebenslang Freiopium« versprochen hatte. Das hatte Stil, und nicht zuletzt deshalb hatte ich den schlitzohrigen Inder ins Herz geschlossen.

Wir blieben bis in den Nachmittag hinein, warteten noch einen heftigen Regenschauer ab, ehe wir uns bei Rashid, seiner Crew und den Gästen verabschiedeten. Von einer Droschke ließen wir uns zum Hotel bringen, wo wir uns wuschen und rasierten und anschließend auf den großen, weichen Betten wieder in unsere Träume versanken.

Der Opiumrausch hielt lange an und führte uns einmal mehr in ein Reich zwischen Traum und Schlaf, ein Zustand, den wir als sehr angenehm empfanden. Hinzu kam, dass wir, während wir unter der Wirkung des Schlafmohns standen, keinerlei Bedürfnis hatten, Heroin zu konsumieren. Was uns zu der Vermutung brachte, man könne sich mit Opium vom Heroin freischwimmen. Das war nämlich unser beider Problem. Wir konsumierten das weiße Pulver schon viel zu lange, als dass wir so mir nichts dir nichts damit hätten aufhören können. Aber genau das hatten wir uns in München vorgenommen. Wir wollten bei der Rückkehr nach Europa clean sein. Unsere Reise hatte also auch einen therapeutischen Zweck. Soviel sei an dieser Stelle schon verraten: Es wurde abenteuerlich. Aber zunächst freuten wir uns auf die Schauspielerinnen, auf die Sitaram uns neugierig gemacht hatte.

Am Abend holte er uns im Hotel ab. Die Fahrt durch das abendlich summende Bombay dauerte fast eine Stunde, bis wir endlich in Juhu ankamen. Das Appartement lag in einem achtstöckigen Neubau direkt am Strand. Den Wagen stellte Sitaram in der Tiefgarage ab, von dort ging es im Aufzug nach oben. Die Wohnungstür war mehrfach gesichert, zunächst öffnete er eine massive Gittertür, anschließend die mit drei Sicherheitsschlössern versehene Haustür, die aus Mahagoniholz gefertigt war. Wir betraten eine luxuriös eingerichtete Maisonette mit Wohnzimmer, Balkon mit Strandblick, Küche, zwei Zimmer und Gästebad auf der unteren Etage. Vom Salon aus führte eine Wendeltreppe nach oben, wo Sitaram sich ein kleines Büro eingerichtet hatte. Daneben befand sich ein großes Badezimmer, zum Meer hin der *»Masterbedroom«* und ein weiteres Schlafzimmer. Alles war aus edlen Materialien gefertigt: Parkettböden, marmorne Fensterbänke und weiß lackierte Türen mit Griffen aus Messing. Hier hätten Wacki und ich es in der Tat eine Zeit lang aushalten können, und auch der Strand hinter dem Haus gefiel uns. Wie unser Gastgeber uns erklärte, der schönste und meistbesuchte im Großraum Bombay.

Hierhin hatten sich also die Bombayer Bonzen zurückgezogen, hier gab es keine Slums und auf den Straßen begegnete man weder heiligen Kühen noch Bettlern. Juhu war das Viertel der reichen Filmschaffenden, die Oase der Erholung von der Bollywood-Hektik. Nicht ohne Stolz führte uns Sitaram durch sein persönliches Shangri-La.

»Die Damen dürften jeden Augenblick hier eintreffen«, erklärte er, nachdem wir alles gesehen hatten und er uns mit Küche und Bad vertraut gemacht hatte. »Es handelt sich um Mädchen von der Schauspielschule, selbstverständlich aus guten Familien, denn nur der Nachwuchs aus angesehen Familien hat bei uns die Möglichkeit, in der Filmindustrie etwas zu werden.«

»Also keine Prostituierten?«, fragte ich skeptisch.

»Nein, nein. Keineswegs. Die Mädchen wissen zwar, was von ihnen heute Nacht erwartet wird, aber sie kommen nicht für Geld hierher. Ihnen geht es, sagen wir mal, um ideelle Werte.«

»Ideelle Werte?«, fragte ich, indem ich vorgab, die Zusammenhänge noch nicht begriffen zu haben.

»*Well*, sie erhoffen sich durchaus einen Vorteil. Sicher erwarten sie nicht, hier heute Abend einem Mann fürs Leben zu begegnen. Ihre Väter haben eine Menge Geld in ihre Ausbildung investiert und die Familien hoffen, dass sie erfolgreich sind und berühmt werden. Um dieses Ziel zu erreichen, greifen sie nach jeder Hand, die sich ihnen bietet, zuweilen auch nach den *private parts*, if you know what I mean*«, lachte er sich aus der Klemme.

»Verstehe«, sagte Wacki. »Das ist bei uns auch nicht anders. Ich kenn 'ne Menge Weiber, die übers Bett Karriere gemacht haben. Möchte nicht wissen, wie viele von den Filmsternchen für eine kleine Rolle die Beine breit gemacht haben.«

---

* Genitalien

»Hier in Indien wird über so etwas natürlich nicht öffentlich geredet. Aber als Produzent kann ich so ziemlich jede Nachwuchsschauspielerin kriegen, wenn ich ihr einen Part im Film verspreche.«

»Was ist schon groß dabei?«, reihte ich mich ein. »Würde ich als Frau wahrscheinlich auch machen. Zumal Sex doch eine schöne Sache ist.«

»Ganz recht«, stimmte Sitaram zu. »Im Übrigen sind wir doch gut aussehende Kerle und die Chance, mit einem Europäer ins Bett zu gehen, bietet sich den jungen Damen nicht sehr oft. Man muss sie jedenfalls nicht dazu zwingen. Hattest du schon einmal Sex mit einer indischen Frau, Harry?«

»In Poona. Aber die lebte im Ashram und hatte sich Bhagwans freizügige Sexualmoral zu eigen gemacht.«

»Und? Wie hat's dir gefallen?«

»Um ehrlich zu sein, es war eine ziemlich langweilige Nummer. Ayesha, so hieß sie, lag die ganze Zeit da wie ein Stück Holz. Was mir allerdings gefallen hat, war, dass sie indische Musik auflegte, für mich tanzte und sich dabei entkleidete. Und ich erinnere mich, dass sie keine Unterwäsche trug.«

»Na, das ist doch schon mal was«, schaltete sich Wacki fachmännisch ein. »Die Hauptsache ist doch, dass du es ihr gut besorgt hast.«

»Da war ich mir nicht mal so sicher. Gestöhnt hat sie jedenfalls nicht, wahrscheinlich ist es ihr nicht einmal gekommen. Ich erinnere mich, dass sie, kaum dass wir fertig waren, aufstand und sich waschen ging«, sagte ich.

»Immerhin achtete sie auf Sauberkeit«, frotzelte Wacki weiter.

»Stimmt«, mischte sich Sitaram ein. »Inderinnen achten sehr auf Hygiene.«

»Hygiene hin oder her«, erklärte ich abschließend. »Meine Yoginy hat mir, glaub ich, den Orgasmus vorgetäuscht. Und das mögen Männer nun mal gar nicht.«

Gerade als Sitaram sich des Themas annehmen wollte, summte es im Flur. Ein junger Mann, der sich als Taxifahrer entpuppte, erkundigte sich, ob er bei der richtigen Adresse sei. Sitaram drückte ihm einen Schein in die Hand und schickte ihn nach unten, um die Mädchen zu holen.

»Wie teilen wir die Bräute denn unter uns auf?«, wollte Wacki wissen.

»Ihr sucht euch jeder eine aus und ich nehme die, die übrig bleibt«, schlug unser Gastgeber vor. »Amitai, mein Produktionsleiter hat sie ausgewählt. Zwei von ihnen waren vor ein paar Tagen bei ihm zu Gast. Es sollen sehr reizende und vor allem schöne Mädchen sein.«

»Solange sie nicht fett sind, soll es mir Recht sein«, sagte Wacki. »Ich stehe nämlich nicht auf fette Weiber.«

»Wirklich? Bei uns in Indien stehen mollige Mädchen (Sitaram sagte *chubby girls*) hoch im Kurs. Leider gibt es nicht sehr viele davon. Wir neigen nicht zur Fettleibigkeit.«

»Das glaube ich gern, ein Paria wird selten fett!«

Sitaram überging Wackis Unhöflichkeit und begab sich zur Eingangstür, wo man den Aufzug hören konnte. Lautlos schlüpften die Mädchen in die Wohnung. Das erste, was mir auffiel, war der betörende Duft, den sie mitbrachten. Das zweite, dass sie mir sehr jung vorkamen. Ich schätzte sie auf höchstens achtzehn Jahre.

»Wo hat er die denn her?«, murmelte ich meinem Kumpel zu, noch ehe Sitaram uns mit den jungen Damen bekannt gemacht hatte. »Sieht ganz so aus, als hätte der Typ sie auf dem Schulhof eingesammelt.«

Wacki verkniff sich einen sarkastischen Kommentar, denn nun stellte der Produzent die Schauspielerinnen vor. Sie sprachen, wie die meisten gebildeten Inder, mehrere Sprachen aber mit uns redeten sie Englisch, was damals die offizielle Landessprache war. Es gab also keinerlei Verständigungsprobleme. Die jungen Damen verneigten sich, und Sitaram fragte jede nach ihrem Namen. Wie sie hießen, fand ich weder in meinem Tagebuch vermerkt, noch kann ich mich daran erinnern. Nennen wir sie Dati, Shilpa und Nisha. Sie setzten sich artig auf das Kanapee und harrten der Dinge. Wacki und ich betrachteten sie amüsiert und versuchten, den Erotik-Faktor zu bestimmen. Woran erkennen Frauen und Männer, ob der mögliche Partner sexuell zu ihnen passen könnte? Welche sind die subtilen Signale, die uns erst neugierig und dann geil machen?

Um die Paarbildung zu beschleunigen, veranstaltete Sitaram eine Art Casting, bei dem wir den Frauen Fragen stellen sollten.

Ich fragte eine nach der anderen nach ihrem Alter. Das schienen sie lustig zu finden, aber sie antworteten brav. Angeblich waren sie alle drei siebzehn Jahre alt.

Sitaram erklärte, dass Frauen in Indien früher reifen als in Europa, und dass sie traditionell sehr jung verheiratet werden, insbesondere auf dem Land. Auch wenn das offizielle Heiratsalter bei 18 Jahren lag, war es in einigen Gegenden üblich, Mädchen ab Zehn der Obhut des zukünftigen Ehemannes und der Schwiegermutter zu übergeben, wo sie in der Regel kein schönes Leben hatten, um es einmal vorsichtig auszudrücken. Die Inderinnen hatten damals noch einen weiten Weg zu ihrer Befreiung zurückzulegen.

Wacki und ich zogen es vor, uns an den schönen Dingen zu erfreuen, die uns Land und Kultur damals boten. Zumal wir am gesellschaftlichen Status quo nichts ändern konnten. Allein das Kastenwesen und die Unterdrückung der Frauen als Verbrechen gegen die Menschenwürde zu bezeichnen, wäre bei den Einheimischen auf Befremden gestoßen. Also hielten wir uns mit aufklärerischer Fundamentalkritik zurück und genossen stattdessen das gute Opium, das leckere Essen und die wirklich schönen Mädchen.

Wir stellten ihnen also blöde Fragen, die sie verlegen beantworteten, und am Ende entschied sich Wacki für die zierlichste, weil sie auf seine Frage nach ihrem Lieblingsfilm »Emanuelle« geantwortet hatte, einem Mitte der siebziger Jahre in Europa erfolgreichen Erektionsbeschleuniger, den sie in Indien allerdings höchstens hinter zugezogenen Vorhängen gesehen haben konnte, denn solche Streifen wurden dort zur Pornografie gezählt. Wacki wertete das wohl als Zeichen erotischer Unternehmungslust, denn danach stellte er keine weitere Frage mehr und lud Dati ein, an seiner Seite Platz zu nehmen. Für mich war das Casting damit beendet. Ich ging um den Tisch herum, verneigte mich vor dem Mädchen im roten Sari, so wie ich es einmal im Tanzkurs gelernt hatte, nahm sie bei der Hand und führte sie gleich in das Zimmer, welches Sitaram Wacki und mir zuvor zugewiesen hatte. Damit waren die Rollen verteilt. Unser Gastgeber, der ebenfalls mit seinem Los zufrieden schien, bat uns noch, gegen acht am Morgen zum Frühstück im Salon zu erscheinen, dann zog auch er sich mit seiner Partnerin nach oben zurück.

Wie sich auf dem Zimmer herausstellte, war meine Wahl auf Shilpa gefallen, ein Name, der mir sehr gut gefiel, weil er mich an einen Spatz erinnerte. Sitaram hatte an alles gedacht: Auf dem Couchtisch standen alkoholfreie Getränke und gekochte Erdnüsse, in einer Schale auf einer antiken Kommode lagen Präservative und im Gästebad ein Stapel weißer Handtücher.

Wir machten es uns auf den Kissen bequem, die um den niedrigen Tisch herum lagen. Und weil wir Zeit hatten und unsere Körper noch unter der warmen Glut des Opiums standen, welches sich dämpfend auf das Lustzentrum auswirkt, hatten wir es nicht eilig. Ich bat Shilpa, im Radio indische Musik zu suchen und zündete derweil einige Räucherstäbchen an, die ich auf der Fensterbank fand. Schließlich kam eine Unterhaltung in Gang. Wir erkundigten uns bei den Mädchen nach den Filmen, die in Bombay gedreht wurden (von Bollywood hatten Wacki und ich noch keine genauere Vorstellung), wir fragten nach der Schauspielschule und nach ihren Familien. Unsererseits erzählten wir ihnen von amerikanischen Filmen, die die beiden Mädchen nicht kannten. Da sie gut Englisch sprachen, gab es keine Verständigungsschwierigkeiten. Zwanglos kuschelten wir uns irgendwann aneinander, liebkosten uns ohne Hast und es dauerte lange, bis unsere Körper die weitere Regie übernahmen.

Was sich erotisch in dieser Nacht abspielte, möchte ich unkommentiert lassen. Dazu, wie Sitaram sich geschlagen hat, kann ich ohnehin nichts sagen. Vielleicht passt hierher ein Zitat von Mahatma Gandhi, dem puritanischen Weisen:

Das Laster blüht in der Dunkelheit. Es verschwindet im Lichte des Tages. Gewaltlosigkeit und Wahrheit leuchten von selbst …

Mit Rücksicht auf uns Europäer hatte der Hausherr bei einem Catering Service ein amerikanisches Frühstück bestellt. Kurz danach wurden die Mädchen abgeholt, und auch wir fuhren zurück nach Colaba, wo Sitaram uns vor dem Hotel absetzte.

Den restlichen Morgen verbrachten wir auf dem Zimmer, wo es im Gegensatz zum Appartement in Juhu angenehm kühl war. Indien ist ein heißes Land, in dem man eine Klimaanlage schätzen lernt.

Wir blieben noch ein paar Tage, machten einen Bootsausflug auf die Insel Elephanta und kauften Souvenirs im Khadi Emporium*. Wacki erstand zwei kleine Schmuckdosen aus Ebenholz, ich ein paar Meter indische Seide für meine Mutter. Wir besuchten Mira, die Schwester meines Münchener Freundes Glen, die in Worli wohnte, einem von höheren Kasten besiedelten Stadtteil. Den letzten Tag hielten wir für einen Abschiedsbesuch in der Shuklaji Street frei. Ich kam endlich dazu, zwei Rollen Kodachrome mit Impressionen aus der *Kashmir Chandu Den* zu belichten. Als wir uns verabschiedeten, schenkte Rashid jedem von uns eine fette Kugel Speiseopium, welches wir während des geplanten Heroinentzugs einsetzen sollten. Dass das funktioniert, bewies allein die Tatsache, dass wir, seit wir in Bombay gelandet waren und Opium statt Heroin konsumierten, keinerlei Entzugsprobleme hatten. Also beschlossen wir, beim Opium zu bleiben und es nach und nach abzudosieren.

Der letzte Besuch galt Sitaram, bei dem wir uns für seine Gastfreundschaft bedankten und versprachen, ihm beim nächsten Mal die schärfsten *blue movies*** mitzubringen, die wir in Amerika finden könnten. Als wir vor seinem Haus ins Taxi stiegen, das uns zum Flughafen bringen sollte, sagte der Inder: *»Don't forget: I like the blond ladies with the big breast!«* Wie sollten wir so etwas vergessen!

---

* Indische Kaufhauskette mit kunsthandwerklich gefertigten Waren

** Pornofilme

3.4 Wacki II

Kaum dass wir in Bangkok gelandet waren, trafen wir eine Bekannte aus Österreich, die zusammen mit ihrem Freund im Miami Hotel abgestiegen war. Sissy und Andy liefen uns nicht etwa zufällig über den Weg, wir waren im legendären King's Hotel verabredet. Sissy hatte Paco im Jahr zuvor in Indien kennengelernt, und der hatte ihr vor der Rückreise nach Österreich einen präparierten Koffer mit vier Kilo Haschisch in die Hand gedrückt, den sie ohne Schwierigkeiten in Wien durch den Zoll brachte. Daheim in Tirol angekommen, hatte sie mich angerufen und mir mitgeteilt, sie habe ein Mitbringsel von Paco dabei, welches ich bitte bei ihr in Schwaz bei Innsbruck abholen möge. Ohne zu wissen, was genau es damit auf sich hatte, fuhr ich an einem verschneiten Winterabend zusammen mit Wacki nach Schwaz, wo Sissy uns zunächst ihren Eltern vorstellte, die sich als aufgeschlossen und umgänglich herausstellten. Nachdem wir uns in der Stube aufgewärmt und sie uns in groben Strichen skizziert hatte, wo und unter welchen Umständen sie Paco kennengelernt habe, fragte der Vater Wacki nach seinem Beruf.

»Beruf?«, schmunzelte Wacki, dass sich sein Schnurrbärtchen in die Kurve legte. »Nicht leicht zu sagen. Am Ehesten trifft wohl ›staatlich anerkannter Drogenhändler‹ zu. Was meinst du?«

Dabei grinste er mich an.

»Wieso staatlich anerkannt? Gibt es denn so was in Deutschland?«, staunte der Tiroler.

»Spätestens an dem Tag, wo man wegen eines Verstoßes gegen das Betäubungsmittelgesetz verurteilt wird, ist man gewissermaßen als Vertreter der Branche staatlich anerkannt«, sagte Wacki. »Und wenn man es schafft, sonst niemand in den Fall zu verwickeln, also keine Komplizen zu verraten, darf man sich den Zusatz ›staatlich geprüfter‹ auf die Visitenkarte schreiben.«

Jetzt hatte der Mann die Ironie verstanden, lachte anerkennend und nahm uns mit in seine Werkstatt, wo er den Hartschalenkoffer mit dem brisanten Inhalt aufbewahrte. Darin befand sich der Shit, von dem laut Sissy ein Kilo ihr gehörte (ihre Transport-Provision), die übrigen drei sollte sie mir übergeben. Ohne lange zu zögern, machte sich der alte Herr daran, den Koffer aufzubrechen und die Platten herauszuholen. Es handelte sich um schwarzes Haschisch aus Manali*, eine Qualität, für die seinerzeit in München fast der doppelte Preis bezahlt wurde als üblicherweise für Grünen Marokkaner. Das hatte zwei Gründe: Erstens schlug der Schwarze aus Asien härter zu als der Grüne aus Afrika; zweitens kam erheblich weniger Hasch aus Asien auf dem europäischen Markt an, was sich durch die große Entfernung erklärte. Schließlich liegt das Rif-Gebirge näher an Europa als Hindukush und Himalaya, von wo aus der Transport erheblich aufwendiger war. Ab und zu kam ein Laster aus Persien, der eine halbe Tonne Schwarzen an Bord hatte, zuweilen brachten risikoimmune Hippies (wie Sissy) ein paar Kilo Kaschmiri oder Manali aus Goa mit.

An dieser Stelle soll kurz von Alan Beardsley berichtet werden, einem Engländer, der in den siebziger Jahren unter dem imaginären Namen »*Hippie-Haulage-Company*« zweimal im Jahr mit einem umgerüsteten Setra-Bus von Amsterdam nach Nepal aufbrach. Unterwegs steuerte er Frankfurt, München, Wien, Athen, Istanbul, Damaskus, Teheran und Kabul an, ehe er über den Khaiber-Pass nach Peschawar, Neu Dehli und Katmandu weiterfuhr. An allen diesen Orten machte Alan Station, um Fahrgäste zu- oder aussteigen zu lassen. Der Bus bot Platz für zwölf Passagiere, und der Trip von Amsterdam nach Istanbul kostete 100 Gulden, für die weitere Reise nach Katmandu berechnete er 100 US-Dollar. Der eigentliche Zweck war jedoch, auf dem Rückweg 200 Kilo braunen nepalesischen »Tempel-Shit«** zu laden, der Personentransport diente lediglich der Camouflage. Fakt ist, in den siebziger Jahren gelangte immer wieder Haschisch aus Asien nach München, aber wie gesagt, selten größere Mengen, sodass die Preise für Qualitäten aus Afghanistan, Pakistan, Indien, Kaschmir oder Nepal konstant hoch und stabil blieben. Alans Hippie-Haulage ist eine weitere Geschichte, die zu erzählen sich lohnte, aber das wollen wir Mister Beardsley selbst überlassen, dem ich bei Rashid in Bombay mehrmals begegnete und den ich als guten Erzähler in Erinnerung behalten habe.

* Stadt im Kullu Distrikt im indischen Bundesstaat Himachal Pradesh

** Heute als Cream bekannt

Zurück nach Tirol. Wir verstauten die drei Kilo Hasch im Wagen und verabschiedeten uns von Sissy und ihren Eltern. Wieder in München, verkaufte sich das potente Zeug aus dem Himalaja innerhalb weniger Tage. Wacki übernahm die gesamte Menge und gab das meiste an Freunde und Stammkunden weiter, die sich damit auf Monate hinaus eindeckten.

In der Zeit danach hielt Sissy Kontakt zu mir. Eines Tages stand sie unangemeldet in Gräfelfing an der Haustür. Sie suchte Arbeit und wollte wissen, ob Paco oder ich einen Job für sie hätten. Die geglückte Reise von Bombay nach Wien hatte ihren Mut geweckt, jetzt wollte sie sich durch Schmuggeln ein wenig Geld verdienen. Das gleiche galt für ihren Freund Andy, der ebenfalls bereit war, irgendwelche illegalen Drogen von A nach B zu bringen. Da Paco zu jener Zeit in Kolumbien weilte, während ich gerade die Reise mit Wacki vorbereitete, machte ich Sissy einen Vorschlag: Sie und ihr Freund könnten mich in Bangkok treffen, von wo aus jeder von ihnen ein Päckchen Heroin nach Japan schmuggeln könne. Wir vereinbarten eine feste Gage, dann machte sich Sissy wieder auf den Weg nach Tirol.

Als wir uns wenige Wochen danach in Bangkok wiedersahen, erschien Sissy in Begleitung ihres Freundes Andy in der Lobby des King's Hotel, in dem Wacki und ich abgestiegen waren. Das Haus lag zwischen der malaysischen Botschaft und der französischen Schule in der South Sathorn Road. In den späten Fünfzigern gehörte das King's zu den nobelsten Häusern der Stadt. Zwar eine Kategorie unter dem noblen Oriental, konnte es sich dennoch mit dem etablierten Erawan messen. Ansichtskarten in der Bar und die drei inzwischen kaum mehr gebuchten Suiten erinnerten an seine glanzvolle Vergangenheit. Als dann nacheinander das Ambassador, das Dusit Thani, das Hyatt und das Mandarin erbaut wurden, war der Besitzer des King's zu knauserig, um in die längst überfällige Modernisierung zu investieren. Während sich das Erawan durch Renovierung in der gehobenen Klasse halten konnte, stürzte das King's ab. Inzwischen war es ein Mittelklasseschuppen, mit der gleichen Tendenz, die auch der Verputz an den Wänden aufwies: fallend. Weltenbummler aus Amerika, Australien und Europa konnten sich für einen bezahlbaren Mietzins ein paar Monate hier einnisten. Die niedrigen Chargen aus den in der Nähe gelegenen Botschaften Malaysias und Australiens nahmen in der Bar des King's gern ihre Drinks, und zuweilen stieg sogar ein asiatischer Politiker der zweiten Garnitur dort ab, um sich unter dem Mantel der Diskretion ein paar Tage von den im King's rund um die Uhr bereit liegenden Damen verwöhnen zu lassen.

Den Eingang bewachte ein ins Rentenalter vorgerückter Gurkha*, der hier seinem Lebensabend noch ein wenig Sinn abzutrotzen versuchte. Während des Vietnamkrieges wurde das King's von amerikanischen Offizieren frequentiert (ähnlich dem Malaysia-Hotel, wo die unteren Dienstgrade ihr Unwesen trieben), und zuweilen hallte nächtens ein Schuss durch die Flure. Dann musste der alte Singh hinauf, um möglichst noch vor dem Morgengrauen das Zimmer zu säubern und die Leiche diskret verschwinden zu lassen. Inzwischen wurde weniger mit dem Revolver in der Hand gestorben als mit der Nadel im Arm. Anstatt des ganzen blutbespritzten Zimmers musste der Alte dann lediglich die Badewanne säubern, die sich die Kandidaten für den Goldenen Schuss gerne als Tatort aussuchten. Es versteht sich von selbst, dass es bei derartigen Einsätzen selten Trinkgelder gab, falls der Inder nicht bei der letzten Taschenkontrolle ein paar hundert Baht entdeckte, die, wie er fand, ihm redlich zustanden.

Die Kellner im King's Hotel eilten in roten Jacketts über verwetzte Teppiche, um bei den ebenfalls in die Jahre gekommenen Damen an der Rezeption ihre Orders zu bonieren. Über den Köpfen der Restaurantgäste drehten sich brummend riesige Ventilatoren, die antiquierte amerikanische Musikbox sprang nur motiviert durch einen beherzten Fußtritt an. Von der Bar aus konnten die Gäste durchs Fenster die Mädchen der Freude am Pool betrachten. Man war tolerant im King's, aber man achtete auf seinen guten Ruf, zumindest auf das, was man dafür hielt.

Hatten Wacki und ich den kritischen Blicken der betagten Grazien an der Rezeption gerade noch standgehalten, erregten Sissy und Andy beim Betreten der Lobby ihren Argwohn, ja, sie verdächtigten die beiden gar der schlimmsten Sünde des Orients: der

* Indischer Elitesoldat der britischen Kolonialherren

Armut! Andy mit seinen ungepflegten langen Haaren und Sissy mit den ausgebeulten Schlabberhosen und den Birkenstock-Tretern hätten im King's keine Chance auf ein Zimmer gehabt. Wie die meisten Thais waren die Anstandsdamen der Ansicht, ein Gast aus Übersee habe adrett und flott daher zu kommen. Das letzte Wort hatte im Zweifelsfall allerdings der Hoteldirektor. Der saß den ganzen Tag in seinem Büro vor dem Fernseher. Durch ein Fenster beobachtete er das Kommen und Gehen in der Lobby. Aufgrund seiner ausgeprägten Glupschaugen nannten sie ihn die Kröte. Ohne den Blick vom Bildschirm abzuwenden, signalisierte er den Damen durch kaum wahrnehmbare Augenbewegung, wie er die pekuniäre Potenz eines um ein Zimmer nachfragenden Gastes einschätzte.

Sissy und Andy durften immerhin in der Halle warten, wo wir uns kurz darauf begrüßten. Voller Tatendrang hätten die beiden sich am liebsten sofort ins Flugzeug nach Tokio gesetzt. Da ich allerdings noch nichts organisiert hatte, schlug ich ihnen vor, sich auf eine touristische Reise nach Chiang Mai zu begeben und dort auf Standby zu bleiben. Ich nannte ihnen den Namen der Herberge, in welcher ich mit Werinher im Jahr davor abgestiegen war. Sobald ich das Geschäftliche erledigt hätte, würde ich mich bei ihnen melden.

Während die beiden Österreicher sich also auf den Weg nach Norden machten, stiegen Wacki und ich in den Bus nach Chonburi, wo wir die chinesische Familie aufsuchten, die mir bisher immer Heroin von hervorragender Qualität besorgt hatte. Zufällig war bei den Chinesen gerade ein Cousin aus Hongkong zu Gast, der Englisch sprach, was die Kommunikation sehr erleichterte. Wir hatten so die Gelegenheit, alles zu besprechen, was Geschäft und Logistik anbelangte. Erstmals erfuhr ich, dass meine Geschäftsfreunde einer Triade angehörten, mit Sitz in Hongkong, und der Chef sich Gedanken machte, wie unsere geschäftlichen Aktivitäten professionalisiert werden könnten. Offenbar hatten die Chinesen den Eindruck, dass ich ein zuverlässiger Partner sei, mit dem größere Deals möglich wären als die bescheidenen Mengen, die ich bisher bei ihnen geordert hatte. Insbesondere horchten sie auf, als ich ihnen erzählte, dass ich seit einiger Zeit Kunden in den USA belieferte. Dort, das wussten sie, existierte der größte Markt, und dort war am meisten zu verdienen. Vorerst beließen wir es beim Informationsaustausch, beim nächsten Mal wollten wir dann konkret planen, wie wir in Zukunft verfahren würden.

Wir bestellten zwei Kilo No. 4. Dieses in den USA unter dem Namen *China White* geläufige Heroin war die beste Qualität, die im Goldenen Dreieck hergestellt wurde, und wir verabredeten die Übergabe in fünf Tagen in Chiang Mai, wo die Ware auf einem Militärgelände lagerte. Begeistert war ich nicht, dass wir das Paket in Chiang Mai übernehmen sollten, aber eine Übergabe in Chonburi sei erst in zwei Wochen möglich, sagten Sudah und Lin. Das würde bedeuten, dass wir zuvor aus Thailand hätten ausreisen müssen, denn unsere Visa waren nur vierzehn Tage lang gültig. Um Zeit und Aufwand zu begrenzen, entschieden Wacki und ich uns für die Reise nach Norden, zumal sich unsere Tiroler Freunde bereits seit zwei Tagen dort aufhielten.

Wacki war ein angenehmer Reisebegleiter. In den letzten Jahren war ich mit den unterschiedlichsten Leuten unterwegs gewesen, und man sagt ja, dass man den Menschen auf einer Reise besser kennenlerne. Vermutlich ist das so. Unterwegs gerät man zwangsläufig in Situationen, für die man keine eingespielten Verhaltensmuster parat hat, in denen man, je nachdem, Fantasie, Flexibilität, Courage oder Nachsicht zeigen muss. Man begegnet Menschen, die nicht leicht zu tolerieren sind oder die unsere Geduld auf die Probe stellen. So bleibt es Reisenden untereinander nicht verborgen, ob und wie sie reagieren, sich bewähren: Ist der Gefährte neugierig auf die fremde Kultur? Gibt die Begleiterin Almosen oder Trinkgeld? Wie lösen sie Konflikte? Beobachten sie Land und Leute aufmerksam? Diese und andere Verhaltensaspekte bestimmen das Klima einer Reise, sofern man nicht allein unterwegs ist. Möglicherweise verreisen so viele Globetrotter nur deshalb allein, weil sie feststellen mussten, dass sie nicht reiseteamfähig sind. Man benötigt strapazierfähige Nerven, wenn man mit einer Gesellschaft oder mit Freunden in die Fremde zieht, denn die Fremde ist die Ausnahme und Ausnahmesituationen verlangen psychische Stabilität.

Wacki war, wie zuvor schon Santi, Werinher und Paco, reisestabil. Wir gingen offen miteinander um, wir vertrauten einander, wir planten gemeinsam, wir verstanden die Ironie des anderen, und wir fühlten uns in der Gegenwart des anderen wohl. Last not least nahmen wir dieselbe Droge, und das stiftete Solidarität.

Wir hatten uns 1973 kennengelernt, kurz nachdem ich von der ersten Reise nach Marokko zurückgekehrt war. Drei Monate später fuhren wir zusammen mit Lolita nach Torremolinos, wo Wacki mir den ersten LSD-Trip gegeben hatte. Im Mai 1974 segelten wir zusammen von Toulon nach Ibiza, wo er mir Richie vorstellte. Ein Jahr später lernte ich Carmen durch ihn kennen und an meinem Geburtstag wurde Wacki in München vor meinen Augen bei einem Deal verhaftet.

Beim anschließenden Prozess hatte er geschwiegen, mich nicht verraten und war für zwei Jahre in den Knast gegangen. Nachdem er wieder frei war, benötigte ich seine Hilfe, als ich den VW-Bus meines Freundes Heinz zu Schrott fuhr, in dem sich eine Echolette-Box voller Haschisch befand. Auf meinen Anruf hin war Wacki 400 Kilometer weit gefahren, um uns und die illegale Fracht abholen zu kommen. Inzwischen kannten wir uns also seit mehr als sieben Jahren, hatten einiges zusammen erlebt und ungezählte Joints miteinander geteilt. Wacki und ich waren in vieler Hinsicht kompatibel: Wir beide hatten uns nach dem Abitur aus der bürgerlichen Tretmühle verabschiedet, wir verorteten uns ideologisch in der Nähe der Hippies, unsere Herzen schlugen links und wir hatten beide am Heroin Gefallen gefunden. *Bref*: Wacki und ich waren Freunde, und das garantierte entspanntes Reisen.

Zurück im Hotel erinnerte er mich daran, dass wir uns vorgenommen hatten, mit dem Heroin Schluss zu machen. Und obwohl ich wusste, dass uns dies ohne professionelle Hilfe kaum gelingen würde, nahm ich uns beim Wort und schlug meinem Freund vor, ab sofort damit aufzuhören. Am Morgen hatten wir das letzte Kügelchen Opium geschluckt, das Rashid uns als Wegzehrung mitgegeben hatte. In ein paar Stunden würde der Entzug beginnen, dann benötigten wir auf jeden Fall ein Medikament oder die Droge, um den restlichen Tag zu überstehen. Es war gar nicht daran zu denken, die Busfahrt nach Norden und den verabredeten Deal unter Entzugswehen über die Bühne zu bringen. Ich weiß wirklich nicht, was damals mit uns los war, als wir mitten in Bangkok, wo jeder dritte Taxifahrer einem den Stoff innerhalb weniger Minuten besorgen konnte, beschlossen, einen kalten Entzug anzugehen. Aber keiner von uns brachte den Verstand und den Mut auf, die geplante Therapie abzublasen.

Am späten Abend meldete sich der vom Schlafmohn verwöhnte Körper. Uns liefen die Nasen, es tränten die Augen, Durchfall kündigte sich an, alle Nervenzellen gaben gleichzeitig Warnsignale an die Steuerungszentrale im Gehirn: Tut was, sonst macht der Entzug euch fertig.

Wir wussten beide, dass wir dabei waren, uns große Schmerzen zuzumuten, aber keiner wollte als Erster einknicken. Die Nacht wurde zum Albtraum. Stöhnend durchwälzten wir die Betten. Alle Viertelstunde erhob sich einer und taumelte ins Bad, wo er kotzte und schiss, bis nichts mehr ging. Dabei war es unmöglich, ein Auge zuzutun, die Chemie im Thalamus war völlig aus der Balance geraten. Das Fehlen der Droge an den Rezeptoren der Synapsen wirkte sich als Dauerschmerz aus: mal zog es in den Gliedern, mal krampften die Muskeln, mal rebellierte der Magen, mal schossen stechende Schmerzen durch die Wirbelsäule, und die ganze Zeit raste das Herz, dass ich glaubte, es wolle aus meiner Brust heraus. Der scharfe Geruch kalten Schweißes hing im Zimmer. Der Mohn zeigte nun seine Fratze.

Wenn ich sage, wir hätten keine Medikamente zur Linderung gehabt, so ist das nur bedingt richtig. Ich meine damit wirksame Medikamente, die einen Opiatentzug wirklich abfedern können, Methadon etwa oder Codein. Was wir uns besorgt hatten, waren Valium, Librium und Rohypnol, aber so zuverlässig diese Medikamente im Regelfall ihre Wirkung entfalten, beim Heroinentzug können sie nicht viel ausrichten. Mehrmals ging ich in dieser Nacht ins Bad, um mir einen Cocktail der genannten Substanzen zu verabreichen, allein, es half nichts. Am Ende kippte ich mir einfach eine Handvoll Tabletten in den Mund und spülte sie mit dem lauwarmen Leitungswasser hinunter. Unter normalen Umständen zwingt einen das in die Knie, aber unsere Umstände waren nicht normal: Wir schwitzten das jahrelang missbrauchte Gift aus, wir delirierten vor uns hin, wir waren mit Leib und Seele aus dem Tritt. Der Tod konnte nicht mehr allzu weit weg sein.

Kaum dass das erste Morgenlicht durch die getönte Scheibe sickerte, kleideten wir uns an und verließen das Hotel wie waidwunde Tiere ihr Lager. Der Gurkha war noch nicht auf seinem Posten. Den ersten Taxifahrer, dem wir begegneten, baten wir flehentlich, uns zu einem Dealer zu bringen, um uns mit Heroin zu versorgen. Der Mann verstand und setzte sich mit der ernsten Miene eines Ambulanzwagenfahrers in Bewegung. Nach zehn Minuten wurden wir fündig: Eine Suppenköchin am Straßenrand kramte ein Gramm aus der Schürze. Zitternd hockten wir auf dem Rücksitz des Taxis und schaufelten uns das weiße Pulver in die Nasen. Der Fahrer sah uns im Spiegel dabei zu und murmelte missbilligend in einem fort: *»Velli bad, Helloin velli bad!«* Daran erinnere ich mich genau.

Innerhalb weniger Minuten entspannten sich unsere Körper, es wurde wohlig warm im Bauch. Der Kopf übernahm wieder die Kontrolle, das Elend verschwand ebenso schnell wie es gekommen war. Wir fragten uns anschließend, welcher Teufel uns wohl am Abend ritt, als wir uns auf diesen Wahnsinn eingelassen hatten. Um der Wahrheit die Ehre zu geben, muss gesagt werden, dass wir zwar einer Hölle entkommen waren, aber übergangslos in der nächsten gelandet waren. Es war zum Schreien! Gab es denn keine Möglichkeit, aus dieser Nummer herauszukommen, ohne derart zu leiden? Warum konnte man nicht zum nächstbesten Doktor gehen, ihm von seiner Sucht berichten und anschließend medikamentös versorgt werden? Was war das für eine Welt, in der Sucht als Charakterschwäche angesehen wurde und in der dem Süchtigen kein Mitgefühl entgegengebracht wurde!

»Selber schuld«, höre ich sie spotten, die Biertrinker und Weinseligen. »Was lässt du dich auch mit so einem Teufelszeug ein!«

Wirklich selber schuld? Ich zweifelte daran. Zumindest wenn der Schuldbegriff semantisch so verstanden wird, dass er der Moral entspringt. Wenn ich eines gelernt habe in meinem jahrzehntelangen Ringen mit Suchtstoffen: mit Schuld und Moral hat das nichts zu tun. Sucht ist eine tiefsitzende psychische Erkrankung, die zu kurieren ähnlich schwierig ist wie die Bulimie oder die Depression, aber das verstanden damals nur wenige Menschen, und heute sind es auch noch nicht sehr viele.

Bref: Wacki und ich gaben den Plan zur Abstinenz vorerst auf. Wir sorgten dafür, dass wir wieder Stoff in der Tasche hatten und vertagten den Entzug auf später, was immer das heißen sollte. Vielleicht würde es uns ja in Amerika gelingen?

Es existieren noch Bilder von dieser Reise, auf denen Wacki mit einer Python um den Hals (der Tod!) zu sehen ist und ich mit einem Papagei auf der Schulter (der Spott!). Offenbar hatten wir uns die Tage des Wartens mit Elefantenreiten, Krokodile füttern und ähnlichen touristischen Mätzchen verkürzt. Wir besuchten den Nachtmarkt von Pratunam an der Petchburi Road, aßen leckere, in Sojasoße schwimmende Flussfische, lachten europäische Opas aus, die mit achtzehnjährigen Mädchen Hand in Hand entlang der Sukhumvit spazieren gingen, ließen uns selbst aber mehrmals im Massagesalon den Aal abseifen.

Wir fuhren also im Rausch nach Norden, den ich zuvor schon mit Werinher besucht hatte. Zum Glück hatten unsere Komplizen aus Tirol in dem Guesthouse eine Nachricht hinterlassen. Sie waren nämlich einem Landsmann begegnet, der in Chiang Mai mit einer Thailänderin verheiratet war. Karl Engelmann stammte aus der Steiermark und hatte schon früh gespürt, dass sein Herz nomadisch schlug, und dass die Thai ein gastliches Völkchen von Charakter waren. Also hatte er Österreich vor ein paar Jahren verlassen und lebte seither im Sommerhaus der Familie seiner siamesischen Frau.

Als Wacki die Glocke am Gartentor läutete, wurden wir von einem jungen Mann eingelassen, der dabei war, den Rasen und die Blumen zu wässern. Bei der Ankunft im Tuk-Tuk war mir ein Carport aufgefallen, der zur Straße hin mit einer Plane verhangen war. Offenbar legte hier jemand Wert auf Diskretion. Auf dem Weg durch den Garten kam uns der Hausherr zur Begrüßung entgegen. An seinem verhaltenen Grinsen sahen wir, dass er bekifft war.

»I hau mi o: da Wacki!«

Noch ehe ich verstand, was hier vor sich ging, umarmten sich die beiden. Ganz offensichtlich kannten sie sich.

»Da Koal, a oider Spezl aus Wien!«, stellte mein Begleiter mir seinen Kumpel vor.

»Harry.«

Ich reichte Wackis Freund die Hand zum Gruß.

»Kummt's eini«, sprach Karl und lud uns mit einer Geste ein, ins Haus zu treten.

»So lerne ich dich auch endlich kennen. Sissy und Andy haben mir einiges von dir und deinem Freund Paco erzählt.«

Wir zogen die Schuhe aus und folgten Karl zur Terrasse, die im hinteren Teil des Bungalows lag. Dort lagerten unsere Freunde auf Kissen, während der Hausherr sich in eine Hängematte schwang. Wacki und ich setzten uns auf die breite hölzerne Treppe, die zum Garten führte.

»Woher kennt ihr beiden euch denn?«, war meine erste Frage.

»Der Country-Paul hat uns miteinander bekannt gemacht«, sagte Karl. »Das dürfte schon fast zehn Jahre her sein. Ich war beim Paul auf Gun Hill zu Besuch, da kamen eines Tages der Kollege Wacki mit noch zwei Kumpels vorbei ...«

»Die beiden Kumpels waren der Thomas Parker und der Norbert Held«, präzisierte Wacki.

»Jedenfalls hat der Paul uns allen einen Peyote-Tee gebrüht, dass wir zwei Tage in einen abgefahrenen Raum- und Klangtrip durch den Wald gepirscht sind.«

»Stimmt«, bestätigte Karl. »Das war ein Durchblicker, dieser Tee, der Hammer! Ich glaube, die Peyote hatte ihm ein Ami aus Mexiko mitgebracht.«

Paul Jendruschewitz war allgemein in der Münchner Szene als »Country-Paul« bekannt. Eigentlich gehörte er zum harten Kern der Schwabinger Kommune in der Agnesstraße, er hielt sich aber immer öfter in seiner vom Vater geerbten Holzhütte am Rande des Hofoldinger Forsts auf. Der Country-Paul war ein Schwabinger Original, dem Emilio Bernreuther nicht wesensfremd, und soweit ich verstand, waren beide Drogen-Pioniere in den sechziger Jahren gewesen, Hard-Core-Freaks, die ihre Haltung zur Welt der Spießer durch ihr Äußeres und ihre Kunst ausdrückten; und durch die Drogen, die sie konsumierten. Der Emilio (dem wir übrigens schon im allerersten Kapitel von Globale Nomaden Süden begegnet sind, als er bei dem legendären Frühstück mit am Tisch saß, bei dem die vermeintlichen Zivilfahnder an unserer Tür Sturm läuteten) trug vorzugsweise Seidenhemden und ein Samtsakko über der Jeans, gekrönt von einem eleganten Hut, mit dem er seine angegraute Mähne bändigte. Zuweilen, wenn ihm danach war, band er sich sogar eine Schleife um den Hemdkragen. Paul hingegen trat lässig auf, im Western-Look: Cowboystiefel, Jeans und Fransenlederjacke. Als Kopfbedeckung diente ihm ein speckiger Lederhut, mit dem er entweder eine Glatze verbarg oder seine fettige Mähne ein wenig in Façon brachte. War Emilios Kunst die Lebenskunst, so hatte sich der Country-Paul als Maler von Mandalas und als Designer von Plattenhüllen einen Namen in der bayerischen Musikszene gemacht. Von Heinz wusste ich, dass er einige Covers für die Münchener Kultband »Embryo« entworfen hat. Weit weniger überzeugte er das Publikum mit seiner Musik, die stets als zu laut empfunden wurde, und Singen, so habe ich mir sagen lassen, war auch nicht seine Stärke. Daher war er unter Münchener Musikern auch als »Jaule-Paule« bekannt. Auf anderer Domäne hingegen galt er als Fachmann: Wohl kaum jemand in der Stadt hatte zu Beginn der Siebziger mehr Trips geworfen, mehr Meskalin geschluckt und mehr potente Pilzsuppen gekocht als der Paul. Hätten Ken Kesey und seine Pranksters es in ihrem Acid-Bus je bis Bayern geschafft, der Paul wäre gewiss an Bord gegangen. Er war definitiv *»on the bus«!* Gun-Hill wurde zum Treffpunkt von Musikern, Kiffern und in späteren Jahren auch Junkies, und folgerichtig beendete der Country-Paul auch dort sein Leben.

Eines Tages, es dürfte in den neunziger Jahren gewesen sein, brannte die Hütte ab und der Paul soll dabei ums Leben gekommen sein. Vermutlich unter der Tiefenbetäubung knallharter Substanzen. Aber zu der Zeit, als wir in Chiang Mai beisammensaßen, da lebte der Country-Paul noch, auf Gun-Hill wurden Konzerte veranstaltet, Partys gefeiert und der dort gepflegte Lebensstil hatte sich vom Bayerisch-Katholischen ein Stück weit entfernt. Im nahe gelegenen Dorf erzählten sich die Bauern, auf Gun-Hill tanzten blutjunge Hippie-Mädchen nackert auf der Lichtung, was irgendwann einen Besuch der örtlichen Polizei nach sich zog. Ob und was die Beamten vor Ort protokollierten, blieb geheim, Paul und seine Gäste ließen sich jedenfalls nicht aus dem psychedelischen Konzept bringen.

»Was darf ich den Gästen anbieten?«, erkundigte sich Karl. »Einen frisch gepressten Guavensaft vielleicht?«

»Soll mir recht sein«, stimmte Wacki zu. Unser Gastgeber schwang sich aus der Hängematte und verschwand in der Küche.

»Ja, ja, der Country-Paul«, begann Karl, nachdem er mit einem Tablett voller großer Gläser zurück war. »Ich habe ihn erst später als ihr kennengelernt. Das war zu der Zeit, als er schon von Smack* gezeichnet war. Ein Freund von mir, Anthony Graham Box, der später in England mit zwölf Tonnen Shit aus dem Iran hochging, hatte mich nach Gun-Hill gebracht. Anthony stellte dort immer seinen Transporter mit dem Shit ab, wenn er durch München kam. 100 Kilo überließ er in der Regel Pauls Ex, auf Kommission, versteht sich. Zu ihr hatte er offenbar mehr Vertrauen als zum Paule. Der bekam als Parkplatzmiete jedes Mal ein oder zwei Kilo, eine für drei bis vier Tage Parken großzügige Gebühr. Zusätzlich schenkte Boxy Boy dem Paul immer eine Unze Heroin. So begann es, das Liebesverhältnis zwischen Paul und dem Smack. Aber Paul wollte mehr, er wollte ins Big Business einsteigen und verlangte wenigstens die Hälfte von dem, was Mr. Box seiner Exfrau überließ, und das ebenfalls auf Kommi; aber A.G. Box traute ihm nicht.«

»Kann ich verstehen«, schaltete sich Wacki ein. »Ich hätte ihm auch nichts gegeben, ehe er die Kohle auf den Tisch geblättert hätte.«

»Als ich den Paul kennenlernte, war es schon ruhiger geworden in Gun-Hill«, fuhr Karl fort. »Große Feten gab's da schon nicht mehr. Er lebte damals mit der blonden Hanne zusammen. Irgendwo in München hat er die Decke von einem Lokal dekoriert. Mit Sonne, Sonnenstrahlen und Blattwerk. Darauf war er stolz wie Oskar. Alles ein bisserl wie seine Musik: Eine Reihe klassischer Country Western Songs, durchmischt mit neueren Liedern mit Texten über den Schmuggel und das Rauchen von Gras. Alles ein bisschen solala. Sagen wir's mal so: Der Willie Nelson konnte das besser«, grinste Karl. »Viel besser. *Bootleggers Choice* hieß Pauls

* Heroin

Band, aber viele Gigs hatten die Jungs nicht. Gelesen hat der Paul auch, aber immer brav im Surf der Zeit, Castaneda und die Illuminaten. Dagegen war ja prinzipiell nix zu sagen, aber all das wirre Zeug hat sich in seinem LSD-gepolten Hirn zu den abstrusesten Ideen verfestigt: etwa, dass der Hitler mit einem Geheimbund im Himalaja in Verbindung gestanden habe, und dass sein Absturz besiegelt war, als er aus Überheblichkeit diese Connection vernachlässigte. Derartige Verschwörungsideen fanden sich als tragende Pfeiler in Pauls Weltbild. Was soll man dazu sagen«, schmunzelte der Österreicher.

»Soweit ich weiß, war der Paul von Anfang an bei den Grünen«, merkte Wacki an.

»Stimmt, allerdings ein recht fauler«, sagte Karl. »Ich habe oft in Gun-Hill gepennt, wenn ich nach München kam, um Dope zu verticken. Im Winter war es eisig kalt dort, weil die dünnen Bretterwände nicht isoliert waren. Das außen angebaute Klo bleibt mir allerdings für immer in freundlicher Erinnerung: ein altes Plumpsklo, dessen Tür sich nur schlecht schließen ließ. Also ließ ich sie offen, und wenn mir der Arsch anfror, warf ich Knäuel von Bildzeitungspapier in das Loch und zündet es zuvor an. Dazu steckte ich mir einen Herointschik ins Maul, machte ein paar tiefe Züge und hab so schließlich angewärmten Arsches mein Geschäft erledigt. Der Blick vom Scheißhaus auf die angrenzende Sumpfwiese und den Wald war grandios, und er hat das Entleeren des Darms zu einer tiefen Friedenserfahrung werden lassen. In der Dämmerung kamen oft Rehe aus dem Forst und nahmen Witterung auf.«

»Witterung«, lachte Wacki, »ich vermute eher, dass die Viecher vor dem Gestank die Flucht ergriffen haben.«

»Das Wasserloch lag übrigens nur zwei Meter von Scheißhaus entfernt. Eine Art primitiver Brunnen. Dort konnte man mit einem Blechkübel am Strick Trinkwasser schöpfen. Pauls Freundin Hanne wollte auf ihre Kosten Wasserpumpe, Durchlauferhitzer und ein Bad mit Dusche und Klo installieren. Platz dafür hätte es gegeben. Aber Paul hat die Idee nur kurz erwogen. Nach drei Tagen befand er: ›Des hert si guat o, a worme Duschn. Aber so is mit die Weiber. Nochand braucht's a Woschmaschin und glei no an Gschirrspüler hintnooch. Und i muaß oarbatn gehn, das i's Göd fadien. Na, wer bei mir wohnt, woscht si koit – oder gor net.‹ Seine Konsequenz hat mir gefallen«, schmunzelte Karl.

»Das Dach der Hütte ragte weit über die Wände hinaus. Die Hausfront hatte er mit Brennholz zugestapelt. Auf der Rückseite lehnten ein verrostetes Moped und ein paar ausgemusterte Kaninchenställe. Unter dem Dach hing alles voller Spinnweben, über die fette Hausherrinnen wachten. Es war Frühjahr, alle Fenster waren geöffnet, und Paul ruhte sich in seinem Zimmer aus. Ich gedachte etwas Nützliches tun, suchte mir einen Besen und fing an, die Jahrzehnte alten Spinnweben zu entfernen, bis mich eine Stimme zur Ordnung rief: ›Loss mei Spinnweba in Ruah! Sunst hob i im Summa ois fui Mucka do harin!‹ Ja, er war schon ein eigenwilliger Zeitgenosse, der Country-Paul.«

Karl tauchte für eine Weile in eine Opiatmeditation. Sein Kinn sank dabei auf die Brust. Als ihm die heruntergebrannte Zigarette zwischen seinen Fingern zu heiß wurde, schreckte er hoch, löschte sie und grinste verbindlich.

»Hat er zu deiner Zeit schon den Tick mit den Gitarrensaiten gehabt?«, fragte er Wacki, der nicht wusste, was Karl meinte.

»Dann muss ich euch das auch noch erzählen. Paul hatte eine panische Angst entwickelt, dass beim Stimmen der Gitarre eine Saite reißen und ihm ins Gesicht schnalzen könnte. So etwas muss dem einen oder anderen Musiker tatsächlich schon passiert sein, jedenfalls hatte Paul davon gehört. Also drehte er beim Stimmen der Gitarre sein Gesicht vom Körper des Instruments weg. Jeder wusste das, und alle haben über diese Marotte gelacht. Aber dann ist dem Paul tatsächlich dies Missgeschick passiert: Beim Stimmen riss eine Saite, und das lange Ende fetzte quer über sein linkes Auge. Es gab eine kleine Verletzung, die im Nu zu einer bösen Schwellung führte. Ich war gerade in Gun-Hill eingetroffen und hatte 300 Gramm pures Heroin dabei. Nachdem wir sein Auge notdürftig verarztet hatten, wollte Paul unbedingt noch auf eine Party nach München. Er bat mich eindringlich, ihm ein wenig vom dem Stoff zu geben. Das tat ich und legte mich anschließend schlafen. In der Nacht steht plötzlich die nackte Hanne vor meinem Bett und stammelt unter Tränen: ›Der Paul, der Paul …‹ Ich laufe ins Nebenzimmer und finde Paul mit blau unterlaufenen Lippen auf dem Bett, nicht mehr ansprechbar und wie ein Fisch auf dem Trockendock nach Luft schnappend.«

»Shit!«

»Hanne hatte schon einen Arzt gerufen. Wir erzählen ihm, dass Paul auf einer Party Kokain angeboten worden sei, welches aber der Wirkung zufolge Heroin gewesen sein müsse. Der Arzt nickte. Ja, meinte er, so gingen Dealer heute vor, sie täten alles, um die Leute süchtig zu machen. Er alarmierte die Bullen und einen Hubschrauber. Ich schaffte es gerade noch, mein Heroin in eine Kaffeedose zu packen und sie im Gebüsch zu verstecken (wo ich sie später erst nach langem Suchen wiederfand). Am nächsten Tag habe ich den Paul dann im Spital besucht. Reden konnte er noch nicht, und man hatte ihm beim Anlegen des Beatmungsschlauchs zwei Zähne rausgebrochen. Mit unmissverständlicher Gestik verlangte er Stift und Papier. Er schrieb: ›Ich will hier raus. Spital macht krank!‹ Dabei hatten sie ihm dort gerade das Leben gerettet. Ein verrückter Kerl, der Country-Paul.«

Karl blickte in den tropischen Garten, dann wurde er nachdenklich. »Ich hätte ihn gerne als bunten Vogel und Lebemann, der er war, in der Erinnerung behalten. Aber am Ende hat er sich das Bild gründlich versaut. Er hat mein Vertrauen missbraucht und mich bei einem Deal um 10.000 Euro gelinkt. Weil er unbedingt nach Kalifornien wollte. So geht's zuweilen zu, auch unter ansonsten coolen Leuten.«

»Worum ging's genau?«, wollte ich wissen.

»Brauchen wir heut nimmer drüber reden. Obwohl ich das Geld damals dringend gebraucht hätte. Was mich aber noch mieser drauf brachte, war der Verrat an meinem Kumpel Winnie, den er ohne jede Notwendigkeit verzinkt hat. Die Bullen hatten ihn mit weniger als 40 Gramm Heroin erwischt. Alle befragten Zeugen haben ihr Maul gehalten. Die Sache wäre für Winnie mit zwei bis drei Jahren Knast erledigt gewesen. Paul hingegen fing an, von 600 Gramm zu faseln, die mein Freund angeblich in letzter Zeit vertickt habe … Das war die andere, die feige Seite vom alten Country-Paul! Der Verrat hat ihm indes nicht viel genützt, denn er hat sich mit dieser Aussage selbst in die Scheiße geritten.

Meinem Freund Winnie haben sie acht Jahre aufgebrummt, für Paul waren es am Ende fünf. Der Richter Stoschek war nämlich keine Schlafmütze. Er war Senatspräsident, schwerer Alkoholiker und dazu hasste er Drogendealer. Verhandlungen vor Stoscheks Strafkammer waren in München gefürchtet, wenn er mit seiner Schnapsvisage seine Opfer demütigte. Stoschek war ein verhaltensgestörter Narzisst, dem man verhängnisvollerweise das scharfe Schwert Justitias in die Hand gedrückt hatte.«

»Von dem habe ich schon gehört, der soll auch schon junge Kiffer wegen ein paar Graspflanzen in den Knast geschickt haben«, sagte Wacki.

»Genug jetzt vom Paul und diesem Richter«, unterbrach ich das unerfreuliche Thema. »Wo waren wir stehen geblieben?«

»Woher das Goldene Dreieck seinen Namen hat«, knüpfte Sissy den Faden des Gesprächs wieder an, welches Wacki und ich durch unser Erscheinen unterbrochen hatten.

»Richtig«, sagte Karl. »Aber ehrlich gesagt, ich weiß es auch nicht. Wahrscheinlich von einem chinesischen Opiumhändler. Die Chinesen schmücken alle möglichen Sachen mit dem Attribut ›Golden‹. Jedenfalls wird in der Gegend kein Gold geschürft.«

»Ich kann mir vorstellen, dass der Name von den ersten Thai-Völkern stammt, die hier in der Gegend siedelten, nachdem die Chinesen sie aus ihrer alten Heimat vertrieben hatten«, warf ich ein.

»Du scheinst dich ja hier auszukennen«, grinste Karl. »Warst du schon mal in dieser Gegend?«

»Yes. Hab im vergangenen Jahr 'ne Trekkingtour mitgemacht. Aber auskennen wäre zu viel gesagt. Wir haben ein paar Bergvölker besucht und mit den Männern ein paar Pfeifen Opium geraucht.«

»Dazu hätte ich jetzt auch Lust«, gab Wacki zu.

»Ich kann euch zwar keine Pfeifen zubereiten, aber Opium zum Schlucken könnt ihr gerne haben«, bot Karl an. Und weil niemand Einspruch erhob, warfen wir kurz darauf alle ein Kügelchen frischen schwarzen Opiums ein.

»Schmeckt ja fürchterlich«, bemerkte Andy.

»Gute Medizin schmeckt meist bitter«, wusste Wacki.

»Du wolltest uns noch erzählen, wie die Thai hierher kamen und dieses Land besiedelten«, sagte Sissy.

»Stimmt. Ich werd mich kurz fassen. Falls es unsere neuen Gäste überhaupt interessiert?«

Karl blickte zu Wacki und mir herüber.

»Gut erzählte Geschichten interessieren mich immer«, sagte ich. »Schieß los!«

»Geschichte. Keine Geschichten. Jedenfalls soweit sich die Historiker einig sind. Die Thai wanderten ursprünglich aus Südchina ein und nicht, wie lange vermutet wurde, aus dem Himalaja. Von dort kamen die nomadischen Bergstämme, die noch heute im Goldenen Dreieck leben. Die Vorfahren der Thai stammen aus der Provinz Guangdong und den Bergen des heutigen Nordvietnam, von wo sie vor etwa tausend Jahren auszogen. Wie ein Keil schoben sie sich von Norden her zwischen die Reiche der Khmer und der Burmesen und wurden für mehrere Jahrhunderte der Schrecken Hinterindiens. Sie gründeten eine Reihe von Hauptstädten, von denen Chiang Mai die erste war, Sitz eines Stammesfürsten. Mit den Jahren rückten sie immer weiter nach Süden vor, gründeten die neuen Hauptstädte Sukothai, und Mitte des 14. Jahrhunderts Ayudhaya. Bei einem Überfall durch die Burmesen wurde diese Stadt 1767 zerstört, aber den Thai gelang es unter dem General Taksin, die Angreifer wieder zu vertreiben. Daraufhin wurde dieser Taksin zum König deklariert, aber er verfiel in einen religiösen Wahn, behauptete, Buddha zu verkörpern und wurde daher kurzerhand von einem besorgten Adeligen erschlagen. Nachdem die Hauptstadt Ayudhaya nicht mehr existierte, und auch der König nicht mehr, zogen die Thai weiter Richtung Meer und gründeten Krung Thep als ihre neue Hauptstadt, das heutige Bangkok. Zum König machten sie den General Chakri, den Begründer der gleichnamigen Dynastie, die bis heute Thailand regiert. Er nannte sich selbst Rama I. und gab dem Land den Namen Siam. Der große Reformer, der Thailand westlichen Einflüssen öffnete, war König Rama V. Ihm gelang es auch, durch eine kluge Politik, sich die Kolonisatoren Frankreich ...«

»Das Vietnam, Laos und Kambodscha besetzt hatte«, warf ich ein.«

»... und die Engländer, die in Indien, Burma und Malaysia herrschten, auf Distanz zu halten. Die Thai spielten die Europäer diplomatisch gegeneinander aus, sympathisierten zeitweise sogar mit dem Deutschen Reich und passten sich ansonsten kulturell den Europäern an. Als im 20. Jahrhundert in Europa der Faschismus wucherte, war man plötzlich auch in Thailand für ein wenig Zucht und Ordnung. Siam hieß fortan wieder Thailand.«

»Was heißt das, ein wenig für Zucht und Ordnung? Haben die Thais mit den Nazis sympathisiert?«, wollte Sissy wissen.

»Weniger mit den Deutschen als mit den Japanern. Zumal die den Franzosen in Indochina das Leben schwer machten. Dass die Deutschen 1940 in Frankreich einmarschierten und dadurch automatisch dessen ferne Kolonie schwächten, gefiel den nationalen Thais. Wie es ihrer Art entsprach, sondierten sie bei Deutschen, Amerikanern und Italienern, und als niemand etwas dagegen einzuwenden hatte, marschierten sie in Laos und Kambodscha ein, um grenznahe Gebiete zu annektieren, von denen sie dachten, sie stünden ihnen zu. Abenteuerlich fand ich, dass Thailand, das sich im Zweiten Weltkrieg auf die Seite der Japaner geschlagen hatte, den USA den Krieg erklären wollte, was kurioserweise daran scheiterte, dass der thailändische Botschafter in Washington sich schlicht weigerte, dem Präsidenten Roosevelt die lächerliche Kriegserklärung zu überbringen. Nach dem Ende des Krieges mussten sie die von Frankreich eroberten Gebiete allerdings wieder hergeben. Die Amerikaner hatten jetzt in Ostasien das Sagen.«

»Und wie verhielt sich Thailand während des Vietnamkriegs?«, unterbrach Sissy erneut.

»Während des Vietnamkrieges erlaubten sie den Amis, Militärbasen im Land einzurichten. Eine Menge Nachschub wurde über diese Basen abgewickelt. Und nicht zu vergessen, sie gestatteten den GIs zur Erholung von der Front nach Bangkok zu kommen. Die Jahre während des Krieges haben die Gesellschaft stark geprägt. All zu lange ist das alles noch nicht her.«

»Und gibt es noch einen König?«

»Selbstverständlich. Der derzeitige König ist Rama IX., aus der Chakri-Dynastie, ein recht gebildeter Mann und sogar Musiker: König Bhumibol Adulyadej. Die Königin heißt Sirikit Kitiyakara. Die Thai lieben ihre königliche Familie!«

»Und ich liebe den Helmut Schmidt«, alberte Wacki dazwischen.

»Hör mir mit diesem Bullen-Schmidt auf. Der hat soviel Dreck am Stecken …«, ereiferte ich mich. »Dieser SPD-Schmidt war der Totengräber der 68er in Deutschland, ein guter Kumpel übrigens von dieser Maggie Thatcher.«

Das Gespräch versandete schließlich in Belanglosigkeiten. Karl und Wacki frischten nochmals alte Geschichten auf. Ein warmer Wind strömte aus den Bergen über die Stadt und bewegte die Sträucher im Garten. Jenseits des Kanals hörten wir einen Umzug mit Musik.

Karl lud uns zum Essen ein, und wir versprachen, ihn auf einer der nächsten Reisen wieder zu besuchen. Dann wollte er uns auch seine Frau vorstellen, die damals bei der Familie im Osten des Landes weilte.

Am nächsten Tag trafen wir unseren Lieferanten Lin an der verabredeten Adresse. Im Taxi fuhren wir zu einem neu erbauten Haus außerhalb der Stadt, wo die bestellte Ware bereit lag. Während Lin das Geld zählte, wog ich die vier Beutel zu je 500 Gramm, in denen das Heroin verpackt war. *»Double Globe Brand, Heroin No. 4«* lautete der Aufdruck. Ich packte die Ware in den Rucksack und wir machten uns auf den Rückweg in die Stadt. Am Ortseingang deutete Lin auf eine gelbe Fahne, die besagte, dass der König derzeit in seiner Sommerresidenz in Chiang Mai weilte.

Am frühen Abend bestiegen wir den Nachtbus nach Bangkok. Andy und Sissy nahmen den Zug. Aus Sicherheitsgründen hatten wir uns getrennt, denn sollten wir unterwegs in eine Kontrolle geraten, wären wir nicht alle betroffen. Zum Schmuggel außer Landes wollten wir das Pulver wie folgt verstecken: Wacki und Andy hatten sich für Leibgurte aus Elastan entschieden, unter denen die Beutel flach an Bauch und Rücken gepresst wurden. Die bei Leistenbrüchen getragenen Gurte erhielten wir in der Apotheke. Sissy hatte vor, ein Präservativ zu füllen und diese Wurst in ihrer Muschi zu versenken! Ich blieb bei der bewährten Methode und stopfte das Zeug in die Rohre des Kamerastativs, denn damit hatte ich bislang gute Erfahrungen gemacht. Außerdem wollten wir ja bloß nach Japan, wo erfahrungsgemäß von freundlichen Zollbeamten keine strenge Kontrolle zu erwarten war.

In Bangkok im King's Hotel angekommen, verbrachten wir den Tag damit, die Verstecke für das Pulver vorzubereiten. Wacki hatte wenig zu tun, aber ich war lange damit beschäftigt, mein Zeug mit einem Stößel in die Rohre des Stativs zu pressen und diese danach gut zu verschließen. Sissy und Andy wohnten woanders, und es war verabredet, dass an diesem Abend alle auf ihren Zimmern blieben. So hielten wir es, und so fuhren wir am nächsten Morgen zum Don Mueang Flughafen. Die Abreise aus Thailand verursachte zwar jedes Mal einen leichten Nervenkitzel, verlief aber, wie stets, ohne Zwischenfall.

Wir flogen mit Thai International zunächst nach Taipeh, wo wir zwei Tage bleiben wollten. In Tokio hatten wir vier Tage Aufenthalt eingeplant, denn dort wollte ich das Heroin in zehn wattierte Großbriefe verpacken und nach San Francisco schicken, postlagernd. Die Post hatte zwei Tage Vorlauf, sollte also vor uns in Kalifornien eintreffen, zumal wir einen Besuch bei Lisa Stone in Hawaii eingeplant hatten.

Die Stimmung im Thai-Flieger war gut, die Flugbegleiterinnen charmant und der Pilot gesprächig. Als wir Hue überflogen, machte er uns auf die Stadt aufmerksam und äußerte seine Erleichterung darüber, dass man seit ein paar Jahren Vietnam wieder überfliegen könne, was während des Krieges nicht möglich gewesen sei und einen Umweg erfordert habe. Piloten, die den Passagieren während langer Flüge Informationen über das zu erwartende Wetter, die gerade überflogene Landschaft oder ähnliche reiserelevante Details vermittelten, gefielen mir. Sie gaben dem Flug durch die obere Atmosphäre ein Stück Identität und den Passagieren die Möglichkeit zur Orientierung. Schließlich überquert ein Flugzeug im Vergleich zu einem Schiff oder einem Bus in kurzer Zeit ganze geologische Formationen, Ozeane, Länder und Kulturräume, ohne dass der Reisende davon etwas mitbekommt. Ein mitteilungsfreudiger Pilot kann dieses Nichterleben ein wenig kompensieren. Ansonsten ist Fliegen eigentlich gar keine Reise, sondern ein Versetzen von einem Punkt der Erde zu einem anderen, eine historisch betrachtet, sehr junge und irgendwie unnatürliche Form der Fortbewegung. Nicht zu vergessen: Flugzeuge verursachen eine gigantische Menge schädlicher Treibhausgase, das heißt, Flugreisen sind ökologische Todsünden, dessen wir uns damals allerdings noch nicht bewusst waren.

Als wir nach dreieinhalb Stunden in Taiwan gelandet waren, lasen wir gleich bei der Ankunft im Terminal ein Schild, das uns darauf hinwies, dass Drogenschmuggler mit dem Tod bestraft werden können! Eine verstörende Vorstellung, die ich sofort mit einer Extradosis Optimismus bekämpfte.

»Hast du dir schon Gedanken gemacht, was du dir als Henkersmahlzeit bestellst?«, riss Wacki mich aus meinen Gedanken. »Sollte es mich erwischen, dann bestelle ich mir ein zünftiges Hundegulasch«, setzte er trocken hinzu.

»Soll hier auf Taiwan besonders herzhaft schmecken«, ergänzte ich.

Sissy und Andy, die während des Fluges die ganze Zeit verliebt geturtelt hatten, waren für Wackis Sarkasmus weniger empfänglich. Wir alle waren froh, als wir die Zollkontrolle hinter uns ließen, zumal der Zöllner mein Stativ in die Hand nahm und es auf der Handfläche wog, als wisse er genau, was ein solches Gerät üblicherweise wiegt. Kommentarlos gab er es mir zurück und machte dann sein Kreidekreuz auf den Koffer.

Wir stiegen ins Taxi und ließen uns zum Grand Hotel chauffieren, seinerzeit einem der renommiertesten Hotels der Welt. Es lag auf einem Hügel oberhalb der Stadt, war zu Beginn der Fünfziger im Stil eines chinesischen Palastes erbaut worden, kurz nachdem Tschiang Kai Schek auf Taiwan vor den Kommunisten Zuflucht gefunden hatte. Als wir die riesige Lobby des Hotels betraten, ahnte keiner von uns, wie heftig das Schicksal bald über unsere kleine Reisegesellschaft herfallen sollte. Den Rest des Tages faulenzten wir in dem luxuriösen Ambiente des Hauses. Sissy und Andy kamen kaum aus dem Bett heraus, Wacki und ich sprachen entschieden dem weißen Pulver zu. Am nächsten Morgen ließen wir uns von einem Hotelgast zu einer Stadtrundfahrt überreden und gondelten im engen Kleinbus ein paar Stunden in Taipeh herum. Großen Eindruck scheint Taiwan nicht auf mich gemacht zu haben, die Bilder, die ich noch im Kopf habe, zeigen eine Reihe konfuzianischer Tempel, einen nicht enden wollenden Nachtmarkt und eine breite Straße mit einem Bergpanorama im Hintergrund. Als ich Taipeh viele Jahre später erneut besuchte, diesmal anlässlich legaler Geschäfte, kam mir die Stadt so fremd vor, als wäre ich nie zuvor dort gewesen.

Am Tag der Weiterreise ließen wir uns im Shuttlebus zeitig zum Flughafen bringen. Wir checkten das Gepäck ein, das heißt, ich schnallte das Stativ an meinen Koffer und gab alles am Schalter ab. Dann schlenderten wir zu einer Bar hinüber, tranken jeder ein Glas von dem viel gerühmten grünen Tee, der angeblich den Stoffwechsel aktivieren soll. Die Zollkontrolle war Routine, bei der Ausreise wurde man in der Regel nicht durchsucht.

Als wir der Durchsage zum Boarding unseres Fluges nach Tokio folgten, stand da eine lange Doppelschlange, die nur ganz allmählich kleiner wurde. Offenbar nahmen die Sicherheitsleute es an dem Tag mit der Kontrolle genau. Wie zu erfahren war, hatte es kürzlich eine Bombendrohung gegeben, was den verstärkten Aktionismus der Beamten erklärte. Weil wir keine Lust verspürten, länger als nötig herumzustehen, setzten wir uns in die Lounge und warteten, bis sich die Schlangen verkürzt hatten. Als sie auf wenige Passagiere geschrumpft waren, stellten auch wir uns hinten an, Sissy und Wacki in die Linke, Andy und ich in die Rechte. Jede Reihe wurde von je einem uniformierten Sicherheitsbeamten kontrolliert, das heißt, sie forderten die Leute auf, die Arme zu heben und betasteten sie dann von den Achseln an abwärts. Metalldetektoren kamen nicht zum Einsatz. Wacki und Sissy passierten ohne Beanstandungen, doch als Andy an die Reihe kam, stutzte der Beamte. Er forderte ihn auf, das Hemd aus der Hose zu ziehen. Offenbar hatte er den Leibgurt ertastet.

»Was will denn der?«, drehte Andy sich zu mir um.

Ich wäre am liebsten im Boden versunken. Sofort war mir klar, dass wir den jungen Österreicher verloren hatten. So gefasst wie es mir möglich war, erklärte ich ihm, was er jetzt wissen musste.

»Die Sache scheint schief zu gehen, Andy. Der wird dir den Gürtel gleich abnehmen und das Zeug finden. Ich werde Sissy bitten, bei dir zu bleiben. Keine Angst, wir werden uns um einen Anwalt kümmern und dafür sorgen, dass du optimal verteidigt wirst. Sag erst einmal gar nichts, und warte auf den Anwalt, ehe du eine Aussage machst. Und denk dran: ein Chinese hat dir das Zeug gestern gegeben und der wollte es sich gegen tausend US-Dollar in Tokio wieder bei dir holen. Du weißt sonst gar nichts. Lass dich auf keinen Fall verrückt ...«

Der Beamte wurde ungeduldig. Er zog Andy das Hemd aus der Hose und als er den Gurt entdeckte, rief er zwei Kollegen hinzu. Die waren gleich zur Stelle und brachten den Verdächtigen zu einer Leibesvisitation in ein angrenzendes Büro. Als letzter Passagier war nun ich an der Reihe, aber anstatt mich abzutasten, stellte der Chinese mir eine Frage.

»Sie kennen den Herrn?«

»Nein«, entgegnete ich. »Woher sollte ich ihn kennen? Was ist denn mit ihm?«

Ohne auf meine Fragen einzugehen, forderte er mich in kühlem Ton auf, ihm zu folgen. Wir gingen in ein weiteres Büro, wo er zunächst telefonierte. Offenbar erkundigte er sich, ob man bei Andy etwas gefunden habe. Mir fiel mit einem Mal das Schild mit der angedrohten Todesstrafe wieder ein, und ich glaube, kalter Schweiß stand auf meiner Stirn. Wie konnte Andy mich bloß in diese Sache hineinziehen? Was wäre, wenn man mich als seinen mutmaßlichen Komplizen betrachtete?

»Ich muss Sie bitten, sich Ihrer Kleidung zu entledigen«, sagte der Mann, nachdem das Telefonat beendet war. »Bei Ihrem Gefährten hat man eine verbotene Medizin gefunden.«

»Verbotene Medizin?«, fragte ich gespielt ungläubig.

Aber er ging nicht auf meine Frage ein, sondern fuhr fort: »Und weil Sie sich da draußen unterhalten haben, sind auch Sie verdächtig. Wenn Sie den Mann nicht kennen, warum haben Sie dann mit ihm gesprochen?«

»Wir hatten uns schon vorher unterhalten. Er hatte gesehen, dass ich einen deutschen Pass in der Hand hielt und fragte mich, wie lange der Flug nach Japan wohl dauere«, erklärte ich.

»Aber der junge Mann ist gar kein Deutscher. Er ist Austrier«, sagte der Chinese in dem Glauben, gepunktet zu haben.

»Eben deshalb«, entgegnete ich. »Weil er aus Österreich kommt, hat er mit mir gesprochen. Deutsche und Österreicher sprechen dieselbe Sprache!«

»Ist das so?«

»So ist es«, sagte ich ungeduldig. »Und jetzt durchsuchen Sie mich bitte, denn ich habe keine Lust, den Flug zu verpassen.«

Ein wenig verunsichert ließ der Beamte mich Jacke und Hemd ausziehen. Die Hose musste ich bis auf die Knie herunterlassen. Dann bedeutete er mir, mich wieder anzukleiden.

»Sie haben den Herrn aus Österreich also zuvor gar nicht gekannt?«

»So ist es. Ich kenne nicht einmal seinen Namen.«

Dann bat er mich um mein Ticket und ging erneut zum Telefon. Jetzt erwies es sich als vorteilhaft, dass Andy von Wien aus abgeflogen war, während mein Flugschein Zürich als Ausgangspunkt der Reise auswies. Das schien ihn schließlich zu überzeugen.

»*I am sorry for the inconvenience, Sir*«, erklärte er nun sichtlich verlegen. »Bitte beeilen Sie sich, das Flugzeug wartet auf Sie.«

Ich schulterte meinen Fotokoffer und lief zum Gate, an dem die Boeing 747 auf mich wartete. Kaum im Flieger, berichtete ich Sissy und Wacki, was geschehen war. Die beiden hatten sich schon gewundert, wo Andy und ich so lange blieben. Ich forderte Sissy auf, zur Bordtoilette zu gehen, sich den Heroindildo aus dem Versteck zu ziehen und ihn im Mülleimer zu deponieren. Anschließend sollte sie das Flugzeug verlassen und sich um ihren Freund kümmern. Noch während sie in der Toilette weilte, hatten die Sicherheitsleute herausgefunden, dass Andy nicht allein unterwegs war.

Im Flieger wurde Sissys Name ausgerufen. Sie sollte sich am Einstieg zu erkennen geben. Zurück an ihrem Platz hatte sie gerade genug Zeit, mir zu sagen, wo sie den gefüllten Pariser abgelegt hatte. Unauffällig steckte ich ihr noch ein paar Scheine und Hunters Telefonnummer zu und bat sie, mich in einer Woche dort anzurufen, damit ich ihr Geld schicken könne. Dann nahm sie ihr Handgepäck und gab sich dem Bordpersonal zu erkennen. Noch heute habe ich das Bild vor Augen, wie sie mit den Chinesen sprach, tapfer und gefasst, ehe sie den Männern in eine ungewisse Zukunft folgte. Kurz darauf wurde die Tür des Flugzeugs geschlossen, der

Kapitän meldete eine Verzögerung. Sissys und Andys Gepäckstücke mussten ausgeladen werden. Nachdem man sie endlich im Bauch der Maschine lokalisiert hatte, begann eine schwere Zugmaschine den Jumbo mit zwanzigminütiger Verspätung auf das Rollfeld zu schleppen.

»Da hatte ich ja mehr Glück als Verstand«, sagte Wacki zu mir, während wir abhoben und Taiwan unter uns ließen. »Hoffentlich sperren sie die Sissy nicht auch noch ein!«

»Kann ich mir nicht vorstellen. Allerdings, in Andys Haut möchte ich nicht stecken. Der Junge hatte einfach Pech. Er macht sowas zum allerersten Mal und wird gleich erwischt. Wir müssen ihnen, sobald wir in Frisco sind, Kohle schicken. Sissy hat bloß 400 Dollar und Andy wahrscheinlich auch nicht mehr«, sagte ich.

»Ich mache mir Sorgen, dass er vielleicht hingerichtet wird«, sagte Wacki nachdenklich. »Wie richten die Chinesen denn eigentlich Drogenschmuggler hin? In Singapur werden sie aufgehängt.«

»Hör auf mit deiner Schwarzmalerei! Der Andy wird nicht aufgeknüpft. Die bringen doch keinen Europäer um! So ein Wahnsinn.«

»Da wäre ich mir nicht so sicher. Wer solche Gesetze macht, dem ist alles zuzutrauen.«

Der Flug nach Tokio wurde kein Vergnügen. Die ganze Zeit überlegten wir, was wohl gerade in Taipeh geschehe. Wie würde Andy mit der für ihn ungewohnten Situation klarkommen? Wir hatten ihn erst ein paar Tage zuvor kennengelernt, aber seine verbindliche Art und sein Humor hatten uns beeindruckt. Wir waren uns rasch näher gekommen, insbesondere Wacki, der Bayer, sah in dem jungen Tiroler eine Art Blutsbruder. Was mich betraf: Ich mochte ihn, und seine Verhaftung beschäftigte mich. Ich stellte mir grundsätzliche Fragen zu unserem Geschäft, etwa die, ob das Risiko geschnappt und ein paar Jahre in einem Kerker irgendwo auf der Welt eingesperrt zu werden, überhaupt in einer vernünftigen Relation dazu stand, was am Ende als Gewinn winkte.

»Meinst du, der Andy hält dicht?«, fragte Wacki, nachdem er eine Weile schweigend dagesessen und aus dem Fenster geblickt hatte. »Was, wenn die Schlitzaugen ihn weichkochen?«

»Dann müssen wir in Tokio mit einer Durchsuchung rechnen«, sagte ich und begann sofort damit, die neue Situation zu bewerten. Auf der Habenseite unserer Spekulation stand die Tatsache, dass Andy keine Fremdsprache beherrschte, und auch Sissy sprach bloß wenig Englisch. Bis man einen Dolmetscher herbeigeholt hätte, würden möglicherweise Stunden vergehen. Die schwierige Kommunikation würde somit ein Geständnis verzögern. Aber beruhigen konnte uns das nicht wirklich. In unseren Köpfen stauten sich die Fragezeichen. Uns blieb nichts anderes übrig, als wieder einmal ein erhöhtes Risiko einzugehen. Immerhin hatte ich eine Idee, wie wir bei der Ankunft in Tokio-Narita vorgehen könnten.

Der Landeanflug schien ewig zu dauern. Endlich setzte die Maschine auf. Nachdem wir angedockt und der Kapitän die Erlaubnis erhalten hatte, die Leute aussteigen zu lassen, drängte ich mich nach vorne, um als einer der Ersten das Flugzeug zu verlassen. Bis aus einer vollbesetzten Boing 747 alle Passagiere von Bord gegangen sind, vergeht eine Weile. Das wollte ich mir zunutze machen. Sollte irgendetwas nicht stimmen, so sagte ich mir, dann würde der Zoll gleich beim Verlassen der Maschine einschreiten. Sollte ich nicht binnen weniger Minuten zurück sein und grünes Licht geben, wäre Wacki, der sowohl seinen Leibgürtel trug, als auch Sissys Dildo an sich genommen hatte, vorgewarnt. Für den Fall war geplant, dass er die illegalen Pakete im Müll deponieren und das Flugzeug »sauber« verlassen sollte.

Zum Glück wurde das nicht nötig. Am Ankunftsgate war nämlich alles normal, nichts deutete darauf hin, dass hier jemand verhaftet werden sollte. Einigermaßen beruhigt lief ich zurück zur Maschine. Indem ich dem Bordpersonal, das noch immer dabei war, Passagiere zu verabschieden, erklärte, etwas vergessen zu haben, drängte ich mich zurück in die Kabine. Erleichtert schulterte Wacki sein Handgepäck, als er mich kommen sah. Als Letzte verließen wir das Flugzeug und betraten die Transithalle. Die Luft war rein in Tokio.

Der Fairness halber nahm ich Wacki den gefüllten Pariser ab. Ich kannte den Zoll in Japan von meinen früheren Reisen her und wusste, dass der Körper eines Reisenden, zumal der eines Europäers, für einen japanischen Zollbeamten quasi tabu ist. Niemals wäre ein Japaner auf die Idee gekommen, den Gast seines Landes zu entwürdigen, indem er ihn etwa aufgefordert hätte, sich seiner Garderobe zu entledigen und die Arschbacken zu spreizen, wie es in den europäischen Ländern und den USA schon damals üblich war. Die Zöllner am Flughafen Narita kamen mir eher wie ein Begrüßungskomitee vor, sie stellten zwei, drei höfliche Fragen, warfen zuweilen einen diskreten Blick in einen Koffer oder eine Tasche, ehe sie dem Ankömmling mit einer Verbeugung eine gute Zeit in Nippon wünschten. Daher machte ich mir keine Sorgen, dass ich mit Sissys Dildo in der Unterhose auffliegen würde. Im ungünstigsten Fall würde man die kleine Beule als Erektion interpretieren, und die Frage des Zöllners »Zeigen Sie mir mal Ihren Penis!« konnte ich mir beim besten Willen nicht vorstellen. Nein, auf die Japaner war, was den Respekt vor dem Gast anging, Verlass! Erwartungsgemäß kamen wir problemlos durch den Zoll.

Schon zweimal war ich knapp bei Kasse nach Japan gekommen, diesmal hatte ich vorgesorgt und ausreichend Devisen in der Tasche. Wir quartierten uns im Hotel New Otani ein, ein selbst für Tokioter Verhältnisse nobler Schuppen, in dem zuweilen sogar Staatsgäste Quartier bezogen. Offenbar eine unter Gaunern und Ganoven beliebte Absteige. Den Dildo und Wackis Paket steckte ich in meinen verschließbaren Fotokoffer, den ich zusammen mit dem Stativ beim Concierge zur Aufbewahrung abgab.

Unser Zimmer war geräumig, und das Fenster zeigte hinaus auf einen mit viel Geschmack komponierten Garten, dem wir, nachdem wir geduscht hatten, einen Besuch abstatteten. Der Zen-Garten des New Otani ist gewiss kein Juwel unter den japanischen Steingärten, aber Wacki und ich waren begeistert vom harmonischen Zusammenspiel von Stein, Wasser und Flora. Wir setzten uns auf einen schneeweißen Felsen und versuchten, zu entspannen. Wacki hatte in seiner Samtjacke noch einen Thai-Stick gefunden, und so rauchten wir einen Joint, der uns auf andere Gedanken brachte. Dass Andy geschnappt worden war, hatte unsere Stimmung getrübt und wir überlegten, wie wir ihm jetzt helfen könnten. Zum Glück war Sissy bei ihm, ihr vertraute ich. Sie war ein quirliges Mädchen, mutig, schnell im Denken und alles andere als hysterisch. Ich war sicher, sie würde das Richtige für ihren Freund tun.

Von Tokio aus konnten wir zunächst nichts unternehmen, erst aus Amerika würden wir Kontakt zu Sissy aufnehmen. Bis dahin mussten wir versuchen, nicht zu oft an unsere österreichischen Freunde in China zu denken, denn das verursachte bloß Stress und Kummer.

In der Hotellobby trafen wir eine alte Dame aus Jugoslawien, die ihr ganzes Leben als Putzfrau in einem Pariser Hotel gearbeitet hatte und jetzt (als Abschiedsgeschenk ihres Chefs) auf einer Weltreise unterwegs war. Wir kamen ins Gespräch und ehe wir uns verabschiedeten, empfahl sie uns ein Lokal in Roppongi, in dem man nach japanischer Sitte speisen könne. Dort gönnten wir uns am Abend ein leckeres Essen aus rohem Fisch und scharfen Soßen, von dem wir allerdings nicht satt wurden. Wacki erklärte, einen bayerischen Schweinsbraten zu bevorzugen, der schmecke, mache satt und bezahlen könne man ihn auch. Das Essen in dem Lokal war derart teuer, dass ich beschloss, in japanischen Lokalen nicht mehr einzukehren, ohne vorher einen Blick auf die Preise geworfen zu haben.

Die Dame, die in unserer Nähe saß und uns aus den Augenwinkeln heraus beobachtete, hieß Saeko. Sie war etwa dreißig, seit einigen Jahren mit einem reichen Kaufmann verheiratet und längst desillusioniert, was die große Liebe und auch, was ihr Sexleben anging. Doch das erfuhren wir erst später. Ich weiß nicht, weshalb sie entgegen aller japanischen Gepflogenheit darum bat, sich zu uns an den Tisch setzen zu dürfen, jedenfalls kaum, dass Wacki und ich eine halbe Stunde auf unsere Teezeremonie gewartet hatten, saßen wir zu dritt an dem niedrigen Tisch, das heißt, auf Kissen und einer Tatami*.

Saeko sah so aus, wie wir uns eine Japanerin vorstellten: schöne Augen, klein, schlank, dunkles langes Haar, gepflegt. Sie war modisch gekleidet, trug eine teure Schweizer Uhr und stammte ursprünglich aus Hiroshima. Weshalb die junge Frau den Kontakt zu uns suchte, wurde recht bald klar: Sie gestand Wacki, dass sie schon lange davon träume, einmal einen blonden Mann kennenzulernen. Da sie in eine konservative Familie eingeheiratet hatte,

* Matte aus Reisstroh

stand sie unter der Überwachung ihrer Schwiegermutter: *Big sister was watching her!* Dass sie der Beschattung entkommen war, kam daher, dass die Alte vor ein paar Tagen gestürzt war und mit einem gebrochenen Bein im Krankenhaus lag. Gleichzeitig hielten sich Saekos Gatte und der Schwiegervater für eine Woche geschäftlich in Hongkong auf. Saeko erkannte ihre Chance und nutzte sie, indem sie Restaurants und Diskotheken im Stadtteil Roppongi besuchte, in denen auch Touristen verkehrten.

Wacki schien der Mann zu sein, nach dem sie suchte. Als sie uns eine Stunde von sich und ihrem Leben als Frau in der japanischen Gesellschaft erzählt hatte, lud sie uns auf einen Drink in eine Diskothek ein. Im Sportwagen chauffierte sie uns bei offenem Verdeck durch die Sommernacht, Wacki vorne, ich hinten, den Fahrtwind in unseren Haaren und Neugier im Herzen.

Die Disco übertraf alles, was ich bis dahin gesehen hatte: größer als die Tanzpaläste von Ibiza, mehr Gäste als in vergleichbaren Läden in München oder auf den Bahamas. Wir amüsierten uns eine Weile, tranken japanisches Bier und sahen den Tänzern zu, die sich ins Zeug legten, um ihren Partnern zu imponieren. Ich ließ Wacki und Saeko am Stehtisch zurück, mischte mich unter die Leute und versuchte, mit ausgefallenen Tanzschritten, die ich im letzten Jahr bei den Rastas in Montego Bay gelernt hatte, zwei Mädchen zu beeindrucken, die ihre Haare blond gefärbt und zum Bubikopf geschnitten hatten, und die demonstrativ gelangweilt an einer Säule lehnten. Als ich sie aufforderte, mit mir zu tanzen, grinsten sie und begannen mit minimalem Energieaufwand sich in der Hüfte zu wiegen und im Rhythmus die Schultern zu rollen. Leider sprachen sie kein Englisch und ich kein Japanisch, und so verkümmerte der zarte Keim unserer gegenseitigen Neugier. Ich lud sie auf einen Drink ein, und Saeko dolmetschte ein paar Sätze, doch als wir nach einer Stunde aufbrachen, waren wir wieder zu dritt. Saeko nahm uns mit zu sich. Da sie zurzeit allein in dem für dortige Verhältnisse geräumigen Haus lebte, lud sie uns ein, bei ihr zu übernachten. Längst war sie sich mit Wacki über den weiteren Verlauf des Abends einig, der strahlte, als habe er einen Jackpot gewonnen. Als wir das Haus über eine weiß lackierte Holztreppe betraten, mussten wir unsere Schuhe ausziehen und erhielten jeder zwei Paar plüschige Hausschuhe, eines, um sie drinnen zu tragen, eines, um damit die Toilette aufzusuchen. Aus Hygienegründen, wie uns Saeko voller Ernst erklärte.

Während ich in meinen etwas klein geratenen Puschen durch das Haus schlurfte und mir wie in einem Museum vorkam, mich über Schiebetüren, Wände aus Papier und eine Toilette mit Musik-Beschallung amüsierte, turtelten und knutschten die beiden auf der Veranda in einer Bambusschaukel.

Es war schon früh, als ich auf dem harten Lager einschlief, und es war immer noch früh, als ich erwachte. Von Wacki und Saeko keine Spur, ich wusste nicht einmal, in welches Zimmer sie sich zurückgezogen hatten. Kaffee fand ich auch nicht, und so schlich ich aus dem Haus, lief einen Kilometer zu Fuß und nahm ein Taxi zum Hotel. Dort besuchte ich das öffentliche Bad, legte mich zehn Minuten ins kochend heiße Becken, und als ich zurück auf unser Zimmer kam, war ich so müde, als sei ich es gewesen, der seine Energie beim Sex mit Saeko verausgabt hatte. Ich legte mich aufs weiche Bett und schlief augenblicklich ein.

Als ich gegen Mittag erwachte, blinkte das Zimmertelefon. Die Rezeption hatte eine Nachricht: Wacki und seine neue Freundin wollten mich um zwei Uhr abholen. Am Abend hatte sie auf meinen Vorschlag hin eingewilligt, eine Shopping-Tour mit uns zu unternehmen. Ein Einkaufsbummel in Tokio ist ein besonderes Vergnügen. Nirgendwo gibt es so viel zu kaufen, und nirgends hat mir Einkaufen so viel Spaß gemacht. Intensiver als Konsumjunkies anderswo, shoppen Japanerinnen mit den Augen. Jede Kleinigkeit wird mit großem Aufwand an ästhetischer Suggestion präsentiert, sodass mir die japanischen Kaufhäuser wie Galerien vorkamen. Denn es waren nicht die verführerisch arrangierten Waren selbst, die die Kauflust reizten, sondern das gesamte Ambiente war auf dieses Ziel hin konzipiert worden, zu besitzen, ja zu sagen, zu kaufen: Der harmonische Musikteppich, der den akustischen Hintergrund bildete, ein dezenter Duft nach Frische und Jasmin und nicht zuletzt das auf Höflichkeit gedrillte Personal. Die Logistik eines Tokioter Kaufhauses sah vor, dass der hygienebewusste Kunde während seines Spaziergangs zwischen den Etagen nichts berühren musste, sofern er die Waren nicht bewusst in die Hand nehmen wollte. Die Türen öffneten sich von selbst, die Handläufe der Rolltreppen wurden bei jedem Durchlauf desinfiziert, in den Aufzügen wurde man von einem uniformierten Mädchen begrüßt und verabschiedet. Erkundigte man sich nach einem Artikel, so führte das Personal einem diesen vor. Nie wurden wir aufdringlich zum Kauf genötigt, die Verkäuferinnen, die weiße Handschuhe trugen, übten sich in höflicher Zurückhaltung.

Am längsten hielt ich mich in der Schreibwarenabteilung auf, denn ich benötigte wattierte Briefumschläge. Während ich danach suchte, entdeckte ich dies und jenes, Briefpapier mit Abdrucken traditioneller Holzschnitte, Kugelschreiber, die aussahen wie Salzstangen, schwarze Notizblöcke mit dazu gehörigen silbernen Stiften, Konfektdosen, die in Form und Farben dem Fujiama nachempfunden waren. Als ich schließlich zur Kasse kam, legte ich ein Dutzend Artikel auf den Packtisch: Tagebücher aus Reispapier, kunstvoll gebundene Kladden und mehrere Mappen mit künstlerisch gestaltetem Briefpapier; Kitsch, wie etwa ein weißer Radiergummi mit einer roten Sonne darin, war auch dabei.

Nachdem Saeko uns durch zwei der größten Kaufhäuser der Stadt geschleppt hatte, fuhren wir zu einem Park, wo sie uns in einem Café zu Eis mit japanischen Früchten einlud. So verbrachten wir die Tage zu dritt und die Nächte zu zweit, jedenfalls, was Wacki betraf. Mir kam das nicht ungelegen, denn so hatte ich Zeit, ungestört im Hotel die Postsendungen vorzubereiten.

Dazu löste ich vorsichtig den Klebefalz am unteren Ende der Umschläge, trennte mit der Rasierklinge die Seiten auf und entfernte den Zellstoff, der in den Kammern als Dämmstoff diente. Stattdessen schob ich zuvor abgemessene Papiertaschen mit je 150 Gramm Pulver zwischen die Seiten. Dann klebte ich den Falz wieder fest, und fertig war das Kuvert. Auf diese Weise präparierte ich zehn Umschläge und steckte in jeden das Replikat eines japanischen Holzschnitts. Auf die Adressenseite kam noch ein Aufkleber »Vorsicht Kunstdruck, nicht knicken!«. Dann beschriftete ich jede Sendung mit einer anderen Anschrift und als Absender nahm ich einen Tokioter Kunstverein. Auf einer meiner letzten Reisen nach Kalifornien hatte ich mir ein Dutzend Ortschaften in der Umgebung von San Francisco notiert. Dorthin schickte ich die

Briefe, postlagernd, an mich selbst adressiert. Wir brauchten nach unserer Ankunft in Amerika nur die Postämter abzufahren und die Sendungen einzusammeln.

Am vorletzten Tag unseres Japan-Aufenthaltes warf ich die kriminelle Post in den Briefkasten, in der Hoffnung, dass sie vor uns am Ziel wäre. Da wir uns nach wie vor mit der Heroinsucht herumplagten, musste sichergestellt sein, dass, solange wir keine Medikamente hatten, ausreichend Stoff zum Eigenkonsum vorhanden wäre. Bis auf zehn Gramm hatte ich alles auf den Weg gebracht. Das sollte für uns beide reichen, inklusive der drei Tage Hawaii, die wir eingeplant hatten.

Am Tag des Weiterflugs verabschiedeten wir uns von Saeko, die Wacki versprach, ihn im Winter in München zu besuchen. Sie brachte uns in ihrem Flitzer zum Flughafen, wir umarmten uns zum Abschied, was in Japan nur gute Freunde tun. Im Übrigen gilt die leichte Verbeugung als Grußgeste der Wahl.

»Du hättest sie mir wenigstens eine Nacht überlassen können!«, pflaumte ich Wacki an, als wir in der Lounge saßen und auf die Durchsage zum Boarding warteten.

»Nicht meine Entscheidung«, entgegnete er. »Sie steht eben auf blonde Kerle.«

»Für Saeko hätte ich mir sogar die Haare gefärbt.«

Während sich der Jumbo der China Airlines zehntausend Meter über dem Pazifik befand und Honolulu ansteuerte, überquerten wir die internationale Datumsgrenze. Die Uhr brauchte zwar nicht zurückgestellt zu werden, aber im Kalender mussten wir einen Tag zurückblättern. Wir hatten Japan am Abend verlassen und erreichten Honolulu am Morgen desselben Tages. Das muss man logisch erst einmal auf die Reihe kriegen. Wir versuchten, dem Phänomen auf die Spur zu kommen, schafften es aber nicht wirklich. So begnügten wir uns mit den Fakten und gaben die Ursachenforschung auf.

Diese Reise stand unter keinem guten Stern. Das war mir spätestens klar, nachdem Andy in Taipeh aufgeflogen war. Es wurde mir aber noch klarer, als ich bei der Zollkontrolle in Honolulu aufgefordert wurde, dem Beamten ins Zollbüro zu folgen. Von den etwa zwanzig Kontrolltischen hatte ich diesmal den falschen ausgewählt. Der Zöllner, ein weißer Mann um die Fünfzig, hatte zuvor mit einem Kollegen gescherzt, sein Lachen klang herzlich und laut, sodass ich glaubte, seine gute Laune als gutes Omen deuten zu können. Irgendetwas muss ihm an mir nicht gefallen haben, denn kaum, dass er meinen Pass durchgeblättert hatte, forderte er mich auf, mein Gepäck zu nehmen und ihm zu folgen. Wacki, der sich einen anderen Zöllner ausgesucht hatte, war schon durch die Kontrolle und strebte dem Ausgang zu, während ich auf dem Weg zu einer genauen Inspektion war. Zum Glück hatte ich die kleine Tüte mit dem Heroin, welches wir zum Eigenbedarf mit uns führten, hinter dem Bund der Jeans stecken. Es gelang mir, sie unbeobachtet herauszuziehen und im Vorbeigehen in einen Mülleimer fallen zu lassen. Im Flugzeug hatten wir unser Zeug zusammengekippt und per Los entschieden, wer die paar Gramm durch den Zoll bringen sollte. Der Zufall hatte mir diese Aufgabe zugedacht.

In dem Büro angekommen – inzwischen waren zwei weitere Zöllner zur Stelle – fragten sie mich, ob ich Drogen konsumiere, ob ich in Thailand Marihuana oder Heroin gekauft hätte und welches der Zweck meiner Reise wäre. Dabei blätterten sie meinen Pass mehrfach von hinten nach vorn durch und kommentierten die vielen Ein- und Ausreisestempel.

»In Bogota waren Sie auch schon?«

»Ist das verboten?«, antwortete ich ungehalten, denn schließlich hatte ich nichts mehr zu befürchten, seit ich unsere eiserne Ration entsorgt hatte.

»Das ist es nicht. Aber Sie werden zugeben, wenn ein Zollbeamter Ihren Pass anschaut und all diese Stempel sieht, könnte der Verdacht aufkeimen, dass Ihnen Drogen nicht unbekannt sind. Dreimal Bangkok, einmal Hongkong, zweimal Bogota in diesem Jahr. Was hat Sie denn an diese Brennpunkte des internationalen Drogenhandels geführt?«

Ich öffnete meine Brieftasche und nahm den Presseausweis hervor, den ich mir kürzlich in Bangkok zugelegt hatte. Zusammen mit der professionellen Fotoausrüstung, die ich auf Reisen immer bei mir führte, sollte er die Legende erklären, weshalb ich so oft auf Reisen war. Und das funktionierte in der Regel auch. Warum sich die Zöllner in Honolulu diesmal nicht zufriedengaben, blieb deren Geheimnis. Jedenfalls forderten sie mich auf, den Fotokoffer und die Reisetasche zu leeren und alles auf den Tisch zu legen. Zusätzlich verlangten sie, dass ich die Taschen von Jacke und Hose leer machte. Nachdem das geschehen war, verließ einer der Männer den Raum und nahm die Gepäckstücke und das Stativ mit. Keine Ahnung, was er damit wollte, möglicherweise ließ er einen Hund daran schnuppern oder sie wurden durchleuchtet. Unterdessen machten sich die beiden anderen über meine Sachen her. Sie forderten mich auf, das Objektiv von der Kamera zu schrauben, sie griffen die Säume aller Kleidungsstücke ab und öffneten jede Tube aus dem Kulturbeutel. Als sie sowohl mein Deospray als auch den Rasierschaum geprüft hatten und auch ansonsten nirgendwo fündig wurden, baten sie mich, den Geldbeutel zu entleeren, das Geld aber vorher an mich zu nehmen. Ich legte alles auf den Tisch: Personalausweis, Führerschein, Adressbüchlein, die ADAC-Mitgliedskarte, diverse Visitenkarten und Notizen. Dann warf ich ein wenig provozierend die Börse hinterher. Aufmerksam sahen sie alles durch, krempelten den Geldbeutel förmlich um, konnten aber nichts finden, was mich in Erklärungsnot gebracht hätte. Inzwischen war auch der Kollege mit den Gepäckstücken zurück. Ohne Ergebnis. Dann verschloss einer der Männer die Tür und sie verlangten von mir, ich solle mich entkleiden. Amis sind eben keine Japse, dachte ich und begann mich so schnell auszuziehen, als wartete eine liebestolle Miss Hawaii in der Hängematte auf mich. Nach dem Motto »bringen wir es hinter uns« warf ich meine Klamotten auf den Haufen und bot den Herren dann provokativ mein Arschloch zu einer näheren Inspektion an. Das war ihnen dann aber doch zu blöd, und nachdem ich eine splitternackte Pirouette gedreht hatte, durfte ich mich wieder anziehen.

»Das war's. Sie können einpacken.«

»Darf ich vielleicht erfahren, weshalb gerade ich das Vergnügen dieser demütigenden Kontrolle hatte?«, erkundigte ich mich. Professionelles Interesse. Vielleicht hatte ich ja etwas an meinem Verhalten übersehen, das ich in Zukunft vermeiden könnte.

»Das kann ich Ihnen sagen. Ein Passagier hat gemeldet, dass Sie im Flugzeug mehrmals mit einer brennenden Zigarette im Mund eingeschlafen sind. Das deutet auf Drogenkonsum hin. Es hat schon Leute gegeben, die auf diese Weise einen Brand an Bord verursacht haben. Aber da Sie sich schon erkundigen: Weshalb sind Sie denn mit der Zigarette im Mund eingeschlafen?«

»Stimmt«, gab ich zu. »Zweimal bin ich kurz eingenickt. Ich nehme an, das muss am Jetlag liegen. Der macht mir auf langen West-Ost-Flügen immer zu schaffen.«

»Das wird es wohl sein«, nickte der Beamte vieldeutig. »Auf die Idee bin ich noch gar nicht gekommen. Auf jeden Fall sollten Sie im Flugzeug nicht mehr rauchen, wenn Sie so empfindlich auf den Jetlag reagieren.«

Ich war mir keineswegs sicher, ob er das ironisch meinte, blieb aber gefasst. Am Ende war ich froh, das Zollbüro verlassen zu können. Auf dem Weg durch die Halle dachte ich noch daran, das zuvor entsorgte Heroinpäckchen aus dem Mülleimer zu fischen, konnte es aber im Vorbeigehen nicht entdecken. Den Eimer auszuleeren und in der Ankunftshalle den Müll zu durchwühlen, traute ich mich dann doch nicht, zumal die Zöllner das Büro ebenfalls wieder verlassen hatten und, dessen war ich mir sicher, hinter mir her blickten. Aus diesem Grund nahm ich draußen vor dem Portal auch keinen Kontakt zu Wacki auf, sondern ging wort- und blicklos an ihm vorüber zum Shuttlebus, der Fluggäste in Honolulu vom internationalen Teil des Flughafens zum nationalen befördert. Wacki war klug genug, die Gefahr zu erkennen. Auch er bestieg den Bus, ohne mich anzusprechen. Erst als wir ein gutes Stück gefahren waren, setzte ich mich zu ihm und berichtete, wie die Kontrolle verlaufen war.

»Hättest du das Zeug im Stativ gehabt, meinst du, sie hätten es gefunden?«, fragte er.

»Keine Ahnung, eher nicht, denn wie wollen sie es finden? Vom bloßen Anschauen gibt mein Stativ sein Geheimnis nicht preis. Da müssen sie schon bohren oder sägen, und das trauen sie sich nur, wenn sie einen sicheren Hinweis haben«, erklärte ich.

Dann erzählte ich Wacki, was mir der Zöllner zum Thema Einschlafen mit Zigarette gesagt hatte.

»Unfassbar! Was es doch für Wichtigtuer gibt«, regte er sich auf. »Da rennt so ein Idiot extra zum Zoll und verpetzt andere Passagiere. Ich glaub's nicht!«

»Wie du siehst, muss man immer mit Spitzeln rechnen. Die Sache hätte auch schief gehen können.«

»Wo hast du denn eigentlich das Zeug versteckt?«

Auf die Frage hatte ich gewartet. Schließlich war Heroin ein Stoff von existenzieller Bedeutung für uns, wie Wasser oder Sauerstoff. Doch wie sag ich's meinem Freunde?

»Das Tütchen hatte ich hinter den Hosenbund gesteckt. Als der Typ mich aufforderte, ihn ins Büro zu begleiten, zog ich es heraus und warf es im Vorbeigehen in einen Mülleimer.«

»Das kann doch wohl nicht dein Ernst sein?«

Wackis Augen erschienen durch seine dicken Brillengläser noch größer als gewöhnlich.

»Du hast unseren letzten Stoff weggeschmissen?«

»Was hätte ich tun sollen? Mich schnappen und ausweisen lassen? Jetzt bleib mal cool, Alter! Hauptsache, wir sind in den Staaten. Dann verkürzen wir eben den Aufenthalt auf Maui um einen Tag und fliegen schon übermorgen nach Kalifornien. Die zwei Tage werden wir schon aushalten«, sagte ich ein wenig zu optimistisch.

Mit der Erfahrung aus Bangkok hätte ich es besser wissen müssen. Wacki überfiel eine mittlere Panik.

»Deine Freundin auf Maui muss uns unbedingt was besorgen, sonst dreh ich durch«, sagte er. »Das letzte Mal, dass wir was gesnieft haben, war kurz vor der Ankunft, also vor zwei Stunden. Spätestens nach sechs Stunden benötige ich die nächste Dosis.«

»Wir werden es überleben«, sagte ich, den Ernst der Lage immer noch unterschätzend. »Jetzt fliegen wir erst einmal nach Maui, dann sehen wir weiter. Notfalls lassen wir uns dort von einem Arzt Tabletten geben. In Amerika verschreiben einem die Ärzte schneller Opiate als in Deutschland.«

»Dein Wort in Teufels Ohr«, sagte Wacki mit unverkennbarer Sorge hinter dem Humor.

Dann hielt der Shuttlebus vor dem Terminal von Aloha Airlines, wo wir ausstiegen und am Schalter die Tickets nach Kahalui kauften. Der nächste Flug ging in fünfzehn Minuten, gerade genug Zeit, um das Gepäck aufzugeben und uns auf den Weg zum Gate zu machen.

Von Tokio aus hatte ich sowohl bei Elsa Neff als auch bei Lisa Stone angerufen und um Unterkunft gebeten. Beide kannte ich seit meinem ersten Aufenthalt auf der Insel Maui. Lisa hatte Besuch aus Kalifornien, aber Elsa bot uns ihr Gästezimmer an. Sozusagen als Gegenleistung für die Gastfreundschaft, die sie letztes Jahr während ihres Besuches in Gräfelfing bei uns genossen hatte. Am Flughafen mieteten wir einen Toyota und fuhren hinauf nach Pukalani, wo die Familie Neff lebte. Elsa machte uns mit ihrem Mann bekannt, der sich als »Daineeschas« vorstellte, ein Name, den ich bis dahin noch nie gehört hatte.

Was Vornamen angeht, so kennt die Phantasie der Amerikaner keine Grenzen, beliebt sind zum Beispiel die Nachnamen ihrer Präsidenten, etwa Franklin Miller oder Wilson Jones. Aber auch das romantische Vokabular wird gnadenlos geplündert, wenn Eltern ihrem Kind einen exotischen Namen geben wollen: Silence Dalton oder Sunset McCraw – alle schon einmal gehört. Einen Daineeschas hatte ich allerdings noch nicht getroffen, sodass ich mich nach der Herkunft des außergewöhnlichen Vornamens erkundigte.

»Du kennst Dionysos nicht, den Gott der Freude und der Ekstase?«, grinste er und forderte Wacki und mich auf, auf dem Rasen vor dem Haus mit ihm Fußball zu spielen. Wir kickten ein paar Bälle, ehe wir uns daran erinnerten, dass wir Heroinabhängige waren, für die sich derlei sportliche Aktivitäten nicht ziemten. Elsa zeigte uns das Zimmer und lud uns anschließend auf der Terrasse zu Tee und Knabberzeug ein. Das Haus lag etwa auf einer Höhe von 800 Metern über dem Pazifik auf dem sanft ansteigenden Hang des Haleakala, von dem anlässlich unseres ersten Hawaiiaufenthaltes schon die Rede war, das heißt, jedes Haus auf der Westseite des Vulkans bietet einen beeindruckenden Ausblick über die Tiefebene von Puunene mit den West-Maui-Mountains dahinter sowie auf den die Inseln umgebenden Ozean. Nach einer Stunde rief Lisa Stone an und lud uns ein, bei ihr vorbeizukommen. Sie habe Gäste, auf der Veranda warte ein Buffet, und überhaupt: wir hatten uns lange nicht gesehen, sodass es Küsse auszutauschen gab.

Als ich den anderen den Vorschlag machte, uns an Lisas Buffet in die Schlange zu stellen, winkte Wacki ab. Angeblich fühlte er sich nicht wohl. Er bildete sich ein, die ersten Vorboten des Entzugs zu spüren. Mein Versuch, ihn zu überreden mitzukommen, blieb vergeblich. Er wollte sich ins Bett legen und warten, bis ich mit einer Medizin zurück sei. Dieses Problem musste in der Tat bald gelöst werden, ein weiterer Grund, zu Lisa aufzubrechen und sie diesbezüglich um Hilfe zu bitten.

Elsa und ich standen uns nicht so nah, sodass ich ihr von unseren Drogenproblemen noch nichts erzählt hatte. Irgendwie schämt sich jeder Drogenabhängige wegen seiner Krankheit, weil die meisten Menschen sie eben nicht als Krankheit anerkennen, sondern als Charakterschwäche. Dass Wacki nach dem langen Flug müde war, konnten unsere Gastgeber indes gut nachvollziehen.

Um zu Lisa Stones Haus nach Kula zu gelangen, ging es weiter den Berg hinauf. Die Freude des Wiedersehens war groß, nachdem wir uns anderthalb Jahre nicht gesehen hatten. Da es an diesem Abend zwischen Lisa und mir ordentlich funkte, war es doppelt ärgerlich, dass ich in wenigen Stunden todkrank sein würde und mir die peinliche Aufgabe bevorstand, ihr meine Suchtprobleme einzugestehen und sie um Hilfe zu bitten. Ich konnte mich nicht gleich dazu entschließen, vorerst jedenfalls nicht.

Lisa hatte ein Dutzend Gäste eingeladen, der Grund für die Fete ist mir allerdings entfallen, möglicherweise feierte jemand der Anwesenden seinen Geburtstag. Das Buffet war vegetarisch, die Getränke alkoholfrei, aber Alkaloide wurden trotzdem angeboten. In ihrem geräumigen Studio waren ein paar der Gäste damit beschäftigt, Koka-Base zu rauchen. Als man mir eine Pfeife anbot, nahm ich dankbar an, in der Hoffnung, der Rausch des Kokains könne den Heroinentzug abmildern. Dass das eine trügerische Hoffnung war, erkannte ich nach zwei weiteren Stunden, als mich eine innere Unruhe plagte. Meine Augen fingen an zu tränen und nach und nach traten die schon geschilderten Symptome auf.

Gegen Abend fühlte ich mich hundeelend. Das Base-Rauchen hatte ich längst eingestellt, denn ich merkte, dass das Kokain nicht den gewünschten beruhigenden Effekt hervorbrachte. Im Gegenteil, es machte mich wach und verstärkte mein generelles Unwohlsein. Der Moment rückte näher, da ich Lisa die Wahrheit sagen musste. Ich hoffte, dass sie entweder einen Dealer kannte, bei dem ich Heroin kaufen oder eben einen Arzt, der uns mit einem wirksamen Medikament helfen konnte. Noch zögerte ich.

Plötzlich spürte ich, wie es in meinen Eingeweiden rumorte, und ich suchte schnellstens die Toilette auf. Während ich auf der Schüssel hockte und mich entleerte, überlegte ich, wen ich vom vergangenen Jahr noch auf der Insel kannte. Ich holte mein Telefonbüchlein aus dem Geldbeutel und schaute nach, ob ich die Nummer des Dealers notiert hatte, den Mauricio mir damals vorgestellt hatte. Dabei spürte ich eine Verdickung zwischen dem Karton und der ledernen Schutzhülle. Ich schaute nach und fand einen zu einem Tütchen gefalteten Zehn-Baht-Schein. Der enthielt, ich konnte es kaum glauben, ein Gramm weißes Pulver. Zweifelsohne handelte es sich um Heroin! Selten habe ich mich über einen Zufallsfund mehr gefreut als an diesem Abend in Lisa Stones Haus auf Maui. War ich gerade noch der Verzweiflung nahe, so fiel jetzt alle Last von mir. Ich zog mein Messerchen aus der Tasche und führte eine Klingenspitze unter jedes Nasenloch. Die Wirkung war unbeschreiblich: Innerhalb weniger Minuten war das verpönte Medikament über die Schleimhaut in mein Blut gelangt und entfaltete seine beruhigende und entspannende Wirkung.

Als ich zurück zu den Rauchern ins Studio kam, hatte ich mich wieder vollkommen unter Kontrolle, mehr noch: ich fühlte mich sauwohl! Ich trat an Lisa heran und umarmte sie. Die Pfeife, die sie mir anbot, lehnte ich ab. Dann erinnerte ich mich meines kranken Freundes in Pukalani. Ich musste sofort zu ihm und ihn erlösen. Unter dem Vorwand, ihn abzuholen, fuhr ich los. Auf dem Kula-Highway fiel mir auf einmal ein, dass sich das Briefchen mit dem Stoff seit Bangkok in meiner Tasche befunden hatte, also auch heute Morgen, als ich in Honolulu den Zöllnern die Geldbörse so provozierend auf den Tisch geworfen hatte. Hätten sie es gefunden, wäre ich erneut ausgewiesen worden und damit der Erfolg der gesamten Reise gefährdet. Wie war es bloß möglich, dass ich das Zeug im Telefonbuch versteckt hatte, ohne mich daran erinnern zu können? Mir kam der Verdacht, dass dieser gefährliche Gedächtnisverlust eine Folge des Heroinkonsum sein könne. Dennoch, im Moment wog die Euphorie mehr als der Schrecken.

Als ich zu Wacki ins Zimmer trat und das Licht anknipste, wühlte der sich unter der Bettdecke hervor und stierte mich mit Augen an, die mir wie zwei Wunden erschienen. Er zitterte, sprach vom Sterben und fing an zu weinen. Mein geplanter Scherz, ihn aufzufordern, sich nicht so hängen zu lassen und ihn eine Weile zappeln zu lassen, erschien mir angesichts seines Zustandes nun mehr als unangebracht.

»Setz dich mal hin und putz dir die Nase«, forderte ich ihn auf. »Ich hab dir was mitgebracht.«

Er konnte es kaum glauben. Nachdem er seine Dosis geschnupft hatte, erfrischten sich seine Lebensgeister, und eine Viertelstunde später stieg er geduscht und runderneuert zu mir in den Wagen.

Da ein Gramm – um mehr handelte es sich nämlich nicht – uns beide höchstens 24 Stunden am Leben hielt, beschlossen wir, schon am nächsten Tag nach San Francisco zu fliegen. Wir funktionierten ohne unseren Stoff einfach nicht mehr, eine alarmierende Bestandsaufnahme, die nicht mehr zu leugnen war. Dass wir mit dem Heroin aufhören mussten, war uns beiden schon länger klar, die Frage war bloß, wie sollten wir es angehen? Wir beschlossen, in Kalifornien einen Arzt aufzusuchen, der uns mit Methadon substituieren würde.

Zu später Stunde kehrten wir auf einen Absacker im »Longhis« in Makawao ein, wo Lisa einen großen Tisch reserviert hatte. Wacki verspürte Hunger und verschlang ein Steak, von dem anderenorts ganze Familien satt werden. Als ich ihn von dem Trumm Fleisch schwärmen hörte, kam mir der Gedanke, dass die amerikanische Unsitte des übermäßigen Fleischkonsums uns noch einmal Kopf und Kragen kosten werde: Was, wenn eines Tages jeder Erdbewohner 100 Kilogramm Fleisch im Jahr verzehrt? Aber in Amerika machte sich darüber kaum einer Gedanken. Das 1000 Gramm T-Bone Steak stand als Blickfang zentral auf der Karte und ich glaube, der Chef war sogar stolz auf diesen gastronomischen Wahnsinn. Meinem Freund schmeckte es, und er konnte meine Bedenken nicht nachvollziehen.

»Warum sollen die Leute kein Fleisch essen, wenn es ihnen doch schmeckt? Es reicht doch, dass sie uns die Drogen verbieten, jetzt willst du uns auch noch das Fleisch madig machen!«

Der Vergleich war zwar bescheuert, aber ich fühlte mich nicht danach, zu widersprechen, wenngleich ich über die Zusammenhänge beim Verzehr tierischen und pflanzlichen Proteins einiges gelesen hatte und Argumente hätte anführen können. Das Thema würde jedenfalls nicht von sich aus verschwinden, dafür würden schon »Die Grünen« sorgen, eine neue Partei, die sich zu Beginn des Jahres in Deutschland zusammengefunden hatte, mit deren Ideen ich sympathisierte.

»Ja ja, die Grünen«, meinte Wacki abfällig. »Jetzt schwimmen sie eine Weile oben, weil ihre Themen populär sind, weil sie den Leuten versprechen, die Atomkraftwerke stillzulegen und das Kiffen zu legalisieren …«

»Das ist doch schon mal was«, warf ich dazwischen. »Dafür lohnt es sich, sie zu wählen.«

»Das kannst du halten wie du willst. Ich habe noch nie gewählt und werde auch die Grünen nicht wählen. Die meisten Politiker sind korrupt und ferngesteuert. Bei dem Spiel mache ich erst gar nicht mit. Mit diesen Ökofritzen wird es genauso enden. Das sind doch alles Judasse, die werden euch Traumtänzer früh oder später verraten und verkaufen. Wirst sehn!«

Ich weiß bis heute nicht, woher mein Freund seine seherische Fähigkeit hatte, damals war ich jedenfalls von seiner Haltung enttäuscht.

Die Amis, denen wir das Thema kurz erklärten, hörten zwar interessiert zu, hatten aber keine Phantasie, sich politische Systeme vorzustellen, die über das in ihrem Land praktizierte Zwei-Parteien-Modell hinausgehen. Sie begriffen nicht, wieso zur Erörterung sozialer oder ökonomischer Fragen eine dritte Partei notwendig sein sollte, da in den beiden großen Parteien diese Themen doch auch behandelt werden konnten. Wir tauschten noch weitere Ideen aus, aber es saß wie so oft keiner am Tisch, der wirklich Ahnung von den Dingen hatte, über die diskutiert wurde. Nach einer Weile wurde mir klar, dass es am Ende meist auf die ökonomische Rentabilität hinausläuft, ob es um Fischerei geht oder um Landwirtschaft, um Märkte oder um Kriege, um Bildung oder um Menschenrechte: irgendwann kommt die Frage nach den Kosten oder dem Profit. Das war in Europa so, das war in den Vereinigten Staaten so, und so würde es demnächst auch in China sein.

Ehe wir am nächsten Mittag Maui gen Honolulu verließen, verabredete ich mich mit Lisa Stone in einer Woche in San Francisco. Wir hatten beide erkannt, dass unsere Seelen verwandt waren und fühlten uns zueinander hingezogen. Was ich an ihr schätzte, war ihre geistige Wendigkeit, ihren Geschäftssinn, ihre Risikobereitschaft und nicht zuletzt ihre Neugier auf die Welt und die Menschen. Dass sie bei alledem auch noch gut aussah, steigerte meine Begeisterung. Eine solche Frau findet man normalerweise nicht auf dem Heiratsmarkt. In Lisas Fall war der Mann vor einem Jahr bei einem Autounfall ums Leben gekommen. Seither lebte sie mit ihrem fünfjährigen Sohn allein und suchte nach einer neuen Orientierung.

Das Erste, um das wir uns kümmerten, nachdem wir in San Francisco gelandet waren: wir fuhren zur Post nach Sausalito, wohin ich einen der Briefe aus Tokio adressiert hatte. Weitere lagen in Mill Valley, Larkspur, San Rafael, San Anselmo, Fairfax und anderen Orten in Marin County. Wie vorhergesehen war die Post schon da, und gegen Vorlage meines Ausweises händigte man mir die Briefe aus. Bis auf den Postmaster von Fairfax, der Faxen machte. Ich betrat das Post-Office, legte meinen Pass auf den Schaltertisch und erkundigte mich höflich nach einem postlagernden Brief aus Japan.

»Nichts gekommen«, sagte der Beamte, ohne überhaupt in die Fächer hinter ihm geblickt zu haben, in denen die Sendungen alphabetisch geordnet einsortiert waren.

»Wollen Sie nicht erst einmal nachsehen?«, schlug ich vor. »Wie wollen Sie bei der Menge an Post wissen, ob ausgerechnet für mich nichts gekommen ist?«

Der Mann sah aus wie ein Statist aus einem frühen Western. Ich glaubte fast, ihn in »High-Noon« unter den Feiglingen gesehen zu haben, die Gary Cooper die Hilfe verweigerten: kurz vor der Pensionierung, mit einem stattlichen Bauch, volles graues Haar, gezwirbelter Schnurrbart und kleine rote Äuglein. Er mochte mich nicht, das war nur allzu deutlich. Sei es, dass ich meine Bitte ein wenig zu forsch vorgetragen hatte, sei es, dass er einfach schlecht drauf war. Seine Kollegin, eine attraktive Mitfünfzigerin, die dabei war, Listen zu prüfen, zog die Augenbrauen hoch, als wolle sie damit ein verständnisloses Kopfschütteln signalisieren. Als ich sie anschaute, wich sie meinem Blick aus, als habe ich sie gerade bei etwas Peinlichem überrascht.

»Junger Mann, wollen Sie mir etwa beibringen, wie ich meine Arbeit zu machen habe?«, raunzte der Schnurrbart mich an. »Es ist keine Post für Sie da! Kommen Sie morgen Mittag wieder vorbei, vielleicht ist Ihre Sendung bis dahin eingetroffen!«

Der Mann hatte allerdings übersehen, dass man vom Kundenbereich aus das Regal einsehen konnte, in dem die Briefe lagen. Und ein einziger Blick hatte genügt, um den braunen Umschlag im Fach »B« zu entdecken. Ich konnte zwar bloß das untere Ende sehen, aber das genügte, um den Aufkleber »Vorsicht Kunstdruck!« zu erkennen, den ich persönlich ein paar Tage zuvor dort angebracht hatte.

»Junger Mann«, sagte ich zu dem Alten, »Wollen Sie nicht lieber nachsehen? Ich habe vorhin mit meiner Agentur in Tokio gesprochen und die haben mir versichert, dass die Sendung vor vier Tagen rausgegangen ist. Es handelt sich um einen braunen Umschlag mit einem Aufkleber auf der Vorderseite.«

»Das mag ja sein, aber wenn ich Ihnen sage, hier ist kein derartiger Brief eingegangen, dann ist auch kein Brief für Sie eingegangen. Wer ist hier der Post-Master, Sie oder ich?«

Ich hätte mich noch weiter mit ihm streiten können, entschied mich aber angesichts des brisanten Inhalts der Sendung, den Rückzug anzutreten.

»*O.k. Chief*«, erklärte ich verärgert. »Ich komme dann halt morgen Mittag noch einmal vorbei.«

Dann verabschiedete ich mich und ging hinüber zum Auto, wo Wacki auf mich wartete.

»Wo ist der Brief?«, wollte er wissen, als er mich mit leeren Händen kommen sah.

»Der Idiot von Postmeister will ihn nicht rausrücken. Der Brief ist da, ich habe ihn selbst gesehen. Gib mir mal 'ne Kippe!«

Wacki schüttelte eine Camel aus der Packung und gab mir Feuer.

»Was machen wir jetzt? Sag bloß, jetzt müssen wir morgen wegen diesem Deppen nochmal herkommen?«

»Sieht ganz danach aus. Was sollte ich tun? Ich konnte ja schlecht über den Tresen springen und mir den Brief selbst aus dem Fach holen.«

Plötzlich, noch während wir beim Auto standen und rauchten, kam aus der Einfahrt zum Verladehof der Post ein blauer Kombi und fuhr die Straße nach San Anselmo hinunter. Der Fahrer war kein Geringerer als der Dicke aus »High Noon«.

»Das war er«, sagte ich zu Wacki. »Der Idiot, der mir den Brief nicht hat geben wollen.«

»Bingo. Dann gehst du jetzt nochmal rein und lässt dir den Brief von jemand anderem geben.«

»Gute Idee.«

Ich überquerte die Straße und ging zurück in die Post. Als die Dame mich kommen sah, stand sie wortlos auf, ging zum Regal und zog die Sendung heraus. Dann kam sie zum Schalter und bat mich um meinen Pass.

»Der Alte ist heute unpässlich. Sein Beförderungsgesuch ist abgelehnt worden. Hier ist Ihr Brief!«, sagte sie und legte den Umschlag mit einem Lächeln vor mich hin.

»Aber nicht, dass Sie Ärger kriegen«, sorgte ich mich angesichts der Aussicht, dass der Postmeister nach seiner Rückkehr das Fehlen des Briefes bemerken könne.

»Ärger? Wegen eines Briefes, den ein Kunde abgeholt hat?«, schmunzelte die Frau und fügte hinzu: »Lassen Sie das mal meine Sorge sein.«

Ich bedankte mich und machte, dass ich fortkam. Jetzt hatten wir alle zehn Sendungen beisammen und fuhren auf direktem Weg nach Lagunitas, wo Hunter James schon auf uns wartete. Am Küchentisch öffneten wir die Umschläge und kippten das Pulver in eine Schüssel. Dann wurde es gewogen und wir halfen Hunter und seiner Frau dabei, einen Teil in Tüten zu verpacken, wobei jede mit einer Unze gefüllt wurde. Wacki und ich steckten uns zum Eigenverbrauch jeder zehn Gramm in die Tasche. Versorgungsengpässe wie zuvor in Bangkok und auf Hawaii sollten nicht mehr vorkommen. Der geplante Entzug war ohnehin kein Thema mehr, wir wollten abwarten, bis Hunter das Zeug verkauft hatte.

Niemand beerdigt den guten Vorsatz diskreter als ein Drogenabhängiger. Erfahrungsgemäß benötigte Hunter drei bis vier Wochen, ehe er ein Kilo unzenweise verdealt hatte. So lange wollte ich diesmal nicht warten, daher beschloss ich, einen weiteren Kunden zu kontaktieren, den ich Anfang des Jahres durch Penny in Florida kennengelernt hatte. Es handelte sich um einen Mexikaner, der in Los Angeles lebte. Ich rief ihn an und er versprach, in zwei Tagen nach San Francisco zu kommen, um alles weitere mit mir zu besprechen. Dem Telefon konnte man auch damals schon nicht trauen, sodass in unserer Branche eine der ersten Vorsichtsmaßnahmen war, am Telefon gar nicht oder verschlüsselt über geschäftliche Dinge zu reden.

»Vor drei Wochen tauchte übrigens ein Kumpel von dir bei uns auf, dem ich ein paar Tage Asyl gewährt habe«, sagte Hunter, als wir mit dem Abwiegen fertig waren. Ein halbes Kilo hatte ich zu Hunters Verdruss für den Mexikaner zurückbehalten.

»Wer soll das sein?«, fragte ich.

»Er heißt Nico und stammt aus Deutschland. Er wird drüben von den Bullen gesucht und hat sich abgesetzt. Erinnerst du dich nicht? Schließlich hast du ihm, ohne mich zu informieren, meine Adresse gegeben, anderenfalls wäre er ja wohl kaum hier aufgekreuzt.«

Jetzt fiel es mir wieder ein. Nico Gerber war mir vor einem Monat von Geoffrey vorgestellt worden. Er war Musiker und Geoffrey hatte in seiner Band für ein paar Konzerte die Congas gespielt. Um die Band am Leben zu halten, dealte der Junge nebenbei ein wenig mit Gras. Dann wurde eines Tages einer von Nicos Kunden verhaftet, der den Ermittlern auf den Leim ging und nicht bloß ein Geständnis machte, sondern auch seinen Lieferanten verpfiff. Nico war zum Glück nicht zu Hause, als die Bullen kamen. Er wurde rechtzeitig von seiner Frau gewarnt und tauchte fürs Erste in München unter, wo Geoffrey ihn mir vorstellte. Nachdem Nico mir die Geschichte erzählt hatte, gab ich ihm Hunters Adresse und schlug ihm vor, sich nach Amerika durchzuschlagen, so wie Paco es seinerzeit gemacht hatte. Nico war dem Ratschlag gefolgt und überschritt wenige Tage darauf zu Fuß die Grenze nach Tirol. Er fuhr von Innsbruck nach Zürich und von dort flog er in die USA. Vor zwei Wochen war er in Kalifornien angekommen.

»Er hat ein Haus an der Tomales Bay gemietet, nicht sehr weit von hier«, erklärte Hunter und gab mir einen Zettel mit der Telefonnummer. »Scheint ein cooler Junge zu sein. Allerdings leidet er sehr unter der Trennung von seiner Frau und den Kindern.«

»Wir werden ihn dieser Tage besuchen. Was meinst du dazu?«, wandte ich mich an Wacki, der ziemlich abgedröhnt im Sessel hing. Als ich meinen Freund so heroinselig mit halb geschlossenen Lidern vor sich hin dösen sah, erinnerte er mich an Max, den Junkie aus dem Film »Midnight Express«, der mich so beeindruckt hatte. Ohne auf meine Frage geachtet zu haben, murmelte er Zustimmung. Hunter ging nach oben, um Geld aus dem Tresor zu holen. Er schuldete mir für das übergebene Kilo 250.000 Dollar, eine exorbitante Summe, die er leicht hätte herunterhandeln können, wäre er clever gewesen. Aber während der ganzen Zeit unserer geschäftlichen Verbindung beschwerte er sich nie über den Einkaufspreis. Er war es gewesen, der mir vor drei Jahren in Palma de Mallorca erstmalig das Angebot gemacht hatte, und bei dem Preis war es geblieben. Andere Kunden, wie dieser Mexikaner, würden sicher nicht so viel zahlen, darüber war ich mir im Klaren.

Da Wacki San Francisco kennenlernen wollte, wo ich mich schon ein wenig auskannte (der Stadtplan entspricht weitgehend einem Gitternetz), quartierten wir uns im Hyatt Regency Downtown ein, einer der nobleren Herbergen der Stadt. Wacki erinnerte sich an das bekannte Lied aus den Sechzigern:

> All those who come to San Francisco
> Summertime will be a love-in there
> In the streets of San Francisco
> Gentle people with flowers in their hair …*

---

* San Francisco, 1967, gesungen von Scott McKenzie, komponiert vom heroinsüchtigen John Phillips, der Gründer der Mamas and Papas, der auch das berühmte »California Dreamin« geschrieben hat.

Mein Freund ließ mir den Vortritt im Bad, ehe er sich selbst unter die Dusche stellte.

»Kannst du mal reinkommen?«, hörte ich ihn nach einer Weile rufen.

»Was gibt's?«

»Komm mal her, und sieh dir das an. Ich habe da ein Loch im Schwanz!«

»Wie bitte? Was denn für ein Loch?«

Ich legte das Buch beiseite, in dem ich gerade las, und rollte mich vom Bett. Als mir Wacki seinen Penis präsentierte, sah ich tatsächlich eine krankhafte Veränderung: das Vorhautbändchen war unter der Eichel perforiert und entzündet. Das sah nicht gut aus.

»Was ist denn das?«, staunte ich. »Ich würde das auf jeden Fall einem Arzt zeigen.«

Wacki, der eine natürliche Scheu vor Arztbesuchen hatte, willigte zögerlich ein. Wir ließen uns von der Hotelrezeption die Adresse des Vertragsarztes geben (große Hotels haben feste Verträge mit Medizinern, die sich im Notfall um die Hotelgäste kümmern, etwas, was ich bis dahin nicht wusste) und Wacki ließ sich mit dem Taxi hinbringen.

Als er nach einer Stunde noch nicht zurück war, machte ich mir Sorgen. Zu Recht, wie sich herausstellte. Der Arzt hatte ihn unter dem Verdacht der Syphilis in ein Krankenhaus überwiesen, wo sich die Diagnose bestätigte. Vorerst musste er dort in Quarantäne bleiben. Beim Auftreten derart gefährlicher Infektionskrankheiten sind die Ärzte verpflichtet, den Vorschriften der WHO zu folgen. Das bedeutete, Wackis Erkrankung musste zunächst dem Gesundheitsamt gemeldet werden. Außerdem sollte er herausfinden, wo er sich angesteckt und alle Personen informieren, mit denen er seither Geschlechtsverkehr gehabt hatte.

Mir war bekannt, dass die Syphilis eine Inkubationszeit von etwa drei Wochen hat. Ich rechnete nach und kam zu dem Ergebnis, dass er sich in Indien infiziert haben musste. Das bedeutete, dass er sich bei Dati, der Schauspielschülerin in Bombay angesteckt hatte. Mir blieb nichts übrig, als Sitaram anzurufen und ihn zu bitten, die Frau zu informieren. Dann hatte Wacki in Bangkok mit zwei Massagemädchen gevögelt, deren Namen ihm aber nicht mehr geläufig waren.

Im Übrigen zählt die Sexmetropole zu den Orten, an denen permanent ansteckende Krankheiten auftreten, man kann wohl behaupten, dass sie dort zu Hause sind. Es brachte also nichts, dort anzurufen und dem Manager des Bordells etwas von Syphilis zu erzählen. Aber Saeko aus Tokio war ja auch noch da, ein delikater Fall. Was, wenn sie sich bei Wacki infiziert und den Erreger inzwischen an ihren Ehemann weitergegeben hatte? Der Anruf bei Saeko war gewiss Wackis unerfreulichste Pflicht.

Schließlich gehörte ich selbst zum Kreis der Betroffenen, nicht weil wir Sex zusammen gehabt hätten, sondern weil es nicht auszuschließen war, dass wir in den Hotels dieselben Handtücher benutzt hatten. Der Arzt jedenfalls bestellte mich zum Schnelltest ein, um zu sehen, ob auch ich infiziert war. Das war zum Glück nicht der Fall, so brauchte ich auch keinen Alarm nach Maui zu geben, wo ich meine Freundin Lisa hätte informieren müssen.

Wacki wurde sofort mit einer hohen Dosis Penizillin behandelt. Die Therapie dauerte eine Woche, in der sich die Penisentzündung zwar zurückbildete, das »Loch im Schwanz« aber blieb ihm als Andenken erhalten, es wollte sich nicht mehr schließen.

Am Abend rief Wacki aus der Quarantänestation an.

»Du musst mir einen Gefallen tun«, begann er mit der Formulierung einer peinlichen Bitte. »Ruf bitte in Tokio an und sag Saeko Bescheid. Du kannst so was besser als ich.«

»Das habe ich mir fast gedacht. Ich finde, das solltest du selbst tun. Du kennst sie besser als ich, schließlich hast du ja Körpersäfte mit ihr ausgetauscht.«

»Das weiß ich selber. Aber um ihr zu sagen, dass sie zum Arzt gehen soll, muss man ja nicht mit ihr im Bett gewesen sein. Lass mich bitte jetzt nicht hängen. Für dich als Unbeteiligten ist es einfacher, sie anzurufen.«

Er hatte natürlich Recht, und so übernahm ich die undankbare Aufgabe, in Tokio anzurufen.

Als ein Mann den Hörer abnahm und sich mit »Muschi Muschi« meldete, glaubte ich zunächst, mich verwählt zu haben, aber sobald er hörte, dass ich kein Japanisch sprach, antwortete er mir auf Englisch. Als ich mich nach seiner Gattin erkundigte, spürte ich, wie er abkühlte. Um was es denn genau gehe, wollte er wissen, wer ich denn überhaupt sei und dergleichen indiskreter Erkundigungen mehr. Mir fiel ein, dass Saeko uns gebeten hatte, bei telefonischer Kontaktaufnahme zunächst eine Frau sprechen zu lassen und erst dann den Hörer in die Hand zu nehmen, wenn sie persönlich am Apparat sei. Also entschärfte ich das Gespräch, indem ich vorgab, Werbung für tiefgefrorene Kuchen von Sara Lee zu machen, die damals in Amerika sehr beliebt waren. Überraschenderweise hatte Saekos Gatte kein Interesse an amerikanischen Käsekuchen und beendete das Gespräch abrupt. Daraufhin rief ich Hunters Frau Candy an und übertrug ihr die Aufgabe, Saeko zu informieren. Tatsächlich klappte es beim zweiten Anlauf und Saeko war sofort am Telefon. Candy erklärte ihr die Angelegenheit. Mir teilte sie später belustigt mit, die japanische Telefon-Begrüßung laute nicht »Muschi Muschi«, sondern »Moshi Moshi«. Wieder was gelernt.

3.5 Der Mexikaner

Am Tag nach Wackis Einlieferung in die Klinik rief der Mexikaner an. Er war über 1,90 groß, ein Frauenschwarm und wenn Pennys Auskunft der Wahrheit entsprach, hatte er Liz Taylor im Pool schon einmal den Badeanzug ausgezogen. Er hatte in Beverly Hills für die Prominenz erst als Chauffeur gearbeitet, dann als Gärtner, schließlich als Call-Boy und war vor zwei Jahren abgestürzt, als er auf einer freizügigen Party in Laurel Canyon heimlich Fotos knipste und diese der Boulevard-Presse verkaufte. Das ging nicht gut, und so war er von einem auf den anderen Tag draußen. *Out. Fuera!* So war er gezwungen, sich auf andere Weise sein Geld zu verdienen.

Sein Name war Hektor Blades. Er war damals nach Florida gekommen, um Koks zu kaufen, für welches er in Hollywood Abnehmer hatte. Als er sich bei Penny nach Heroin erkundigte, hatte die mich gefragt, ob ich Interesse an dem Kontakt hätte. Zuverlässige Kontakte können nie schaden, und so stellte Penny mir Hektor vor. Hangman, der damals noch lebte, war allerdings skeptisch, was den Mann anging. Er traute ihm nicht und gab mir den Rat, vorsichtig zu sein. Aber Hangman war ein Rassist, bei dem es mich nicht wunderte, dass er einem *Spick** nichts zutraute. Also ignorierte ich seine Warnung.

Seither hatte ich Hektor weder gesehen, noch mit ihm telefoniert, es handelte sich also um den ersten Kontakt, seit wir uns in Fort Lauderdale begegnet waren.

Als Hektor mich in der Bar des San Francisco Grand Hyatt erwartete, war er in Gesellschaft zweier schmuckbehängter Damen, die sich anscheinend noch nicht geeinigt hatten, wer von beiden ihn denn nun heiraten werde. Das Problem löste ich, indem ich ihn begrüßte und aufforderte, mir aufs Zimmer zu folgen. Ohne die Damen, versteht sich. Oben angekommen offerierte ich ihm das halbe Kilo, gab ihm eine Probe und bot an, die Ware selbst nach L.A. zu bringen. Er hatte von Heroin zwar keine Ahnung, aber angeblich zahlungskräftige Kunden, die in der Lage wären, cash zu bezahlen.

---

* abfällig für: Latino

Barzahlung verstand sich von selbst, insbesondere beim ersten Deal. Gab es in der Regel bei Rauschgiftgeschäften zähe Verhandlungen um Preis, Qualität und Übergabemodalitäten, so lief meine Verhandlung mit Hektor so glatt wie der Kauf eines Brotes beim Bäcker. Hektor war mit meiner Preisforderung einverstanden, auch damit, dass er allein mit dem Geld an einem noch von mir zu bestimmenden Ort auftauchen und die gesamte Summe in Fünfzig- und Hundertdollarscheinen dabeihaben sollte. Fast hätte ich gesagt, die Sache lief zu glatt. Auch wenn es kein großes Risiko darstellte, die heiße Ware im Flugzeug zu transportieren, so war der Transport mit dem Auto oder der Bahn sicherer.

Als er mir vorschlug, zusammen den Highway 1 hinunter nach Los Angeles zu fahren, stimmte ich sofort zu. Ich war bisher meist im Flugzeug in den Staaten unterwegs gewesen und hatte noch nicht viel von dem Land gesehen, sodass die Fahrt über eine der schönsten Straßen Amerikas ganz nach meinem Geschmack war. Und weil Hunter bei der Arbeit und Wacki bei der Genesung war, hinderte mich nichts daran, mich mit Hektor Blades auf den Weg zu machen.

Ich fuhr noch einmal nach Lagunitas, um Hunter über mein Vorhaben zu informieren und um den Beutel mit dem Stoff abzuholen, den ich bei ihm deponiert hatte. Dabei übergab er mir eine Einkaufstüte mit 50.000 Dollar, die er in den Tagen seit unserer Ankunft schon eingenommen hatte. Während wir uns unterhielten, hörte ich aus seinen Bemerkungen, dass er nicht begeistert war, dass ich einen weiteren Kunden belieferte. Bisher war er der einzige gewesen, dem ich die Ware verkaufte. Je mehr ich ihm überließ, umso größer sein Verdienst. In Zahlen ausgedrückt bedeutete das halbe Kilo, welches ich dem Mexikaner zu verkaufen beabsichtigte, für Hunter eine Mindereinnahme von 25.000 Dollar. Er hatte zwar keinen Exklusivvertrag mit mir, aber er betrachtete sich gewissermaßen als vorkaufsberechtigt. Mir ging es darum, den Stoff so schnell wie möglich loszuwerden, schneller jedenfalls, als mein kalifornischer Freund dies vermochte. Deswegen gerieten wir zwar nicht in Streit, aber eine gewisse Verstimmung war zu spüren.

Geschäfte mit illegalen berauschenden Substanzen unterscheiden sich von solchen mit legalen Produkten in mehrfacher Hinsicht. Zunächst wurden keine Daten gespeichert, was immer an Fakten und Informationen ausgetauscht werden musste, geschah mündlich. Und wenn es möglich war, wurden Verabredungen nicht über das Telefon getroffen. War es nicht oder nur durch hohen Aufwand zu vermeiden, dass relevante Informationen zu den Geschäften fernmündlich kommuniziert wurden, gingen wir umsichtig vor, denn seitdem die Präsidenten Nixon und später Reagan den Bauern, Erntehelfern, Schmugglern, Transporteuren, Lageristen, Großhändlern, Zwischenhändlern, Einzelhändlern und Endverbrauchern den Krieg erklärt hatten, standen der Branche gut gerüstete Organisationen gegenüber, die mit den Mitteln des Militärs und der Spionagetechnik arbeiteten. In den meisten Staaten wurden Drogendezernate ins Leben gerufen, die USA gründeten sogar eine eigene Drogenpolizei, die Drug Enforcement Agency, deren Befugnisse denen der Central Intelligence Agency ähnelten. Die DEA hatte eigene Flugzeuge, von denen aus Anbaugebiete (z.B. in Mexiko, Kalifornien, Kolumbien und Jamaika) fotografiert wurden, eigene Schnellboote, mit denen Schmuggler zur See aufgebracht werden konnten und eigene Liaison-Offices überall dort, wo Drogen angebaut oder verschickt wurden. Zusätzlich juristisch befugt und technisch ausgestattet wie die reguläre Polizei, waren den Banden, die den steigenden Drogenbedarf der US-Bürger bedienten, mit der DEA und ähnlichen Organisationen mächtige Gegner erwachsen. Daher war Umsicht in unserem Geschäft immer geboten, Vorsicht bei Kommunikationen und gesundes Misstrauen beim Anbahnen neuer Geschäftsbeziehungen. Der potenzielle Feind lauerte dabei nicht nur auf der Seite der Ermittler, sondern wie in Florida gesehen, auch unter Konkurrenten. Die Leute, mit denen man über Planung und Abwicklung seiner Geschäfte redete, sollte man gut kennen, oder, was in der Praxis meist von größerer Bedeutung war, man musste ein gutes Gespür für den oder die Richtigen haben. Ohne Abnehmer kein Geschäft, und da die Kunden für Drogen in erster Linie in den Metropolen der Industrieländer saßen, in unübersichtlichen Städten, lagen hier die Fallstricke. Die Drogenszene und deren Peripherie waren durchsetzt mit V-Frauen und Lockspitzeln, auf die der Schmuggler hereinfallen konnte, immer wieder hörte man von Gerichtsprozessen, wo es lediglich um die Anbahnung von Drogenverkäufen ging. Das heißt, bot der potenzielle Schmuggler dem scheinbar potenziellen Abnehmer die Lieferung von hundert Kilo Marihuana an, war er damit schon mit einem Bein im Knast, und sollte das Gericht das Angebot als realistisch ansehen, dann war der Anbieter ruck-zuck mit beiden Beinen drin.

Hatten die Drogenfahnder auf irgendeine Art und Weise Wind von einem geplanten Deal bekommen, wurden »technische Mittel« eingesetzt, das heißt, Wanzen wurden in Wohnungen oder Autos platziert oder Telekommunikationseinrichtungen abgehört. Seinerzeit noch nicht so gebräuchlich, heute dafür umso häufiger, waren Einbauten von Peilsendern in Autos von Verdächtigten. All das mussten wir im Auge behalten. Das bedeutete: Für einen sicheren Rahmen, in dem ein Drogenschmuggel durchgeführt werden sollte, musste in der Planungsphase gesorgt werden.

Im ersten Band habe ich kurz die drei Variablen erwähnt, die bei der Durchführung eines Schmuggels zu beachten sind: Das Versteck, der Umgang mit den Vertretern des Staates sowie die Logistik des Transportes. Aber über allem stand und steht die Sicherheit. Und in einem derartig technikfreien Ambiente, in dem es keine Denunzianten gab, und in dem keiner der Beteiligten sich verdächtig benahm, musste ein Deal ablaufen, sollte er erfolgreich durchgeführt werden. Erst wenn Sicherheit gewährleistet war, konnte der Drogenverkäufer seine übrigen Interessen vertreten, nämlich einen dem Markt und seinem Risiko entsprechenden Preis erzielen sowie für eine reibungslose und rasche Abwicklung des Handels sorgen.

In der Nacht zuvor hatte sich Sissy endlich aus Taiwan gemeldet und eine Telefonnummer hinterlassen. Ich rief sie an. Sie war bei katholischen Ordensschwestern untergekommen, die in Taipeh ein Krankenhaus betrieben. Wie sie an die Nonnen geraten war, ist mir entfallen, jedenfalls gaben die ihr Unterkunft und Unterstützung bei ihren Bemühungen, Andy im Gefängnis zu betreuen.

Wir sprachen eine halbe Stunde miteinander und so erfuhr ich, dass es Andy den Umständen entsprechend gut ging. Zunächst habe er die Aussage verweigert und den Ermittlern die Geschichte von dem Unbekannten aufgetischt, der ihm im Hotel das Angebot gemacht habe, die Beutel nach Japan zu schmuggeln. Dass es sich um Heroin handelte, habe er nicht gewusst, er sei der Meinung gewesen, er schmuggele ein Pulver zur Potenzstärkung. Der Handel mit Nashornpulver, so Sissy am Telefon, sei zwar auch verboten, werde aber lange nicht so hart bestraft wie der mit illegalen Drogen. Laut Auskunft des Rechtsanwalts müsse Andy beim Prozess in drei oder vier Monaten mit einer Strafe von sechs Jahren rechnen, wovon er bei guter Führung die Hälfte verbüßen müsse. Das alles berichtete sie mir relativ gefasst. Von der Todesstrafe war zum Glück keine Rede. Sobald die Verhöre abgeschlossen seien, dürfe sie Andy im Knast besuchen. Sie hatte vor, mindestens bis zum Prozess in Taiwan zu bleiben und sich um ihren Freund zu kümmern.

Dann gab mir Sissy die Bankdaten des Krankenhauses sowie die des Anwalts und bat mich, je 5.000 Dollar zu überweisen. Zum Schluss verabredeten wir, in Kontakt zu bleiben, und ich versprach, bei Bedarf weiteres Geld nach Taipeh zu schicken.

Bevor ich mich auf den Weg nach Los Angeles machte, telefonierte ich noch mit Wacki und erklärte, in drei, spätestens vier Tagen zurück zu sein. Als ich alles erledigt hatte, holte ich Hektor in San Francisco ab und wir fuhren zusammen zur Autovermietung, wo ich den unsportlichen Chevrolet gegen einen flotten BMW eintauschte, der mit der Küstenstraße und ihren tausend Kurven vermutlich besser zurechtkommen würde.

Am späten Nachmittag fuhren wir endlich bei Daly City, einer schmucklosen Satellitenstadt südlich von Frisco auf den Highway 1, mit mehr als tausend Kilometern die längste Bundesstraße im Staat Kalifornien. Sie beginnt südlich von Los Angeles und verläuft entlang der Pazifikküste bis nach San Francisco, überquert die Golden Gate Bridge und verläuft dann ein Stück weit dem San Andreas Graben folgend weiter nach Norden. Der schönste Streckenabschnitt ist der zwischen Carmel und Morro Bay, in vielen

Filmen romantisch verklärt und von ungezählten Touristen befahren. Der Highway 1, eine der bekanntesten Straßen der Welt und ausgewiesen als *National Scenic Byway*, gehört ähnlich den Niagarafällen und dem Grand Canyon zu den absoluten Sehenswürdigkeiten der Vereinigten Staaten.

Hektor, der BMW und ich kamen flott voran, wir fuhren durch Santa Cruz und weil wir völlig außer Acht gelassen hatten, dass man nachts wenig sieht, übernachteten wir in Carmel, einem malerischen Städtchen in der Nähe von Monterey, weil es allmählich dunkel wurde und der schönste Streckenabschnitt unmittelbar vor uns lag.

In der Carmel Lodge hatte man noch ein Zimmer frei. Viele bekannte Autoren und Künstler lebten hier, und ein paar Jahre nach unserem Besuch wurde Clint Eastwood zum Bürgermeister der Stadt gewählt. Er hielt es aber nur zwei Jahre dort aus, ehe er die Politik verließ und sich wieder der Schauspielkunst zuwandte.

Über die Fahrt entlang der Felsenküste von Big Sur gäbe es viel zu schildern, aber das lesen wir bei Jack Kerouac und überlassen den Rest den Reisereportern. Ich ärgerte mich, dass ich meine Kamera nicht eingepackt hatte, sie stand bei Hunter im Studio. Also schaute ich umso aufmerksamer hin und speicherte die Bilder im Kopf, als wir von Carmel bis San Simeon entlang der Steilküste fuhren. Ab und zu überquerten wir Brücken über atemberaubende Schluchten und sehr oft lag der Pazifik tief unter der Straße, die hoch oben an den Felsen klebte. Dabei kamen wir immer wieder zu Aussichtspunkten, von denen aus man die vor uns liegende Küstenlinie sah, die sich irgendwo in der Ferne in der Gischt des Ozeans verlor.

Gegen Mittag erreichten wir San Luis Obispo und am Nachmittag Santa Barbara. In Malibu, einem Vorort von Los Angeles, kehrten wir in einem Straßenrestaurant ein, und als wir uns an einen Tisch gesetzt und kostenlosen Kaffee eingeschenkt hatten, kam eine gut gelaunte Bedienung, setzte sich frech auf Hektors Schoß, zückte Block und Stift aus der Schürze und sagte: »*What can I do for you, Honey?*«

Hektor wollte mich mit zu sich nach Hause nehmen, aber ich hatte mir in den Kopf gesetzt, im renommierten Beverly Hills Hotel zu übernachten, besser bekannt als »Hotel California«, abgebildet auf dem Cover der gleichnamigen Eagles-LP. Und weil ich keine Lust hatte, Hektor quer durch die Megastadt zu chauffieren (er wohnte in Anaheim, etwa 50 Kilometer von Beverly Hills entfernt; soviel zur Ausdehnung von Los Angeles!), lud ich ihn ein, mit mir im Hotel zu wohnen.

Das Beverly Hills Hotel liegt am Sunset Boulevard und ist fast immer ausgebucht, daher sollte man vorher unbedingt reservieren. Das war mir zwar bekannt, jedoch Reservieren war nicht unbedingt meine Sache, genauso wenig wie ich Reisen lange im Voraus zu planen pflegte. Ich entschied mich am liebsten spontan: für diese Imbissbude oder jenes Restaurant, für diese private Unterkunft oder jenes Luxushotel, je nach Laune und finanzieller Tagesform. Wenn ich vorher reservierte, war ich verpflichtet, dort auch aufzutauchen. Freier fühlte ich mich, wenn niemand auf mich wartete, wenn ich mir jederzeit alle Optionen offen hielt. Zum Beispiel landete ich einmal mit einer Taxifahrerin in Los Angeles, der ich als Fahrtziel das Chateau Marmont Hotel genannt hatte, am Ende bei ihr im Apartment in der Kiste. Da fügte es sich, dass ich zuvor im Marmont nicht reserviert hatte. Carmencita, eine Latina und kompromisslose Sexverrückte, weigerte sich tags darauf sogar, den Fahrpreis anzunehmen. In einer nahe gelegenen Boutique kaufte ich ihr statt dessen ein Set schwarzer French Knickers, was wiederum zur Folge hatte, dass sie mich ohne Taxameter zum Flughafen brachte und ich fast den Flug nach Denver verpasst hätte, weil der Abschiedskuss zu lecker schmeckte …

Zurück zum *Hotel California*. Ich steuerte den BMW, der übrigens seine Sache auf dem Highway gut gemacht hatte, auf den Parkplatz und bat Hektor, auf das Auto aufzupassen. Dann schlenderte ich lässig hinüber zum Portal, bat im Vorbeigehen den Bell Captain, sich um das Gepäck und den Wagen zu kümmern, ehe ich die Lobby betrat und zielstrebig zur Rezeption hinüberging.

»Guten Abend«, begrüßte ich die uniformierte Dame und schob ihr meinen Pass zu, in dem noch die Rechnung des Hotels in San Francisco steckte. »Ich habe ein Doppelzimmer für zwei Tage reserviert.«

Die Frau tippte meinen Namen in den Buchungscomputer, seinerzeit noch schneckenschnelle MS-DOS-Geräte, und wartete auf das Ergebnis. Da das Buchungssystem mich nicht auf den Schirm kriegte, dauerte es eine halbe Minute.

»Tut mir leid, Sir, ich kann Ihre Reservierung nicht finden.«

»Dann haben Sie ein Problem«, entgegnete ich selbstbewusst. »Wie ist denn das möglich? Ich habe vorgestern vom Hyatt in San Francisco aus reserviert. Irgendwo müsste ich sogar die Bestätigung noch haben.«

Ich fing an, in meinem Jackett zu suchen.

»Da muss etwas schief gelaufen sein«, bedauerte sie. »Wir sind nämlich total ausgebucht.«

»Sie machen wohl einen Scherz! Sie wollen mir doch nicht sagen, dass Sie kein Zimmer für mich haben?«

»Ich fürchte, so ist es.«

Sie schaute mich ratlos an. So leicht wollte ich nicht aufgeben.

»Dann rufen Sie bitte mal den Chef der Rezeption. Irgendwer muss meine Reservierung verschlampt haben. Ich erwarte, dass die Sache in Ordnung gebracht wird.«

»Einen Augenblick bitte!«

Sie verschwand im Hinterzimmer und kam kurz darauf mit ihrem Vorgesetzten zurück. Der Mann begrüßte mich und machte sich dann selbst an der Buchungsmaschine zu schaffen. Als ich sah, wie sich die beiden im Flüsterton unterhielten, wusste ich, es sah gut aus.

»Würde es Ihnen etwas ausmachen, eine halbe Stunde in der Polo-Lounge zu warten? In der Tat ist etwas schief gelaufen. Wir haben zwar noch ein Doppelzimmer, aber das muss erst gerichtet werden. Inzwischen würde ich Sie bitten, auf Kosten des Hauses einen Cocktail zu genießen!«

»Damit kann ich leben«, entgegnete ich versöhnlich. »Informieren Sie mich bitte, sobald das Zimmer bereit ist, ja?«

»Ich schicke jemanden in der Bar vorbei, der Ihnen Bescheid gibt«, erklärte er, indem er mir für die Cocktails zwei Vouchers überreichte.

Kaum war das geklärt, tauchte hinter mir der Bellboy mit dem Gepäck auf. Den Wagen hatte Hektor zum Valet-Parking gegeben, in der Türverkleidung versteckt das Paket mit dem Pulver.

Der Kofferjunge erkundigte sich an der Rezeption nach der Zimmernummer und versprach, die Sachen anzuliefern, sobald das Zimmer frei sei. Ich bedankte mich und gab ihm ein Trinkgeld, ehe wir uns zur Polo-Lounge durchfragten, die dafür bekannt war, dass fast jeder Prominente aus Hollywood dort schon einmal verabredet war.

Wir nahmen draußen auf der kunstvoll beleuchteten Terrasse Platz, und ich präsentierte dem Kellner die Gutscheine für die Cocktails. Angesichts der Tatsache, dass ein Cocktail in der Polo-Lounge damals schon zehn Dollar und mehr kostete, konnte man sich nicht beschweren. Wir hielten Ausschau nach prominenten Gästen, etwa nach Muhammad Ali, dem Boxer, oder Jack Nicholson, dem Mann aus dem Kuckucksnest, entdeckten aber niemanden, der uns bekannt vorkam.

Die Margaritas schmeckten, der Service war, wie zu erwarten, nicht zu beanstanden. Nach einer knappen halben Stunde kam ein livrierter Junge mit einer Tafel durch die Tischreihen, auf der mein Name stand. Ich gab mich zu erkennen, und kurz darauf konnten Hektor und ich ein luxuriös eingerichtetes Zimmer beziehen. Ich drückte auch diesem Kofferjungen ein Trinkgeld in die Hand, und als wir allein waren, ließen wir uns auf die Betten fallen. Die Strecke mit den tausend Kurven war anstrengender gewesen als ich vermutet hatte.

Da es schon spät war – die Sonne ging gerade unter – beschloss ich, ein Bad zu nehmen und anschließend noch ein wenig in Kerouacs Roman *On the Road* zu lesen. Ich kannte das Buch zwar schon, Susan vom Reisebüro hatte es mir aber im City Lights Bookstore in San Francisco auf Englisch besorgt, zumal die darin erzählte Geschichte von Neal Cassady zum Teil in San Francisco spielte. Doch ich kam nicht mehr dazu, dieses herrliche Buch zu lesen, und das hatte einen Grund.

Während ich im Bad auf der Toilette saß und den am Morgen in Carmel versäumten Stuhlgang nachholte, klingelte das Zimmertelefon. Ein Haus wie das Beverly Hills Hotel war auf derartige Unpässlichkeiten vorbereitet, denn auch neben der Badewanne und der Toilettenschüssel hingen Telefone an der Wand. Ich griff also zum Hörer und wollte gerade sprechen, als ich feststellte, dass da schon eine Unterhaltung in Gang war. Auf Spanisch.

Indiskret wie ich zuweilen war, hörte ich zu, was mein Kunde zu sagen hatte. Was ich dabei hörte, versetzte mich in große Aufregung.

»Wann seid ihr denn angekommen?«, wollte der mir unbekannte Anrufer wissen. Es war ein Mann, der Stimme nach in mittleren Jahren und dem Akzent nach ein Latino.

»Vor einer knappen Stunde«, hörte ich Hektor antworten.

»Ihr wolltet doch schon am Nachmittag da sein …«

»Ja, das wollten wir, aber der Deutsche hat an jedem *fuckin'* Aussichtspunkt angehalten und sich die Gegend angeschaut«, erwiderte Hektor.

»Für heute ist es jedenfalls zu spät. Die Jungs sind schon vor einer Stunde gefahren, das heißt, wir müssen die Sache auf morgen vertagen.«

»Kein Problem. Der Typ läuft uns nicht davon. Er hat übrigens keine Ahnung, er vertraut mir voll und ganz. Auch die Übergabe dürfte nach unseren Vorstellungen ablaufen. Genaues weiß ich allerdings noch nicht.«

»Wo ist er denn jetzt gerade?«

»Im Bad. Keine Angst, der kann uns nicht hören, das Wasser plätschert in die Wanne«, beruhigte Hektor seinen Komplizen.

»Und wo bewahrt er das Paket auf?«, fragte der Andere.

»Wenn ich das wüsste. Bisher habe ich es noch nicht herausbekommen. Aber wenn er den Stoff verkaufen will, muss er ihn ja dabei haben.«

»Stimmt. Wie ist der Kerl denn beieinander? Ist er fit, kann er sich wehren?«

»Überhaupt nicht. Er ist er ein einfältiger Hippie, den haben wir im Handumdrehen außer Gefecht gesetzt, macht euch darüber keine Sorgen. Die Jungs brauchen wir dazu nicht einmal, das machen wir beide ganz allein. Wie gesagt, er vertraut mir.«

»Das mag so sein, aber ich habe keine Lust, mir die Finger schmutzig zu machen. Den Job überlassen wir lieber den Niggern. Die sind schon ganz heiß auf die Kohle«, sagte der Mann am anderen Ende der Leitung.

Ich glaubte, meinen Trommelfellen nicht trauen zu können. Was war denn da geplant? Ich verfolgte das Gespräch bis zum Schluss, erfuhr aber weder den Namen des Anrufers (woher wusste der eigentlich, dass wir im Beverly Hills abgestiegen waren?) noch, was die Kerle konkret vorhatten. Zeitgleich mit Hektor hängte ich den Hörer in die Gabel.

Dann duschte ich mir den Arsch über dem Bidet und kletterte in die Badewanne. Ich ließ mich ins warme Wasser gleiten und arbeitete konzentriert an einem neuen Plan. Fest stand, ich durfte mir nicht anmerken lassen, dass ich über die geplante Sauerei im Bilde war. Sobald wie möglich musste ich aus Los Angeles verschwinden. Dass ich den Fall defensiv lösen würde, stand fest. Ich kannte mich in der Stadt nicht aus, kannte niemanden außer Dany, dem Anwalt, den Mauricio mir vor zwei Jahren vorgestellt hatte (der Mann mit dem Lachgas) und Gernot Plitz, den Passauer Fotografen, der Carmen und mir in Amsterdam das Leben gerettet hatte. Beide wären vermutlich keine Hilfe gewesen. Hier waren Grobmotoriker gefragt, die Outlaws zum Beispiel, aber der Kontakt zu den Rockern war seit Hangmans Tod eingerostet. Außerdem wusste ich nicht einmal, welche Präsenz sie in Kalifornien zeigten, denn Kalifornien war Hells Angels Land, mit denen die Outlaws seinerzeit in Dauerfehde lagen. Nein, ich musste sehen, dass ich aus der Stadt verschwand, ohne dass Hektor etwas von meiner Abreise mitbekam.

Nach einer halben Stunde verließ ich das Bad und gesellte mich zu meinem persönlichen Judas. Es war gar nicht so einfach, so zu tun, als sei alles wie zuvor. Wir unterhielten uns über die Reise, dann schärfte ich ihm ein, keinen Fehler zu machen, wenn er am nächsten Tag den Deal in die Wege leiten würde. Ich erkundigte mich zum wiederholten Mal nach der Zuverlässigkeit seines Kunden, nach den Details der geplanten Übergabe. Ich erklärte ihm, dass es wohl das Beste sei, wenn *er* einen geeigneten Ort für die Übergabe bestimmen würde, denn schließlich kenne er sich in der Stadt besser aus als ich.

Hektor muss wohl innerlich gegrinst haben, als ich ihm derart in die Karten spielte. Beruhigt und zuversichtlich, dass sein für den nächsten Tag geplanter Überfall klappen würde, verschwand er im Bad. Als er wieder ins Zimmer trat, lag ich im Bett und gab vor, schon zu schlafen. Hektor kroch ebenfalls unter die Decke und es dauerte nicht lange, da löschte er das Licht. Bald hörte ich ihn gleichmäßig und tief atmen. Ich wartete noch eine halbe Stunde, verließ dann leise das Bett und begann bei gedämpftem Licht, meine Sachen aus dem Bad zu holen und alles einzupacken.

Hektor lag flach schnarchend im Bett und atmete durch den halb geöffneten Mund. Ich musste an den Film »*The Missouri Breaks*« denken, an die Szene in der Tom Logan Robert Lee Clayton im Schlaf die Kehle durchschneidet, und das letzte, was Clayton im Leben hört, sind die Worte Logans: »*Sir, you just had your throat cut!*«

Aber ich hatte nicht vor, Hektor die Kehle durchzuschneiden, wenngleich mir der Gedanke daran nicht unsympathisch war, und als Hektor weiterhin tief schlief, schrieb ich ihm im Schein der abgedunkelten Tischlampe eine Nachricht auf das Briefpapier des Hotels:

»Lieber Hektor, habe mir noch einmal alles durch den Kopf gehen lassen und bin zu folgendem Ergebnis gekommen: Die Besichtigung des Motorrads findet heute Abend im Clubhaus der Hells Angels in Santa Monica statt. Für allgemeine Sicherheit ist gesorgt. Ich bin dorthin unterwegs und melde mich später bei dir. Dann gebe ich dir die genaue Adresse und die Uhrzeit bekannt. Bleib bitte solange auf dem Zimmer und rühre dich nicht vom Fleck. Ich bin sicher, heute Abend können wir auf einen gelungenen Deal anstoßen! Das Hotelzimmer ist für zwei Tage bezahlt. Harry.«

Dann schulterte ich meine Reisetasche und schlich aus dem Zimmer. An der Rezeption beglich ich die Rechnung und bedauerte, nicht länger bleiben zu können. Gegen ein Uhr früh ließ ich den BMW vorfahren und machte mich auf die lange Reise zurück nach San Francisco. Ich fühlte mich sicher, da Hektor weder den Ort, an dem ich mich aufhalten würde, noch die Adresse Hunters kannte. Sollten er und seine Komplizen auf die Idee kommen, mich zu suchen, sie hätten kaum eine Chance.

So fuhr ich den Sunset Boulevard nach Osten, bis zum San Diego Freeway, dem ich in nördlicher Richtung folgte, bis er am Stadtrand in die Interstate No. 5 mündet, eine Süd-Nord-Autobahn, die an der Coastal Range entlang zur San Francisco Bay Area führt.

Ich gab Gas und hielt erst an, als dem BMW der Sprit ausging. Als ich in die Tankstelle rollte und den Motor abstellte, ging jenseits des San Joaquin Valleys über den Bergen eine fette rote Sonne auf. Nachdem ich mich satt gesehen hatte, öffnete ich eine Telefonzelle und rief Lisa Stone in Hawaii an.

»Hi Babe! Habe ich dich geweckt?«

»Das macht nichts. Du darfst mich jederzeit wecken. Wo steckst du?«

»Irgendwo auf dem Weg von Los Angeles nach San Francisco. Ich wollte, du wärst hier und könntest den Sonnenaufgang über den Rocky Mountains mit mir erleben. Es ist fantastisch!«

Dann erzählte ich ihr, was mir am Abend widerfahren war und wie ich mich aus der Affäre gezogen hatte.

»Da hast du ja noch mal Glück gehabt. Diese Kerle sind in der Lage, jemanden umzubringen, um an ein paar Dollars zu kommen. Pass gut auf dich auf!«

»Das ist mir gerade klar geworden. Wann sehen wir uns?«

»Wann du willst. Wann möchtest du, dass ich komme?«

»Was für eine Frage. Sofort, heute!«

»Gut. Dann ruf mich gegen Mittag wieder an. Bis dahin kann ich dir sagen, wann ich in Frisco ankomme. Ich bringe meinen Sohn mit.«

»O.k., ich rufe dich in ein paar Stunden wieder an. Und hole euch am Flughafen ab.«

»Wir werden da sein!«

»Ich auch!«

Dann füllte ich den Tank und machte, dass ich wieder auf die Straße kam. Gegen Abend erreichte ich Oakland, überquerte die Bay Bridge, die in den Bay Shore Boulevard mündet, der in südlicher Richtung direkt zum Flughafen führt.

3.6 Tomales Bay

Der United Airlines Flug aus Honolulu landete zehn Minuten früher als geplant, aber da stand ich längst am Gate und erwartete meine Freundin aus Hawaii mit ihrem Sohn Kua, der sechs oder sieben Jahre alt war. Wir übernachteten in einem kleinen Hotel in San Francisco, wo Lisa zuvor schon einmal abgestiegen war.

Am nächsten Morgen besuchte ich als erstes das Reisebüro, um mit Sue und Kim den Rückflug nach München festzulegen. Der Gewinn aus dem Geschäft mit Hunter und die euphorische Stimmung, für die Lisa in erster Linie verantwortlich war, dürften mich veranlasst haben, die Teilstrecke New York-London auf der Concorde zu buchen. Das kostete zwar ein paar Tausender extra, aber das zu erwartende Erlebnis war es mir wert. Wacki, so vermutete ich, hätte sicher nichts dagegen einzuwenden, zumal der Rückflug zu den Reisespesen zählte, und die gingen zu Lasten meines Kontos. In vier Tagen wollten wir abfliegen: Von Frisco nach New York, von dort nach London und von London aus nach einer Übernachtung weiter nach München. Und weil Lisa Stone und Kua zurück nach Maui wollten, buchte ich auch für sie einen Flug nach Honolulu, der etwa um dieselbe Zeit ging. Anschließend fuhren wir nach Bolinas in Marin County, wo wir uns in einer Pension einmieteten.

Kua war mir erstmals aufgefallen, als er vor zwei Jahren auf Maui seinem Freund ein philosophisches Lehrstück zum Thema »Ewigkeit« gegeben hatte, bei dem Paco und ich Zeugen geworden waren. Wenn man bedenkt, dass der Junge vor weniger als einem Jahr seinen Vater bei einem Autounfall verloren hatte, war er erstaunlich gesund an der Seele geblieben. Er konnte sich stundenlang mit sich selbst beschäftigen, er war neugierig, stellte viele Fragen und gut erzogen war er obendrein: nie vorlaut, immer höflich, allerdings ohne den inneren Schelm an die Kette zu legen. Anfangs schien er mir ein wenig schüchtern, aber als er sah, dass seine Mutter und ich Hand in Hand spazierten, fasste Kua Vertrauen zu mir.

Das Städtchen Bolinas liegt am Pazifik, nur wenige Kilometer abseits des Highways 1, aber dennoch ist es schwer zu erreichen.

Ich erinnere mich, dass die Straße nicht überall geteert war, dass nirgendwo ein Hinweisschild zu sehen war und dass der Ortskern recht überschaubar war. Die meisten Häuser lagen verstreut um das Zentrum herum im Grasland. Von den kaum mehr als tausend Einwohnern waren die Hälfte Künstler, überdurchschnittlich viele Schriftsteller und Musiker, unter denen Grace Slick, die geniale Frontfrau von Jefferson Airplane, wohl die bekannteste war.

Bolinas galt als Gemeinde, in der viele Bewohner einen alternativen Lebensstil praktizierten. Irgendwie erinnerte mich der Ort an Santa Eulalia auf Ibiza: unscheinbar, gemütlich, dem Rest der Welt seine Geheimnisse nicht sofort preisgebend. Mit Hunter und Candy war ich schon einmal dort gewesen, und der frische pazifische Wind war mir in Erinnerung geblieben. Bolinas war der ideale Ort, um diskret zu leben. Lisa, Kua und ich machten lange Strandspaziergänge bei rauer See und kühlen Temperaturen. Das mediterrane Klima, sonst ein Kennzeichen von Marin County, schien sich vor dem Massiv des Mount Tamalpais nicht durchsetzen zu können. Der vom Ozean her anrollende Nebel ließ der Sonne tagelang keine Chance, zumindest nicht während der zwei Tage, die wir dort verbrachten. Leider konnten wir nicht länger bleiben, denn ich musste mich um den Fortgang der Geschäfte kümmern.

Wacki, den ich am Telefon zufällig bei Hunter erreichte, war aus der Quarantäne entlassen worden und wohnte seit gestern bei Nico Gerber in der Nähe des Ortes Marshall an der Tomales Bay. Seine Krankheit war dabei, abzuklingen, aber er musste weiterhin Medikamente nehmen und alle drei Tage in der Klinik in San Francisco vorstellig werden. Mit dem Vorsatz, irgendwann zurückzukommen, um das Geheimnis von Bolinas zu lüften, brachen wir nach Lagunitas auf. Hektor und die Beinahe-Niederlage von Los Angeles hatte ich dank meiner Freunde aus Maui schnell abgehakt.

Hunter war erfreut, als ich ihm mitteilte, der Deal mit dem Mexikaner sei geplatzt. Für ihn bedeutete das, er konnte die kompletten anderthalb Kilo verkaufen. Und weil abzusehen war, dass er dafür länger benötigen würde, als ich zu warten gewillt war, würde er mir wohl einiges schuldig bleiben. Was im Grunde kein Problem darstellte, denn ich hatte ihm schon des Öfteren Ware auf Kommission überlassen.

Aber diesmal lagen die Dinge anders. Ich hatte vor, in zehn Tagen mit Paco und Roman nach Koh Samui zu fliegen. Vorher wollte ich ein paar Tage mit meiner Familie in München verbringen, sodass die Zeit zum Aufbruch drängte. Zudem hatte sich meine Freundschaft zu Hunter spürbar abgekühlt, ohne dass es einen konkreten Anlass dazu gegeben hätte. Zuweilen geht Freundschaften ja mit der Zeit die Luft aus, ohne plausible Erklärung. Wahrscheinlich war es so, dass wir keine Themen mehr hatten, unsere Gespräche wurden immer banaler, gemeinsame kreative Projekte oder gemeinsame Reisen gab es nicht mehr. Bildlich ausgedrückt: Der Knochen unserer Freundschaft war abgenagt.

Hunter und Candy steckten in demselben Schlamassel wie Wacki und ich, unsere Heroinabhängigkeit gab der Beziehung wohl den Rest. Die dauernde Verfügbarkeit der Droge halten Süchtige kaum aus, ohne selbst zu konsumieren. Als ich im Haus meiner Freunde Indizien fand, die darauf hindeuteten, dass die beiden sich das Zeug spritzten, machte ich mir keine Illusionen im Hinblick auf das korrekte Geschäftsgebaren meines Komplizen Hunter. Mit Junkies macht man keine Geschäfte, war einer der Grundsätze in der Szene. Dass ich mir Drogen niemals injizierte, kam nicht von ungefähr: Ich fand, dass ich damit die vorletzte Sprosse der Leiter erklimmen würde, an deren Ende der Goldene Schuss wartet. Richie hatte sie erklommen und nun auch Hunter. Was ich damals noch nicht wusste: Auch Wacki sollte ihnen bald folgen.

Mein soziales Gleichgewichtsorgan spürte die seismischen Erschütterungen, die dem nahen Ende unserer Beziehung vorausgingen. Deshalb hatte ich den Mexikaner angerufen, und deshalb hätte ich gerne mit Hunter abgerechnet, bevor ich in ein paar Tagen gemeinsam mit Wacki den Rückflug nach Europa antreten würde.

Um den Weg zu Nico Gerbers Haus an der Tomales Bay zu finden, benötigte ich eine Straßenkarte von Marin County. Die Bucht von Tomales liegt etwa fünfzig Kilometer nördlich von San Francisco und verläuft genau auf der San Andreas Falte. Das westliche Ufer, der Point Reyes Nationalpark, gehört geologisch zur Pazifischen Platte, das Ostufer mit den Orten Marshall und Tomales liegen auf der Nordamerikanischen Platte, die mit einer Geschwindigkeit von drei bis vier Zentimetern pro Jahr in entgegengesetzte Richtungen driften und im Laufe der Jahre erhebliche Spannungen in der Erdkruste aufbauen, die sich periodisch in Erdstößen entladen.

Der letzte, von dem ich weiß, fand 1989 in Santa Cruz statt, der verheerendste 1906 in San Francisco, bei dem dreitausend Menschen starben. Man sieht dem San Andreas Graben seine Tücke nicht an, aber ich empfand jedes Mal ein erhabenes Gefühl, wenn ich mit dem Auto auf dem Highway 1 unterwegs war, der direkt entlang der Bucht verläuft. Hier werden vor Millionen von Jahren in Gang gekommene geologische Prozesse sichtbar, was mich zu der Erkenntnis brachte, dass sich die Evolution in zeitlichen Dimensionen entfaltet, die sich unserer direkten Beobachtung entzieht. Dass sich in dem erdgeschichtlichen Krisengebiet, in dem wir unterwegs waren, just zu dem Zeitpunkt ein Erdbeben ereignete, war statistisch betrachtet äußerst unwahrscheinlich.

Das Haus, welches Nico gemietet hatte, lag direkt am Ufer der fünfundzwanzig Kilometer langen Bucht, die auf der ganzen Länge gleich breit ist, nämlich knapp zwei Kilometer. Das Haus lag also zwischen dem Highway und dem Ufer, wo ein Landesteg gebaut worden war, an dem ein Ruderboot vertäut lag.

Als sie den Wagen hörten, traten Nico und Wacki heraus, um uns zu begrüßen. Das Wetter war besser als zuvor in Bolinas, und so gingen wir erst einmal zum Bootssteg hinunter und genossen die warme Sonne und den Wind, der gleichmäßig stark vom gegenüber liegenden Nationalpark und dem dahinter liegenden Ozean herüber wehte. Es wurde einer der Augenblicke, die sich ohne erkennbaren Grund mit Bedeutung verknüpfen, in denen wir Menschen eine Standortbestimmung vornehmen, in denen wir uns positiv in der Zeit verorten. So standen wir auf dem hölzernen Steg, Lisa, Kua und ich, vor uns das Becken der Bucht, in dessen Tiefe sich die Erdplatten ineinander schoben, und auf der gegenüber liegenden Seite die grünen Hügel der Inverness Ridge.

Lisa schlug den Kragen ihrer Lederjacke hoch und streckte den Kopf in den Wind, der an ihren Haaren zauste. Ich trat an sie heran und nahm sie in die Arme. Kua war bereits in das kleine Boot geklettert und maß mit dem Ruder die Tiefe des Wassers. Nach einer Weile holte Wacki uns zurück auf die Erde.

»Den Syph hat mir die kleine Schlampe in Bombay angehängt«, sagte er, so als habe das Mädchen ihn absichtlich angesteckt und müsse nun dafür bestraft werden. Ich hatte für derartige Schuldzuschreibungen wenig übrig, denn daraus resultieren weder Erkenntnis noch Fortschritt. Wem oder was nützt es, wenn man den Blick nach hinten richtet und Schuldige namhaft macht? Wäre es nicht vernünftiger, nach vorne zu schauen und sich zu sagen: Von Bollywood-Schauspielerinnen halte ich mich in Zukunft fern; oder: Ab sofort nur noch mit Präser; oder einfach: Weniger Sex und dafür besseren.

»Den Syph hat dir ein Bakterium angehängt, mein Freund. Oder fändest du es nett, wenn Saeko sagen würde, den Syph hat mir der blonde Hans angehängt?«

Das Argument saß.

»Wie lange musst du denn jetzt noch Medikamente schlucken?«

»Nur noch diese Woche. Anschließend heißt es dann wieder: Feuer frei aus frisch geputztem Rohr!« Wacki lachte.

Um seine Euphorie zu dämpfen, fragte ich: »Und was ist mit dem Loch in deiner Vorhaut?«

»Erinnere mich nicht dran. Es ist noch da. Sieht auch nicht danach aus, als würde es sich wieder schließen.«

»Nimm's wie 'ne Narbe, die eine schöne Erinnerung verdeckt. Syph hin oder her, schließlich habt ihr beiden euch doch amüsiert.«

»Das stimmt auch wieder«, grinste Wacki.

Dann bat Nico uns ins Haus, wo seine amerikanische Freundin Tee aufgegossen hatte. Während wir beisammen saßen und dazu selbst gebackenen Käsekuchen aßen, erzählte Nico von seiner Flucht aus Europa. Auch wenn diese im Vergleich zur Flucht Angels aus dem Knast auf Teneriffa unspektakulär verlaufen war (Nico war von Zürich nach New York geflogen und von dort aus mit dem Greyhound-Bus nach Kalifornien gekommen), hatte er sich der Strafverfolgung in Bayern entzogen und hier, am Rande des San Andreas Grabens würde man ihn so schnell auch nicht finden. Das Haus war eigentlich zu klein, um sechs Personen zu beherbergen, aber wir rückten zusammen, und irgendwie fand jeder eine Schlafstelle.

In aller Früh weckte Kua mich und Lisa auf. Nachdem wir Kaffee getrunken und gefrühstückt hatten, musste ich dem Jungen gegenüber ein Versprechen einlösen. Ich hatte ihm eine Bootsfahrt versprochen und fühlte mich fit, ihn und seine Mutter an das gegenüberliegende Ufer zu rudern. Sportliche Aktivität am frühen Morgen.

Ohne die Anderen aufzuwecken, schlichen wir uns aus dem Haus und stachen in See. Es war schon lange her, dass ich gerudert war (das letzte Mal vor zehn Jahren auf einem Teich im Park der Straßburger Orangerie), aber die kurze Überfahrt traute ich mir ohne weiteres zu. Ehrlich gesagt kam mir nicht einmal der Gedanke des Zweifels, ob ich mich damit nicht etwas überforderte. Die Küste gegenüber lag gut sichtbar vor uns, die zu rudernde Strecke schätzte ich auf einen Kilometer (in Wirklichkeit betrug die Entfernung jedoch das Doppelte). Das Boot war etwa 2,50 Meter lang und vielleicht halb so breit, also das, was man abwertend als Nussschale bezeichnet.

Lisa und Kua nahmen auf der Achterducht Platz, ich packte die Ruder, stemmte die Füße in die Spanten und warf mich ins Zeug. Anfangs klappte es gut, ich hielt Kurs und hatte die Technik offenbar nicht verlernt, sodass wir uns rasch vom Landesteg und dem Haus entfernten. Bedenken kamen mir erstmals, als wir die Hälfte der Strecke hinter uns hatten und ich die Blasen auf den Handballen spürte. Was soll man machen, da musste ich durch. Lisa und ihr Sohn amüsierten sich, feuerten mich an und tatsächlich waren wir nach einer knappen Stunde drüben angekommen. Wir gingen an Land, und ich zerrte das Boot auf den Kies. Der Strand war menschenleer, denn wir befanden uns in einem Naturschutzgebiet. Außer dem gelegentlichen Gekreisch der Möwen über uns war es still. Wir erkundeten das Hinterland, aber dichtes Gebüsch und Dornen hinderten uns, tiefer einzudringen. Und weil ich von der Anstrengung müde war, suchte ich mir eine Stelle, an der die den Strand bedeckenden Kiesel nicht gar so dick waren und tat mich nieder. Lisa legte sich dazu, den Kopf an meine Schulter gelehnt, und es dauerte nicht lange, da schliefen wir ein, während Kua flache Steine über die glatte Wasseroberfläche flitzen ließ.

Als wir erwachten, stand die Sonne hoch, und unsere Gesichter glühten. Ich öffnete die Augen, schloss sie aber gleich wieder, um sie erneut zu öffnen. Was ich da sah, wollte bestätigt werden: Wir lagen inmitten einer Kolonie von Seehunden. Kua hockte bei den Tieren und unterhielt sich mit ihnen. Ich habe sie nicht gezählt, aber Hundert waren es bestimmt.

Inzwischen hatte sich auch Lisa die Augen gerieben und lachte laut, als sie ihren Sohn im ernsten Gespräch mit den Robben sah. Das alles war völlig harmlos, wie sich herausstellte. Seehunde gehören nominell zwar zu den Raubtieren, aber diese Räuber waren friedliche Zeitgenossen, sie zeigten nicht einmal Scheu vor uns. Zu gerne hätte ich miterlebt, wie sie reagiert hatten, als sie an Land gewatschelt kamen und feststellten, dass wir uns auf ihrer Sonnenbank breit gemacht hatten.

Uns plagte der Durst, aber wir hatten nichts zu trinken mitgenommen, weil wir den kleinen Bootsausflug völlig unterschätzt hatten. Ohne länger zu verweilen, schleifte ich das Boot ins Wasser, hieß die Familie Stone einsteigen und begann unter missbilligendem Gebell loszurudern. Nach einem Drittel der Strecke stellten wir fest, dass die Tide eingesetzt hatte und das Wasser aus der Bucht ins offene Meer hinausströmte. Mit der Ebbe trieb auch unser Boot ab und je näher wir dem gegenüberliegenden Ufer kamen, umso weiter wurden wir abgetrieben. Nach der Hälfte der Ruderstrecke waren wir schon einen Kilometer mit der Strömung in Richtung Pazifik gedriftet. *Bref:* Nach einem einstündigen Einsatz an den Rudern gingen wir zwei Kilometer buchtabwärts an Land. Das Boot band ich an einen Strauch, denn ich hatte keinen Nerv, es gegen den Strom am Ufer entlang bis zu Nicos Landesteg zu rudern. Wir gaben einfach auf. Wie Schiffbrüchige liefen wir querfeldein zur Straße, wo nach ein paar Minuten ein Farmer anhielt und uns auf der Pritsche seines Pick-Ups bis zum Haus brachte.

Von der Seefahrt völlig in Anspruch genommen, hatte ich vergessen, dass ich mich mit Hunter um die Mittagszeit herum zur Schlussabrechnung verabredet hatte. Außerdem wartete Susan vom

Reisebüro in San Francisco um vier Uhr darauf, dass Wacki und ich unsere Rückflugtickets nach Europa abholen kämen. Inzwischen war die Zeit weit vorangeschritten, und zumindest den Termin bei Hunter hatte ich bereits versäumt.

Anstatt mich eine Stunde auszuruhen, musste ich sofort los. Als wir von der Pritsche kletterten, sah ich, dass der Wagen nicht vor dem Haus stand. Von Nico erfuhr ich, dass Wacki vor einer Stunde damit zu Hunter gefahren sei, mit dem er angeblich einen Termin habe. Was immer das zu bedeuten hatte, es klang nicht gut. Wacki hatte keinen Auftrag, bei Hunter die Kohlen in Empfang zu nehmen. Er war quasi mein Angestellter und wurde von mir bezahlt. Seine eigenmächtige Initiative beunruhigte mich derart, dass ich beschloss, augenblicklich nach Lagunitas aufzubrechen.

Lisa bat ich, bei Nico zu bleiben und auf meine Rückkehr zu warten. Dann lief ich hinüber zur Straße und hielt den ersten Wagen an, der des Weges kam. Die drei Bauarbeiter kamen gerade von der Arbeit und ihnen war anzusehen, dass sie keine Lust hatten, umzudrehen und noch einmal nach Lagunitas zu fahren, eine Strecke von etwa dreißig Kilometern. Die hundert Dollar, die ich ihnen anbot, ließen sie aber umdenken. Der Fahrer gab Gas und in weniger als einer halben Stunde erreichten wir Hunters Anwesen. Ich bat die Männer, denen ich unterwegs meine Eile in Form einer abenteuerlichen Geschichte erklärt hatte, sicherheitshalber vor dem Haus zu warten, bis ich grünes Licht gegeben hätte. Außerdem sollten sie aussteigen und gut sichtbar beim Wagen stehen bleiben.

»Moment mal«, hielt der Polier mich zurück. »Hier geschieht doch hoffentlich nichts Gesetzwidriges?«

»Keine Sorge«, entgegnete ich. »Hier werden nur ein paar klare Worte gewechselt. In ein paar Minuten bin ich wieder hier.«

Der BMW stand vom Dodge der Arbeiter blockiert in der Einfahrt. Aus Hunters ein wenig abseits gelegenem Studio hörte ich Stimmen. Als ich die hölzerne Treppe nahm und die Tür aufstieß, standen Wacki und Hunter um den runden Tisch herum und zählten ein Dutzend Bündel Dollars.

»Da komme ich ja gerade richtig«, stellte ich mit einigem Sarkasmus fest. »Ihr habt also schon mit der Abrechnung begonnen.«

Die beiden fuhren herum, ich hatte sie offenbar in flagranti ertappt, wie sie dabei waren, mein Geld ... ja was eigentlich?, unter sich aufzuteilen, zu zählen – oder für mich abzurechnen? Egal. Ich stellte mich zu ihnen und forderte Hunter auf, die 325 Tausend, die er mir noch schuldete, abzuzählen.

»Ich hab noch nicht alles verkauft«, sagte er stotternd.

»Das war mir klar. Wie viel hast du denn schon verkauft?«

»Ich habe knapp zweihunderttausend hier«, sagte er und deutete auf den Haufen auf dem Tisch.

»Und der Rest?«

»Den muss ich dir vorerst schuldig bleiben.«

»Keine gute Idee. Wir beide wissen, dass die Chancen, das Geld jemals zu sehen, schlecht stehen«, stellte ich fest. »Ich schlage stattdessen vor, du gibst mir den Rest der Ware zurück.«

»Das kann ich nicht. Ich habe das Zeug nicht mehr.«

»Ich höre!«

»Ich hab's einem meiner Kunden aus Frisco auf Kommission gegeben.«

»Sehr ungewöhnlich, Zeug, das einem nicht gehört, auf Kommission weiterzugeben. Findest du nicht? Dann fahren wir in einer Stunde in die Stadt und holen es zurück.« Ich klang sehr entschlossen.

Kaum hatte ich das gesagt, ertönte ein Hupsignal auf dem Parkplatz. Hunter sah aus dem Fenster und sah drei stabile Männer vor einem Pick-up stehen und rauchen.

»Die gehören zu mir«, erklärte ich kurz. »Sollte es notwendig werden, fahren sie mit in die Stadt.«

»Spinnst du?«, fuhr Hunter mich an. »Wie kannst du solche Schlägertypen hierher bringen? Habe ich dir jemals einen Grund gegeben, mir zu misstrauen?«

»Bis jetzt nicht. Sofern du mir versprichst, korrekt abzurechnen, schicke ich sie auf der Stelle fort.«

Hunter versprach's und Wacki versuchte umständlich, seine unrühmliche Rolle zu erklären. Ich packte die Geldbündel in eine Einkaufstüte und ließ mir den Autoschlüssel geben. Dann ging ich hinunter zum Parkplatz, legte die Tüten in den Kofferraum und verabschiedete mich von meiner Hilfstruppe. Jedem der Jungs gab ich noch einen Hunderter Trinkgeld extra, was sie sichtlich freute. Ich umarmte sie alle, bedankte mich und verabschiedete sie. Ich bin sicher, meine Komplizen hatten mich die ganze Zeit über beobachtet – und weiß der Himmel, was sie sich dabei wohl dachten.

Nachdem ich den größten Teil des Geldes erhalten hatte, fuhr ich zusammen mit Wacki zu Nico, um das Gepäck einzuladen und um Lisa und Kua abzuholen. Mit Hunter verabredete ich mich am Spätnachmittag in einer Bar am Golden Gate Park, um von dort mit ihm zu dem Dealer zu fahren, dem er das halbe Kilo auf Kommission überlassen hatte. Entweder, der Typ zahlte, oder ich würde die Ware wieder mitnehmen, Hunter sollte das zuvor abklären. Ich verabschiedete mich bei seiner Frau, die die ganze Zeit in der Haustür stand und zum Studio hinaufblickte.

Als Wacki und ich aus der Einfahrt fuhren, warf ich einen Blick auf das schöne Holzhaus, welches die Familie James sich von dem Geld gekauft hatte, das aus den Deals mit Paco und mir resultierte. Ich hatte das Gefühl, dass unsere Geschäfte zu Ende gingen. Während Wacki am Steuer saß und zurück zur Tomales Bay fuhr, versuchte er, mir sein Verhalten zu erklären. Ich nahm seine Schilderung als Entschuldigung und wollte anschließend nichts mehr davon hören. Wacki und ich kannten uns seit sieben Jahren, er hatte mir seinerzeit in Torremolinos den ersten Trip gegeben, und er hatte sich zwei Jahre für mich in den Knast gesetzt. Er war mir nicht gleichgültig, denn er war mein Freund. Ich weigerte mich, zu glauben, dass er und Hunter versucht haben sollten, mich zu betrügen.

Was ich zu diesem Zeitpunkt allerdings nicht wusste, war die Tatsache, dass Hunter und er einen Alleingang planten. Sie hatten sich zu einem Deal verabredet, bei dem Wacki das Material liefern sollte und ich wäre außen vor gewesen. Wie die Geschäfte zwischen den beiden sich weiter entwickelten, wird zu seiner Zeit erzählt, nur so viel vorab: Die Sache endete völlig anders als Wacki es sich vorgestellt hatte.

Wir hielten uns nicht mehr lange bei Nico und seiner Freundin auf. Lisa hatte ihre Sachen schon beisammen, meine Reisetasche war schnell gepackt. Ich nahm mir noch die Zeit, das Geld nachzuzählen und Wacki die versprochenen 20 Tausend zu geben, für den Mut, den er auf der gefährlichen Reise bewiesen hatte.

Wir schafften alles ins Auto, verabschiedeten uns von Nico und machten uns auf den Weg nach San Francisco, eine gute Stunde Fahrt auf dem Highway 1, dem Sir Francis Drake Boulevard und dem Redwood Highway, der über die Golden Gate Bridge hinein in die Stadt führt.

Unser erster Besuch galt dem Reisebüro, wo Susan nach Büroschluss auf uns wartete, um uns die Tickets zu übergeben (bezahlt waren sie schon, denn sie hatte seit einiger Zeit eine Vollmacht über mein Konto bei Wells Fargo). Dann setzte ich Lisa, Wacki und Kua in einem Restaurant in Chinatown ab und begab mich anschließend zu der Verabredung mit Hunter. Wir fuhren zum Haus des Dealers, wo ich im Auto wartete, während Hunter hineinging.

Sein Kunde war verärgert, dass er die unverkaufte Ware wieder herausgeben sollte, aber ich bestand darauf. Als Hunter zum zweiten Mal aus dem Haus kam, bot er an, einen Teil der Restschuld in Goldmünzen zu begleichen. Ich wusste wenig über den Wert von Münzen, willigte aber am Ende ein, zwanzigtausend Dollar in Krügerrand zu akzeptieren, auch weil Hunter mir versprach, das restliche Geld innerhalb eines Monats beisammen zu haben. Die Restschuld betrug noch hundertfünftausend Dollar. Ehe ich mich von der Familie James verabschiedete, rief ich in München bei meiner Frau an und erkundigte mich nach den Kindern. Erfreut nahm Lisa meine baldige Rückkehr zur Kenntnis, denn schließlich war ich mit Wacki mehrere Wochen unterwegs gewesen. Da ich mich seit Tokio nicht mehr bei ihr gemeldet hatte, machte sie sich Sorgen, schließlich wusste sie, in welch abenteuerlichen Geschäften ich unterwegs war.

3.7 Concorde

Obwohl die Reise (und damit das Geschäft) nicht so gelaufen war wie geplant, obwohl der junge Österreicher für ein paar Jahre in einem chinesischen Gefängnis würde verbringen müssen, obwohl sich Wacki mit einem unangenehmen Bazillus infiziert hatte und obwohl eine dreijährige Freundschaft im Sterben lag, stand am Ende ein wirtschaftlicher Erfolg. Mehr noch: Ich hatte mit den Chinesen in Thailand vereinbart, unsere Zusammenarbeit logistisch zu verbessern, was für mich weniger Risiko bedeutete.

Als Wacki und ich in San Francisco eine Maschine nach New York bestiegen, hatte ich mehr als zweihunderttausend Dollar und ein Plastikröhrchen voller Krügerrand im Koffer. Des Weiteren hatte er ein *Base-Kit* im Gepäck, also Glaspfeife und Zubehör, um Freebase zu rauchen. Die Mode, Kokain in Form von Base zu rauchen, was ich zu Jahresbeginn in Florida bei Joey erstmals praktiziert hatte, war inzwischen auch in Hawaii und Kalifornien angekommen. In Nico Gerbers Haus machte am letzten Abend eine Pfeife die Runde, an der alle außer dem Kind ein paar Züge machten. Wacki hatte von seinem Lohn eine halbe Unze Koks gekauft, die Nico ihm vor der Abreise noch zu Base umgewandelt hatte. Wer sich damit auskennt, der weiß, dass man, um so eine Menge zu rauchen, eine ganze Weile benötigt, also hatte mein Freund am Flughafen noch mehrere Gramm in der Tasche.

»Was hast du damit vor?«, fragte ich ihn, nachdem wir uns von Lisa und Kua verabschiedet hatten.

»Rauchen, was dachtest du denn?«, war seine ebenso logische wie verblüffende Antwort.

»Wo willst du das Zeug denn rauchen? Und womit?«

Da klappte er seine Reisetasche auf und zeigte mir die kleine Kolbenpfeife, die ihm Nico geschenkt hatte. Und nicht nur das: Er hatte einen Brenner dabei, ein eigens in sogenannten Head-Shops erhältliches Gasfeuerzeug mit extra heißer Flamme.

»Und du denkst, damit kommst du durch die Sicherheitskontrolle?«

»Wieso denn nicht? Den Brenner stecke ich als Feuerzeug in die Hosentasche, die Pfeife ist nagelneu und bleibt als Souvenir im Handgepäck und die Base habe ich gut versteckt«, erklärte er zufrieden grinsend.

»Was heißt gut versteckt?«

»In einem luft- und wasserdichten Röhrchen im Arsch.«

»Und wie kriegst du das Röhrchen wieder raus aus dem Arsch?«, wollte ich wissen.

»Mit einer Schnur, die ich drum herum gewickelt hab. Da staunst du, was!«

In der Tat, da staunte ich. Weniger ob der ingeniösen Verstecktechnik, sondern wegen des unnötigen Risikos, das er am Ende der Reise im Begriff war einzugehen. Als wäre nicht schon genug passiert. Ich versuchte zwar, ihm die Sache auszureden, aber er war so geil auf das Zeug, dass er sich von meinen Bedenken nicht verunsichern ließ.

Die erste Hürde, die Kontrolle vor dem Einsteigen in die DC 10 der Western Airlines, nahm er ohne Probleme. Unterwegs auf dem Flug an die Ostküste, verschwand er mehrmals auf der Toilette, um sich ein paar Pfeifen zu gönnen, und wenn er zurück an seinen Platz kam, sah er aus wie ein Zombie, dass ich dachte, jeder im Flieger müsse bemerken, dass etwas mit ihm nicht stimmte. Aufgedreht setzte er sich neben mich und fing an zu erzählen, bis mir fast die Ohren abfielen. Ich hätte zwar auch Lust gehabt, ein paar Züge zu machen, hatte aber eine Menge Bargeld im Kamerakoffer und die Goldmünzen in der Hosentasche, was es mir ratsam erscheinen ließ, cool und nüchtern zu bleiben. Was heißt nüchtern: Heroin hatte ich natürlich geschnupft, aber nicht so viel, dass es auffiel. Nach der Ankunft auf dem John F. Kennedy Airport machten wir uns auf die Suche nach dem Terminal und dem Gate, an dem die Concorde der British Airways andockte.

Da unsere Koffer bis London durchgecheckt worden waren, hatten wir lediglich Handgepäck zu tragen, ich den Kamerakoffer und das Stativ, Wacki die kleine Reisetasche voller Souvenirs, die er seit Indien gesammelt hatte. Auch die zweite Hürde nahm er ohne aufzufallen.

Um nicht wieder in die gleiche Lage zu geraten wie in Taipeh, wo ich direkt hinter Andy in der Schlange gestanden hatte, hielt ich drei Passagiere Abstand zu meinem bekoksten Gefährten. Aber die Kontrolle beim Boarding der Concorde war mehr freundliche Begrüßung als seriöse Sicherheitsarbeit. Wir betraten die Maschine und setzten uns in die reservierte letzte Reihe.

Was im Gegensatz zu den üblichen Flugzeugen von Boeing oder McDonnell Douglas auffiel: die Concorde hatte im Mittelgang eine Höhe von kaum mehr als 1,80 Meter, das heißt, groß gewachsene Leute mussten den Kopf einziehen. Aber was nimmt man nicht alles in Kauf, will man exklusiver als andere unterwegs sein. Ich hatte nämlich den Eindruck, die wenigsten Passagiere flogen wegen der Zeitersparnis mit dem Luxusjet ...

Nachdem alle an Bord waren, wurde die Luke dicht gemacht. Wir verstauten unser Handgepäck, und ein Steward bat jeden Fluggast persönlich, die Gurte anzulegen. Eilig zog die Concorde auf dem Weg zur Startbahn an einem Dutzend Jets vorbei, die in Warteposition standen. Überschall genoss Priorität. Sobald der Kapitän vom Tower die Startfreigabe erhielt, bog die Maschine in den Runway ein und beschleunigte noch aus der Kurve heraus. Augenblicklich wurden wir vom vollen Schub der Triebwerke erfasst und in die Rückenlehnen gepresst; was jeden sofort überzeugte, dass es sich hier um eine eilige Angelegenheit handelte. Nach wenigen hundert Metern im Galopp hob der Jet ab und bohrte sich in den Himmel. Während des kurzen Steigfluges auf zunächst 25.000 Fuß betrachtete ich vom Fensterplatz aus die Küste von Long Island, wo vor hundert Jahren der Dichter Walt Whitman durch das Schilf gestreift war, und wo sich inzwischen die New Yorker Bonzen angesiedelt hatten.

Sobald es die horizontale Lage am Ende des Steigfluges wieder erlaubte, begannen die Flugbegleiter, einen Aperitif zu servieren. Wacki bestellte zwei Campari mit Eis. Dann gab der Kapitän die Flugroute bekannt. Sie führte an der Küstenlinie von Neufundland vorbei hinaus auf den Nord-Atlantik, in Richtung der Südspitze Grönlands. Etwa auf der Höhe des 60. Breitengrades erfolgte ein Kurswechsel auf Südost, direkt auf die Westküste Irlands zu.

Als wir uns vom amerikanischen Kontinent entfernt hatten und über dem offenen Meer waren, wurden die Nachbrenner eingeschaltet: Wieder ging ein Ruck durch die Maschine, und die Geschwindigkeit stieg rasant. Das Durchbrechen der Schallmauer war innerhalb des Flugzeugs nicht wahrzunehmen. Wenig später hatten wir bei 50.000 Fuß die Reiseflughöhe erreicht. Das Tempo pendelte sich bei 2.100 km/h ein, was auf einer digitalen Anzeige vorn in der Kabine abzulesen war.

Ich riskierte einen Blick aus dem kleinen runden Fenster neben mir und staunte über die Schwärze des Weltraums. Die Concorde flog oberhalb der Troposphäre, in der die Wolken dahintrieben und die für die Illusion verantwortlich ist, der Himmel sei blau. Tatsächlich ist der »Himmel« schwarz, wovon wir uns während des Fluges überzeugen konnten.

Wir waren eine halbe Stunde unterwegs, als die von Coco Chanel eingekleideten Klassemädels anfingen, die Tische zu decken. Das Besteck war aus Silber, die kleine Tischdecke aus Damast. Während achtzig Passagiere hoch oben am Himmel, dem irdischen Treiben für wenige Stunden entrückt, mit mehr als siebenhundert Metern pro Sekunde der Alten Welt entgegen düsten, von einer stabilen Druckkabine gegen die eisige Außenluft geschützt, servierte British Airways ein mehrgängiges Menü: Tafelwasser aus den Vogesen, einen 74er Médoc, Krabbencocktail, eine Pilzpastete, Seewolf mit Reis und Senfkornsauce – wahlweise panierte Gänsebrust – gebackenen Camembert auf Toast und als Dessert Mousse au Chocolat. Es folgten die in der Stratosphären-Gastronomie übliche Käseplatte und eine Schale mit Obst. Abgerundet wurde die verantwortungslose Schlemmerei mit Kaffee oder Tee, Cognac oder Armagnac und einer kleinen Schachtel Macadamia-Pralinées.

Uns Rauchern boten die Damen schließlich noch eine fette kubanische Zigarre an, die wir allerdings aus gutem Grund ablehnten. Wacki hatte nämlich seine Pfeife ausgepackt und da wir in der letzten Reihe saßen, konnte er relativ unbeobachtet zur Sache kommen.

Die Concorde verfügte über exakt hundert Sitzplätze in 25 Reihen, jeweils zwei Plätze links und rechts des Mittelganges. Hinter der Sitzreihe 25 war Schicht, das Heck der Maschine war durch eine Lukenklappe verschlossen. Die Küche und die Toiletten befanden sich im Mittelteil, wo sich auch die Flugbegleiterinnen aufhielten. Wir hatten also von unseren Plätzen aus die gesamte Kabine im Blick. Der einzige Störfaktor waren die beiden Engländer, die neben uns jenseits des Gangs saßen. Waren wir zunächst aus Rücksichtnahme auf die Herren noch zum Rauchen auf die Toilette verschwunden, hatte Wacki nach der dritten Pfeife die Mätzchen satt und bestand darauf, am Platz zu rauchen.

»Und wenn uns einer erwischt?«, gab ich zu bedenken.

»Wer soll uns erwischen? Außerdem sind wir an Bord eines Flugzeugs. Da gibt es keine Bullen, die mich verhaften könnten, zumal wir in der Raucherabteilung sitzen und keiner von denen weiß, was genau wir da rauchen«, beschwichtigte er.

»Na ja, die Glaspfeife und der Bunsenbrenner …«

»Quatsch. Jetzt mach dir nicht in die Hose. So ängstlich kenne ich dich noch gar nicht«, sagte er und zog sich die nächste Pfeife rein.

So ging das eine Weile gut, bis mit einem Mal einer der Engländer mich ansprach.

»Entschuldigen Sie bitte, junger Mann. Was ist das, was Sie da rauchen?«

»Speed.«

Mir war nichts Besseres eingefallen.

»Speed?« Der Mann musste lachen. »Fliegen wir denn nicht schnell genug?«

»Mein Buddy und ich, wir haben es gerne richtig schnell.«

Und weil der Mann nicht zu begreifen schien, setzte ich nach: »Der Flieger sorgt für die physische Geschwindigkeit, unsere Pfeife für die mentale«, erklärte ich.

»Ist das etwa eine Droge?«

»So kann man es bezeichnen.«

»Illegal?«

»Auch das«, bestätigte ich. »Aber wir fliegen im rechtsfreien Raum.«

Das war zwar Unsinn, aber den Engländer schien es nicht zu interessieren.

»Und wie ist das Gefühl? Mein Kollege und ich, wir haben außer Hasch noch keine Drogen probiert.«

»Der Kick ist nicht übel, aber man gewöhnt sich schnell daran.«

Wir sprachen, als ginge es um einen besonderen Whiskey. Der Mann beugte sich zu seinem Nachbarn und berichtete ihm, was er gerade in Erfahrung gebracht hatte. Hoffentlich sind das keine verdeckten Ermittler, fiel mir ein, während Wacki neben mir in aller Ruhe weiter seine Pfeife stopfte.

»Entschuldigen Sie«, wandte der Engländer sich wieder an mich. »Meinen Sie, mein Freund und ich könnten mal so eine Pfeife probieren? Es ist doch nicht gefährlich, oder?«

»Kommt drauf an. Eine Pfeife ist sicher nicht gefährlich. Auch zwei oder drei nicht. Gefährlich wird es, wenn es Ihnen gefällt und Sie daheim weitermachen«, sagte ich.

»Darüber sollten Sie sich keine Sorgen machen, das werden wir bestimmt nicht tun. Wir arbeiten als Buchprüfer für eine Londoner Wirtschaftsprüfungsgesellschaft. Da können wir uns solche Abenteuer nicht leisten. Aber hier scheint mir eine gute Gelegenheit zu sein, so etwas einmal auszuprobieren.«

»An mir soll es nicht liegen.«

Ich wandte mich zu Wacki hinüber, der am Fenster saß und gerade eine Rauchpause eingelegt hatte. Er hatte mein Gespräch mit dem Engländer auf einem Ohr mitverfolgt.

»Was meinst du, sollen wir den Jungs ein Pfeifchen anbieten?«

»Von mir aus. Es ist noch genügend Material da. Das können wir bis zur Ankunft eh nicht alles rauchen.«

Also lud ich den Mann aus London ein, wollte aber zunächst selbst einen Zug tun, und ihm dabei zeigen, was er nachher zu tun hätte. Wacki wartete ab, bis die Stewardess, die gerade auf einem Kontrollgang war, um sich nach dem Wohlbefinden der Passagiere zu erkundigen, wieder nach vorne gegangen war und reichte mir dann die Pfeife. Ich nahm mir einen Brocken aus der Giftdose, legte ihn in den gläsernen Pfeifenkopf und hielt die Flamme darüber. Dann sog ich den weißen Rauch ein und reichte das Utensil über den Gang an den Buchprüfer weiter.

Ich erklärte ihm, dass er selbst entscheiden müsse, wann er genug habe. Anschließend solle er die Pfeife möglichst diskret an mich zurückgeben, die Augen schließen und genießen. Wacki reichte mir einen Krümel, ich legte ihn in die Pfeife und gab dem Mann Feuer. Er sog sich die Lunge voll, lehnte sich zurück und schloss die Augen. Nach einer Minute öffnete er sie, blickte erst uns, dann seinen Kollegen an und sprach: »Whooo, Henry! Das musst du unbedingt probieren. So was habe ich noch nie erlebt! *It is fantastic, absolutly fantastic*!«

Henry zierte sich noch eine Weile, aber schließlich hielt es ihn nicht länger bei den Abstinenten. *Bref:* Nach ein paar Minuten rauchten wir zu viert. Das einzige, was irgendwie störte war, dass wir in Reihe saßen und nicht um einen runden Tisch herum, was die Konversation doch sehr erschwerte. Dennoch, wir amüsierten uns. Henry und Marvin erzählten von ihrer Arbeit bei Exxon in New York, für die sie im Auftrag ihrer Firma die Bilanzbuchhaltung prüften.

»Meine Bilanzbuchhaltung prüfe ich selbst«, erklärte ich grinsend, was offenbar den Humor der Engländer traf.

Leider dauerte der Flug über den Atlantik nicht sehr lange, denn irgendwann meldete sich der Kapitän mit dem Londoner Wetter (es regnete) und kurz darauf kam auf der linken Seite die Küstenlinie von Irland in Sicht. Die Concorde war längst in den Sinkflug übergegangen. Als die BA195 schließlich auf der Landebahn in Heathrow aufsetzte, waren zwischen Takeoff und Touchdown 3 Stunden und 42 Minuten vergangen.

Ehe wir das Flugzeug verließen, entsorgten wir den Rest der Base, die Pfeife und den Brenner im Müll. Die Hirne voller Kokainmoleküle wollten wir uns gerade am Zoll anstellen, als Marvin mich beim Ärmel nahm und wir gemeinsam mit den beiden durch eine besondere Schleuse für VIPs gewinkt wurden. Auf diese Weise revanchierten sich unsere neuen Freunde und ehe sie in die Limousine stiegen, die sie abholte, gaben sie uns noch ihre Visitenkarten.

»Kommt vorbei, wenn ihr mal in London seid«, sagte Marvin. *»Call me! And bring some of this speed!«*

Dann verschwanden die beiden, und ich bin sicher, sie haben diesen Flug niemals vergessen. Wacki und ich ließen uns im Taxi zum nächstbesten Airport-Hotel bringen, zogen erst eine fette Linie Heroin vom Tisch und uns anschließend zum Träumen unter die Bettdecke zurück. Es dauerte nur wenige Minuten, bis das starke chinesische Pulver uns von dem High des südamerikanischen heruntergeholt hatte, und da es schon spät war, löschten wir bald das Licht.

Ausgeruht flogen wir mit der Morgenmaschine der Lufthansa nach München, erster Klasse versteht sich. Wie vereinbart, wartete Lisa zusammen mit den Kindern am Flughafen Riem, um mich abzuholen. Wacki wurde von seiner Freundin Loreen erwartet. Ehe ich meiner Familie zum Auto folgte, gab es noch etwas zu erledigen. Ich nahm meinen Sohn bei der Hand und ging hinüber zum Schalter der Bank. Ich schob meine Bankkarte unter dem Sicherheitsglas hindurch und fragte den Mann, ob ich etwas auf mein Dollarkonto einzahlen könne.

»Selbstverständlich können Sie das. Wie viel wollen Sie denn einzahlen?«

»Hundertfünfzigtausend.«

Ich öffnete die Kameratasche und fing an, die abgezählten Bündel auszupacken.

»Haben Sie beim Zoll eine Devisenerklärung abgegeben?«, fragte der Bankangestellte.

»Devisenerklärung? Was bitteschön soll das denn sein?«

»Bitte kommen Sie herein, ich öffne Ihnen die Nebentür.«

Kurz darauf saßen wir zusammen im hinteren Büro der Bank und zwei Angestellte zählten die Scheine. Mit einem Einzahlungsbeleg über hundertfünfzigtausend Dollar in der Hand, weiteren fünfzigtausend in bar unter der Kamera und einem Röhrchen voll Goldmünzen in der Hosentasche verließen wir die Bank und fuhren nach Gräfelfing.

Auf dem Schreibtisch lag ein Stapel Post, den ich kurz überflog. Den Brief aus Taiwan öffnete ich sofort. Aber es war nicht Andy, der mir geschrieben, sondern der Zollbeamte, der mich kontrolliert hatte. Ich las:

»Dear Mister Harry Berger,

ich bin Woo Li Tong aus Taipeh, der Sicherheitsbeamte, der Sie vor ein paar Tagen am Flughafen auf unwürdige Weise durchsucht hat. Das tut mir aufrichtig leid. Ich hatte nicht beabsichtigt, Sie zu demütigen, sondern versuchte lediglich, meiner beruflichen Pflicht nachzukommen. Ich bitte Sie, mir mein Verhalten zu verzeihen!«

Es folgte ein kurzer Bericht zum weiteren Schicksal des »Austrianers«, den man mit mehr als 500 Gramm Heroin verhaftet habe und der jetzt seiner gerechten Strafe entgegensehe. Der Brief schloss mit der üblichen Floskel »Yours sincerely, Woo Li Tong (Steven)« Ich war beeindruckt von der Sensibilität des Chinesen. In tausend Jahren käme ein europäischer Zöllner, Polizist oder Sicherheitsmann nicht auf die Idee, sich bei einem Reisenden zu entschuldigen, dessen oder deren Würde er durch sein Misstrauen und die erzwungene Entkleidung verletzt hatte. Dabei hatte der Chinese völlig normal reagiert, aber in unseren Demokratien, wo angeblich die Freiheit und die Würde allerhöchste sittliche Werte darstellen, focht das längst keinen hoheitlich befugten Beamten mehr an. Zu Tausenden werden in Europa und Amerika Reisende, insbesondere solche aus der dritten Welt, aufgefordert, sich auszuziehen, ihr Geschlecht vor den Vertretern des Staates zu entblößen, den After in Augenschein nehmen zu lassen und dergleichen Entwürdigungen mehr. Alles was ich vor diesen Leuten empfand, war Ekel.

Erst zwei Jahre später erhielt ich beruhigende Post aus Guatemala. Sissy teilte mir mit, dass Andy aus dem chinesischen Gefängnis entlassen worden sei. Man habe ihn seinerzeit zu vier Jahren verknackt, ihn aber jetzt auf Intervention des österreichischen Außenministers schon nach der Hälfte der Zeit freigelassen. Er sei nach Tirol zurückgekehrt und arbeite dort im Dorf als Gemeindediener. Sie selbst sei bis zum Prozess in Taipeh geblieben, habe dort einen Guatemalteken kennengelernt, sich verliebt und sei mit dem neuen Freund nach Guatemala gegangen. Es sei ein wundervolles Land, ich sei jederzeit willkommen. Zu einem Besuch in Guatemala kam es nicht. Weder Sissy noch Andy bin ich danach noch einmal begegnet.

3.8 Roman

Wie ich meinen Aufzeichnungen von damals entnehme, blieb ich nur wenige Tage bei Lisa und den Kindern. Wir besuchten erst ihre und dann meine Eltern, was wieder einmal fällig war. Mich interessierte noch immer, was sie heute über ihre Zeit als Nazis dachten. Je mehr Zeit verging, während der man sich nicht sah, umso tiefer taten sich die Gräben zwischen uns auf. Den Alten fehlte auch dreißig Jahre danach noch der Mut zu reden über das, was sie damals über den Holocaust wussten, und über das, was sie persönlich erlebt hatten. Es war ein beklemmendes Gefühl, zu wissen, dass die engsten Verwandten der übelsten Verbrecherbande der jüngeren Zeitgeschichte angehört hatten, aber darüber konnten sie noch immer nicht sprechen. Nicht immer ist Schweigen Gold.

Nach drei Wochen daheim wurde ich schließlich unruhig und bestieg erneut ein Flugzeug nach Bangkok. Diesmal wollte Roman mich begleiten, der sich in jüngster Zeit für Scientology interessierte. Als er nach einem halben Jahr erkannte, dass er einer esoterischen Ganovenbande aufgesessen war, ließ er von diesem Irrweg wieder ab. Hätte seine Freundin Edith nicht einen guten Job als Babysitterin gehabt, wäre seine Lage noch prekärer gewesen. Hinzu kam, dass auch Roman wieder rückfällig geworden war und täglich seine Dosis Heroin brauchte. Um sich eine solche Krankheit leisten zu können, benötigte man in München täglich 200 Mark, und die müssen erst einmal beschafft werden. So war er erleichtert, als ich ihm anbot, die Reise nach Bangkok zu finanzieren und ihm ein halbes Pfund Heroin zu besorgen. Er hatte vor, den Stoff nach Zürich zu bringen, wo er Leute kannte, die ihm das Zeug abkaufen würden.

Roman war einer meiner angenehmsten Reisegefährten, dem ich mich längst freundschaftlich verbunden fühlte, weil er eine Reihe positiver Charaktereigenschaften in sich vereinte, die ich schätzte: Er hatte Mut zum Risiko, aber nicht so viel, dass sein Mut von der Dummheit nicht mehr zu unterscheiden gewesen wäre. Nicht ganz unwichtig: Roman war zuverlässig, was er versprach, hielt er ein; außerdem hatte er einen strapazierfähigen Sinn für Humor und er suchte nach den letzten Wahrheiten, will heißen, er nahm am kulturellen Leben teil; er las Bücher, ging regelmäßig ins Kino und hörte gute Rockmusik (mir brachte er unter anderen Frank Zappa und Captain Beefheart nahe). Er war neugierig auf andere Menschen, und er war immer zu einem Plausch über Gott und die Welt aufgelegt. Um überhaupt einen Makel an ihm zu finden, muss ich lange nachdenken. Zuweilen war er ein wenig naiv im Erkennen von Betrügern (siehe Scientology) und sein lange anhaltender Heroinkonsum machte ihn auch nicht interessanter für seine Mitmenschen, aber das mag ich ihm nicht ankreiden, denn ich weiß, für eine Sucht kann der Mensch ebenso wenig wie für eine Grippe.

Zur Abwechslung und weil es die Finanzlage erlaubte, quartierten Roman und ich uns in Bangkok im Ambassador-Hotel in der Soi 11 ein, einem relativ neu erbauten Haus der zweiten Kategorie, wo wir uns wohlfühlten. Bei unserem ersten Stadtbummel suchten wir zunächst unseren gemeinsamen Freund Odt, den wir meist auf der Sukhumvit-Straße fanden, wo er geschnitzte Elefanten vorzugsweise an deutsche Touristen verkaufte.

Odt hatte uns während früherer Bangkok-Aufenthalte schon manchen guten Deal ermöglicht. Zum Einkaufen nahmen wir ihn gerne mit, denn als Einheimischer handelte er beim Schneider und dem Juwelier gute Preise für uns aus, allerdings zum heimlichen Verdruss der Händler.

Wir fanden ihn in der Nähe der Soi Nana, zusammen mit seiner Freundin Oi. Als er uns erkannte, blühte sein freundliches Gesicht zu einem schelmischen Lächeln auf. Er hatte sein Tageskontingent an Elefanten schon verkauft, und so begleiteten die beiden uns zum Hotel. Nachdem wir Neuigkeiten ausgetauscht hatten (Originalton Odt: »Wann Sissy kommen Thailand? Odt Sissy viel lieben, Sissy schöne Fräulein!«), schlug Roman vor, Odt eine Freude zu machen, und so luden wir ihn und Oi ein, uns nach Koh Samui zu begleiten, die Insel auf der ich im letzten Jahr mit Werinher so schöne Wochen verbracht hatte. Da die beiden noch nie im Süden des Landes gewesen waren, überhaupt noch nie Urlaub gemacht hatten, freuten sie sich auf die Reise mit leuchtenden Augen.

Die Ware, die Roman kaufen wollte, bestellte ich diesmal nicht bei den Chinesen in Chonburi, sondern bei Tiger, dem Thai, den ich während der Reise mit Werinher kennengelernt hatte. Mit den Chinesen hatten wir größere Dinge geplant, ihnen würde ich einen Besuch abstatten, sobald Paco in der Stadt eingetroffen wäre, mit dem ich verabredet war.

Am Tag nach unserer Ankunft begegneten wir während eines Spaziergangs im Lumphini-Park einem Mädchen, das im Vorübergehen meinem Blick standhielt und das mir gefiel, sodass ich, nachdem wir zunächst aneinander vorbei gegangen waren, kurz entschlossen umdrehte und hinter ihr her lief, um sie anzusprechen. Es war nicht davon auszugehen, dass es sich bei der jungen Dame um ein Mädchen der Freude handelte, denn in besagtem Park flanieren eher die Studentinnen als die Bartänzerinnen. Umso erstaunter war ich, dass sie sofort stehen blieb, als ich sie ansprach. Und als ich ihr sagte, dass sie mir gefalle und ich sie gern kennenlernen wolle, schloss sie sich uns an.

Ihr Name war Kaye, und sie war tatsächlich Studentin. Wir verbrachten den restlichen Tag zusammen, aßen gemeinsam mit Odt und Oi zu Abend, und als ob es eine Selbstverständlichkeit wäre, verbrachten Kaye und ich die Nacht zusammen. Sie trug gepflegte lange Haare, war fast so groß wie ich, und wenn ihren großen Mandelaugen ein freundlicher Blick entwich, war es, als sei Kaye die offizielle Vertreterin des Landes des Lächelns. Selbst auf die Gefahr hin, mich als Liebeskasper zu outen – ich war von Kayes Schönheit wie betäubt. So kam es, dass ich auch sie spontan zu der Reise nach Koh Samui einlud, ein Angebot, welches eine thailändische Studentin kaum ausschlagen konnte.

Wir nahmen den Southern Express, mit dem wir schon mehrmals die Reise nach Penang gemacht hatten. In Surat-Thani, der Hauptstadt der an Malaysia grenzenden Südprovinz, stiegen wir aus. Im Reisebüro kauften wir die Schiffspassagen für den Abend. Wie zuvor schon berichtet, war das Boot seinerzeit die einzige Möglichkeit, um nach Koh Samui zu gelangen.

Dass wenige Jahre danach dort ein internationaler Flughafen gebaut werden würde, konnte sich damals niemand vorstellen, wir jedenfalls nicht. Wir nahmen das Nachtboot von Bandon nach

Na Thon, wo wir mit den ersten Sonnenstrahlen ankamen. Es hatte sich in den zehn Monaten seit meiner ersten Reise nicht viel auf Koh Samui verändert: Nach wie vor stand Tong am Pier und warb um Kundschaft.

Als er mich erblickte, begrüßten wir uns wie alte Kameraden, und es verstand sich von selbst, dass unsere kleine Reisegruppe bei ihm logieren würde. Als ich mehr als dreißig Jahre später, durchs Googlefenster einen Blick auf Koh Samui riskierte, um Lamai-Beach und den Ort zu finden, an dem seinerzeit Tongs Bambushütten im Sand unter den Palmen standen, war ich erstaunt, wie schnell und wie gründlich sich der Tourismus dieses Juwel einer Insel einverleibt hat. Zwar fand ich die Stelle wieder, an der wir damals so unbeschwerte Tage verbrachten, aber Koh Samui ist längst nicht mehr die Insel, die wir kennengelernt hatten. Heute befindet sich ein Bungalow-Hotel namens »Samui Beach Resort« an der Stelle, an der wir damals im Sand lagen und den Wellen, den Vögeln und dem Wind in den Palmen zuhörten.

Zurück in die Zeit, als Koh Samui noch ein kleines Paradies war. Wir fuhren auf der Pritsche des Taxis um die halbe Insel herum, ehe wir in Lamai ankamen. Tongs Frau Ah Han stand neugierig in der Einfahrt, um zu sehen, ob ihr Mann beim Anwerben neuer Gäste erfolgreich gewesen war. Sie freute sich und bot uns gut gelaunt einen ersten Drink an. Wir bezogen dieselben Hütten wie zuvor und bezahlten denselben Preis von 50 Baht pro Nacht und »Bungalow«. Roman quartierte sich allein in einer Hütte ein, Odt und Oi sowie Kaye und ich teilten uns je eine. Inzwischen trug Kaye ihre Haare kurz, was mir ausgezeichnet gefiel (als wir uns kennenlernten, hatte sie eine Perücke getragen), und als sie im roten Bikini über den weißen Sand hinunter ins türkis glitzernde Wasser lief, da staunte ich einmal aufs Neue, was für eine scharfe Braut sie war!

Am Strand von Lamai hatten wir endlich Zeit, Oi und Odt näher kennenzulernen. Oi stammte aus dem Nordosten Thailands, wohin ihre Vorfahren aus Laos immigriert waren, nachdem die Franzosen das Land kolonialisiert hatten und viele Laoten flüchten mussten, weil sie gegen die Besatzer gekämpft hatten. Da sie alles Hab und Gut verloren, arbeiteten sie in der neuen Heimat als Tagelöhner. Mit dem Beginn des Vietnamkrieges erlebte die Prostitution in Thailand einen Boom, da Bangkok eines der Nahziele für US-Soldaten auf Fronturlaub war. So schickten viele Familien aus dem verarmten Udon-Distrikt ihre Töchter in die Hauptstadt, wo sie in den Tanzbars und Massagesalons Geld verdienten, mit dem sie Eltern und Geschwister unterstützen konnten. Nachdem Oi ein halbes Jahr als Massage-Mädchen gearbeitet hatte, lernte sie Odt kennen und lieben. Sie kündigte, und die beiden zogen zusammen in eines der besseren Elendsviertel unweit der Sukhumvit/Soi 34 gelegen, wo sie ein Sperrholzhaus mit Wellblechdach und beplanktem Steg als Zugang bewohnten. Odt hatte die höhere Schule besucht und angefangen Ökonomie zu studieren, als sein Vater starb musste er von einem auf den anderen Tag für Mutter und Geschwister sorgen. So begann er seinen Handel mit geschnitzten Elefanten, ging immer seltener zur Uni und schlug sich als Straßenhändler entlang der Sukhumvit-Straße durchs Leben. Obwohl er mitten im Sex-Distrikt arbeitete, hielt er sich aus diesem Geschäft ebenso heraus wie aus dem Drogenbusiness. Mit seiner Intelligenz und seinen Sprachkenntnissen hätte er mehr Geld verdienen können, aber das interessierte ihn nicht. Inzwischen war er fast Dreißig und zufrieden mit dem was er sah, wenn er früh aufwachte: Seine Oi, die beiden kleinen Mädchen, die Elefanten und sein Haus. Wann immer ich in Bangkok eintraf und ihm begegnete, Odt war die personifizierte gute Laune und immer hilfsbereit. Mir erschien er als Weiser der Straße, eine Art Diogenes des Fernen Ostens, fehlte bloß noch das Fass. Odt war es auch, der sich die Zeit nahm, uns die Stadt zu zeigen und ein wenig über ihre Geschichte zu erzählen.

Nach der Zerstörung der Hauptstadt Ayudhaya durch die Birmaner gründeten die Thai 1772 weiter südlich am Ufer des Chao Praya eine neue Hauptstadt. Dort lag ein chinesisches Fischerdorf namens Ban Kok, welches sich die Stadt Krung Thep (so der offizielle Name der Stadt) innerhalb weniger Jahre einverleibte. Aus Ban Kok (ban heißt Dorf und kok ist der Name einer Pflaume) wurde Bangkok, und so kennt die Welt diese Metropole noch heute. Sie entwickelte sich von der Flussbiegung her, wo die Könige der Chakri-Dynastie ihre Paläste bauten. Das Königsschloss, die wichtigen Ministerien, das Amt des Premiers, das Nationaltheater und die

Universität, sie alle gruppieren sich um den Sanam Luang, eine riesige ovale Grasfläche, auf der sich jeden Sonntag einer der bizarrsten Märkte des Fernen Ostens entfaltet. Südlich davon breitet sich das Chinesenviertel aus. Hier beginnen die großen Avenuen, die Bangkok heute durchziehen. Eine Prachtstraße nach europäischem Vorbild ist die Silom-Road, an der sich einige luxuriöse Bettenburgen und Banken angesiedelt haben. Das touristische Zentrum ist entlang der Ploenchit- und am Anfang der Sukhumvit-Straße zu finden, die Gegend, in der wir uns meist bewegten.

Die thailändische Metropole beherbergte gegen Ende der siebziger Jahre etwa vier Millionen Menschen. Die Stadt entzieht sich weitgehend dem ästhetischen Urteil, es ist schwer zu sagen, ob dieses von Kanälen, Hochbahnen und langen Stadtstraßen durchzogene Bangkok eine schöne Stadt ist. Allerdings verfügt sie über idyllische Inseln. Zweigt man von der Sukhumvit ab und erkundet die hundert Nebenstraßen, die heute noch Soi genannt werden, entfaltet Bangkok seinen Charme. Jede dieser Seitenstraßen hat ihren eigenen Charakter, verkörpert eine Welt für sich. Durchquert eine Soi das Villenviertel der Oberschicht, so verläuft sie zwei Kilometer weiter durch ein eher bürgerliches Häusergewirr und mündet irgendwann in einem von einem Slum überbauten Sumpf. Das einstige Venedig des Ostens sinkt, jährlich ein paar Zentimeter. Eines Tages wird Bangkok unter dem Meeresspiegel liegen, und das nur dreißig Kilometer entfernte Meer wird die Gegend fluten. Es sieht so aus, als habe diese Stadt, die damals gerade einmal 200 Jahre alt war, ihre Lebenszeit von der Natur geborgt. Die Uhr tickt, das Wasser steigt, der Mensch muss mehr in sein Leben hineinpacken, ehe alles vorbei ist.

Die Woche auf Koh Samui verging viel zu schnell. Tagsüber faulenzten wir am Strand, am Nachmittag, wenn die Sonne nicht mehr so heiß brannte, fanden wir uns zu einem Volleyballspiel zusammen, an dem alle Gäste der Bungalow-Anlage teilnahmen. Wir rauchten das Gras, welches auf der Insel wild wuchs und machten lange Strandwanderungen. Kaye saß stundenlang im Schatten der riesigen Felsen, die den Strand von Lamai an der Westseite begrenzen, und lernte für ihr Studium. Sie studierte Naturwissenschaften an der Universität von Bangkok, die nach einem König namens Chulalongkorn benannt ist. Nachts schmiegte sie sich an mich, und wenn ich am Morgen erwachte, schlief sie noch und atmete in ruhigen, tiefen Zügen. Dann sah ich eine Weile zu, wie sich ihre Brüste hoben und senkten, ehe ich mich von der Schlafmatte rollte, geräuschlos die Hütte verließ und hinüber zu Ah Han schlenderte, die mir einen starken Tee aufgoss.

Roman, der normalerweise fix bei der Sache war, wenn es darum ging, ein Mädchen zu umgarnen und die Nächte nicht allein verbringen zu müssen, lebte auf Koh Samui erstaunlich keusch, dass es mir sogar auffiel. An hübschen Touristinnen herrschte kein Mangel. Ich erinnere mich an drei Neapolitanerinnen und eine allein reisende Elsässerin, die zur gleichen Zeit wie wir bei Tong logierten, aber Roman gab sich keine Mühe, sich ihnen zu nähern. Vielleicht, so kam es mir in den Sinn, hatten seine Freunde von Scientology ihm Abstinenz auferlegt. Ich beschloss, ihn bei Gelegenheit danach zu fragen, vergaß es aber dann.

Erst auf der Rückreise im Zug klärte sich die Sache auf, aber nicht etwa, weil ich mich bei ihm erkundigt hätte, sondern er selbst offenbarte sich mir. Unsere thailändischen Freunde Kaye, Oi und Odt hatten sich zu einem Kartenspiel zusammen gesetzt, als Roman sich zu mir gesellte und mit einem Geständnis aufwartete.

»Wir sind doch Freunde«, begann er, sich an den heißen Brei heran zu drucksen.

»Das würde ich so sehen«, bestätigte ich, ohne zu ahnen, worauf er hinaus wollte. »Wieso fragst du?«

»Nun ja, versprich mir erst, dass wir Freunde bleiben!« Er sah mir in die Augen und verzog sein Gesicht zu einem Grinsen, das nichts Gutes vermuten ließ. Das letzte Mal, dass Roman einen Dialog so umständlich begonnen hatte, war an dem Tag, als er sich in Bangkok von den Bullen beim Drogenkauf hatte erwischen lassen und sie ihm sein Bargeld abgenommen hatten.

»Spuck's aus!«, forderte ich ihn auf.

»Ich habe in den letzten Tagen einen Fehler gemacht. Ich hab mit der Kaye gebumst.«

Normalerweise war ich um Worte nicht verlegen, aber dieses Geständnis machte mich kurz sprachlos. Ich sah ihn an, dann schaute ich zu Kaye hinüber, die sich bester Laune mit den anderen beim Kartenspiel amüsierte. Und weil ich noch nach Worten suchte, fügte Roman hinzu: »Tut mir leid, ich hätte das nicht tun sollen. Ich hoffe, du nimmst es mir nicht allzu übel.«

Mir fiel beim besten Willen nicht ein, wann und wo die beiden ihre Sünde begangen haben könnten, denn Kaye und ich waren praktisch die ganze Zeit zusammen gewesen.

»Wo soll das passiert sein?«

»In meiner Hütte«, gab Roman kleinlaut zu.

»In deiner Hütte?«, wiederholte ich. »Und wann?«

»Nachts …«

»Nachts?«

Roman seufzte zerknirscht. Die Sache überstieg den Horizont meines Vorstellungsvermögens. Ich glaubte mich zu erinnern, als letzte Tagespflicht sozusagen, allabendlich eine bekiffte Zehn-Minuten-Nummer mit Kay inszeniert zu haben, wobei mal sie damit begann, mal ich die Initiative ergriff. Dabei hatte ich den Eindruck, dass wir gut harmonierten, und dass Kaye genauso viel Spaß an der Sache hatte wie ich. Jedenfalls klebten wir danach immer verschwitzt aneinander, ehe wir ermattet einschliefen.

»Nachts lag Kaye immer an meiner Seite«, konterte ich, in der Hoffnung, Roman erlaube sich einen üblen Scherz mit mir. »In welcher Nacht soll denn das passiert sein?«

»In den letzten drei. Kaye hat jedes Mal gewartet, bis du eingeschlafen warst und kam dann zu mir rüber.«

»Du meinst, in den letzten drei Nächten hast du meine Freundin gefickt?«

»Tut mir leid, Harry. Aber ich dachte, dir liegt nicht so viel an ihr. Schließlich ist sie eine Hure.«

Ich glaubte meinen Ohren nicht zu trauen. Kaye, eine Hure?

»Spinnst du?«, fuhr ich ihn an. »Kaye ist doch keine Hure. Wer hat dir denn ins Hirn geschissen!«

»Von mir hat sie jedenfalls Kohle verlangt«, erklärte Roman und zerstörte meine Illusion endgültig. Ich hatte wirklich geglaubt, zwischen Kaye und mir bestünde eine gewisse erotische Redlichkeit, die auf einem gegenseitigen Gefühl des Verliebtseins beruhte. Ich spürte, wie Unmut in mir hochkam, der sich aber zu meinem

Erstaunen nicht so sehr gegen den Freund, sondern gegen Kaye richtete. Ihr Lachen, das im gesamten Abteil zu hören war, empfand ich mit einem Mal als unverschämte Provokation.

»Kaye! Kannst du bitte mal herkommen«, rief ich zu den Kartenspielern hinüber. »Ich muss dich was fragen.«

Am Tonfall meiner Stimme erkannte sie, dass etwas in der Luft lag. Gewiss konnte sie sich nicht vorstellen, dass Roman mir ihre heimliche Romanze verraten hätte. Sie verdeckte ihre Karten und kam herüber. Mit der Intelligenz kleiner Vögel witterte sie die Schlange. Ihr hübsches Gesicht unter dem Bubikopf versteinerte.

»Wie viel Geld schulde ich dir noch?«, begann ich meine Anklage.

»Wozu solltest du mir Geld schulden?«

»Fürs Ficken. Wie ich höre, hat Roman dir für jede Nummer 500 Baht bezahlt.«

Sie errötete und schaute Roman voller Verachtung an. Der wich ihr aus und blickte verlegen zu Boden.

»Also, was bin ich dir schuldig? Wir haben fünf Mal Blasen, fünf Mal Lecken und fünf Mal Bum-Bum abzurechnen. Rechne das mal zusammen!«

Noch während ich sprach, zog ich meinen Geldbeutel aus der Gesäßtasche und nahm ein paar Baht-Scheine zwischen die Finger. In Erwartung ihrer Antwort schaute ich sie an.

»Wenn du mich bezahlen willst, dann gib mir, was du meinst. Du kennst ja die Preise in Bangkok«, erklärte sie eine Spur zu schnippisch.

Jetzt war es mit meiner Beherrschung vorbei. Ich hielt ihr ein Bündel Scheine hin und forderte sie auf, beim nächsten Halt des Zuges auszusteigen und zu verschwinden. Sie nahm das Geld und ging grinsend zu Oi und Odt zurück, um ihr Kartenspiel wieder aufzunehmen.

Mein gekränkter Stolz forderte Genugtuung. Erneut forderte ich sie auf, so schnell wie möglich aus dem Zug zu verschwinden, und weil ich den Eindruck hatte, sie mache sich auch noch lustig über mich, drohte ich ihr an, sie aus dem fahrenden Zug zu werfen, sollte sie an der nächsten Station nicht aussteigen.

Sie stieg natürlich nicht aus. Odt und Oi, die von der Auseinandersetzung völlig überrascht waren, mischten sich vermittelnd ein. Ich kühlte mein heißes Gemüt mit einer Dosis Heroin, und so gelang es mir, mich nach einer Weile zu beruhigen. Mit Kaye wechselte ich auf der ganzen restlichen Fahrt kein Wort mehr. Als der Zug in Bangkok einfuhr, verschwand sie in der Menschenmenge und ich habe sie danach nie mehr gesehen.

Später erfuhr ich von Odt, der sich an der Universität nach ihr erkundigt hatte, dass sie zwar tatsächlich dort studiere, aber auch, dass sie sich ihr Studium als Gelegenheitsdirne verdiene. Gelegenheit hatte sie auf der Reise nach Koh Samui jedenfalls gefunden, und ich bin sicher, sie hat die Geschichte von dem deutschen Liebeskasper allen ihren Kommilitoninnen erzählt. Des Weiteren fand Odt heraus, dass sie an der Silom Road ein Apartment besaß, in dem sie ihre Liebesdienste verrichtete und dass die Miete von einem Polizisten aus der Lumphini-Wache bezahlt wurde. Von daher konnten Roman und ich von Glück reden, dass wir sie nicht in unsere Geschäfte eingeweiht hatten. Am Ende hätte uns die abgebrühte Nutte wohl noch in den Knast gebracht.

So hatte der notgeile Vorstoß meines Freundes Roman doch noch einen positiven Aspekt: Wer weiß, wie die Sache ausgegangen wäre, hätte Kaye mir weiter *»I love you«* ins Ohr geflüstert und ich ihr möglicherweise Dinge anvertraut, die mich in gefährliche Kalamitäten hätten bringen können. Roman und ich thematisierten die Sex-Affäre am Abend beim Essen im Ambassador Hotel und zogen anschließend einen Schlussstrich unter die Sache. Ich fand sein Verhalten zwar stillos, aber ein länger anhaltender Streit mit einem guten Freund war mir das alles nicht wert. Er entschuldigte sich, und ich regte mich ab.

Der Deal mit Tiger klappte problemlos. Roman begleitete mich zu ihm nach Hause. Er lebte mit seiner Frau und ihrem Kind in dem Holzhaus am Ufer des Kanals, wo Werinher und ich im Jahr zuvor aus dem schwimmenden Taxi geklettert waren. Das Geschäft beinhaltete eine Einladung zum Abendessen.

Während wir um den niedrigen Tisch herum auf dem Boden saßen und Tee tranken, kochte seine Frau draußen auf der Terrasse den Fisch und den Reis. Sie hieß Pornthep und ihre Tochter Srisurang, gerufen wurden sie Noi und Nut. Die kleine Nut lag auf einer von einem Moskitonetz geschützten Matte und schlief.

Thainamen, so erklärte uns Tiger, seien oft lang und blumig verspielt. Und weil es im Alltag zu lange dauern würde, sie ganz auszusprechen, erhalten jeder Junge und jedes Mädchen Rufnamen, die in der Regel eine Bedeutung haben. So bedeutet Noi die Kleine, und Nut ist die Wunderbare. Ich hatte mich schon gewundert, wieso die Thais alle so kurze Namen hatten: Daeng bedeutet die Rote, und Dam ist die Schwarze, wobei beide blauschwarze Haare haben. Gulab heißt Rose, und Chep ist das Huhn. Oi bedeutet Zuckerrohr, und Muk ist die Perle, die zuweilen vor den Säuen landet. Tip hat nichts mit einem guten Vorschlag zu tun, sondern bedeutet Zauber. Thep heißt Engel und Porn bedeutet Segen. Tigers Frau Pornthep war somit der Segensengel und die kleine Srisurang war das gute Mädchen des Ruhms: Sri – Ruhm, su – gut, Rang – Mädchen. In Thailand gibt man den Kindern Namen, die Glück bringen sollen.

Irgendwann legte ein Boot vor dem Haus an und ein Onkel von Pornthep brachte das halbe Pfund Heroin, welches ich für Roman bestellt hatte, keine große Menge, aber genug, um in Europa einigen Unglücklichen damit eine Freude zu machen. Und um ein paar Tausend Franken zu verdienen.

Wir verblieben so, dass er mir für die Vermittlung und das Darlehen zehn Prozent des Erlöses schuldete, also 5.000 Mark. Nach der letzten Rückkehr aus Kalifornien hatte ich mir einen gebrauchten Alfa gekauft, war nach Zürich gefahren, und bei einer verschwiegenen Bank ein noch verschwiegeneres Konto eröffnet, auf welchem ich einen Teil des Geldes deponierte, das ich aus den USA mitgebracht hatte. Ich bat Roman, die 5.000 auf dieses Konto einzuzahlen.

Den letzten Abend, verbrachten wir mit unseren Freunden Oi und Odt in einem Biergarten, dessen deutscher Inhaber neben Paulaner auch Paulienen verkaufte. Er lockte Sextouristen mit Currywurst und Schnitzel an. Weil es sich bei den Gästen fast ausschließlich um ältere deutsche Männer handelte, die in Begleitung junger Thailänderinnen kamen, verhökerte er alles, was die geilen Alten zur Luststeigerung benötigten: Chinesische Pülverchen, um die Manneskraft anzukurbeln (höchst wahrscheinlich auf Kosten afrikanischer Nashörner und sibirischer Tiger), aus Teakholz geschnitzte Penisse in allen Größen, Handschellen aus Polizeibeständen, Pornohefte und dergleichen Paraphernalien mehr.

Der Mann war mir schon bei meinem ersten Besuch unangenehm aufgefallen, weil ich mitbekam, wie er seine Angestellten, ausschließlich junge Mädchen, anherrschte und wie Sklavinnen schikanierte. Der Typ war groß und schlank, hatte einen militärischen Kurzhaarschnitt und trug einen akkurat gestutzten Menjoubart, der seinem Gesicht zusätzlich Härte verlieh. Auf einem Kasernenhof der Wehrmacht hätte er sicherlich auch Karriere gemacht.

Wie ich von Odt erfuhr, bezahlte er die Mädchen schlecht und schlug sie bei kleinsten Vergehen. Persönlich fuhr der Deutsche jedes halbe Jahr nach Udon in den Nordwesten, um armen Familien ihre Töchter abzuschwatzen, indem er ihnen einen einträglichen Job inklusive einer Ausbildung zur Kellnerin oder Köchin anbot. Die Unterkunft der Mädchen war eine billige Bretterbude hinter dem Biergarten, und nachdem er sie eine Weile gevögelt hatte, landeten sie in Massagesalons oder Tabledancebars in der Soi »Cowboy«, einer Nebenstraße der Silom-Road, wo es, seitdem US-Soldaten Bangkok heimgesucht hatten, recht ruppig zuging. Zu den Kunden des hässlichen Deutschen zählten Loddels von Wien bis Hamburg, denen er junge Frauen im Dutzend verkaufte, inklusive Pass und Flugticket. Die Tatsache, dass auch uniformierte Polizisten in seinem Biergarten verkehrten, ließ vermuten, dass der umtriebige Fritz sich durch Schmiergelder den Rücken frei hielt.

Wir saßen also am Abend vor Romans Abreise an der Bar, warfen einen Blick in die Bild-Zeitung, die dort für die Gäste abonniert wurde, und übten uns im Smalltalk, als uns einer der Thai-Gäste an der Theke ansprach.

»Sie kommen aus Deutschland«, stellte er in tadellosem Deutsch fest und lud uns auf ein Bier ein. Obwohl er sah, dass wir in Begleitung unserer Freunde Odt und Oi waren, galt seine Einladung nur Roman und mir.

»So ist es«, bestätigte ich. »Wir sind allerdings zu viert, wie Sie sehen.«

Er blickte kurz zu den Freunden hinüber und erhöhte dann seine Bestellung.

»Aus welcher Stadt kommen Sie denn?«

»Aus München. Kennen Sie sich denn aus in Deutschland?«

»Ich war fast ein Jahr in Ihrem Land«, erklärte er nicht ohne Stolz.

»Wirklich? Wo denn genau?«

»In Wiesbaden.«

»Was hatten Sie denn in Wiesbaden zu tun?«

»Eine berufliche Weiterbildung beim Bundeskriminalamt.«

»Sie sind Polizeibeamter?«, versuchte ich meine Überraschung zu verbergen.

»Jawohl. Im Drogendezernat«, sagte er und reichte mir die Hand. »Rath Utarit. Ich freue mich, Sie kennenzulernen!«

»Harry Berger, ganz meinerseits.«

Was mich betraf, so war ich mir nicht sicher, ob ich mich freuen sollte, einen Bangkoker Drogenfahnder kennenzulernen. Worüber hatten Roman und ich uns eigentlich die ganze Zeit unterhalten? Zum Glück war Odt dabei, der ja ein wenig Deutsch verstand, was uns davon abhielt, über den bevorstehenden Schmuggel oder gar über Drogen zu sprechen, denn es war nicht auszuschließen, dass der Mann uns schon eine Weile zugehört hatte.

»Sie haben in Thailand Probleme mit Drogen?«, wagte ich eine freche Frage.

»Keineswegs. Probleme haben nur die, die Drogen konsumieren. Und noch größere Probleme haben die, die sie kaufen und versuchen, sie ins Ausland schmuggeln.«

»Wie bitte? Ins Ausland schmuggeln? Wer traut sich denn so was?«

»Unser Gefängnis ist voller junger Leute, die das versucht haben. Ein paar Deutsche sind auch darunter. Vor zwei Wochen wurde ein junges Pärchen am Flughafen mit einem halben Kilo Heroin erwischt«, sagte er mit sichtbarer Genugtuung. »Die werden für 20 Jahre im ›Hilton‹ landen«, fügte er lachend hinzu.

Und weil Roman ihn wie das personifizierte Fragezeichen anblickte, erklärte er: »So nennen die Leute scherzhaft unser Gefängnis.«

Bref: Wir unterhielten uns angeregt mit Herrn Utarit, der in Wiesbaden beim Bundeskriminalamt gelernt hatte, wie man Drogenschmuggler enttarnt und verhaftet. Als die vier frisch gezapften Biere serviert wurden, prosteten wir uns zu und ich konnte es mir nicht verkneifen, dem Mann viel Erfolg zu wünschen. Dann erkundigte ich mich danach, wo denn das Heroin hergestellt werde und ob es zutreffend sei, dass bestimmte Eliten aus Politik und Militär daran mitverdienten? Die Polizei hielt ich vorsichtshalber aus dem Kreis der Verdächtigen heraus.

»Liest man so etwas in Deutschland in der Zeitung?«, wollte er wissen.

»Ich denke schon, irgendwo habe ich das mal gelesen«, sagte ich. »Stimmt es denn nicht?«

»Mir ist nicht bekannt, dass in Thailand je ein Politiker oder ein Mitglied unserer Streitkräfte in den Drogenhandel verstrickt gewesen wäre. Immerhin ist unser Oberbefehlshaber der König persönlich. Und von Seiner Majestät ist bekannt, dass er den Opiumanbau und erst recht den Handel mit Drogen bekämpft. Jeder Offizier, der sich auf diesem Gebiet strafbar macht, würde die Politik des Königs untergraben. Und das ist in unserem Land geradezu undenkbar. Wer immer so etwas behauptet, verleumdet Seine Majestät und letzten Endes unser ganzes Volk.«

Wir tranken unser Bier aus und verabschiedeten uns, nicht ohne uns für das interessante Gespräch zu bedanken. Herr Utarit reichte mir zum Abschied noch seine Visitenkarte. Déjà vu. Mir fiel der Polizist vom Lumphini-Revier ein, dem ich im Jahr zuvor den Dienstwagen gerammt hatte.

»Rufen Sie mich an, wenn Sie Probleme bekommen sollten!«

Die Sache fing an, unerquicklich zu werden. Auf einmal war ich mir nicht mehr sicher, ob ich sein Angebot als gut gemeinte Geste oder als versteckte Warnung ansehen sollte. Ich steckte die Karte ein wie ein Schmiergeld, dann verließen wir den Biergarten.

Noch mal Glück gehabt, hörte ich Roman denken. Und er sollte auch weiterhin vom Glück begünstigt sein, denn am nächsten Tag flog er ab, und in der Schweiz kam ihm auch kein Drogenfahnder auf die Schliche. Am Ende die Moral von der Geschicht: Unterschätz die Sprachkenntnisse deiner Mitmenschen nicht.

3.9 Intermezzo bei Rashid

Paco, dessen Geschäfte in Kolumbien nicht recht durchstarten wollten, hatte mich gebeten, ihn Mitte August in Thailand zu treffen. Er hatte zum wiederholten Male seine ganze Kohle in Südamerika investiert, aber irgendwas ging immer schief. Zuletzt war er mit Angel und Tony mit einer Taucherflasche voll Koka-Paste nach Bombay geflogen, wo Tony daraus Kokain herstellen sollte, das sie mit Hilfe von Rashid Bhai verhökern wollten. Der hatte Paco bei dessen letztem Besuch nämlich eingeredet, man könne den Indern ein neues Produkt schmackhaft machen: Betelnuss mit Kokain. Betelnüsse sind die Samen der Arecapalme, und werden in Südasien gerne als Aufputschmittel verwendet. Das Kauen der Nüsse, die eine Ähnlichkeit mit Muskatnüssen haben, ist legal. Die in Indien übliche Art des Genusses ist ein Priem, bestehend aus einem frischen Betelpfefferblatt, in welches Stücke der Betelnuss zusammen mit gelöschtem Kalk gewickelt werden. Je nach Geschmack, kommen weitere Ingredienzien hinzu: Gewürznelken etwa, Minze oder Anis, und unter der Ladentheke des Händlers wurde der Priem auch schon mal mit Bhang gewürzt, einer Art Haschisch aus dem Himalaja.

Ich selbst habe mir in Asien so einen Betelnusspriem zuweilen in die Backen geschoben, konnte aber keinen Gefallen an dem milden Rausch finden. Zumal der Speichelfluss angeregt wird und man den roten Saft alle paar Minuten ausspucken muss, denn er schmeckt scheußlich, und ihn zu schlucken bekommt dem Magen nicht. Die roten Flecken, die man auf südasiatischen Straßen überall findet, zeugen davon.

Eines Tages hatte Paco Koka in den Priem gestreut und die anästhetisierende Wirkung hatte Rashid begeistert. Innerhalb weniger Tage kamen Dutzende von Kunden vorbei, um sich bei ihm mit Koks aufgepeppte Betelnussprieme zu kaufen, zu einem im Vergleich zum Basisprodukt horrenden Aufpreis. Paco war sich darüber im Klaren, dass sich nur betuchte Inder solche Zutaten leisten konnten. Aber man täusche sich nicht, unter den Abermillionen bettelarmen Indern gibt es auch einige Millionen Vermögende.

Auf diese Nabobs hatten es Paco und Rashid abgesehen. Also organisierte mein spanischer Freund einen Pasta-Transport von Peru nach Indien. Angel, der nach wie vor das Risiko als Würze des Lebens schätzte, übernahm den Schmuggel, Tony, der Chemiker, die Herstellung des Kokains. Rashid wollte für den Vertrieb sorgen.

Als Labor stellte Rashid den südamerikanischen Hasardeuren die Teppichweberei zur Verfügung, die einen Stock über der Kashmir Chandu Den* lag. Die Belegschaft (etwa 20 Frauen) wurde kurzerhand für ein paar Tage in unbezahlten Urlaub geschickt, die Webstühle zur Seite gerückt und so wurde binnen weniger Stunden aus der Weberei ein Chemielabor. Als Paco mir diese Geschichte erzählte, wusste ich nicht, ob ich staunen oder lachen sollte. Überhaupt nicht lustig fand ich die Passage seines Berichts, als er die Liste der Chemikalien aufzählte, die Tony benötigte, um aus Pasta Base, und aus Base Kokainhydrochlorid zu synthetisieren. Darunter befand sich nämlich auch der hochexplosive Äther, den man in einer Gallonenflasche vorrätig hielt. Und weil auf dem Fußboden der Weberei nicht alles so sauber zuging wie in einem Industrie-Labor, kam es zuweilen vor, dass Tony ein wenig von dem Äther verschüttete, wenn er mit der Bauchflasche hantierte.

Erst als sich die Kunden in der darunter liegenden Opiumgastronomie beschwerten, dass ihnen ab und zu eine stark riechende Flüssigkeit auf die Köpfe tropfe, wurde Tony klar, dass der Bretterboden undicht war. Angesichts der offenen Flammen, über denen bei Rashid Opium geraucht wurde, stellte die Verwendung von Äther eine unkalkulierbare Gefahr dar. Paco meinte, und ich glaube nicht, dass er übertrieb, wäre es zu einer Explosion gekommen, wäre das ganze Haus in die Luft geflogen. Nachdem die Gefahr erkannt worden war und Paco interveniert hatte, ließ Tony eine Plastikplane besorgen, die er unter seinem Arbeitsbereich ausbreitete. Immerhin gelang es ihm, mitten in Bombay mehr als ein Kilogramm Kokain herzustellen. Da der Profit abzüglich der Spesen, unter vier Shareholdern geteilt werden musste (Paco, Angel, Tony und Rashid), blieb unter dem Strich nicht viel hängen. Aber die Männer hatten etwas erlebt, und das war es ihnen wert. Rashid hätte sein Produkt natürlich gerne weiterhin vermarktet, aber

* Rashids Opiumhöhle

Paco nahm schon allein deshalb davon Abstand, weil nach einer Woche halb Bombay von der Sache wusste und es abzusehen war, dass demnächst die Polizei hellhörig würde. Indische Knäste sind von Ratten bevölkert und haben auch sonst keinen guten Ruf.

Tony war zurück nach Kolumbien geflogen, und Angel war in Bombay geblieben, wo er bei Rashid sozusagen an der Quelle saß: Hier gab es für ihn Opium zum Nulltarif. Von Rashid wurde er zudem behandelt wie ein VIP, denn der Respekt, den der Opium-Wirt Paco zollte, übertrug sich auf Angel. Ich hätte mich gefreut, wenn Paco ihn mit nach Bangkok gebracht hätte, denn wir waren uns längere Zeit nicht begegnet, zuletzt in Kolumbien, als er Ismael Tovar so arg zugesetzt hatte. Aber Paco wollte erst mit mir ein weiteres Amerika-Geschäft abschließen, ehe er es sich leisten konnte, Angel als Gefährten mitzunehmen. Wie zuvor schon einmal festgestellt, fühlte Angel sich am wohlsten, wenn er seinen Freund wie ein Pilotfisch umkreisen konnte. Zuweilen war er ein anstrengender Begleiter, aber Paco ließ ihn nie im Stich. Angel und er hatten schon in den sechziger Jahren zusammen als Industrietaucher auf Bohrinseln gearbeitet, und später gehörte er zur Tauchercrew auf Ibiza. Die beiden waren Freunde. Paco umarmte ihn und machte sich auf den Flug nach Bangkok, wo wir verabredet waren.

3.10 Singapur

Zwei Tage, nachdem Roman abgereist war, traf ich Paco im Garten des *White Inn*, wohin ich auf Odts Drängen umgezogen war. Odt hatte kein Verständnis dafür, dass ich im *Ambassador* wohnte, wo ich für eine Nacht so viel zahlte wie er in einer guten Woche mit dem Elefantenhandel verdiente. Paco und ich waren uns zuletzt Anfang des Jahres in Miami begegnet, kurz bevor der Flieger mit dem Kokain geschnappt worden war. Ich hatte mich damals entschieden, keine Geschäfte mit Kolumbianern mehr zu machen, nachdem ich in die Mündung einer Waffe geblickt hatte. Paco war damals in Santa Marta geblieben, war aber von einer Reihe von Misserfolgen inzwischen ebenfalls entmutigt. Er hatte gerade einen Monat Indien hinter sich.

Ich hatte mir für die Reise nicht viel Geld eingesteckt, da ich mit einer Überweisung von Hunter rechnete, der mir nach dem letzten Geschäft noch einiges schuldig geblieben war. Die Reisekosten nach Koh Samui hatte ich für alle Teilnehmer übernommen und ebenfalls die Ware für Roman bei Tiger bezahlt, was mein Budget hatte schrumpfen lassen. Hunter, mit dem ich alle drei Tage telefonierte, war mit dem Verkauf noch nicht so weit. Ein, zwei Wochen werde es noch dauern, ehe er die benötigte Summe überweisen könne.

Das Erste, was ich in Bangkok erledigte, war ein Besuch bei Tiger, der mir ein Tütchen Heroin schenkte. Dann stellte ich fest, dass mein Visum für Thailand bald ablief. Ein Anruf bei Hunter brachte keine gute Nachricht: Er wartete nach wie vor darauf, dass sein Kunde zahlte. Die Geschichte verdarb mir langsam die gute Laune, sodass ich mich fragte, ob ich ihm überhaupt noch vertrauen könne. Aber wir hatten keine andere Wahl als zu warten. Und deshalb schlug ich Paco vor, ein paar Tage nach Singapur zu fliegen, eine Stadt, von der wir viel gehört hatten, die aber keiner von uns zuvor besucht hatte.

Unser erster Eindruck von Singapur war positiv: Der Flughafen war blitzeblank, die Einreiseformalitäten einfach (ein Visum war für Europäer nicht erforderlich), die Straßen in hervorragendem

Zustand, und das alte Raffles Hotel, in dem wir wohnten, atmete koloniale Geschichte. Es hätte ein angenehmer Aufenthalt werden können, wäre da nicht mein Heroinkonsum gewesen, den Paco als Zumutung und Provokation empfand.

Seine gute Laune war dahin, seit er bemerkt hatte, dass ich verproviantiert war, wenngleich ich ihm versprochen hatte, auf die Reise kein Heroin mitzunehmen. Er kreidete mir an, dass ich die Mühe, die er sich mit mir gab, nicht würdigte, ja, er fühlte sich persönlich durch mein labiles Verhalten beleidigt. Anders ausgedrückt: Er kam sich wie ein Idiot vor, dessen Ratschläge und Initiativen man von vorneherein als Unsinn abtut.

Pacos verdrießliche Stimmung und meine aufsässigen und gleichgültigen Kommentare führten schließlich dazu, dass er, zum ersten Mal, seit wir uns kannten, die Beherrschung verlor. Anlässlich eines lächerlichen Streits auf dem Hotelzimmer, packte er meine Klamotten und warf sie durch das Fenster auf die Straße, wo sich sofort Passanten bückten und prüften, ob sie für meine Regenbogenweste oder die Cowboystiefel Verwendung fänden.

Natürlich rannte ich sofort hinunter, um meine Sachen zu sichern, was mir auch gelang. Einem Chinesen musste ich allerdings einen Häuserblock weit nachlaufen, ehe er die Stiefel fallen ließ. Als ich zurückkam, ließ mein Freund mich nicht mehr ins Zimmer, sodass ich auf einem Sofa im Foyer übernachten musste.

Am nächsten Morgen kam es beim Frühstück zu einer Aussprache, ich entschuldigte mich, Paco entschuldigte sich, und wir versöhnten uns. Zu diesem Missverständnis unter Freunden kam es deshalb, weil Paco nicht über die Heftigkeit von Entzugsschmerzen im Bilde war, weil er noch keinen ausgewachsenen *cold turkey* durchgemacht hatte und irrtümlicherweise davon ausging, ein Abhängiger könne den Turkey besiegen, wenn er bloß ausreichend Wille mobilisiere. Für den Spanier Paco war der kalte Entzug *el pavo,* also derselbe Vogel mit dem roten Hals. Ein Kampf gegen *»el tigre«* scheint mir der Sache eher gerecht zu werden …

Wie dem auch sei, Paco glaubte, mit Willenskraft allein ließen sich Opiate absetzen. Das trifft zu, wenn man noch nicht sehr lange abhängig war, aber bei einem Langzeitkonsumenten ist das Scheitern vorprogrammiert. Ein Heroinsüchtiger kann nicht von heute auf morgen ohne Substitution aus seiner Krankheit aussteigen. Mir war das bewusst, und ich hätte Paco erklären müssen, dass ich zu tief in der Misere steckte, um den Stoff einfach abzusetzen. Das wiederum wollte ich nicht, weil ich mich schämte, den Grad meiner Abhängigkeit zuzugeben. Wer gibt schon gerne zu, sein Leben nicht im Griff zu haben! Es ist wie bei einem Dompteur, der plötzlich erkennt, dass er es nicht mit einem Kätzchen, sondern mit einem Tiger in der Arena zu tun hat. Hat ein Opiatsüchtiger ernsthaft vor, auszusteigen, braucht er zunächst einmal Zeit, unter Umständen die Lebenskraft von einem oder zwei Jahren, um sich von dem Stoff zu befreien. Therapeutische Hilfe durch Medikamente benötigt er auch. Und Freunde … Hätte Paco das gewusst, gewiss hätte er meine Klamotten nicht aus dem Hotelfenster geschleudert.

Singapur also. Was Infrastruktur und Architektur betrifft, kam mir die Stadt sehr europäisch vor: gepflasterte Bürgersteige, teilweise sogar mit Marmor bedeckt, aufgeräumte Parks, disziplinierte Chinesen, kein Vergleich mit ihren Brüdern und Schwestern in China. Neben Hongkong war Singapur ein bedeutendes Finanzzentrum im Fernen Osten und definitiv kein Entwicklungsland. Dem Namen nach war und ist das Land eine Republik, regiert wurde die ehemalige britische Kronkolonie damals allerdings nach Art einer Diktatur; von Lee Kuan Yew, dem Premierminister.

Das ganze Land besteht praktisch aus der Stadt und mehreren Dutzend kleinen Inseln. Wir wussten nicht viel über den Stadtstaat, außer dass man zum Tod verurteilt werden kann, sollte man mit mehr als einer halben Unze Heroin oder einem Pfund Marihuana erwischt werden. Dementsprechend paranoid reagierte der alte chinesische Rikscha-Kuli, den ich bat, mir eine Kugel Opium zu besorgen. Zweifelsohne war Singapur damals kein Hort der Menschenrechte. Wie ich erfuhr, konnte man bei kleinen Verstößen gegen das Gesetz zu Stockschlägen verurteilt werden, was auch für Touristen galt. Warf einer einen Kaugummi auf die Straße oder eine Kippe, ließ man sich von einer (illegalen) Prostituierten einen blasen, war man nachweislich Lesbe oder schwul, musste man mit mehreren Stockhieben auf den nackten Arsch rechnen, eine für uns Europäer eigenwillige Maßnahme, um Menschen zu Verhaltensänderungen zu bewegen. Um es gleich zu sagen: Entgegen der vorurteilsfreien Haltung gegenüber fremden Kulturen, die ich auf den bisherigen Reisen kultiviert hatte, spürte ich deutliche ambivalente Gefühle gegenüber dem rechtstreuen Singapurer, der sein Land inklusive Stockhiebe und Galgen stolz gegen jegliche Kritik verteidigte.

Mir fällt ein Gespräch mit einem Taxifahrer ein, der sich darüber beschwerte, dass ich mir in seinem Wagen eine Zigarette anzündete.

»Was tun Sie denn da?«, empörte er sich. »In den Taxis von Singapur herrscht Rauchverbot.«

»Ist ja schon gut«, versuchte ich den Mann zu beschwichtigen. Ich öffnete das Fenster, um die Kippe zu entsorgen.

»Sind Sie verrückt?«, fuhr der Mann mich an. »Zigarettenkippen auf die Straße werfen kostet Sie 500 Dollar und mich meine Lizenz.«

»Was soll ich denn mit der Zigarette anfangen, einen Aschenbecher haben Sie ja auch nicht im Auto.«

Darauf hatte der Fahrer zunächst keine Antwort. Man sah ihm an, dass er angestrengt nachdachte. Ich erlöste ihn, indem ich die Glut mit Spucke löschte und die Kippe in die Schachtel zurück steckte.

»Zufrieden?«

Erleichtert, dass sich das Problem gelöst hatte, fing er an, mich über die Gesetzeslage in Singapur zu belehren.

»Wer in meinem Land Müll auf die Straße wirft oder in öffentlichen Gebäuden raucht, wird bestraft. Wir halten Singapur sauber. Und wer einen Polizisten belügt, der wird mit dem Stock zur Wahrheit erzogen«, erklärte er mir in vorwurfsvollem Ton, so dass der Rücksitz des Taxis mir vorkam wie eine Anklagebank. Als er mich dann auch noch darüber aufklärte, dass Homosexualität eine Perversion sei und daher verboten, da reichte es mir, und ich ging meinerseits in die Offensive. Niemals habe ich in der Fremde Loblieder auf mein eigenes Land gesungen und stolz darauf, ein Deutscher zu sein, auch das wäre mir nie in den Sinn gekommen. Dennoch musste ich, um dem Singapurer den Schneid abzukaufen, die nationalstolze Karte ziehen.

»Ich weiß nicht, wie Sie dazu kommen, dieses Dreckloch Singapur dermaßen zu verherrlichen. Ich bin Deutscher, verstehen

Sie? Germany, Mercedes, Lufthansa, Deutsche Bank! Waren Sie schon einmal in Deutschland?« Rhetorische Frage. »Natürlich nicht, woher auch, bei dem Sklavenlohn, den ein Taxifahrer hier verdient! Ich sage Ihnen: In Deutschland könnten Sie sehen, wie ein gut organisiertes Land aussieht, was ein fleißiger Arbeiter verdient, welchen Lebensstandard er dort hat. In Deutschland sitzen die Taxifahrer in einem Mercedes, jawohl, mein Lieber, nicht in so einem Kackjapaner, in dem man nicht einmal rauchen darf. Bei uns wird der Gast respektiert, hier bei Ihnen wird er mit dem Stock bedroht. Das ist der Unterschied. Und von wegen Sauberkeit: In meinem Land stehen an jeder Straßenecke Abfalleimer, bei uns könnten Sie Ihren Gemüsereis mit dem Stäbchen von der Bordsteinkante essen. Nicht wie hier, wo jeder Bürgersteig vollgerotzt ist …«

»Singapur hat den höchsten …«

»Ach, hören Sie schon auf! Singapur hat die höchste Rate an Dummheit und Korruption weit und breit. Hier gelten keine Menschenrechte und von Menschenwürde weiß man hierzulande auch recht wenig. Singapur ist ein Tempel für Geschäftemacher. Wenn es nach mir ginge, würde der Laden dichtgemacht und an Malaysia angegliedert, dem es die Engländer ohnehin gestohlen haben.«

»Jetzt haben Sie gerade mein Land beleidigt und den Straftatbestand der Lüge erfüllt. Ich hätte nicht übel Lust, Sie beim nächsten Polizeirevier abzuliefern«, sagte der Fahrer inzwischen sichtbar verdrossen. Ich musste an mich halten, um nicht laut zu lachen. Paco, der dem Gespräch bisher interessiert gelauscht hatte, bedeutete mir schließlich, es gut sein zu lassen.

»Aus der Verlegenheit kann ich Sie befreien. Wir steigen nämlich da vorne am Raffles aus. Und rechnen Sie bitte den korrekten Tarif ab«, ergänzte ich. »Ich habe nämlich die Erfahrung gemacht, dass man von jedem zweiten Taxi hier beschissen wird!«

Als wir uns kurz darauf an der Bar des Hotels einen Singapore Sling mixen ließen (der bekannte Cocktail soll tatsächlich zu Beginn des vorigen Jahrhunderts dort kreiert worden sein), kommentierte Paco meinen Auftritt.

»Dem *Taxista* hast du es vorhin aber gegeben! Leider erlebt man dich immer seltener so schlagfertig und witzig, und das kommt daher, weil du dir das Hirn mit diesem Pulver vernebelst. Ehrlich, Bruder, ich wünschte, du würdest endlich Ernst machen und die Finger von dem Zeug lassen.«

»Lass mir bitte Zeit! Es dauert nicht mehr lange, dann geh ich zum Arzt. Vielleicht schon bald in Amerika. Dann mache ich einen substituierten Entzug und alles wird gut«, versprach ich.

Unsre Seelen umarmten sich: Paco bot mir die offene Handfläche, ich schlug ein. Was so viel wie versprochen bedeutete.

Dann sprach Paco einen in der Nähe sitzenden Chinesen an, um in Erfahrung zu bringen, was Singapur an kulturellen Gütern zu bieten habe. Das erste, was dem freundlichen Mann einfiel, war unser Hotel, und als zweites nannte er den Zoo. Das Hotel hatte tatsächlich den Rang eines Kulturgutes, was vermutlich der Architektur geschuldet war. Inzwischen hat die Regierung die Nobelherberge gar zum Nationalen Monument deklariert. Aus der auf allen Zimmern ausliegenden Speisekarte des Restaurants las ich Paco später eine Legende vor, der zufolge der Dichter Somerset Maugham beim Billardspiel von einem Löwen überrascht worden sein soll. Die Anekdote erschien mir allerdings eher der Phantasie des Dichters entsprungen als der historischen Wahrheit. Zumal mir nicht bekannt ist, dass es im tropisch-feuchten Klima Singapurs jemals Löwen gegeben hat, es sei denn, ein importierter Renommierlöwe für den Zoo, aber übersetzt bedeutet der auf das Sanskrit zurückgehende Name »Singapore« Stadt der Löwen. Wie dem auch sei, das Raffles Hotel hatte Stil und wir bereuten die Mehrkosten nicht, die der Aufenthalt dort erforderte.

Während wir durch die Stadt bummelten, stellten wir fest, dass der weitaus größte Teil der Bevölkerung Chinesen waren, hinzu kamen Malaien, Inder und noch einige britische Kolonialfossile. Und um endlich etwas Positives zu dem Land anzumerken: Trotz großer religiöser und ethnischer Vielfalt lebten dort alle friedlich beisammen.

Zuweilen stehen Kirchen, Moscheen und Tempel in unmittelbarer Nachbarschaft. Was mich in Singapur außerdem beeindruckte, waren die neu errichteten Einkaufszentren und die vergleichsweise günstigen Preise für Elektronikartikel, Uhren und Fotozubehör. An der Orchard-Road, damals eine der geschäftigsten Straßen der Stadt, fand ich in einer Shopping-Mall ein Zoom-Objektiv für meine Kamera, für das ich in München das Doppelte hätte hinblättern müssen. Und nachdem mir der Händler bei Barzahlung auch noch einen Preisnachlass einräumte, kaufte ich die Linse für knapp 3.000 Singapore-Dollar, was in etwa dem Preis in D-Mark entsprach. Zusätzlich schwätzte er mir noch einen am Gürtel tragbaren Kassettenrekorder mit Kopfhörern auf, der unter dem Namen »Walkman« kürzlich auf den Markt gekommen war. Die Ausgaben für Objektiv und Walkman wären nicht weiter erwähnenswert, hätten sie uns ein paar Tage später nicht finanziell in Bedrängnis geführt.

Die Innenstadt erkundeten wir zu Fuß, fuhren mit mageren Chinesen in der Rikscha weite Strecken, besuchten diverse hinduistische und buddhistische Tempel, einen Botanischen Garten, mindestens 1036 Einkaufszentren und gegen Abend sahen wir zu, dass wir auf einem der zahlreichen Nachtmärkte einen Tisch unter freiem Himmel fanden, wo wir hervorragend verköstigt wurden. In puncto Gaumenfreuden standen die Köche von Singapur denen in Bangkok oder Hongkong in nichts nach. Sofern wir nach dem Essen noch fit waren, besuchten wir die seinerzeit berüchtigte Bugis-Street. Berüchtigt deshalb, weil sich hier die schönsten Transvestiten des Fernen Ostens dem touristischen Publikum präsentierten und nicht bloß das.

Leider übten konservative Anwohner, denen die Sündenstraße ein Dorn im Auge war, Druck auf die Behörden aus, die ab Mitte der siebziger Jahre die Gegend zur Stadtentwicklung freigaben und Investoren anlockten. Innerhalb weniger Jahre wurde aus der alten Bugis-Street eine Einkaufsstraße und das laszive Treiben fand ein trauriges Ende.

Paco und ich erhaschten gerade noch einen Eindruck von der Lebensfreude und dem Erotik-Rummel, welcher die Bugis-Girls, die Bars und Cabarets weit über die Stadt hinaus bekannt gemacht hatte.

Nach ein paar Tagen hatten wir den Eindruck, alles Interessante von Singapur gesehen zu haben, und Paco wartete mit einem überraschenden Vorschlag auf. Ich hatte gerade den Hörer aufgelegt und von Hunter erfahren, dass er die zehntausend Dollar, die ich benötigte, immer noch nicht beisammen hatte, als Paco mich fragte, ob ich Lust hätte, Bali zu besuchen.

Von Geoffrey, der im Sommer von dort zurück nach Ibiza gekommen war, hatte er erfahren, dass Indonesien ein wunderbares Land sei, und dass es sich insbesondere auf Bali gut leben lasse.

Wir erkundigten uns bei der Indonesischen Botschaft nach den Einreiseformalitäten und erfuhren, dass wir Visa benötigten. Normalerweise dauerte es zwei Tage, bis sie ausgestellt waren, aber mit einem Bakschisch von 20 Singapur-Dollar dauerte es nur einen Tag, bei 50 Dollar vier Stunden und bei 100 hatte man das Visum innerhalb von zwanzig Minuten. Wer sagt es denn!

So kam es, dass mein Freund Paco und ich am 8. August 1980 in einer Maschine der Singapore Airlines nach Jakarta saßen, von wo aus wir mit dem Zug nach Surabaya fahren wollten, von dort mit dem Bus weiter nach Banjuwangi, um dann mit der Fähre nach Gilimanuk auf Bali überzusetzen. Aber wie so oft, kam es anders als geplant.

3.11 Bali I

Wir erreichten die indonesische Hauptstadt Jakarta am frühen Nachmittag. In mein Tagebuch notierte ich: Zum ersten Mal den Äquator überquert. Seefahrer kannten früher ein Ritual, das sich Äquatortaufe nannte, Paco und ich tauften uns mit australischem Sekt. Zum ersten Mal »betrat« ich die Südhalbkugel, was mein Gefährte längst hinter sich hatte, als er vor vier Jahren mit dem Bus von Kolumbien nach Peru gefahren war.

Wir wollten uns nicht lange in Jakarta aufhalten und ließen uns im Taxi direkt zum Bahnhof bringen. Was uns allerdings dort erwartete, warf den ganzen Reiseplan über den Haufen. Der Hauptbahnhof von Jakarta war ein Ameisenhaufen, ein besserer Vergleich fällt mir nicht ein. Zehntausend Menschen drängten sich vor dem Bahnhof, in der Halle, auf den Bahnsteigen, in den Zügen. Unmöglich, ohne Revolver auch nur in die Nähe eines Ticketschalters zu kommen. Dazu kamen die Hitze, der Lärm, der Gestank, *bref:* Wir hielten es im Bahnhof keine zehn Minuten aus, ehe wir entnervt die Flucht ergriffen.

»Bringen Sie uns bitte zum Flughafen zurück!«, erklärte Paco dem Taxifahrer, der auf uns gewartet hatte, vermutlich weil er sich nicht vorstellen konnte, dass zwei Touristen aus Europa auf die abenteuerliche Idee kommen konnten, in Indonesien mit dem Zug zu fahren. Wie es sich damit in Wirklichkeit verhielt, kann ich nicht einmal sagen, denn fortan mied ich jeden Bahnhof in dem Land. Möglicherweise war der von Jakarta nur an diesem speziellen Tag im August 1980 so überlaufen und ansonsten herrschte dort gemütliche Beschaulichkeit, ich habe es nie herausgefunden. Andererseits bin ich auch nie jemandem begegnet, der mir eine Reise mit der indonesischen Eisenbahn ans Herz gelegt hätte.

Am Flughafen, auf dem wir kurz zuvor erst gelandet waren, herrschte ebenfalls Betrieb. Bei Garuda, der größten indonesischen Fluggesellschaft, war für den Rest des Tages in der Arbeiterklasse kein Bali-Ticket mehr zu kriegen. Uns blieb nur noch die Erste Klasse in der Abendmaschine.

Die Wartezeit vertrieben wir uns im klimatisierten Flughafengebäude. Wir sahen uns die Boutiquen an, wir nahmen Kontakt zu

Indonesiern auf und wir besuchten ein Restaurant, wo man uns mit der lokalen Küche bekannt machte: auf Bambusspießchen geröstete Fleischstückchen mit Erdnuss-Chili-Sauce, das inzwischen auch in Europa beliebte Satay. Dazu tranken wir teuren französischen Wein, sodass wir ziemlich angeheitert waren, als kurz vor Mitternacht unser Flug aufgerufen wurde.

In der Ersten Klasse gab es Champagner, den wir ebenfalls nicht verschmähten, und weil der Alkohol mich euphorisierte, überraschte ich Paco mit der Ankündigung, sobald wir in Bali seien, einen erneuten Entzugsversuch zu starten. Ein wenig skeptisch zunächst, aber dann doch begeistert, versprach er, mich dabei zu unterstützen.

Wieder einmal kippte ich das restliche Heroin ins Waschbecken und begab mich damit in Teufels Küche. Den Hollywood-Streifen beachteten wir kaum, denn wer wollte schon Bo Derek auf der Mattscheibe beobachten, wenn in der First Class drei unerhört schöne Prinzessinnen für unser Wohl sorgten. Noch heute erinnere ich mich an Sri Ambarwati, der Paco einen Heiratsantrag machte. Leider war sie schon versprochen.

Als wir nach knapp zwei Stunden auf dem Ngurah Rai Airport von Bali landeten und die Treppe zum Rollfeld hinabstiegen, empfing uns ein angenehm lauwarmer Wind. Voller Neugier und bester Stimmung betraten wir die Insel der Götter. Es dauerte nicht lange, ehe das Gepäck ausgeladen und auf Handwagen ins Ankunftsgebäude gebracht wurde, wo eine Schar von Kofferträgern alles sortierte und sich stellvertretend für die Reisenden um die Zollkontrolle kümmerten. Der Taxifahrer empfahl uns eine Pension, bei der er mit Sicherheit eine kleine Kommission einheimste, denn wie sich später herausstellte, handelte es sich um die mieseste Absteige, die man damals in Kuta finden konnte. Da wir einen langen Reisetag hinter uns hatten, und es schon spät war, als wir das Zimmer bezogen, legten wir uns aufs Bett und schliefen trotz der brütenden Hitze bald ein.

Als wir am Morgen erwachten, ging es mir gar nicht gut. Zwischen meinem miserablen Gesundheitszustand und der paradiesgleichen Insel bestand eine kaum zu übertreibende Unvereinbarkeit. Daher überspringe ich an dieser Stelle des Berichts drei fürchterliche Tage, an denen ich fror und dabei schwitzte, an denen ich nichts aß und mich dennoch immer wieder erbrach, an denen ich völlig entkräftet war und dennoch keinen Schlaf finden konnte. Aber ich widerstand der Versuchung der Talsohle, bis es am vierten Tag langsam bergauf ging. Zum ersten Mal verließ ich die schäbige Absteige und begleitete Paco zum Strand.

Mein Freund war während meiner Genesung nicht untätig geblieben: Am zweiten Abend kriegte ich im Delirium des Entzugs mit, wie er eine Frau mitbrachte und wie sie die halbe Nacht gurrend und stöhnend vögelten. Am dritten Tag hatte er einen Balinesen dabei, einen ausgeflippten Kerl namens Madé Tambún, der später (ähnlich wie Odt in Bangkok) unser Freund werden sollte.

Madé zog einen Beutel Gras aus der Tasche, von dem er mir welches abgab, sowie eine indonesische Medizin in Pulverform, Jamu genannt. Ich kippte das Pulver in ein Glas Wasser und trank es, in der Hoffnung, es handele sich nicht um irgendeinen Hokuspokus. Was immer der Grund dafür war, dass ich mich innerhalb einer Woche physisch erholte, ich kann nicht ausschließen, dass dieses Pulver das Abklingen der Entzugssymptome beschleunigte. Jedenfalls fühlte ich mich danach fit genug, um Paco am nächsten Morgen zum Strand zu begleiten. Es hätte durchaus Sinn gemacht, diesem Heilpulver chemisch in die Karten zu blicken, denn bei mir wirkte es, bei Millionen Indonesiern offenbar auch, und man konnte diese Pulver selbst herstellen. Preiswert waren die Zutaten ohnehin, Kurkuma, Ingwer und eingedickter Limettensaft waren die Grundbestandteile, und je nachdem welches Leiden man mit Jamu bekämpfen wollte, gab man das spezifische Mittel hinzu. Das konnten pulverisierte Blüten sein, Wurzeln, Samen oder ein Stück Rinde. Am Ende stand in jedem Fall ein Pülverchen, welches in Wasser gelöst getrunken wurde. Dabei konnte es auf keinen Fall schaden, wenn der Patient dran glaubte. Sollte sich unter den Hunderten Jamu-Sorten tatsächlich eine Mischung befinden, die den Opiat-Entzug erleichtert, hätte man etwas entdeckt, dass vielen Suchtkranken auf dem Weg zur Abstinenz helfen könnte. Mir hat es damals geholfen. Jedenfalls bildete ich mir das ein.

Nun, da ich wieder lebensfähig war, zogen wir aus der ebenso versifften wie teuren Pension in Kuta aus, an deren Namen ich mich nicht einmal mehr entsinne. Durch Madés Vermittlung fanden wir eine in Legian kleine Bungalowsiedlung (auf Bali »Losmen« genannt), dem nächsten Dorf am endlos langen Strand von Kuta. Zwischen Palmen und blühenden Büschen verteilten sich die Holzhütten, eine jede bestehend aus einer Terrasse, einem Wohnraum und einem Bad mit Toilette. Das Losmen war nicht weit vom Strand entfernt, und es gehörte einer Familie Belgi*.

Herr Belgi war ein umtriebiger Mann um die vierzig, seine Frau eine fleißige Balinesin, die sich in erster Linie um die Sauberkeit der Hütten und um die Wäsche der Gäste kümmerte. Die Gastronomie im Losmen Belgi beschränkte sich auf ein Glas Tee und drei Früchte am Morgen: eine Banane, einen Apfel und eine Mango. Dieses Frühstück war ebenso gratis wie die frischen Blumen und Räucherstäbchen auf dem Opferstock vor jedem Haus. Was wir bei den Belgis an Miete zahlten, weiß ich nicht mehr, der Preis war auf jeden Fall angemessen. Paco und ich richteten uns ein und begannen, den Strand und die nähere Umgebung zu erkunden. Ein wenig erinnerte mich das Losmen Belgi an Tongs Hüttendorf auf Koh Samui, bloß dass auf Bali die Hütten geräumiger waren und die Gärten üppiger. Koh Samui war Natur pur, Bali hingegen kultivierte Natur.

Bei unserem ersten Rundgang war mir aufgefallen, dass die Balinesen ein Volk von Künstlern und Ästheten sind. Jede Umfriedungsmauer war kunstvoll aus Ziegelsteinen komponiert, mit integrierten Türmchen und oft mit Steinreliefs verziert. Vor jedem Haus stand ein kleiner, mit Schnitzereien verzierter Tempel, in dem die Familien ihren Göttern Opfergaben in Form von Früchten, Blumen und Räucherstäbchen darboten. Und wenn man auf der Insel unterwegs war, kam man immer wieder an Tempelanlagen vorbei, die einem oder mehreren der tausend Götter zu Ehren erbaut worden waren. Und jeder einzelne Tempel war ein architektonisches wie bildhauerisches Kunstwerk. Die Balinesen lebten eng mit Geistern und der Götterwelt zusammen, sie war neben der sichtbaren Umgebung eine weitere Welt, der die gleiche Realität zukam.

Wie wir im Laufe der Zeit herausfanden, war das gesamte Leben der Balinesen mit allen seinen religiösen, kulturellen, sozialen, ethi-

* Heute befinden sich an der Stelle »Su's Cottages« am Gang Matahari.

schen und wirtschaftlichen Aspekten miteinander verwoben und in einer Art Grundgesetz kodiert. Dieses Grundgesetz nennt sich *Adat* und ist von zentraler Bedeutung in der balinesischen Kultur, ohne dessen Verständnis man im Dunkeln tappt, wenn man die Insel besucht und die Menschen dort verstehen möchte.

Im Unterschied zum übrigen Indonesien lebt auf Bali ein Volk hinduistischen Glaubens, stark geprägt vom im 14. Jahrhundert in Ost-Java beheimateten Majapahit-Reich, von wo aus nach dessen Auflösung zu Beginn des 15. Jahrhunderts viele Gelehrte, Künstler und Priester nach Bali übersiedelten, deren Einflüsse bis heute die Kultur prägen.

Zu den Orten, die uns zunächst interessierten (wie etwa der auf halber Höhe des Vulkans Gunung Agung erbaute Tempel »Besakih«), waren oft weite Strecken zurückzulegen. Aus diesem Grund mieteten wir jeder ein Geländemotorrad, mit denen wir fortan auf der Straße, auf Dschungelpfaden und am Strand unterwegs waren. Es gab eine Menge zu entdecken und zu lernen in den ersten Tagen, und vieles über seine Insel erzählte uns Madé Tambùn, der einzige Balinese, der schon einmal nach Ibiza gereist war! Aber das ist seine eigene Geschichte, eine Reise, die ihn zum Mitglied der weltweiten Bruderschaft der Globalen Nomaden machte.

Wie alle anderen Orte, die wir damals besuchten, so hat auch Bali 2021 nicht mehr viel gemeinsam mit dem Bali von 1980. Überall hat es inzwischen dieselbe bedauerliche Entwicklung gegeben: Kaum hatten Globetrotter und Hippies, Freaks und Künstler auf der Suche nach Inspiration einen schönen Ort für sich entdeckt, folgten bald die Pauschaltouristen. Wo es anfangs um ideelle Werte ging, um die Naturbetrachtung, die innere Einkehr, den kreativen Austausch mit der fremden Kultur, das einfache und bescheidene Leben, die Suche nach der Mitte … Werte, die in weiten Teilen der Industriestaaten nicht mehr zu finden waren, mündete die Geschichte im Kommerz. Und das Paradoxe daran ist, dass wir modernen Nomaden an dieser fatalen Entwicklung mitverantwortlich waren.

Das Besondere an Bali war also die dem *Adat* entsprechende Ordnung des gesamten Lebens, die uns Besucher quasi dazu verpflichtete, die Bräuche der Insulaner bewusst zu respektieren und uns ihrer Lebensweise anzupassen. Auf Bali konnte man keinen Urlaub machen und dabei seinen eigenen Trip durchziehen, wie etwa auf Mallorca oder Hawaii, wo das touristische vom einheimischen Leben weitgehend getrennt verlief. Wenn zum Beispiel am späten Nachmittag auf dem Innenhof eines der drei Dorftempel ein Gamelan-Orchester seine Instrumente aufbaute und dann irgendwann den Göttern zu Ehren musiziert wurde (ein für westliche Ohren gewöhnungsbedürftiger Sound) und es weit in den Palmenwald schallte, wurde mir klar, dass es sich hier um eine ähnliche Tradition handelte, die Touristen in Bayern erleben, wenn sich die bajuwarischen Indigenen bei einem Volksfest mit Musi, Schuhplattler und Bier in Trance versetzen.

Auf Bali war man integriert, man lebte eng mit der Familie zusammen, die das Losmen betrieb, man feierte ihre Feste mit, und man hörte ihren Geschichten zu. Letzteres stellte allerdings ein Problem für uns dar, denn die wenigsten Balinesen sprachen Englisch, dafür beherrschten sie neben zwei oder drei balinesischen Sprachen *Bahasa Indonesia*, die Einheitssprache des gesamten Archipels, der aus mehr als 17.000 Inseln bestehen soll, mit wer weiß wie vielen lokalen Sprachen von Sumatra bis Neu Guinea. Die indonesische Sprache kam mir recht einfach vor, eine Mischung aus eigenem Wortschatz und vielen aus dem Holländischen abgeleiteten Begriffen, und was die Terminologie der modernen Welt der Technik und der Medien angeht, so lieh man sich das Vokabular bei den Amerikanern aus. Die Grammatik ist ebenfalls nicht sehr kompliziert, sodass wir recht bald rudimentär mit den Leuten kommunizieren konnten. Unter anderem lernte ich, dass *»Orang«* Mensch bedeutet, *»Orang Utan«* Waldmensch und *»Orang Jerman«* Deutscher. Im Übrigen stellte ich fest, dass diese Form der Kommunikation mit viel Mimik und Gestik einhergeht und emotional anregend wirkt, was ein angenehmes zwischenmenschliches Klima erzeugte. Ich kann mich nicht entsinnen, dass ein Konflikt mit einem Balinesen je in einen ernsten Streit ausgeartet wäre. Ihre Streitereien fanden in den Dramen statt, in denen Halbgötter und Fabelwesen gegen Hexen und Dämonen kämpfen.

Paco und ich lebten uns schnell ein in die dortige Gesellschaft, sprich: Wir fühlten uns unter den Balinesen so wohl wie schon lange nicht mehr in einem fremden Land. Täglich lernten wir neue Leute kennen, Einheimische in den Warungs,* Verkäufer und Massagefrauen am Strand, Künstler in Werkstätten und Ateliers, Surfer im Wasser und Hippies im Schatten »heiliger« Banyan-Bäume.

Im Losmen Belgi lebten vier australische Mädchen, die daheim einen Schönheitswettbewerb gewonnen hatten, dessen Prämie ein zweiwöchiger Urlaub auf Bali war. Schon nach zwei Tagen hörten die jungen Damen auf, sich zu schminken, weil sie spürten, dass diese Form von Kosmetik auf Bali völlig unangemessen war, hier begnügten sich die Frauen mit ihrer natürlichen Schönheit, geschminkt wurden lediglich die Legong-Tänzerinnen und Theaterspieler.

Wer damals in Kuta und Umgebung wohnte, hatte mit der Orientierung kaum Probleme. Es gab lediglich eine Hauptstraße, die vom Flughafen nach Denpasar führte und die sich im Zentrum von Kuta gabelte: Die befahrenere von beiden führte direkt zur Hauptstadt, die kleinere hingegen verlief parallel zum Strand und verband Kuta mit Legian und Seminyak. Zwischen und in den Dörfern gab es auf beiden Seiten der Straße unbebaute Parzellen, auf denen die Bäume bis an die Straße reichten. Von der Jalan** Legian-Kuta führten nur drei Wege hinunter zum Meer, die einen Palmenhain durchquerten, in dem vereinzelt Kühe grasten und junge Männer dabei beobachtet werden konnten, wie sie die Stämme der Kokospalmen erklommen und Nüsse hinab warfen.

Als Paco und ich zum ersten Mal nach Bali kamen, gab es dort außer einem düsteren Laden namens »Doggies« noch keine Diskothek. Zweimal in der Woche rückte man im Kayu Api, einem an der Jalan Legian gelegenen Restaurant, Tische und Stühle zusammen, um eine Tanzfläche zu schaffen. Ein Freund von Madé Tambùn legte abends Platten auf, und die meisten Hippies und Touristen fanden sich ein.

Die wichtigsten Treffpunkte damals waren »Madé's Warung« in Kuta, ein Laden mit Restaurant, wo man gut und preiswert essen

---

* offene Lebensmittelläden, z.T. mit Gastronomie

** Indonesisch: Weg, Straße

konnte, sowie das Restaurant »Blue Ocean« am Strand vor Legian-Kaya. Dort wurde Volleyball gespielt, gesurft und gedealt, gekifft und Eis gegessen. Und über allem schien jeden Tag die Sonne.*

Dass der Name »Madé« des Öfteren auftaucht, hat eine einfache Erklärung: die Balinesen, zumindest die aus der unteren Kaste, benennen ihre Kinder (Buben wie Mädchen) in der Reihenfolge Madé, Wayan, Nyoman und Ketut. Das fünfte Kind heißt dann wieder Madé und so weiter. Ruft man also an einem belebten Ort laut einen dieser Namen, so drehen sich zwangsläufig ein halbes Dutzend Männer und Frauen um. Die Namengebung der Balinesen hat ihren Ursprung im Adat, das selbst in derart persönliche familiäre Belange hineinregiert.

Individuell unterscheidet man sie an ihren Nachnamen, die zuweilen mehrere Zusatzbezeichnungen aufweisen und anhand derer man die Kastenzugehörigkeit ersehen kann. Aber mit Vornamen heißt jeder Balinese entweder Madé, Wayan, Nyoman oder Ketut. Leichter zu merken als Adelheid, Helmbrecht, Hubertus und Wallburga oder all die tausend in den christlichen Kulturkreisen üblichen Heiligennamen.

Es dürfte der zweite Tag nach meiner Genesung gewesen sein, Madé, Paco und ich lagen am Strand und sahen den Surfern zu. Die Wellen am Strand von Kuta sind zwar nicht mit denen von Uluwatu an der Südspitze der Insel zu vergleichen, aber sie sind *big* genug, um sie zu reiten. Wir beobachteten einen Burschen, der splitternackt auf seinem Brett stand und sich von jeder Welle, die er ritt, bis an den Strand tragen ließ. Er hatte den Dreh offenbar raus. Irgendwann reichte es ihm wohl, denn anstatt zurück ins Meer zu paddeln, schnallte er sich die Sicherungsleine vom Fuß,

---

* Zwischen meinem ersten Bali-Aufenthalt im Jahr 1980 und dem letzten hatte sich die Gegend um Legian bis zur Unkenntlichkeit verändert. Wo jahrhundertelang ein riesiger Palmenwald wuchs, stand 1992 eine Stadt mit allem, was man üblicherweise dazurechnet: Aus dem Warung war ein Supermarkt geworden, aus der Strandparzelle eine Hotelanlage, aus dem Pfad durch den Dschungel eine Teerstraße und auf dem ganzen ehemals palmenbewachsenen Land drängten sich Discos, Autovermietungen, Einkaufsmärkte, kleine Hotels und Restaurants, und eine Boutique grenzte an die nächste.

nahm sein Surfboard unter den Arm und kam geradewegs auf uns zu. Er legte das weiße Brett in den Sand und setzte sich zu uns.

»Wenn einer von euch Lust auf 'ne Welle hat, ist'n geiles Board«, bot er an, und da er mich dabei ansah, antwortete ich ihm.

»Gute Idee, aber ich bin wohl zu alt dazu. Hab's in Hawaii mal probiert, kam aber über das Boogie-Board* nicht hinaus. Wo biste'n her?«

»Aus Berlin. Hallo«, er nickte in die Runde. »Hier nennen sie mich Elvis, aber mein richtiger Name ist Harry.«

»Wie jetzt, Harry oder Elvis?«

»Harry ist mir ehrlich gesagt lieber. Elvis steht nämlich in der Fahndungsliste der Interpol, ich denke, ihr versteht mich«, grinste er vergnügt vor sich hin.

Da Elvis nach wie vor nackt war, am Strand von Legian damals nichts Ungewöhnliches, fragte ich ihn, wo er denn seine Klamotten gelassen habe (eine total uncoole Frage, ich weiß, aber daran erkannte man den Immer-noch-Spießer).

»Irgendwo da unten.« Er deutete den Strand entlang. »Die Wellen haben mich ein gutes Stück mitgenommen. Hat einer mal 'ne Kippe für mich?«

Paco rauchte zwar, aber keine Zigaretten. Ich bot Elvis eine Gudang Garam** an und stellte uns vor: »Madé Tambùn, der erste Balinese, der schon in Europa war. Paco Carrillo, der erste Ibicenco, der es bis nach Bali geschafft hat. Ich heiße ebenfalls Harry und komme auch aus Deutschland, stehe aber noch nicht in der Interpolkartei***.«

»Du meinst, das könnte noch kommen?«, versuchte Elvis einen Witz. »Hört mal, Freunde, ich mache euch einen Vorschlag. Ich laufe kurz den Strand runter und hole meine Klamotten. Ihr gebt derweil auf mein Board Acht. Und wenn ich zurück bin, lade ich euch auf einen Cocktail bei mir zu Haus ein. Ist nicht weit, fünf

* kurzes Brett zum Surfen in Bauchlage, für Anfänger geeignet

** indonesische Zigarettenmarke

*** Was objektiv nicht stimmte, denn während des Gastspiels im Knast von Palma de Mallorca war ich von der Polizei für Interpol erkennungsdienstlich behandelt worden.

Minuten zu Fuß. Bei mir sind nämlich drei Frauen aus Sydney zu Gast, eindeutig zu viel Weib für einen einzelnen Kerl.«

Sprach's und sprintete los.

»Was'n das für einer?«, wandte sich Paco an Madé. »Kennst du den Burschen?«

»Ich habe ihn schon oft gesehen, aber kennen tu ich ihn nicht. *Orang Jerman*. Ist schon den ganzen Sommer hier«, sagte Madé. Mehr wusste er offenbar nicht.

Elvis war recht klein und schlank, er trug mittellange blonde Haare und das Strandleben hatte ihn braun wie einen Insulaner werden lassen. Mit seinem charmanten Grinsen gewann er die Sympathie der Leute, mehr als bloß das bei den Frauen. Andererseits: Was war von einem Kerl zu halten, der drei Australierinnen bei sich daheim wohnen hatte, und sich allein beim Surfen amüsierte?

»Was hältst du von dem Angebot?«, fragte ich Madé. »Sollen wir uns diese Aussie-Girls mal ansehen?«

»Wenn ihr wollt, *why not*! Ich komme aber nicht mit. Muss mich um das Essen für meine Mutter kümmern. Sie ist alt und verrückt«, sagte Madé in einem Ton, der erkennen ließ, dass er das Schicksal seiner Mutter als von den Göttern verfügt betrachtete. Tatsächlich litt die alte Frau an Schizophrenie, wie wir später herausfanden, nachdem wir sie kennengelernt hatten. Sie unterhielt sich mit Dämonen und der Hexenkönigin Rangda, einer dubiosen Erscheinung unter dem mythischen Personal der Balinesen, die von der Existenz guter und böser Geister so sehr überzeugt sind, dass deren Absichten und Taten eine reale Bedeutung in ihrem Alltag besitzen. Sich mit Geistern zu unterhalten, ist auf Bali per se kein Zeichen von Verrücktheit, lediglich die Kommunikation mit den *bösen* Vertretern der Zunft deutet auf den Wahnsinn hin. Und eben das tat Madés Mutter, sie unterhielt sich mit einer Hexe, die der Todesgöttin nahe stand. Die Mythen der Balinesen verdienten eine eingehende Betrachtung, aber darüber wussten wir damals noch nicht viel.

Harry alias Elvis war bald zurück, in eine azurblaue Leinenhose gekleidet, wie sie damals auf Bali Mode waren. Simon und Kyo, zwei in Ubud lebende Amerikaner, hatten sie geschneidert, angelehnt an die schwarzen Hosen chinesischer Fischer. Das besondere an dieser Hose war, dass sie über die dreifache Bundweite verfügte und einem Badetuch gleich über dem Bauch gefaltet und dann gewickelt wurde. Es bedurfte somit keiner Knöpfe und keines Gürtels. Da auch die Beine sehr weit geschnitten waren, trugen sich die »Jack-Pak«-Hosen sehr bequem. Überdies konnte man sie zu einem Beutel umfunktionieren, und im Sand ausgebreitet dienten sie als Stranddecke.

Nachdem Elvis mir seine Hose vorgeführt hatte, beschloss ich, mir bei nächster Gelegenheit eine ebensolche anzuschaffen. Ich fand die Jack-Pak-Textilien einfach genial. Wie ich bald herausfand, gab es passende Jacken dazu, alles in der Qualität von leichten Jeanshemden gefertigt, dabei verfügten Jacke wie Hose über ein halbes Dutzend Cargo-Taschen, lange bevor diese Mode ihre Zeit erlebte. Seit der Erfindung der Jeans war die auf Bali geschneiderte Jack-Pak-Hose die erste Hose, die ebenso funktional wie preiswert war. Ein weiterer, kaum zu überschätzender Vorteil war, dass man sie beim Sex nicht unbedingt ausziehen musste, denn sobald man den gewickelten Knoten löste, waren die beteiligten Organe frei zugänglich und einsatzbereit. Jack-Pak-Beinkleider wurden übrigens von Frauen wie Männern getragen, was sie zu einem politischen Kleidungsstück machte: ein Textil der Emanzipation.

Paco und ich folgten Elvis, der, obwohl er sein Surfbrett unter dem Arm trug, ein Tempo mit dem Crossbike vorlegte, dass wir Mühe hatten, ihm zu folgen. Zu dem Haus, das er gemietet hatte, war es tatsächlich nicht weit, es lag mitten in den Reisfeldern, umgeben von einem Garten, der den Vergleich mit Japan nicht zu scheuen brauchte. Das Haus war zwar im westlichen Stil auf einem Fundament aus Stein erbaut, aber man hatte ihm ein traditionelles Grasdach aufgesetzt. Vor dem Eingang, einer kunstvoll geschnitzten Teakholztür mit zwei Flügeln, lag eine Veranda, deren Bedachung von sechs Kokosnuss-Stämmen gestützt wurde, zwischen denen drei Hängematten in der Abendbrise flatterten. Fehlte bloß noch, dass sich in jeder der Hängematten eine Australierin räkelte ... Aber die Damen waren gar nicht da, als wir eintrafen. Elvis holte Bier aus dem Kühlschrank und Gläser aus der Vitrine. Sichtbar genoss er, mit welchen Superlativen Paco und ich sein paradiesisches Domizil bedachten. Hier konnte man es aushalten! Kein Vergleich mit den bescheiden ausgestatteten Bungalows im Losmen Belgi!

Nachdem unser Gastgeber geduscht hatte, bot er uns den Bambusbong an, den er mit Gras stopfte, welches auf dem heiligen Berg Balis herangereift war, dem 3000 Meter hohen Vulkan Gunung Agung, auf dem die Götter wohnen. Dabei habe ich keinerlei Problem, diesen aus westlicher Sicht belächelten Aberglauben so wiederzugeben, als handele es sich um eine unbestreitbare Tatsache, denn solange wir auf der Insel lebten, akzeptierten wir das dort herrschende Weltbild so weit, dass wir uns den Einheimischen anpassten. Nie wäre es uns in den Sinn gekommen, einem Balinesen sein hinduistisch-animistisches Weltbild ausreden zu wollen. Solange wir unter ihnen lebten und ihre Gastfreundschaft genossen, akzeptierten wir auch ihre Götter, ihre Mythen und ihre Kultur. Wenngleich mich vieles heimlich belustigte, manches sogar erschreckte. Es sollte zentraler Inhalt der von uns Europäern immer wieder ins Feld geführten Würde des Menschen sein, dass wir den Glauben und die Mythen anderer Kulturen respektieren, auch wenn sie uns noch so befremdlich erscheinen. Nichts schafft mehr Misstrauen und Konflikte als die elitäre Arroganz, mit der die Kolonialmächte (im Falle Balis waren das die ansonsten so freundlichen Holländer) den unterdrückten Völkern früher begegnet sind und mit der die neuen Global Players ihre technologische Macht gegenüber der Dritten Welt ausspielen.

Zurück zu Elvis, dem Berliner, der daheim einen guten Deal gemacht hatte und den Fahndern nach Asien entkommen war. Das Haus hatte er gemietet. Es gehörte einem Architekten aus Denpasar, der den Kokosnusspflanzern und Reisbauern damit vormachte, wie man mit weniger Arbeit mehr verdienen kann. Dass ein paar Jahre danach die ganze südliche Ebene voller Hotels und Profitgebäuden stehen sollte, entsprach den Gesetzen der Marktwirtschaft. *Good bye Adat, welcome US-Dollar!*

Endlich kamen auch die mit Spannung erwarteten Damen aus Sydney nach Hause. Sie waren bepackt mit Taschen und Beuteln voller Klamotten, die sie in den Shops an der Jalan Legian gekauft hatten: In Batiktechnik bemalte Tücher und Sarongs, Jacken und

Hosen von Jack-Pak und jede Menge Souvenirs. Handgeschnitzte Figuren ebenso wie Plastiknippes *made in China*.

Elvis machte uns miteinander bekannt und schlug vor, nach dem Duschen zusammen essen zu gehen, inzwischen war es nämlich dunkel geworden. Lust zu duschen hatte man in Bali alle zwei Stunden, denn uns Europäern setzte die tropische Hitze arg zu. Die Mädchen, jung und blond und sexy, benötigten dafür länger als es der Hausherr für zumutbar erachtete.

»Auf geht's, Ladies! Unsere beiden Gäste haben Hunger. Ihr seid schön genug!«

Der Abend verlief nach Plan: Elvis führte uns in ein gutes Lokal, wo ich zum ersten Mal Schildkröte aß, eine dubiose Delikatesse, ich weiß, aber in Bali stand Schildkrötensteak auf jeder Speisekarte und meine ökologische Sensibilität in Bezug auf diese Tiere war noch nicht sehr ausgeprägt. Später begleiteten uns zwei der kessen Aussies ins Losmen Belgi, die Dritte fuhr mit Elvis nach Hause. Wir werden dem großzügigen Berliner Nomaden noch einmal begegnen, dann aber unter nicht annähernd so entspannten Umständen, er sollte nämlich ein paar Wochen danach von der balinesischen Polizei gejagt werden. Aber alles zu seiner Zeit.

Nach einer Woche ging uns das Geld aus. Schriebe ich »plötzlich« so wäre das gelogen. An dem Tag als ich in Singapur das Objektiv und den Walkman kaufte, war mir bereits bewusst, dass der Insolvenz-Fall unter Umständen eintreten könnte, sofern Hunters Überweisung nicht bald einginge. Wir saßen mit Madé und dem androgynen Wayan im Rum-Jungle, einem Restaurant in Strandnähe, als Paco beim Bezahlen der Rechnung ganz beiläufig eine Feststellung machte.

»*Hermano,* ich habe gerade meine letzten Rupien ausgegeben. Wird Zeit, dass unser Freund aus Kalifornien mit der Kohle rüber kommt. Wie sieht es bei dir aus, finanziell, meine ich?«

»Ich brauche erst gar nicht zu zählen. Bei mir ist auch Ebbe.«

Mein letztes Geld hatte ich am Nachmittag am Strand für eine Massage und einen Jack-Pak-Anzug in Türkis ausgegeben. Alles was ich noch an Barem besaß, waren ein paar Singapore-Dollars und ein Hundert-Baht-Schein.

»Du hast auch nichts mehr?«, staunte mein Freund.

»Leider nein. Ich war heute in Denpasar bei der Bank. Noch nichts da«, erklärte ich.

»Ich dachte, Hunter hätte dir schon vor drei Tagen gesagt, das Geld sei unterwegs?«

»Hat er auch, und ich gehe davon aus, dass er Wort gehalten hat. Der Typ auf der Bank Bumi Daya meinte, es könne durchaus eine Woche dauern, bis der Transfer hier eingeht.«

»Eine Woche!«, empörte sich Paco. »Wenn er das per Kabel angewiesen hat, braucht es nicht länger als einen, maximal zwei Tage!«

»Wir sind hier in Indonesien«, mischte sich Madé ein. »Hier geschieht nichts in einem Tag. Alles braucht seine Zeit«, grinste er und zeigte dabei eine Zahnlücke.

»In Indonesien behalten die Banken Devisen aus dem Ausland immer ein paar Tage, ehe sie sie an den Empfänger weiterleiten. Die arbeiten mit deinem Geld, und du hast keine Möglichkeit, etwas dagegen zu unternehmen«, sagte Wayan, der mit Überweisungen seine Erfahrungen gemacht hatte. »Wenn man all das Geld, das täglich aus dem Ausland in Jakarta eingeht, zusammenrechnet, kommt man wahrscheinlich auf Millionen. Und wenn man die Zeit bedenkt, ehe diese Millionen mit Verzögerung weitergeleitet werden ... Sieh es einfach so: Die Bank von Indonesien verschafft sich auf Kosten der ausländischen Kunden einen zinsfreien Kredit.«

»Na ja«, machte ich den Versuch einer Beschwichtigung. »Vielleicht ist die Kohle ja morgen da.«

Mit diesem optimistischen Ausblick und nach der letzten bezahlten Mahlzeit im Rum-Jungle machten wir uns auf den Weg zum Losmen. Am folgenden Morgen fuhr ich als Erstes nach Denpasar, der Hauptstadt und dem Ort, wo es Banken gab und von wo aus man international telefonieren konnte. Der Bankangestellte bedeutete mir lächelnd, es sei noch immer kein Transfer eingegangen. Vielleicht morgen ... Also fuhr ich zum Telefonamt und meldete ein Gespräch nach Kalifornien an, handvermittelt von einer handverlesenen Schönheit durch den Chef der Telefongesellschaft, Wartezeit zwei Stunden.

Immerhin war Hunter zu Hause. Er versicherte mir unter Ehrenwort, die 10.000 Dollar schon vor Tagen abgeschickt zu haben! Mir blieb nichts übrig, als jeden Tag zur Bank zu fahren und nachzufragen. Telefone gab es zu jener Zeit in Legian noch nicht, zumindest hatten sie im Rum Jungle und im Losmen Belgi keines.

Der Pleitegeier drückte auf unsere Stimmung, insbesondere Pacos Laune wurde zusehends mieser, denn der hatte sich darauf verlassen, dass ich die Reise organisierte und finanzierte (Wir erinnern uns: Eigentlich waren wir am 22. August in Bangkok verabredet gewesen, weil wir mit unseren chinesischen Geschäftspartnern über die Rationalisierung des Heroinschmuggels sprechen wollten). Und jetzt saßen wir auf Bali fest, ohne Rückflugticket, nicht einmal mehr Kleingeld für eine Kokosnuss in der Tasche, kein Geld für Zigaretten, keine müde Mark für gar nichts.

»Aber für eine teure Kameralinse«, merkte Paco sarkastisch an.

Dass wir dennoch bald zu unserer Heiterkeit zurückfanden, hatte einen ebenso plausiblen wie erstaunlichen Grund.

»Mister Belgi«, begann ich mit der Formulierung der Kündigung, »Wir werden wohl ausziehen müssen. So unangenehm es uns ist, aber wir können ab morgen den Bungalow nicht mehr bezahlen. Uns ist das Geld ausgegangen.«

Der Balinese hatte mir bis dahin freundlich lächelnd zugehört. Erstaunlicherweise änderte sich sein Gesichtsausdruck kaum, nachdem er die schlechte Nachricht erhalten hatte.

»Da seid ihr nicht die Ersten, denen so etwas passiert. Die Touristen denken immer, das Leben auf Bali sei billig, dabei stimmt das gar nicht. Hier wird man sein Geld schneller los als man in die Tasche greifen kann«, lachte er über den eigenen Scherz. »Außer natürlich im Losmen Belgi!«

»Da haben Sie Recht, an der Miete liegt es nicht. Seit einer Woche warte ich nun schon auf eine Geldanweisung aus Amerika, aber als ich heute Morgen auf der Bank nachfragte, war noch immer nichts eingegangen.«

»Das wundert mich nicht. Wir hatten schon einmal einen Gast aus Texas, der hat einen Monat auf sein Geld gewartet«, berichtete er schmunzelnd. »Der Mann konnte auch nicht gleich bezahlen, sondern erst nach zwei Wochen. So ist das eben manchmal im Leben.«

»Sie meinen, wir können hier bleiben und bezahlen, wenn unser Geld kommt?«

»Warum nicht? Ihr seid anständige Burschen.«

Und dann sagte er den Satz, der mir wortwörtlich in Erinnerung geblieben ist: *»Not have money, not can pay. Have money, can pay!«*

Dieser ebenso simplen wie erstaunlichen merkantilen Logik hatte ich nichts hinzuzufügen. Wir einigten uns darauf, dass wir die Rechnung begleichen würden, sobald wir wieder solvent wären.

Vom positiven Verlauf des Gesprächs mit dem Losmen-Besitzer ermuntert, machte ich mich auf den Weg zu Agung*, dem Motorradverleiher. Ich traf den Mann auf seinem Hof und wunderte mich, dass er mich sogleich erkannte. Nachdem ich ihm unser Dilemma geschildert hatte, reagierte er ähnlich wie Herr Belgi.

»Deshalb müsst ihr die Yamahas doch nicht abgeben! Ihr werdet sicher demnächst wieder Geld in der Tasche haben. Behaltet die Bikes bis zum Tag eurer Abreise und bezahlt am Ende«, schlug er vor.

»Schön und gut, aber so eine Yamaha braucht Benzin. Wir haben nicht einmal mehr Geld, um zu tanken!«, gab ich kleinlaut zu.

Da deutete Agung grinsend auf zwei blaue Fässer, die unter dem Dach eines palmstroh-gedeckten Schuppens standen.

»Wenn ihr Sprit braucht, kommt einfach hier vorbei. Ich mache euch den Tank voll, und ihr könnt am Ende alles zusammen bezahlen.«

Per Handschlag besiegelten wir auch dieses Kreditangebot und weil eine Insolvenz in Bali weder peinlich war noch komplizierte Verhandlungen erforderte, machte Paco sich gleich auf den Weg zur Inhaberin des Rum-Jungle. Nach einer halben Stunde war er zurück. Auch mit dem Restaurant hatte er eine Vereinbarung getroffen, dass wir dort anschreiben lassen konnten. Keiner unserer Gläubiger hatte ein Ausweisdokument sehen wollen, keiner wollte etwas unterschrieben haben. Die Sache erledigte sich quasi von allein, denn einer der grundlegenden Werte im zwischenmenschlichen Alltag war das Vertrauen, welches die Balinesen jedem schenkten (sofern sie mit dem Betreffenden noch keine

* Der Name Agung kommt in Bali und im Text häufiger vor. Der Gunung Agung ist der höchste Vulkan auf Bali und damit Sitz der Götter. Der Zuname Agung bezeichnet die zweithöchste Kaste, eine sehr zahlenreiche Familie also. Im Laufe der Zeit auf der Insel lernten wir mehrere Agungs kennen: Agung-Motobike, Agung-Boss und Agung-Raka, der mein Freund werden sollte.

schlechten Erfahrungen gemacht hatten). Diese Verhaltensweise resultierte aus ihrem Grundgesetz, dem zuvor erwähnten Adat, welches den Göttern und der Würde eine zentrale Bedeutung einräumt. Und wem Würde zugesprochen wird, den respektiert man auch, und dem vertraut man.

Für uns von Gesetzen und Geschäftsordnungen umstellten Europäer war das ungewohnt. Auf Bali galten der Handschlag und das gegebene Wort, dort stellte einem niemand eine Quittung aus, ich glaube sogar, dass es in den kleinen Unternehmen nicht einmal eine schriftliche Dokumentation von Soll und Haben gab. Um die Erfahrung von Gastfreundschaft und Hilfsbereitschaft abzurunden, sorgte Madé Tambùn dafür, dass wir tagsüber ein Eis essen, eine Cola trinken und kiffen konnten. Die Grundversorgung war somit gesichert, und wir hätten uns in den Sand oder die Hängematte legen und entspannt der Dinge harren können, die die balinesischen Götter für uns bereit hielten.

Dass dem nicht ganz so war, liegt an dem Unbehagen, welches den kapitalistisch konditionierten Menschen beschleicht, wenn in seiner Tasche keine Münzen klimpern und sein Beutel leer ist. Außerdem waren wir zehntausend Kilometer von unseren sozialen Netzen entfernt, die in Situationen wie der unseren ein gewisses Maß an Sicherheit geboten hätten. Hätten wir an die Kraft der balinesischen Götter geglaubt, wir hätten zu ihnen gebetet, dass die verdammte Geldanweisung am nächsten Tag eintreffen möge!

3.12 Lynn

Es muss der dritte Tag im Sparmodus gewesen sein, als ich am Nachmittag jenseits der Büsche, die im gesamten Losmen verstreut blühten, Gekicher vernahm. Ich lag in der Hängematte und versuchte zu lesen, drinnen hörte ich Paco leise schnarchen, und der Wind griff freundlich in die Wipfel der Kokospalmen. Da ich mich nicht aufs Lesen konzentrieren konnte und überdies neugierig wurde, was es denn hinter dem Gebüsch zu lachen gab, schwang ich mich aus der Matte, legte das Buch beiseite und ging hinüber.

Mir war das schmucklose Langhaus mit den vier nebeneinander liegenden Räumen bisher kaum aufgefallen. Es gehörte zum Losmen, aber Belgi vermietete diese Zimmer preiswerter als die Bungalows. Das Haus stand auf einem Steinsockel, ein wenig nach hinten versetzt, was vorne Platz für eine die gesamte Länge messende überdachte Terrasse ließ. Zwei gemauerte Stufen führten vom Rasen auf die Terrasse. Auf der oberen Stufe saß ein Mädchen, damit beschäftigt, ein weißes Laken in eine Batik zu verwandeln. Zu Füßen der Künstlerin, auf der unteren Stufe und auf dem Gras hockten vier Burschen, die durch allerlei Scherze und Grimassen versuchten, die junge Dame zu erheitern, eine Art Balzritual à la balinaise. Von Zeit zu Zeit tauchte sie das Tjanting* in einen Becher mit flüssigem Wachs und trug dieses anschließend auf vorgezeichnete Linien und Flächen des Tuches auf. Dabei trug sie eine Atemschutzmaske, um die Wachsdämpfe nicht zu inhalieren, sodass sie während ihrer Arbeit wenig sprach.

Ich trat näher, um einen Blick auf das halbfertige Kunstwerk zu werfen, sagte »*Hi everybody*« und blieb ein wenig abseits stehen. Da alle Augen ganz auf die Künstlerin und ihr Werk gerichtet waren, und weil die Sonne anfing, mir zuzusetzen, stieg ich die Stufen hinauf und ließ mich auf dem kühlen Steinboden nieder. Von meinem schattigen Platz aus hatte ich die Szene im Blick. Ich erinnere mich gut an einen jungen Mann aus Borneo, der dem Volk der Dajak** angehörte. Er trug lange gekräuselte Haare und war am gesamten Oberkörper tätowiert. Für einen Dajak war es nicht

---

* Werkzeug, um Wachs auf Textil aufzutragen

** Indigener Stamm auf Borneo

selbstverständlich, nach Bali zu reisen, und die Balinesen hatten gewiss noch nicht viele Dajaks gesehen. Dementsprechend war der Junge im Losmen Belgi eine exotische Erscheinung. Das traf auf die ganze Insel zu, denn überall, wo er auftauchte, stand er im Mittelpunkt.

An dem Nachmittag unterhielt er seine Zuhörer mit Geschichten von seiner Insel. Von einem Schamanen war die Rede, der die gesamte Geschichte seines Volkes erzählen könne, von den ersten Mythen über die Entstehung der Welt bis zum heutigen Tag. Leider erinnere ich mich nicht mehr an viele Details, was wohl auch daran lag, dass der Mann aus Borneo nur unzureichend Englisch sprach. Die übrigen Teilnehmer der nachmittäglichen Runde sind mir fast ganz aus der Erinnerung gekippt, sie spielten allerdings für den Fortgang der Geschichte keine Rolle.

Pünktlich um sechs Uhr geht in den Tropen die Sonne unter, und da auch auf Bali die Sonne im Westen untergeht, ist der Strand von Kuta ein idealer Ort, um den Sonnenuntergang zu erleben. So kam es, dass sich das Publikum einer nach dem anderen kurz vor Einbruch der Dämmerung zum Strand verabschiedete und ich am Ende allein neben dem Mädchen auf der Terrasse saß. Wegen des Mundschutzes, den sie trug, konnte ich während der ganzen Zeit nur ihre schönen Augen sehen und war gespannt, was wohl dahinter steckte. Als endlich das Licht schwand und es ihr zum Arbeiten zu düster wurde, legte sie Tuch und Tjanting beiseite, nahm die Maske ab und blickte mich zum ersten Mal an.

»*Who are you?*«, fragte sie. Offenbar hatte sie mich gerade erst wahrgenommen.

»Dein Nachbar. Harry. Ich wohne gleich hinter der Hecke dort.«

»*Hi, I'm Lynn. I live here.*«

Wir gaben uns die Hand.

»Hast du Hunger, Harry? Ich werde Spaghetti kochen. Wenn du Lust hast, mit mir zu essen, ich lade dich ein!«

Da ich seit dem Frühstück (Mango, Banane, Papaya und Tee) nichts mehr gegessen hatte und nichts Besseres vorhatte, nahm ich die Einladung an. Lynn erhob sich, raffte das Tuch zusammen, faltete es, räumte Wachs und Malutensil beiseite und ging in ihr Zimmer. Sie bat mich herein.

Der Raum war nur halb so groß wie der Bungalow, den Paco und ich bewohnten, aber Lynn hatte ihn gemütlich eingerichtet. Rechter Hand stand ein Bett, das von der Größe her keinen Zweifel aufkommen ließ, dass sie dort allein schlief. Links stand ein Tisch, auf dem allerlei Kochgerät versammelt war, immerhin hatte sie zwei Stühle und an der hinteren Wand stand ein Regal. Alles war vollgestopft mit Klamotten und Kram. Die Wände bestanden aus geflochtenen Bambusmatten, die an einigen Stellen Lichtstrahlen durchließen und auf ganzer Fläche die Geräusche aus den Nachbarzimmern. Über dem Bett hing eine große Batik, ein chinesischer Drache, der bedrohlich den Rachen aufsperrte. Die Koje selbst war von einer weiteren Batik bedeckt, auf der eine breite Sonne hinter dem Meer aufging.

Lynn bot mir an, auf dem Bett Platz zu nehmen und begann, das Essen vorzubereiten. Während sie Wasser auf den Gaskocher setzte und dann Zwiebeln und Knoblauch schälte, zündete ich mir eine Zigarette an. Seit ein paar Tagen hatte ich mir angewöhnt, Gudang Garam zu rauchen, indonesische Kretek-Zigaretten*, die erheblich preiswerter waren als Camel Filter, die ich meiner Lunge bis dahin zugemutet hatte.

Während Lynn sich nach mir erkundigte, mich dies und jenes fragte und meine Auskünfte gelegentlich kommentierte, betrachtete ich sie vom Bett her und stellte fest, dass sie mir gefiel. Sie war schlank, hatte lang-gewelltes kastanienbraunes Haar, große braune Augen und irgendwie passte alles zusammen: Die Künstlerin war selbst ein Kunstwerk! Während unserer Unterhaltung fand ich heraus, dass sie über einen sehr direkten Sinn von Humor verfügte, sehr unbritisch, wie ich fand, denn Lynn stammte aus London.

Nach einer halben Stunde stand das Essen auf dem Tisch. Da ich Hunger hatte, langte ich zu und konnte ihr nach dem Nachschlag ein ehrliches Kompliment machen. Während der ganzen Zeit stockte unsere Unterhaltung nie, mal sprach sie von sich, mal erzählte ich von mir und meinen Reisen, mal schweiften wir ab in die

---

* Zigaretten, denen zehn Prozent gemahlene Gewürznelken beigemischt sind, in Indonesien sehr verbreitet

Kunst, kamen auf Themen der Zeit zu sprechen oder wir glichen unsere weltanschaulichen Vorstellungen ab. Nachdem wir gegessen hatten, ging sie hinters Haus, um abzuspülen. Mein Angebot, ihr dabei behilflich zu sein, lehnte sie lächelnd ab.

Hinter dem Haus war der Hygienebereich, ein von einer Mauer umgebenes Geviert, zum Himmel hin offen, sodass man im Freien kacken konnte, eine auf Bali übliche Anlage neben oder hinter den Hütten. Unser Bungalow verfügte über ein ähnliches »Badezimmer« ohne Dach. Mit dem unbestreitbaren Vorteil, dass es immer gut riecht, insbesondere dann, wenn die Mauern mit Kletterpflanzen überwuchert sind und Blumen neben dem Wasserbecken und um die Dusche herum wachsen, die teilweise betörende Düfte verströmen, sodass man beherzt furzen kann, ohne Angst haben zu müssen, einem Nachfolger auf dem stillen Ort die gute Laune zu verdrießen. Hier auf Bali erlebte ich den täglichen Stuhlgang als elementares Befreiungserlebnis! Ich musste unwillkürlich an Karl beim Kacken in Gun-Hill denken.

Als Lynn mir nach einer Weile wieder Gesellschaft leistete, geduscht und duftend, überraschte sie mich mit einem interessanten Vorschlag.

»Hast du Lust, einen Trip mit mir zu nehmen?«

Welcher junge Mann hätte keine Lust gehabt, mit dieser Prinzessin LSD zu schlucken! Der Sohn meiner Mutter musste sein Gewissen nicht verbiegen, um dabei zu sein. Lynn setzte Wasser auf, und bereitete einen Jasmin-Tee zu, mit dem wir die Micros hinunterspülten. Dann machten wir es uns auf ihrem Bett bequem und nahmen die Unterhaltung wieder auf.

»May I kiss you?«, war mein erster Beitrag zur weiteren Kommunikation.

Lynn wurde mit einem Mal ganz ernst, neigte sich zu mir, stupste ihr Näschen gegen meine Nase, schubste mich sanft auf das Laken und kroch auf meinen Bauch. Ihr Kuss schmeckte nach Jasmin …

Würde ich behaupten, dass der Kuss der krönende Abschluss des gastlichen Abends gewesen wäre, ich machte mich einer infamen Lüge schuldig. Wie viel Zeit auch immer küssend vergangen sein mochte, irgendwann stellte ich zwei Tatsachen fest: Erstens waren wir beide nackt und zweitens wurden unsere Hirne von psychotropen Chemikalien durchflutet. Die Trips kamen zeitgleich und sanft. Wir waren also weiterhin in der Lage, uns zu unterhalten. Und das taten wir.

Worüber wir sprachen, ist mir entfallen, was mir aber nicht entfallen ist: Wir lachten laut und ausgelassen. Nur beiläufig hatten wir registriert, dass sich kurz nach Mitternacht Leben im Nebenzimmer regte. Dort war am Tag zuvor ein Pärchen aus Wolfratshausen eingezogen, das gerade erst aus Kuta zurückgekehrt war, was sich der Unterhaltung entnehmen ließ, die wegen der dünnen Trennwand Wort für Wort zu verstehen war. Die beiden sprachen ein breites Oberbayerisch, während auf unserer Seite der Wand bloß gekichert, gelacht und gelegentlich geseufzt wurde.

»Die san am Fegln«, stellte der Bayer irgendwann fest.

»Hobs scho mitkriagt«, gab sie zur Antwort.

Und da Lynn und mir über mehrere Stunden nichts Besseres einfiel als *»Fegln«*, kamen unsere Nebenmieter um den verdienten Schlaf.

»Möchte mal gerne wissen, ob die Tussi irgendwann mit dem Gestöhne aufhört«, flüsterte die Frau ihrem Mann zu. »Klopf doch mal an die Wand und sag ihr, sie soll endlich eine Ruh geben!«

»Recht host. I ko a net schlofa.«

Dennoch dauerte es eine weitere halbe Stunde, es mochte so gegen drei Uhr in der Nacht gewesen sein, bis der Typ an der Bambuswand kratzte und auf Englisch eine Beschwerde in Richtung Lynn absetzte.

»Wie lange soll das denn noch gehn bei euch da drüben? Es gibt Leute, die wollen schlafen!«

Stille. Schweigen. Silentium.

»Das sind meine Nachbarn, so komische Sandalenfritzen aus Deutschland«, kicherte Lynn mir ins Ohr.

»Die sollen sich nicht so haben«, antwortete ich ihr halblaut. »Außerdem sind das Bayern und keine reinrassigen Deutschen.«

Meine ethnologische Verleumdung wurde jenseits der Wand gehässig, diesseits von Lynn mit lautem Lachen kommentiert.

»Jetzt reicht's aber!«, drohte der Bayer. »Wenn ihr nicht bald aufhört, werde ich mich in der Früh beim Hauswirt beschweren.«

»Womit sollen wir aufhören?«, nahm ich zum ersten Mal direkten Kontakt durch die Wand auf.

»Was weiß ich, was ihr da die ganze Nacht treibt. Jedenfalls können meine Freundin und ich nicht schlafen!«

»Was wir treiben, das kann ich dir sagen: wir leben! Mit allem, was dazu gehört, ein bisschen reden, ein bisschen küssen, ein bisschen lachen ...«

»Und wir wollen jetzt ein bisschen schlafen! Damit wir morgen Früh ausgeruht sind«, brummte der bayerische Problembär.

»Hör mal, mein Freund: Ich habe gestern diese Prinzessin hier kennengelernt, und wenn man es genau nimmt, sind wir noch immer dabei, uns kennenzulernen. Dabei werden wir uns von euch Schlafmützen nicht aus dem Rhythmus bringen lassen. Weißt du was: Fang doch einfach mal an, deinem Täubchen den kleinen Pelz zu kraulen. Vielleicht ergibt sich daraus ja was Spannenderes als Pennen.«

»Was zwischen mir und meiner Lady läuft, das geht dich einen Scheißdreck an«, antwortete mein Nachbar mit einem Unterton von Frechheit. »Ihr hört jetzt sofort auf, sonst gibt's Ärger!«

»Jetzt blas hier mal nicht die Bäckchen auf, Kleiner. Solche Drohungen können in die Hose gehen!«

Wiederzugeben, was ich ihm sonst noch an Ratschlägen erteilte, wäre politisch inkorrekt. Ich drohte jedenfalls damit, ihm das Fell zu gerben, wenn er mir am Morgen über den Weg liefe. Und nach jedem deutschen Satz Lynn: *»What did he say? What did you say?«*

Und jedes Mal wenn ich ihr übersetzte, fing sie aufs Neue an zu lachen, und wenn sie lachte, musste auch ich lachen, und so kamen wir lange bei der Lösung des Nachbarschaftsstreits nicht vom Fleck.

Irgendwann in der Früh wurden wir leise. Lynn hatte eine Kassette in den Recorder gesteckt, guter Rock, denn es war die Zeit, als fast nur guter Rock gespielt wurde. Und weil wir nach der Action auf dem Bett zwar nicht müde waren, aber doch ein wenig matt, streichelten wir uns gegenseitig und genossen den psychedelischen Klang von Pink Floyd. Die Bayern hatten aufgehört, mit uns zu streiten, offensichtlich gelang es ihnen einzuschlafen, jedenfalls hörten wir sie nicht mehr.

Ich hatte mir die soundsovielte Gudang Garam angezündet und nicht bemerkt, wie mir die Kippe aus der Hand geglitten und aufs Bett gefallen war. Ebenso wenig bemerkte ich, wie die Glut das Laken ankokelte und sich zu einem Schwelbrand auswuchs.

Es war Lynn, die es als Erste roch. Sie hob den Kopf und entdeckte die Katastrophe: Hinter meinem Rücken hatte die Glut ein pizzatellergroßes Loch in ihre Batik gebrannt. Mit einem entschlossenen Griff zog sie mich zur Seite, sprang vom Bett, riss das brennende Laken herunter und tauchte es in eine Schüssel Wasser. Als ich das Loch mit dem schwarzen Rand betrachtete, wusste ich zunächst nicht, was ich sagen sollte. Zweifellos erwartete ich einen Ausbruch von Ärger, insbesondere, da es sich um ein handbemaltes Kunstwerk handelte, an dem sie viele Stunden gearbeitet haben musste. Indes, Lynn blieb völlig gelassen. Sie ließ das Laken unkommentiert und fing stattdessen an, mich auf etwaige Verbrennungen hin zu untersuchen.

»Mensch Lynn, das tut mir echt leid. Ich weiß gar nicht, was ich sagen soll. Jetzt habe ich dir die schöne Batik versaut.«

»Das kann passieren. Ich bin froh, dass du dich nicht verbrannt hast.«

»Kannst du das Tuch denn irgendwie reparieren?«

»Keine Ahnung. Darüber mache ich mir morgen Gedanken«, sagte sie, wechselte das Laken und kuschelte sich wieder an. Mehr war von ihr zu dem Thema nicht zu hören. Die coole Art, wie sie auf meine Tollpatschigkeit reagiert hatte, beeindruckte mich mächtig. Ich versuchte mir vorzustellen, wie ich wohl reagiert hätte … Lieber nicht. Ich wollte mir diese außergewöhnliche Nacht nicht durch negative Gedanken trüben, erst recht nicht durch meine eigenen.

Als der Morgen dämmerte, überraschte Lynn mich wieder mit einem Vorschlag. Sie setzte sich aufrecht, nahm meine Hand, betrachtete sie eine Weile und erklärte ein wenig feierlich: »Jetzt kennen wir uns seit exakt zwölf Stunden. Ich habe dich in mein Haus eingelassen, ich habe Spaghetti für dich gekocht und ich habe dich an meinen Haaren schnuppern lassen … drum schlag ich vor, du lädst mich jetzt zu einem Frühstück im Interconti in Sanur ein! Ich hätte Appetit auf ein deftiges Frühstück.«

Weder wusste ich, wo genau Sanur lag, noch was es mit diesem Interconti auf sich hatte, aber eins wusste ich: Dass ich keine Münze im Säckel hatte, ich also nicht in der Lage sein würde, das geplante Frühstück zu bezahlen.

»Das wäre unter normalen Umständen absolut angebracht«, begann ich mein Geständnis. »Aber die Umstände sind alles andere als normal: Ich habe nämlich keine einzige Rupie in der Tasche. Mir ist vor ein paar Tagen die Kohle ausgegangen und jetzt warte ich auf eine Überweisung.«

Lynn hörte sich meinen Offenbarungseid mit ungläubigem Staunen an.

»Du meinst, du hast überhaupt keine Kohle mehr?«

»So ist es. Leider. Das Geld dürfte aber jeden Tag eintreffen. Ein Geschäftsfreund aus San Francisco hat es vor einer Woche auf den Weg gebracht.«

»Das heißt, das Frühstück geht also auch auf meine Kosten?«, sagte sie frech und grinste dabei.

»So ist es. Aber mach dir keine Sorgen, Lynn, sobald ich Geld habe, geb ich dir zurück, was immer du für das Frühstück ausgibst. Vielleicht trifft das Giro ja heute noch ein, ich fahre später zur Bank.«

»Nicht nötig. Fürs Frühstück reicht mein Geld noch. Aber ich will doch sehr hoffen, dass du wenigstens ein Motorrad hast?«

Hatte ich. Fünf Minuten später verließen wir das Haus. Ich schob die Yamaha ein Stück den grasbewachsenen Weg hinunter, setzte Stirnband und Brille auf und in einiger Entfernung vom schlafenden Losmen den Motor in Gang. Lynn schwang sich auf den Sozius und hielt sich an mir fest. Vorsichtig steuerte ich zur Jalan Legian hinüber, wo zu dieser Zeit noch wenig Verkehr herrschte. Eine alte Frau trieb eine Schar Enten vor sich her, die diszipliniert an den Straßenrand watschelten, als wir vorbei fuhren.

Ab Kuta dirigierte mich Lynn, denn ich kannte den Weg nach Sanur noch nicht. Zunächst durchquerten wir von Nebelschwaden bedeckte Reisfelder, ehe wir in einen Palmenhain eintauchten, der sich nach einigen Kilometern plötzlich auftat und den Blick auf das Meer freigab. Rechter Hand war der vierstöckige Hotelkomplex schon von Weitem zu sehen, was mich erstaunte, denn auf Bali galt es als ausgemacht, dass über den Wipfeln der Palmen der Himmel beginnt, und der, das wusste jedes Kind, ist die Domäne der Götter. Das heißt, kein Haus durfte höher gebaut werden als die höchsten Palmen in den Himmel ragten! Von daher mein Befremden, dass es ein internationaler Hotelkonzern offenbar geschafft hatte, uralte Gesetze auszuhebeln.

Wie dem auch war, wenig später erreichten wir unser Ziel, stellten die Yamaha direkt vors Hauptportal und nahmen die Treppe zur Lobby in großen Sprüngen. Das Restaurant machte gerade erst auf, und so setzten wir uns ganz vorn an die Fensterreihe, von wo aus wir freie Sicht auf den Strand und das Meer hatten. Wohlgemerkt, wir wurden nach wie vor von der milden Sonne des LSD gewärmt, und unseren Gedanken war alles erlaubt. Lynn orderte die Karte und wir bestellten ein opulentes amerikanisches Frühstück.

Ich weiß noch, dass sie Rührei mit Schinken aß, einen balinesischen Fruchtsalat mit Joghurt und dazu Tee und Pampelmusensaft trank. Ich weiß das wirklich noch ganz genau, eine Eigenschaft der Droge, die aus dem Erlebten scheinbar willkürlich bestimmte Aspekte herausgreift und sozusagen mit Sicherungskopie abspeichert. Hingegen habe ich völlig vergessen, was ich an diesem Morgen bestellte und wohl auch verzehrte. Jedenfalls war es lecker.

Noch während wir aßen und tranken, tauchte im Gänsemarsch eine Prozession chinesischer Hotelgäste am Strand auf, die sich in Formation ausrichteten und wie auf Kommando alle mit eigenartigen Verrenkungen begannen. Von Tai Chi hatte ich bis dahin noch nie gehört, dementsprechend musste ich über die betagten Kampfsportler lachen. Lynn konnte mir zwar erklären, um was es da draußen am Strand ging, aber lustig fand sie die alten Chinesen ebenfalls, die so taten, als wären sie aus dem Reich der Mitte gekommen, um Bali mit ihren martialischen Kampfgebärden zu erobern.

Wir schauten uns das Spektakel ziemlich lange an, überboten uns mit spöttischen Kommentaren, schweiften aber schließlich wieder zu anderen Themen (wir müssen großes Interesse aneinander gehabt haben, wenn ich mir vorstelle, wie viele Stunden wir uns inzwischen schon unterhielten), ehe mir der balinesische Kellner in seiner lustigen Uniform die Rechnung brachte, die ich ganz offiziell an meine neue Freundin weitergab.

Lynn zückte einen aus Seide genähten Beutel, in dem sie ihr Geld verwahrte und bezahlte. Aber da merkantile Aspekte des Lebens für das unter dem Einfluss von LSD stehende Gehirn bestenfalls belustigenden Charakter haben, gab es dabei nichts zu kommentieren. Weder bedankte ich mich, noch registrierte sie, was sie ausgegeben hatte, wobei so ein Frühstück im Interconti gewiss nicht billig war; an balinesischen Preisen gemessen, dürfte die Rechnung sogar einem Skandal nahegekommen sein.

Nachdem der Kellner sich mit der Beute aus dem Staub gemacht hatte, kramte Lynn noch eine Weile in ihrem Geldtäschlein.

»Du hast also tatsächlich keine Rupie mehr?«, fragte sie noch einmal, mehr amüsiert als befremdet.

»Wie ich es vorhin sagte. Das dürfte sich aber bald ändern, denn wie gesagt, ich erwarte ein Giro über 10.000 Dollar.«

Das war ein wenig indiskret, wenn nicht gar angeberisch, aber Lynn nahm es einfach zur Kenntnis.

»Ich habe noch 800 Dollar. Die müssen bis Ende Oktober reichen. Anschließend fliege ich nach Tokio, um zu arbeiten.«

»Wirklich, bis Ende Oktober musst du damit auskommen?«, staunte ich.

Wir schrieben den 28. August, Lynn hatte also für zwei Monate noch 800 Dollar, das war ihr gesamtes Vermögen. Wie sie damit auszukommen gedachte, war mir schleierhaft. Paco und ich besaßen zusammen 1200 Dollar, als wir vor anderthalb Wochen in Bali angekommen waren, und die hatten wir innerhalb weniger Tage ausgegeben.

»Wenn du mir versprichst, es mir zurück zu geben, leihe ich dir die Hälfte«, sagte Lynn und gab mir einen Kuss.

Zunächst wusste ich nicht, was ich dazu sagen sollte. Ich kannte die Frau noch keine vierundzwanzig Stunden, und da bot sie mir die Hälfte ihres Vermögens an. Ein mehr als erstaunlicher Vertrauensbeweis! Oder eine Liebeserklärung, je nachdem wie man es betrachtet.

»Ich weiß nicht, ob ich das annehmen kann, Lynn. Einerseits bin ich völlig pleite und daher nicht in der Lage, so ein Angebot auszuschlagen. Andererseits besitzt du bloß diese 800 und tätest gut daran, sparsam damit umzugehen.«

»Das habe ich auch vor. Ich weiß auch nicht, warum ich das tue. Ich kenne dich ja kaum, aber irgendwie vertraue ich dir. Also, was ist: Soll ich dir die 400 Dollar nun geben oder nicht? Wäre dir und deinem spanischen Freund damit geholfen, bis euer Geld kommt?«

Als wir wieder im Losmen Belgi eintrafen, holte Lynn ihre Hauptkasse aus dem Geheimversteck (sie hatte die Scheine in einer Plastiktüte zwischen die Paneele des grasgedeckten Daches gesteckt) und blätterte mir vier Hundert-Dollar-Scheine auf den Tisch.

»Lass mich bitte nicht hängen, denn ich habe das Geld ehrlich verdient, und ich brauche es, um hier noch zwei Monate zu leben.«

»Mach dir keine Sorgen, Schneewittchen! Sobald ich wieder flüssig bin, kriegst du dein Geld zurück.«

Ich nahm sie in den Arm und wir besiegelten den Kreditvertrag mit einem Kuss. Wenig später stellte Frau Belgi das Frühstück auf den kleinen Bambustisch vor der Tür. Ich ging hinaus, um ihr *»selamat malam«** zu wünschen.

»Oh, Mister Harry! Haben Sie heute Nacht bei Lynn geschlafen? Kein Problem, ich weiß schon. Sie haben sich mit Lynn verliebt. Mister Gotthard und Miss Brunhilde haben mir alles erzählt. Die beiden sind übrigens vor einer halben Stunde ausgezogen«, sagte sie ein wenig besorgt. »Hatten Sie denn Streit mit den netten Gästen aus Deutschland?«

»Wir haben mit niemandem Streit. Aber möglicherweise haben Mister Gotthard und Miss Brunhilde Probleme mit uns. Jedenfalls bin ich froh, dass sie fort sind, das erspart mir, ein Versprechen einzuhalten, das ich Mister Gotthard heute Nacht gegeben habe«, erklärte ich ihr.

»Was für ein Versprechen denn?«, wollte sie wissen.

Balinesen sind von Haus aus vorwitzig, aber Balinesinnen sind noch vorwitziger. Die Diskretion ist nicht ihre Sache, und Tratsch gilt bei ihnen quasi als kulturelle Tugend.

Mit der Wahrheit hätte ich die gute Frau bloß erschreckt, also entschied ich mich für eine kleine Lüge: »Ich hatte ihnen versprochen, sie zum Essen einzuladen. Aber nun sind sie leider fort.«

Dann verabschiedete ich mich von Lynn, die ein paar Stunden ruhen wollte (so ein LSD-Trip schlaucht, und danach ist es vernünf-

* Guten Morgen

tig, sich erst einmal auszuschlafen) und ging hinüber zu unserem Bungalow, um mich kalt zu duschen.

Paco saß schlecht gelaunt vor der Hütte und kaute an seinem Belgi-De-Luxe-Frühstück herum (Mango, Banane, Apfel, grüner Tee).

»Wo treibst du dich denn rum?«, knurrte er mich an. »Du solltest lieber mal zur Bank fahren und nachfragen, ob die Kohle eingetroffen ist.«

»Wo ich mich herumtreibe? Jetzt mach mal halblang, *amigo*«, konterte ich den Vorwurf. »Während du faul herumgelegen bist, war ich anschaffen. Damit wir was in die Kasse kriegen.«

Dann zupfte ich im Stil eines Zockers die vier Scheine aus der Brusttasche meines Hemdes und gab ihm zwei davon.

»Hier, nimm. Für'n Kaffee mit Cognac dürfte das reichen.«

Sofort hellte sich Pacos Miene auf. Er grinste.

»Wo hast du das denn aufgetrieben?«

»Wie ich schon sagte, ich war anschaffen. Hab 'ne reiche alte Australierin kennengelernt, die dringend mal wieder beschmust werden wollte, und weil ich's ihr so gut besorg hab, ließ sie die vier Scheine springen. Jetzt sag bloß nicht, dass du Geld, das durch Prostitution verdient wurde, nicht anrührst?«

Paco stand da wie angewurzelt. Obwohl wir seit Jahren befreundet waren, wusste er nicht immer, wann ich ernst redete und wann ich Spaß machte. Dann pflegte er ein leicht verlegenes Grinsen aufzusetzen und sich ansonsten in Geduld zu üben. Er wusste, dass ich ihm am Ende sagen würde, wie sich die Sache mit dem überraschenden Geldsegen tatsächlich verhielt. Er brauchte bloß abzuwarten.

Ein Tag ohne Alkohol war für Paco etwa das gleiche wie für einen Balinesen ein Tag ohne Reis, irgendwie nicht vorstellbar. Dabei war er kein maßloser Säufer, aber auf sein Glas Wein zum Essen und seinen Cognac danach mochte er ungern verzichten. So wunderte es mich nicht, dass er sich duschte, rasierte, ein frisches Hemd anzog und kurz darauf startklar war.

»Ich fahre zur Wechselstube nach Kuta. Soll ich deine Dollars auch umtauschen?«

»Gute Idee. Lass dich aber nicht bescheißen. Erkundige dich in Madés Warung vorher nach dem Kurs. Der Chinese soll nämlich ein Schlitzohr sein«, riet ich ihm, denn das hatte ich von Lynn erfahren. Zum Geldwechseln fuhr man besser zur Bank am Flughafen, der am anderen Ende von Kuta lag.

»Mach dir keine Sorgen, ich habe ohnehin vor, bei Madé Tambùn anzuhalten und mit ihm in Kuta zu frühstücken.«

Ich gab ihm das Geld und kurz darauf knatterte Paco durch den Palmenwald, dessen Echo mir heute noch in den Ohren klingt. Dann duschte auch ich, zog ein frisches Hemd an und ging zurück zu Lynn. Sie lag auf dem Rücken, die Augen geschlossen und lächelte in sich hinein. Ich schlüpfte erst aus meinen Sandalen und dann neben sie aufs Bett. Ohne ein Wort schob ich den Arm unter ihren Nacken und ohne ein Wort neigte sie den Kopf gegen meine Schulter. Dann verschränkten wir die Beine und so schliefen wir irgendwann am späten Vormittag ein. Diesen Trip mit Lynn habe ich seither wie einen Schatz in meinem Herzen bewahrt.

Am späten Nachmittag wurden wir von Paco geweckt. Um mich zu finden, hatte er Mister Belgi geholt, der ihm helfen konnte. Solchen Beziehungen wie zwischen Lynn und mir standen die Balinesen positiv gegenüber, denn wenn die Götter es so eingerichtet hatten, dass sich unter ihrem Dach eine so positive Energie entfaltete, dann strahlte ein wenig davon auch auf sie ab. So standen Paco, Madé Tambùn und der Herbergsvater Belgi mit ebenso strahlender wie erwartungsvoller Miene auf der Veranda, als Lynn die Tür öffnete. Sie erinnerten mich an die drei Weisen aus dem Morgenland, die gekommen waren, das Kind zu beschenken, das zweifellos aus einer solchen Liebe hervorgehen musste. Zumindest traf das auf die beiden Indonesier zu. Bei Paco hingegen regte sich eine kleine Eifersucht, wie man sie zuweilen bei Freunden beobachten kann, wenn einer von beiden sich in eine Frau verliebt. Für Lynn und mich war allerdings von vorneherein klar, dass es sich bei unserer gerade beginnenden Freundschaft um eine Episode handelte, denn gleich in unserem ersten Gespräch hatte ich ihr gesagt, dass ich mit Lisa verheiratet sei und wir zwei Kinder hatten. Das schien sie nicht weiter zu stören, jedenfalls zeigte sie es nicht.

»Du hattest doch zur Bank fahren wollen«, erinnerte mich Paco an meinen einzigen wichtigen Termin des Tages.

Und Herr Belgi, unser Gläubiger, fügte hinzu: »Die Bank hat jetzt zu. Morgen ist ein neuer Tag. Aber ich glaube nicht, dass euer Geld schon da ist. Wir hatten hier mal einen Texaner …«

»Ich weiß, Mister Belgi, ich weiß. Er hat vier Wochen auf sein Geld gewartet. Erinnern Sie mich bitte nicht mehr an diesen Texaner, denn der ist ein schlechtes Omen. Solange wir an den Texaner und die vier Wochen denken, kommt unser Geld nie.«

Mit schlechten Omen kannte der Balinese sich aus. Sichtbar verlegen trat er den Rückzug an, denn schließlich würde sein Orakel ja bedeuten, dass auch er vier Wochen auf seine Miete warten müsste. Lynn bot Madé und Paco die Bambussessel vor der Haustür an und setzte Wasser für den Tee auf. Unterdessen duschte ich mich hinter der Hütte und vertrieb den kleinen Kater, den eine durchwachte Nacht auf Trip zurücklässt. Später beim Tee auf der Veranda, machte ich Lynn mit Madé und Paco bekannt und wir beschlossen, zum Sonnenuntergang gemeinsam nach Tanah Lot zu fahren, einem der magischen Orte der Insel. Ehe wir abfuhren, machten wir noch einen Abstecher zu »Agung Motobike«, der uns den Tank füllte. In Bali war es ratsam, sich vor einer Fahrt über Land mit Sprit einzudecken, denn man wusste nie, wo eine Tankstelle geöffnet hatte, und ob überhaupt Benzin vorrätig war. Paco und Madé fuhren zusammen, Lynn nahm hinter mir Platz. Um nach Tanah Lot zu kommen, befuhren wir die Straße, die von Seminyak aus durch Reisfelder und kleine Weiler nach Norden führte, Madé kannte den Weg. Nach einer halben Stunde erreichten wir unser Ziel.

Pura Tanah Lot ist ein Tempel auf einem Felsen im Meer, der zu Balis meistbesuchten Attraktionen zählt. Das Inselchen sieht sehr malerisch aus, das perfekte Postkartenmotiv, insbesondere, wenn dahinter die Sonne untergeht. Bei Ebbe ist der Tempel zu Fuß zu erreichen, dann taucht eine kleine Landbrücke aus dem Wasser, während bei Flut der Fels vom Meer umspült wird. Der Legende nach soll dort einst ein Priester tagelang meditiert haben. Ihm zu Ehren habe man später den Tempel errichtet.

Als wir nach Tanah Lot kamen, trafen wir auf eine balinesische Familie, die dort an einer Zeremonie teilnahm, die der inneren Reinigung diente. Ein paar Jahre danach würde ein halbes Dutzend Busse auf dem Parkplatz stehen und Reiseführer würden Touristen aus der ganzen Welt auf den Felsen scheuchen, wo es eigentlich nichts von Bedeutung zu sehen gab, außer einige Schlangen in einer Höhle und eben diesen Tempel, der allerdings für balinesische Verhältnisse eher bescheiden wirkte.

Wir blieben zum Sonnenuntergang, auf Bali ein Spektakel der Extraklasse. Auf dem Rückweg bog ich mit Lynn rechts ab, bis wir eine Zufahrt zum Strand gefunden hatten. Bei Ebbe war der Strand fünfzig Meter breit, wobei über das untere Drittel von Zeit zu Zeit eine auslaufende Welle wischte. Auf dem festen nassen Sand ließ es sich hervorragend fahren, und das Gefühl der Freiheit, das unsere Seelen weitete, während wir mit Vollgas in Richtung Kuta brausten, war nahezu vollkommen: Hinter uns die im Dunkeln verborgene Küste; vor uns, da wo Kuta-Beach endete, hell erleuchtet die Landebahn, die der Flughafen wie eine Zunge ins Meer streckte; linker Hand vor dem letzten Licht des Himmels die Umrisse der Palmen; und zur Rechten der Indische Ozean mit der heranrollenden Dünung. Wassertemperatur: warm, Außentemperatur: wärmer, Innentemperatur bei Lynn und mir: ansteigend. Wir setzten die Kopfhörer des Walkman auf, legten eine von Lynns Kassetten ein und dann gab ich Gas. Um diese Zeit und so weit weg von Legian und Kuta waren nur noch vereinzelt Spaziergänger unterwegs, so dass der Strand uns ganz allein zu gehören schien.

Es war damals auf Bali üblich, dass man mit dem Motorrad am Strand entlang fuhr, wenngleich Paco und ich uns anfangs dabei nicht ganz wohl fühlten. Als wir aber sahen, dass die Balinesen keine Hemmungen hatten, motorisierte Strandausritte zu unternehmen, passten wir uns an. Außerdem musste ich an Steve McQueen denken, der uns allen vorgemacht hatte, wie man mit der Geländemaschine einen Sandstrand besiegt. Egal was man davon halten mag, auf dem Geländemotorrad am Meer entlang zu rasen war einfach berauschend, erst recht an diesem Abend, als ich die kühle Brust des Mädchens am Rücken spürte, und wir dabei »Sebastian« von Cockney Rebel hörten, ein Lied, das uns die Stimmung vorgab!

Radiate simply, the candle is burning so low for me
Generate me limply, I can't seem to place your name, chérie
To rearrange all these thoughts in a moment is suicide
Come to a strange place, we'll talk over old times we never spied

Somebody called me Sebastian
Somebody called me Sebastian
Work out a rhyme, toss me the time, lay me you're mine
*We all know oh yeah**

Der Walkman, den ich mir in Singapur hatte aufschwatzen lassen, sorgte für großes Aufsehen. Sony brachte ihn damals gerade auf den Markt, anfangs unverschämt teuer, so dass ich ihn jederzeit für die doppelte Unverschämtheit am Strand hätte verkaufen können, denn der Walkman war der erste Kassettenrekorder, den man am Gürtel tragen konnte. Eine phonotechnische Sensation!

Als Lynn und ich daheim ankamen, waren Paco und Madé gerade dabei, ihren Abendjoint zu rauchen.

Wir genossen die verliebten Tage. Jeden Morgen fuhr ich mit ihr auf dem Motorrad nach Denpasar zur Bank, um jedes Mal von dem fröhlichen Angestellten lächelnd zu erfahren, dass noch immer nichts eingegangen sei. Der Mann war fast so weit, mir einen Privatkredit anzubieten, so sehr schien auch er enttäuscht zu sein, dass er uns keine bessere Nachricht geben konnte. Es kam, wie es kommen musste, nach drei Tagen waren die zweimal zweihundert Dollar ausgegeben. Nun, da ich meine Freundin besser kannte, traute ich mich, sie wegen einer Aufstockung des Kredits anzusprechen. Lynn wackelte mit dem Kopf wie ein Inder und meinte, jetzt sei ohnehin alles egal, dann würden wir eben zusammen auf Bali sterben, und gab mir weitere 200. Diesmal wollten Paco und ich sparsamer mit dem Geld umgehen, denn wir hatten unseren Optimismus, was die Ankunft der Überweisung anging, still beerdigt.

---

* Sebastian, Lied aus dem Album »The Human Menagerie« der Band Cockney Rebel (1973)

Zwei Wochen, nachdem Hunter den Eiltransfer in San Francisco auf den Weg gebracht hatte, traf das Telex bei der Bumi Daya Bank in Denpasar ein. Mit dem Wisch in der Hand kam mir der Filialleiter persönlich entgegen und gratulierte mir. Ich nahm die Nachricht entgegen wie den Gewinn einer Lotterie, an den man noch nicht so recht glauben mochte. Erst als mir an der Kasse die 10.000 Dollar hingezählt wurden, fielen Kummer, Ärger und Scham von mir ab wie welke Blätter. Das gesamte Bankpersonal nahm Anteil an dieser wundersamen ökonomischen Genesung. Als erstes gab ich Lynn ihre 600 Dollar zurück. Ich vermute, dass sie sehr erleichtert war. Mir gegenüber hatte sie zwar niemals Zweifel am guten Ende der Geschichte erkennen lassen, aber ich glaube, ihr großes Herz schlug den Rhythmus von Louis Primas »sing sing sing« an diesem Morgen.

So kam es, dass Paco und ich drei Wochen auf Bali verbrachten, weil irgendwer eine Überweisung, die als Wiesel auf den Weg geschickt worden war, unterwegs auf Schneckentempo reduziert hatte. Zuweilen werden große Sorgen in der Rückschau verklärt. So weigerte ich mich später jedes Mal, den Zwangsaufenthalt auf Bali schlechtzureden, was verständlich gewesen wäre, denn wir hatten eine Verabredung in Bangkok versäumt, wo eigens der Sous-Chef einer Triade aus Hongkong angereist war, um mit uns über eine Rationalisierung des Schmuggels in die Vereinigten Staaten zu sprechen. Nicht zuletzt war uns, wie sich später herausstellen sollte, ein gutes Geschäft entgangen. Dennoch, trotz des wirtschaftlichen Rückschlags: Unter dem Strich standen Lynn, Madé Tambùn, Elvis, die Familie Belgi, Agung Motobike und all die anderen Balinesen, die uns die Zeit auf ihrer Insel zu einem wunderbaren Erlebnis hatten werden lassen. Nach allem, was wir in diesen Wochen erlebt hatten, fiel es mir schwer, irgendwem einen Vorwurf zu machen, am wenigsten mir selbst. So etwas verbuchten wir unter der Rubrik: *that's life*. Das Gespräch mit dem Chinesen würde schon noch zustande kommen, dessen war ich mir sicher. Schließlich wollten die Hongkonger ja etwas von uns …

Sobald wir wieder liquide waren, buchten wir bei Garuda einen Flug nach Bangkok. In den Tagen mit Lynn hatte ich ihr von unserer geplanten Reise in die USA erzählt. Sie wusste auch, dass Paco und ich in den nächsten Tagen Bali verlassen würden. Über unsere gefährlichen Geschäfte hatte ich sie nicht aufgeklärt. Warum auch, weshalb hätte ich sie damit belasten sollen? Es fiel mir gewiss nicht leicht, mich von dieser edlen Seele zu verabschieden, denn es würde ein Abschied auf ungewisse Zeit sein. Von dem Augenblick an, da wir uns vor einer Woche kennengelernt hatten, waren wir praktisch dauernd zusammen gewesen und hatten perfekt harmoniert.

Der einzige Schatten, der von Anfang an auf unserer Liebe lag, war meine Ehe. Egal wie schlecht es damals schon um meine Beziehung zu Lisa stand, den Gedanken, mich von ihr zu trennen, hielt ich für undenkbar, egal wie sehr ich Lynn mochte und wie sie unter der Trennung leiden würde. Sie selbst verbot sich, unsere Freundschaft zu forcieren, da sie meine familiäre Situation respektierte und nicht diejenige sein wollte, die einen Keil in eine Familie trieb. Wir wussten, dass wir verliebt waren, aber wir hatten keine Vorstellung darüber, wie wir diese Liebe leben könnten.

Lynn malte, seit sie im Alter von fünf Jahren im Haus ihrer Großmutter einem Cousin beim Malen zugesehen hatte. Sie verliebte sich, erst in den Cousin, dann in die Malerei. Den Cousin sah sie nie wieder, aber das Malen blieb ihr. Von da an fühlte sie, dass ihre Bestimmung die Kunst war, insbesondere die Malerei. Solange sie in London lebte, besuchte sie mehrere Kunst-Schulen und als sie spürte, dass sie auf Schulen und Akademien genug gelernt hatte, vertraute sie sich im Alter von vierundzwanzig Jahren den eigentlichen Lehrern des Lebens an: der Welt und den Menschen. Sie verabschiedete sich von ihrer Familie und wurde zur Nomadin.

Lynn war zwei Jahre zuvor zusammen mit ihrem Freund in England aufgebrochen und hatte nach Aufenthalten in der Türkei, in Afghanistan und Indien im letzten Jahr Bali erreicht. Ihr Freund war in Indien der Versuchung des Heroins erlegen, verwahrloste und wurde gewalttätig, sodass Lynn sich von ihm trennte und weiterzog. Im Losmen Belgi lernte sie eine Frau kennen, die ihr die Technik der Batikmalerei beibrachte, und nach ein paar Tagen hatte die Lehrerin ihre Schülerin verführt. Als Nancy, so der Name der Dame, nach einigen Monaten nach Tokio reiste, nahm sie Lynn mit. Einmal in Tokio angekommen, vermittelte sie ihre jüngere Freundin an eine Animierbar, wo sie Geld verdienen sollte, um ihr die Reisekosten zurückzuzahlen. Nach ein paar Wochen überraschte Nancy Lynn mit dem Vorschlag, vor wohlhabenden Japanern eine Lesben-Show aufzuführen, für eine gute Gage versteht sich, und den Kunden anschließend erotische Dienste zu leisten. Also die klassische Zuhältermasche: erst eine vorgetäuschte Liebe, dann der Frust auf dem Strich. Wer sich ein wenig mit den in Japan gängigen Spielarten der Sexualität auskennt, der ahnt, was einer jungen Europäerin dort geblüht hätte. Da Lynn sich die Reise nach Japan und ihr weiteres Leben anders vorgestellt hatte, wies sie Nancys Ansinnen zurück, und es kam zum Bruch zwischen den beiden Frauen. Von einem auf den anderen Tag stand Lynn mittellos auf der Straße und musste sich irgendwie in Tokio durchschlagen. Zum Glück konnte sie den Job in der Bar behalten, in der sie genug verdiente, um sich über Wasser zu halten. Als sie nach ein paar Monaten genug gespart hatte, kehrte sie nach Bali zurück, wo sie das Batiken wieder aufnahm, und als ihr nach drei Monaten das Geld auszugehen drohte, kehrte sie nach Tokio zurück und heuerte für eine weitere Saison bei dem Barbesitzer an. So arrangierte sie sich ihr Leben für die nächsten anderthalb Jahre, drei Monate Japan, um Geld zu verdienen; anschließend drei Monate Bali, um sich in der Batik zu verbessern.

Es war während ihres zweiten Sommers auf Bali, als wir uns begegneten, und Lynn hatte vor, im Herbst ein letztes Mal nach Tokio zurückzukehren. Ihr Ziel waren die Vereinigten Staaten, wo sie sich an einer Universität für ein Kunststudium einschreiben wollte.

Da sie, wie ich wusste, kein großes Vermögen besaß, kaufte ich ihr ein Flugticket nach San Francisco. Als Dankeschön.

»Wo erreiche ich dich denn, wenn ich Sehnsucht nach dir habe?«, fragte sie mich am Abend vor unserer Abreise. Es war Anfang September.

»Ich gebe dir die Adresse meiner Eltern in Deutschland. Das Haus in München werde ich demnächst aufgeben. Ich trage mich nämlich seit ein paar Tagen mit dem Gedanken, mit meiner Familie hier auf Bali zu leben. Was sagst du dazu?«

»Das musst du wissen. Wir werden uns dann wohl nicht mehr begegnen«, erklärte sie tapfer.

»So weit würde ich nicht gehen. Früher oder später komme ich dich in den Staaten besuchen«, widersprach ich.

»Wo willst du mich denn besuchen, wenn ich noch nicht einmal weiß, wohin ich gehe? Ab November bin ich erst einmal in Tokio. Nach Kalifornien fliege ich frühestens Anfang nächsten Jahres«, erklärte sie ein wenig trotzig. »Und wer weiß, ob ich es bis dahin überhaupt schaffe.«

Das Gespräch fand bei einem Spaziergang am Strand vor Seminyak statt, und unsere Worte schienen von derselben Wucht zu sein wie die Wellen, die sich tosend auf das Land warfen. Unvermittelt blieb ich stehen und nahm Lynn in die Arme. Obwohl die Temperatur in Äquatornähe selten unter 25 Grad Celsius sinkt, hatte ich den Eindruck, dass mein Mädchen fröstelte. Lange standen wir so da, hörten dem Meer zu und ließen unsere Körper miteinander sprechen. Irgendetwas an diesem Abschied stimmte nicht, das spürten wir beide. Wir liebten uns, aber wir durften es nicht zulassen.

»Dann schreib mir doch die Adresse deines Vaters in London auf. Sollten wir uns tatsächlich aus den Augen verlieren, so finden wir uns über unsere Eltern wieder«, schlug ich vor.

»Die nächsten zwei Monate bin ich ja noch hier im Losmen. Da kannst du mir an die Post von Legian-Kuta schreiben«, sagte sie mit leise optimistischem Beiklang. »Außerdem habe ich noch die Adresse meiner Freundin Bianca in Tokio. Bei ihr werde ich wohnen, wenn ich Bali im November verlasse.«

Wir liefen Hand in Hand zurück zum Losmen, wo Paco und Madé ebenfalls Abschied voneinander nahmen. Madé hatte sich mit uns angefreundet, und Paco steckte ihm zum Abschied einige Scheine zu. Den letzten Abend verbrachten wir bei Elvis und seinen Australierinnen. Ich knipste noch ein paar Fotos, Elvis spendierte eine Runde Heroin im Bong (dass ich dadurch rückfällig wurde, ist im Nachhinein ärgerlich, aber kein Weg eines Süchtigen ist kürzer, als der in den Rückfall). Danach erinnere ich mich an nichts mehr. Weder an die letzte Nacht mit Lynn noch an die vielen Verabschiedungen bei unseren balinesischen Freunden. Sicher ist, dass wir all unsere Rechnungen beglichen und versprachen, bald wiederzukommen. Dann brach der letzte Morgen an, ich gab Lynn einen letzten Kuss und wir sammelten beide unsere ganze

Tapferkeit, um voneinander zu lassen und uns in verschiedene Richtungen zu bewegen.

Gegen Mittag hob die Maschine der Garuda vom Ngurah Rai Airport ab, der nach dem letzten Krieger benannt ist, der Bali gegen die Holländer verteidigt hat, indem er zusammen mit mehr als tausend Helden in die Gewehre der niederländischen Soldaten lief und niedergeschossen wurde. Aber das ist eine eigene Geschichte.

Im Steigflug überflogen wir Legian, und vom Fensterplatz aus versuchte ich, mich am Strand zu orientieren. Ich fand das Blue Ocean, den Volleyballplatz und direkt dahinter das Losmen Belgi. Als weißes Pünktchen sah ich Lynn auf der Terrasse über ihrer Batik sitzen. Wir überflogen gerade Surabaya, als mich Paco auf den Gunung Semeru aufmerksam machte, der höchste Berg auf Java, einer der schönsten Vulkane der Erde, dessen Schlot rauchte, und der aus der Luft so zahm aussah wie ein kegelförmiger Schornstein.

3.13 Odt und Oi

Nach einer Zwischenlandung in Singapur erreichten wir Bangkok am späten Nachmittag.

Wir bezogen diesmal wieder ein Zimmer im familiären Ambiente des White Inn, das uns Odt seinerzeit mit dem Kommentar »gute Hotel, Besitzer Bruder von Polizei. Nix Razzia« empfohlen hatte.

Am nächsten Tag mieteten wir einen Wagen und machten uns auf dem Weg zu Lin und Sudah nach Chonburi. Was wir dort zu hören bekamen, wurde uns zwar höflich mitgeteilt, aber zwischen den Floskeln war eine deutliche Verstimmung spürbar: Ein in der Hierarchie der Triade nicht ganz unbedeutender Mann war eigens aus Hongkong angereist, um mit uns auszuloten, inwieweit wir bereit wären, in Zukunft den Schmuggel der Ware den Asiaten zu überlassen und uns ganz auf den Absatz in den USA zu verlegen. Lin und seine Frau, die Paco und mich als »absolut zuverlässige Geschäftspartner« beschrieben hatten, verloren einiges an Gesicht gegenüber dem Emissär aus Hongkong, nachdem wir zu dem vereinbarten Termin nicht erschienen waren. Nach zwei Tagen war der Mann nach Hongkong zurückgeflogen, wo er zweifellos zweifelhaften Bericht über die »absolut zuverlässigen« europäischen Geschäftspartner erstattet haben dürfte.

Wie es nun weitergehen sollte, war völlig offen. Ein weiteres Treffen war nicht in Aussicht gestellt worden. Lin versprach, in den nächsten Tagen Kontakt zu seinen Hongkonger Leuten aufzunehmen, und ich versprach, in vier Wochen anzurufen, um zu erfahren, was sich ergeben hätte. So blieben Paco und mir nichts anderes übrig, als wieder eine der gefährlichen Reisen in die USA anzutreten. Wir machten einen Kassensturz und beschränkten uns diesmal auf den Einkauf von 400 Gramm, jeder wollte die Hälfte bis nach Japan schmuggeln, von dort aus sollte wieder die bewährte Methode mit den wattierten Briefen zur Anwendung kommen. Ehe wir uns von unseren Partnern verabschiedeten, wollten wir einen Abholtermin vereinbaren, aber zu unserer Überraschung erklärte sich das chinesische Ehepaar bereit, uns das Paket mit dem Stoff nach Bangkok zu bringen. Das minderte unser Risiko, denn die Fahrt mit dem Auto von Chonburi zurück in die Hauptstadt war nie ganz ungefährlich, wiederholt war ich unterwegs in Polizeikontrollen geraten. Das Angebot, uns die Ware ins White Inn zu bringen, war uns demnach sehr willkommen.

Die Wartezeit vertrieben wir uns damit, dass wir die Stadt weiter erkundeten. Eine Klongfahrt mit dem Langboot machte immer wieder Spaß, die erotischen Massagen in den besseren Häusern ließen wir ebenfalls nicht aus, und Paco, der Experte für Kulinarisches, entdeckte ein neues Restaurant, wo bei lokaler Küche unsere Gaumen auf ihre Kosten kamen.

Selbstverständlich trafen wir auch unsere Freunde Odt und Oi. Die beiden harmonierten wie Geschwister. Dass sie zuweilen einen Touristen abschleppte, begeisterte ihn zwar nicht, aber in dieses in Thailand so häufig anzutreffende Gatten-Schicksal schickte er sich, als sei es von Buddha selbst verfügt.

Als wir einmal zusammen auf der Poolterrasse des White Inn saßen und Klebreis mit Mango aßen, fiel einem Australier die hübsche Oi ins Auge und er baggerte sie an. Um sie von sich und seinen Qualitäten zu überzeugen, schlug er ihr einen Einkaufsbummel im Siam-Center vor und stellte ihr »Geschenke« in Aussicht. Oi, die angesichts der zu erwartenden Gage wenig Spielraum hatte, begleitete den Mann, wobei ihr selbst und auch Odt klar war, dass dem Besuch im Siam-Center ein Schäferstündchen im Hotel folgen würde. Wenn sie Glück hatte, käme sie mit 500 Baht und einer schönen Bluse zurück. War der Aussie ein Geizkragen, zahlte er bloß 200 und eine Suppe an der Straßenküche.

»Bist du nicht eifersüchtig, wenn deine Freundin mit einem Kerl fortgeht?«, fragte ich Odt, nachdem Oi mit dem Freier verschwunden war. Obwohl sein deutscher Wortschatz den Begriff Eifersucht noch nicht enthielt, verstand er die Frage.

»Wenn Oi mit andere Mann schlafen, Odt immer bisschen traurig. Aber müssen Geld verdienen. Zu Hause haben zwei Kinder und Papa und Mama. Immer Hunger haben, müssen essen, sonst Leben nix gut.«

»Wie oft geht Oi denn mit *Farang** ins Hotel?«

---

* Ausländer

»Manchmal viel, manchmal wenig. Oi nur am Tag arbeiten, nachts immer zu Hause schlafen«, erklärte er und sah mich dabei an, als erwarte er Anerkennung, dass sein Mädchen wenigstens die Nacht mit ihm verbringe.

Was mich betraf, so musste sich Odt keine Mühe geben, Ehre und Würde seiner Freundin zu betonen. Seit Jahren bewegte ich mich in der sogenannten Unterwelt, brach Normen und Gesetze am laufenden Band, dass es mir schon gar nicht mehr auffiel. Wir kriminellen Nomaden lebten einen Gegenentwurf zur Klasse der Bürger und verorteten uns in der Subkultur der sozialen Randgruppen, und das beinhaltete, dass wir alternative Lebensweisen selbstverständlich akzeptierten und respektierten. Dazu zählten Junkies, Stromer, Slumbewohner, Obdachlose, Transsexuelle und selbstverständlich auch die Huren.

Und natürlich alle die, die von den bürgerlichen und elitären Klassen verächtlich als Penner, Nigger, Stricher oder Zigeuner bezeichnet wurden, mit der unverhohlenen Absicht, diese Menschen abzuwerten und ihnen Respekt und Würde abzusprechen.

Vielleicht spürte Odt, dass Roman und Paco, Sissy und Andy, Santi und Werinher, Wacki und all die anderen europäischen Nomaden, die er bislang kennengelernt hatte, anders tickten als der Otto Normalficker, der mit spätkolonialer Attitüde Land und Leute heimsuchte und mit seiner Erektion und seiner Kohle bei den Töchtern des Landes auf die Schminke haute. Jedenfalls ließen Odt und seine Freunde, Oi und ihre Freundinnen uns näher an sich heran, nahmen uns mit in ihre Elendsquartiere und stellten uns ihren Familien und Nachbarn vor. Dabei verstand es sich von selbst, dass wir vorher auf den Markt gingen und so viel Fisch und Gemüse, Obst und Reis kauften, wie wir tragen konnten. Und dass wir mit den Leuten dort aßen, uns unterhielten, kifften und Singha-Bier tranken, zuweilen Opium rauchten und mehrmals sogar in einer auf Pfählen über der Kloake errichteten Bretterbude übernachteten, all das machte uns in ihren Augen zu Exoten. Wirklich schwer zu sagen, wie sie über uns Fremde dachten, die wir ein Zimmer im Hotel bezahlt hatten, aber dann bei ihnen in der Hütte pennten. Zu gerne hätte ich Odt verstanden, wenn er sich in seiner Sprache unterhielt, und wenn am Ende die Kinder und die Alten, die arbeitslosen Männer und die Massagemädchen lachten, und ihre Augen leuchteten. Zweifellos fanden sie unsere Gesellschaft interessant. Und wir fühlten uns wohl bei ihnen.

Eines Abends lud Odt uns zum Tanzen in ein Lokal ein, welches wir im Jahr zuvor schon einmal besucht hatten. Außer mir, Paco und Oi war noch ein befreundetes Paar eingeladen. Kann sein, dass es sich um einen Geburtstag handelte oder bloß um ein spontanes Tanzvergnügen ohne konkreten Anlass. Das Besondere an dem Tanzpalast war, dass dort keine Touristen verkehrten und die Thais unter sich blieben. Das schmucklose Restaurant war mit Klapptischen und -bänken bestückt und bot zwei- bis dreihundert Gästen Platz. Im Grunde handelte es sich um ein auf Pfeilern ruhendes Wellblechdach, ohne Seitenwände, umgeben von einem Garten. In einer Ecke war eine mobile Küche aufgebaut, wo Köche an einer ganzen Batterie Woks über heißen Gasflammen mit dem Zubereiten der Speisen beschäftigt waren. Hoch über unseren Köpfen sorgten Ventilatoren für frischen Wind.

Ein Drittel des Lokals bestand aus einer Bühne mit großer Tanzfläche, in deren Hintergrund ein Blasorchester aufspielte. An Tischen seitlich der Treppen, die zur Bühne hinauf führten, verkauften Frauen Blumenkränze. Oben standen etwa fünfzig junge Mädchen, Backfische, die stolz ihre hübschen Beine zeigten. Erkühnte ein Gast sich, eine junge Dame zum Tanze zu bitten, verbeugte er sich und legte der Partnerin seiner Wahl eine der soeben erstandenen Girlanden um den Hals, die diese später gegen Cash einlösen konnte. Ein preiswertes Vergnügen, bei dem man die Erotik knistern hörte.

Odt bestand darauf, uns zum Essen einzuladen, und da wir ihm eine solche Einladung nicht ohne Grund ausschlagen konnten, bestellten wir relativ preiswerte Gerichte, um sein Budget nicht zu sehr zu strapazieren. Nachdem wir gegessen und dazu Singha Bier getrunken hatten, sahen wir den Tanzpaaren eine Weile zu, ehe wir beschlossen, auf der Bühne mitzumischen. So tanzten Paco, Odt und ich zur Musik des unermüdlichen Orchesters mit wechselnden Partnerinnen, die uns führten, denn es stellte sich heraus, dass sie Tango, Discofox und Samba weitaus besser beherrschten als wir. Wir amüsierten uns, flirteten mit den unschuldigen Täubchen, von denen es allerdings einige faustdick hinter den Ohren hatten. An sie musste ich später denken, wenn ich das Lied »Night Owls« von Vaya con Dios hörte:

Sundown girls are posing coolly, looking so divine
Trying to excite and mystify
Sharing juicy secrets 'bout some man to hypnotize
Merry-making sisters,
flashing smiles that hold the sharpness of a knife …

Als sich der Abend dem Ende zuneigte und wir, vom Dauertanzen ein wenig trittlahm geworden, an den Tisch zurückkehrten, überraschte mich Odt mit einer indiskreten Frage.

»Warum du gehen immer allein im Bett? Gefallnix Thailand Frau?«

»Wie kommst du denn darauf? Natürlich gefallen mir die Mädchen in Bangkok.«

»Jedesma Abend Paco eine Mädchen haben, und du alleine schlafen«, präzisierte er seine Beobachtung. »Ich denken, du finden Thai Frau nix schön.«

»Ich habe eine schöne Frau in Deutschland. Der würde es gar nicht gefallen, wenn ich hier in Thailand mit anderen Frauen ins Bett geh'n würde«, erklärte ich, von jeder Schlagfertigkeit im Stich gelassen.

»Deine Frau weit weg, und du sie nix sagen«, schlug Odt vor. Und nach einer kurzen Nachdenkpause: »Hast du Foto von deine Frau?«

Ich holte meine Brieftasche hervor und zeigte ihm ein Bild von Lisa. Noch ehe er einen Blick darauf werfen konnte, hatte Oi es ihm aus der Hand genommen. Sie besah das Foto und gab es dann kommentarlos an ihren Mann zurück.

»Das deine Frau?«

»Seit fünf Jahren.«

»Das ist aber schöne Frau!«, schwärmte er.

»Deine Frau ist aber auch schön«, relativierte ich seinen Überschwang, indem ich Oi zulächelte.

»Deutschland Frau viel schöner. Haben blond Haare. Thailand Mädchen immer nur Haare schwarze haben«, sagte er, indem er sich in Lisas Bild verliebte.

Ich bat ihn, es mir zurückzugeben, betrachtete es eine Weile und steckte es wieder ein.

»Aber Thailand Frau besser Liebe machen«, erinnerte er sich mit einem Mal seiner Oi und nahm sie in den Arm. »Willst du heute Nacht mit Oi Liebe machen? Oi beweisen, dass Thailand Frau sehr gut bei Liebe. Und du meine Freund.«

Der Vorschlag überraschte mich derart, dass ich zunächst nicht wusste, was ich sagen sollte. Ich musste an Lisa auf Ibiza und an Lynn auf Bali denken.

»Bruder, was sagst du dazu?«, wendete ich mich an Paco.

»Was für eine blöde Frage. Wenn ein Mann die Gelegenheit hat, mit einer Frau zu schlafen, dann sollte er nicht zögern. Das habe ich von Osiris gelernt. Wie soll es einer sonst zur Meisterschaft auf diesem Gebiet bringen, wenn er nicht jede Gelegenheit nutzt. Man muss üben, um sein Instrument perfekt zu beherrschen.«

Das leuchtete mir ein. Dennoch fand ich es unpassend, mit Odts Freundin zu vögeln, während der allein daheim lag und ganz sicher nicht glücklich bei dem Gedanken war, dass seine Oi mit einem Kumpel das Bett teilte. Zudem verstand ich nicht, wieso er mir unbedingt seine eigene Frau aufdrängen wollte, wo Bangkok doch vor schönen Frauen aus den Nähten platzte. Geld wollte er jedenfalls keines, das stellte er gleich klar. Aber irgendeinen Hintergedanken vermutete ich dennoch, denn ein kleines Schlitzohr steckte auch in ihm.

»Was sagt Oi denn zu dem Vorschlag?«, erkundigte ich mich vorsichtig.

Aber Oi strahlte mich bloß an und grinste, und als ich sie weiter fragend anblickte, erklärte sie: »Ich würde gerne mit dir gehen. Mit Odt gibt es kein Problem.«

Ihr Englisch war erstaunlich gut.

»Nimm sie mit, und basta!«, forderte Paco mich auf, der nicht verstehen konnte, wieso ich so lange zögerte, und der nicht wissen konnte, wie es hauptsächlich wegen Lynn in meinem Herzen aussah.

»Ich überleg's mir.«

Als die Kapelle kurz nach Mitternacht zum letzten Fox aufspielte, war ich noch immer nicht schlüssig, und als Odt bezahlt hatte und wir hinausgingen, um ein Taxi herbeizuwinken, stieg Oi einfach bei mir und Paco ein, während Odt mit seinen Thai-Freunden zu Fuß die Straße hinunter spazierte.

»Und du?«, fragte ich Paco. »Bleibst du heute Nacht allein?«

»Ich bin bei Cessa auf eine spanische Fete eingeladen. Vielleicht finde ich da ja eine Partnerin für die Nacht.«

Cessa war ein Spanier aus Barcelona, den Paco am Vortag kennengelernt hatte, und der seit einigen Monaten in Bangkok lebte (*»bisnis«*). Wir ließen uns von dem Taxifahrer zum White Inn bringen. Paco duschte, zog sich ein frisches Hemd an und verabschiedete sich.

Da der Auftrag an Oi klar von ihrem Mann formuliert war, machte sie sich gleich an die Arbeit. Sie entkleidete zuerst mich, dann sich selbst und führte mich in die Dusche. Dort ließ sie es sich nicht nehmen, mich von Kopf bis Fuß einzuseifen und dass dabei kein Glied ungewaschen blieb, versteht sich unterdessen von selbst. Nass wie wir waren, landeten wir auf dem Bett und da mein Bericht keinen Anspruch auf Meisterschaft auf dem Gebiet der pornographischen Literatur erhebt, will ich mich kurz fassen. Nur so viel: Da ich Heroin konsumierte, was die Libido dämpft, dauerte es eine geraume Weile, ehe Oi mich soweit hatte. Und als wir am Ende schweißgebadet nebeneinander lagen und Oi mir ihr kleines Näschen in die Bartstoppeln stupste und dabei meinen Schweiß schnupperte, hatte ich den Eindruck, dass sie dabei war, sich zu verlieben. Was anzunehmen bei der Lage der Dinge zwar ein vermessener Gedanke war, aber auch Vermessenheit bewahrheitet sich ja zuweilen. Oi und ich genossen die Nacht so sehr, dass wir noch wach waren, als Paco gegen sechs in der Früh zurück kehrte. Ohne Begleitung.

»Und?«

Er sah mich fragend an. Seinem Grinsen entnahm ich, dass er wieder von dem Buddhagras geraucht hatte, das in Bangkok in

Zeitungspapier gewickelt für Kleingeld von jedem Tuk-Tuk-Fahrer verkauft wurde.

»Was und?«

»Wie stellt sich die Kleine an?«

»Um ehrlich zu sein, so geschickt, dass ich Odt wahrscheinlich fragen werde, ob er sie mir noch ein paar Tage überlässt. Oi weiß, wie man aus einem Kerl alles herausholt, das steht fest! Und wie war's bei Cessa? Keine guten Bräute im Garten?«

»Die Party fand drinnen statt. Wegen der Hitze. Gute Frauen waren wohl einige da, aber die Karten waren schon verteilt. Ich war zwei Stunden zu spät dran«, sagte Paco. »Wenn wir wieder mal hier sind, nehme ich dich mit. Ich wusste gar nicht, dass so viele Spanier in Bangkok leben.«

»Bangkok ist die Hauptstadt. Allein die Botschaft und die spanischen Kulturinstitute …«

»Stimmt, aber ich habe mehr Geschäftsleute getroffen, die ihre Handelsagenturen hier in der Stadt haben und von Thailand aus Export von Waren aus Indonesien bis China betreiben. Das könnte auch was für uns sein. Hier in Bangkok eine Firma aufmachen und Waren, die hier hergestellt werden, nach Europa und Amerika verkaufen. Damit kann man 'ne Menge Kohle machen.«

»In unserer Branche auch. Zudem mit weniger Aufwand«, widersprach ich.

»Und weniger Steuern!«, ergänzte Paco trocken und legte sich aufs Bett.

Dann drehte ich mich wieder zu der Frau an meiner Seite und wir schmiegten uns aneinander, denn wir wollten jeden Zentimeter Haut des anderen spüren.

Die zu erörternde Angelegenheit mit Odt besprach Oi. Sie führte zu dem erhofften Ergebnis. Odt war einverstanden, ja, er schien sich sogar zu freuen, dass mir sein Mädchen so gut gefiel, dass ich mich ob ihrer erotischen Magie zufrieden zeigte.

»Alles Oi von mir lernen. Oi gut machen Liebe! Oi schöne kleine Muschi haben.«

Ich musste lachen. Ein erstaunlicher Kerl, dieser Odt, der sich so unaufgeregt und fern jeglicher Eifersucht darüber freute, wie ich mit seiner Frau zufrieden war. Aber am dritten Tag präsentierte er mir dann doch noch die Rechnung.

»Hör mal, Harry, jetzt wo ich haben dir meine schöne Mädchen geben, ich fragen, ob du Odt deine Frau auch für Liebe machen geben? Ich versprechen, Odt ganz zärtlich mit ihr bumsen.«

Das Wort bumsen war bei den Mädchen in Bangkok erste Wahl, wenn sie sich geschäftlich in Position brachten: Du wollen bumsen, ich gut bumsen, 200 Baht viel bumsen, heute bumsen, morgen bumsen. Das deutsche Wort gefiel ihnen scheinbar, jedenfalls hörte man es allerorten in den Bars und Coffeeshops. Überhaupt waren sie fleißig, wenn es um das Erlernen des erotischen Vokabulars in einem Dutzend Sprachen ging: Jeden potenziellen Kunden aus Offenbach, Lille oder Maastricht, aus Göteborg, Hammerfest und Sankt Gallen, aus San Sebastian, Porto und Yokohama, aus Omaha, Southampton oder aus Dubai wollten sie mit perfekt artikulierter Fachterminologie überzeugen, dass *ihr* Loch das Loch der Löcher sei, das einzige, in welches es sich lohne, den harten Mann zu versenken! Die Hurenkultur trieb bemerkenswerte Blüten im Bangkok der siebziger Jahre.

Aber zurück zu Odt und seinem bemerkenswerten Ansinnen, was meine Frau betraf. Mir fiel ein, dass er mich schon einmal gebeten hatte, ihm eine Nacht mit einer europäischen Frau zu vermitteln. Damals war es Sissy, die er im Visier hatte, aber Sissy war mit Andy unterwegs gewesen, zudem bis zum Scheitel verliebt, da wollte ich es erst gar nicht versuchen, sondern redete Odt die heiße Nacht mit Sissy aus. Aber er hatte es sich in den Kopf gesetzt, mit einer möglichst blonden Europäerin möglichst bald zu vögeln. Und an diesem Ziel hielt er hartnäckig, aber geduldig fest.

»Aber Odt, wie stellst du dir das vor? Meine Frau ist keine Asiatin, die ihrem Mann aufs Wort gehorcht. Wenn ich zu Lisa sagen würde, los, geh mal mit meinem Freund Odt ins Bett und zeige dem mal, was du drauf hast, dann würde sie mich für verrückt erklären. Nein, mein Freund, das kann ich meiner Frau unmöglich vorschlagen. Die einzige Chance, die du hast, ist die, dass ich sie einmal mitbringe, sie dir vorstelle und dann für ein paar Tage …«

»Wunderbar!«, rief Odt begeistert. »Wenn Lisa hier in Hotel bleiben und du fahren ein paar Tage Pathaya, dann ich Lisa verführen. Odt können schön verführen, du verstehen …«

»Na ja, allzu viel Erfolg scheinst du aber noch nicht gehabt zu haben mit deinen Verführkünsten, denn sonst hätte es ja längst mit einer Blondie geklappt«, gab ich seiner Euphorie einen Dämpfer.

Darüber musste er kurz nachdenken, ehe er antwortete: »Das nicht wahr. Ich bisher noch kein Zeit, Mädchen aus Europa verführen. Ich immer viel arbeiten mit Elefant, und Oi viel eifrig suchtig, wenn ich schöne Mädchen Elefant verkaufen.«

»Und wenn ich Lisa einmal mitbringe und du es schaffst, sie zu verführen, wird Oi dann nicht eifersüchtig?«

»Nix gut, Oi wissen. Oi immer viel eifrig suchtig«, sagte er, nachdenklich geworden. »Oi ist kleine Problem. Muss überlegen Strategie.«

»Du hast ja Zeit, zu überlegen«, schmunzelte ich. »Noch ist meine Frau ja nicht in Bangkok.«

Auch wenn ich es nicht im Entferntesten für denkbar hielt, dass, sollte ich Lisa einmal mit nach Bangkok nehmen, Odt es schaffen würde, sie zu vernaschen, fand ich es durchaus fair, ihm die Chance zu geben. Zumal er ja mit Oi in Vorleistung getreten war, was schon erstaunlich genug war. Jedenfalls besiegelten wir den Deal per Handschlag.

Als ich am Abend mit Paco darüber sprach, lachte der und meinte: »Nicht, dass es dir so geht wie seinerzeit unserem Bruder Geoffrey, der sich seiner Sache ja auch sicher war, und der sich am Ende allein ins Bett legte, während du im Nebenzimmer von seiner Braut verführt wurdest. Du erinnerst dich doch?«

»Natürlich erinnere ich mich, aber das hier ist doch eine völlig andere Situation. Ich wollte Geoffrey Lisa damals ausspannen. Odt will nur ein Mal mit ihr ins Bett.«

»*Muy peligroso*«, gab Paco lachend zu bedenken. »Sehr gefährlich. Niemand kann vorher wissen, wie eine Frau reagiert, wenn sie mal den Degen eines anderen Kerls in der Scheide stecken hat! Das halte ich für ein unkalkulierbares Risiko.«

»Na ja, im Falle Lisas dürfte das Risiko durchaus kalkulierbar sein. Sie ist mir treu. Sie würde nie mit einem anderen Mann ins

Bett gehen«, sagte ich, obwohl ich wusste, dass eben solche Bettgeschichten schon vorgekommen waren.

»Das glaubst du doch wohl nicht im Ernst? Ich behaupte, dass jede Frau ihrem Mann Hörner aufsetzt, wenn ihr ein Kerl begegnet, der sie zum Schmelzen bringt; und wenn die Gelegenheit günstig ist. O.K., wenn sie frisch verliebt ist, dann mag sie treu sein, aber lass sie mal ein paar Jahre verheiratet sein, dann lege lieber deine Hand nicht ins Feuer, auch für deine Lisa nicht. Die hat es ohnehin faustdick hinter den Ohren. Das weiß ich von Enrico, und der kennt sie schon länger als du.«

»Was weißt du von Enrico?«

»Dass Lisa im Bett ein kleines Teufelchen sein soll.«

»So. Hat er das gesagt? Der spinnt wohl. Wie kommt ausgerechnet Enrico dazu, so über meine Frau zu reden?«

»Er hat's doch als Kompliment gesagt.«

»Kompliment hin oder her, der hat sich über intime Dinge, was meine Frau angeht, nicht öffentlich zu äußern!« Zuweilen nervten mich seine Kommentare.

»Hat er doch gar nicht. Mir hat er es unter vier Augen gesagt, als wir uns über die Frauen unterhielten. Schließlich war Enrico ja mal ein halbes Jahr mit Lisa zusammen, und soweit ich weiß, war sie total in ihn verknallt.«

Das entsprach wohl der Wahrheit, und ich musste mich damit abfinden, dass es im Freundeskreis Männer gab, die sich von meiner Frau schon hatten verführen lassen, als ich sie noch nicht einmal kannte.

»Wie dem auch sei, ich denke nicht, dass Odt eine Chance hat. Lisa ist nicht Oi«, sagte ich, um das Thema zu beenden.

Aber Paco musste das letzte Wort behalten: »Nein, Oi heißt sie nicht, aber sie ist eine Frau!«

Als wir nach ein paar Tagen Besuch von Lin und Sudah erhielten, die uns die bestellten 400 Gramm Heroin mitbrachten, war ich eine ganze Woche mit Oi zusammen gewesen. Morgens, nachdem wir aufwachten, besuchten wir einen Markt und kauften für ihre Familie Fisch, Gemüse und Früchte ein. Anschließend fuhren wir in ihr Viertel, wo Odt schon auf uns wartete. Wir blieben eine Weile, ehe wir zusammen zurück zur Sukhumvit fuhren, wo er sein Elefantengeschäft aufnahm, während Paco und ich den Tag anderweitig gestalteten: faulenzend am Pool des Hotels, entspannt bei der Massage, bummelnd in einem Einkaufszentrum oder auf der Terrasse des Mandarin Hotels beim Eisessen.

Fast hätte ich es vergessen: Am zweiten Tag meiner arrangierten Romanze mit Oi, kam sie auf die Idee, Paco ihrer Schwester Noi vorzustellen, und weil Noi zwar drei Jahre älter war als Oi, ihrer kleinen Schwester allerdings an Aussehen, Charme und Erotik durchaus das Wasser reichen konnte, griff Paco zu, und fortan pennten wir nachts zusammen mit den Schwestern im White Inn.

Ein Zwischenfall ereignete sich, als wir spät abends aus der zum Hotel gehörenden Disco traten. Oi hüpfte mir übermütig auf den Rücken. Lachend griff ich mit einer Hand nach ihrem Bein und mit der anderen in die hintere Tasche meiner Hose, warf den Geldbeutel auf den Rasen, steuerte mit der klammernden Frau auf meinem Rücken geradeaus auf den erleuchteten Pool zu und sprang kopfüber hinein. Ich spürte, wie sie unter Wasser die Umarmung löste, und als ich auftauchte, standen Noi und Paco wild gestikulierend am Rand.

»My sister not can swim!«, schrie Noi aufgeregt – und tatsächlich war Oi nirgendwo zu sehen, zumindest nicht über der Wasseroberfläche. Ohne zu zögern, hechtete Paco in den Pool und holte mein heftig hustendes Mädchen nach oben. Wir zogen sie heraus, stellten sie auf den Kopf, damit das Wasser aus ihrer Lunge laufen konnte.

Es dauerte eine halbe Stunde, ehe sie sich beruhigt hatte. Zum Glück war Paco Taucher und kannte sich bei der Seerettung aus. Er wusste genau, was zu tun war, und ihm hatte Oi es wahrscheinlich zu verdanken, dass sie nicht ertrunken ist. Ich war zwar ein leidlich guter Schwimmer, aber einen um sein Leben kämpfenden Menschen aus dem Wasser zu holen, das traute ich mir nicht zu. Von daher war ich mehr als erleichtert, dass Paco an dem Abend mit von der Partie war.

Noch während wir uns um Oi kümmerten, beobachtete Noi im Augenwinkel, wie ein Gast aus der Disco kam, ein paar Schritte auf den Rasen machte und sich nach meinem Geldbeutel bückte. Ohne zu wissen, dass es meiner war, rief sie dem Mann etwas auf

Thai zu, woraufhin dieser samt meiner Barschaft das Weite suchte. Blitzschnell begriff ich, was gerade vor sich ging und hechtete hinter dem Kerl her. Zum Glück war der Dieb fettleibig und kein guter Sprinter, sodass ich ihn nach fünfzig Metern eingeholt hatte. Als er merkte, dass er keine Chance hatte, warf er den Geldbeutel weg und lief weiter, in der Hoffnung, ich würde dann von ihm ablassen. Seine Hoffnung trog ihn nicht. Außer Atem hob ich mein Portemonnaie auf, rief dem Dicken noch einen Gruß hinterher und kehrte in den Garten des Hotels zurück, wo Oi sich gerade vom Rasen erhob. Ich nahm sie in die Arme und entschuldigte mich, aber sie meinte, es sei nicht meine Schuld gewesen, sondern ihre, weil sie als Kind nicht im Klong schwimmen gelernt habe. Einer Strafpredigt entging ich dennoch nicht, denn mein Bruder Paco machte mir den Vorwurf, ohne nachzudenken und aus reinem Übermut einen Menschen in Lebensgefahr gebracht zu haben. Daran gab es nichts zu deuten, und mir blieb nichts anderes übrig, als mir Pacos Sermon gesenkten Hauptes anzuhören.

Glücklicherweise war Oi am nächsten Tag wieder hergestellt. Ihre Schwester nahm sie mit nach Hause, wo sie die ganze Nacht über husten musste und keinen Schlaf fand. Das kam Paco und mir sehr gelegen, denn wir mussten ja das illegale Schmerzmittel vor der Reise verstecken, und dabei wollten wir möglichst ungestört sein.

Am frühen Nachmittag des darauffolgenden Tages fuhren wir im Taxi zum Flughafen, wobei die Schwestern darauf bestanden, uns zu begleiten. Von Odt hatten wir uns schon am Vormittag verabschiedet, wobei er mich daran erinnerte, demnächst meine Frau mit nach Thailand zu bringen. Ich versprach's, wir umarmten uns, und dann schenkte er mir noch einen kleinen Ebenholzelefanten mit ausgefahrenem Röhrchen. Beim Abschied am Flughafen kam es dann, wie es kommen musste: Oi fing plötzlich an zu schluchzen und mir weinend zu gestehen, dass sie mich liebe, und dass ich wiederkommen möge …

Es fiel mir nicht leicht, die minutenlange Umarmung zu lösen, ihr einen letzten Kuss zu geben und dann Paco zu folgen, der die Ausweiskontrolle schon hinter sich hatte. Mit Ois Reaktion auf die Trennung hatte ich überhaupt nicht gerechnet, und ich erinnerte mich an Pacos Worte ein paar Tage zuvor. Ich musste mir eingestehen, dass die Seele der Frau terra incognita für mich war. Hoffentlich traf das nicht auch auf die Seele meiner eigenen Frau zu, dachte ich noch, als der Flug nach Hongkong aufgerufen wurde.

3.14 Pazifik

Der Zwischenstopp in Hongkong war Pacos Idee gewesen. Er hatte überlegt, es sei unverdächtiger, wenn wir in Tokio aus einem Flugzeug stiegen, das anstatt in Bangkok in Hongkong gestartet war. Bangkok als Herkunftsort hatte bei Zöllnern weltweit einen denkbar schlechten Ruf, und das nicht wegen der Gefahr, ansteckende Geschlechtskrankheiten einzuschleppen, sondern aufgrund des Drogenhandels, für den die thailändische Hauptstadt berüchtigt war. Was mein Freund nicht bedacht hatte, war der Umstand, dass wir zwar in Japan unverdächtiger erscheinen mochten, dafür aber bei den Zöllnern in Hongkong Verdacht erwecken könnten. Und so kam es dann auch.

Aber zunächst erregte der spektakuläre Landeanflug auf den Hongkonger Flugplatz Kai Tak unsere ungeteilte Aufmerksamkeit. Hongkong hatte seinerzeit einen Flughafen, der am Rande der Bucht von Kowloon auf eine Landaufschüttung gebaut worden war, die im Laufe der Jahrzehnte mehrmals verlängert werden musste. Am Ende maß die Landepiste mehr als drei Kilometer. Aus flugtechnischen Gründen wurden An- und Abflug von Kai Tak immer in dieselbe Richtung gelenkt, was insbesondere den Anflug zu einem anspruchsvollen fliegerischen Bravourstück werden ließ. In der Nähe des Flughafens sich erhebende Berge ließen es nicht zu, dass die Landebahn in gerader Linie angeflogen werden konnte, sondern in einem 90-Grad-Winkel, und erst im letzten Moment, Sekunden vor dem Aufsetzen sozusagen, musste die entscheidende Kurskorrektur durchgeführt und die Maschine auf den Mittelachsenkurs der Landebahn gebracht werden. Dabei überflogen die Jets die Häuser in der Nähe der Prince-Edward-Road so niedrig, dass man den Leuten fast ins Schlafzimmerfenster blicken konnte, wenn man mir diese kleine Übertreibung gestattet. Und wenn sich so ein Jumbo in die Kurve neigte, hatte man den Eindruck, er berühre mit dem Ende der Tragfläche jeden Moment die Dächer der Hochhäuser. So gehörte der Flughafen Kai Tak (der 1998 von dem auf der Insel Lantau gelegenen Chek Lap Kok abgelöst wurde) zu den gefährlichsten Anflügen weltweit, nicht nur, weil es Berge in der Nähe gab, die sich nicht unter, sondern neben dem Flugzeug erhoben; auch, weil es bloß eine Landebahn gab, die dazu relativ kurz war und im Meer endete; und zusätzlich, weil der Hongkonger Sund für bösartige Windböen berüchtigt war, die ein Flugzeug im Schwebeflug leicht um ein paar Meter versetzen können. Selbst für erfahrene Flugkapitäne war die Landung in Hongkong eine besondere Herausforderung, die jedes Mal all ihr Können und volle Konzentration erforderte. Für die Passagiere war sie ein Erlebnis, dem etwas Abenteuerliches anhaftete. Wer zum ersten Mal über Hongkong einschwebte und nicht vorgewarnt war, dem konnte durchaus der Schweiß ausbrechen, wenn er aus dem Fenster blickte und sah, wie der riesige Vogel auf die Dächer der Millionenstadt niederging, mit dem Fahrwerk fast die Antennen von den Häusern kratzte, dabei auf eine Bergflanke zuraste, um buchstäblich im letzten Augenblick in eine gefährliche Schräglage zu gehen, achtzig Meter über der Straße eine Rechtskurve einzuleiten, um sich erst Sekunden vor dem Touchdown wie ein nasser Hund zu schütteln und dann mit einem weithin hörbaren Seufzer aufzusetzen.

Paco und ich wurden am kreisenden Kofferband von einer uniformierten Chinesin angesprochen und gebeten, ihr in ein Zollbüro zu folgen. Dort nahm sich ein Beamter unsere Pässe vor, zwei andere kümmerten sich um unser Gepäck. Die vielen Stempel in meinem Reisepass erregten wieder einmal Verdacht. Selbst nachdem ich meinen Presseausweis vorgezeigt hatte und erklärt hatte, ich sei Fotojournalist, reise beruflich viel und sei auf dem Weg in die Vereinigten Staaten, um eine Konferenz zum Schutz des kahlköpfigen Adlers zu besuchen, blieben die britisch-chinesischen Zöllner skeptisch. Paco, der wie üblich Referenzpapiere der University of Berkeley dabei hatte, überdies eine Menge Korrespondenz mit spanischen Ministerien und Tauchervereinigungen auf der halben Welt, verfügte über mehr Überzeugungspotenzial. Zudem war er älter als ich, wirkte in seinem Dreiteiler seriöser und verstand es besser, den unverdächtigen Reisenden zu mimen. Ich hingegen trat arrogant auf, drohte den Zöllnern, meine Redaktion einzuschalten und über UPI einen negativen Bericht über die Einreiseformalitäten am Hongkonger Flughafen zu lancieren, was die Chinesen allerdings überhaupt nicht zu beeindrucken schien. Irgendwie hatten sie den Riecher, mich überführen zu können, weil sie es offenbar mit jemandem zu tun zu haben glaubten, der nicht der war, für den er sich ausgab. Das gaben sie mir deutlich zu verstehen. Da sie allerdings nicht wussten, wonach sie suchen sollten, krempelten sie mich komplett um, durchwühlten unter Protest meine Reisetasche, meinen Kamerakoffer und inspizierten und wogen sogar das Stativ (in dem die Konterbande versteckt war). Sie waren dicht dran am Erfolg, aber ich hatte zu sauber gearbeitet, um ihnen einen Grund zu liefern, das teure Profistativ anzubohren oder gar zu zersägen, wie es der US-amerikanische Zoll in Verdachtsfällen schon mal machte.

Nach einer guten halben Stunde ließen sie mich laufen, nicht ohne mich zuvor noch einer Leibesvisitation unterzogen zu haben (was mir in Japan wohl kaum passiert wäre). Paco saß derweil in einer Cocktailbar des Flughafens und wartete ungeduldig darauf, dass ich endlich erschien. Wir hatten nämlich am Vorabend beschlossen, die kompletten 400 Gramm in mein Stativ zu pressen, denn das Stativ hatte schon viele Zollkontrollen überstanden, ob es nun gefüllt war oder nicht, noch nie hatte es ein Zöllner länger als ein paar Sekunden in der Hand gehalten oder gar Verdacht geschöpft. Von daher war das Kamerastativ, das stabile Zubehör eines deutschen Herstellers, die beste Option. Und weil es nur logisch war, dass ein Mann mit Fotoausrüstung auch ein Stativ dabei hatte, war *ich* diesmal der Schmuggler und Paco der Begleiter. Daher ist es nachvollziehbar, dass er sich Sorgen um mich machte, während er in der Bar saß und nervös an seiner Margarita nippte. Umso erleichterter war er, als er mich schließlich grinsend hereinkommen sah.

»Die kleine Zollschlampe hat mir nicht getraut. Der Typ hätte mich längst gehen lassen, aber sie stachelte ihn in einem fort an, sodass er immer wieder aufs Neue zu suchen begann. Sie haben mich komplett auf den Kopf gestellt, bloß in den Arsch haben sie mir nicht geschaut und dem Stativ auch wenig Aufmerksamkeit geschenkt.«

»Was trinkst du, *hermano*?«

»Nicht viel, einen Whiskey vielleicht. Ich schlage vor, wir verlassen den Flughafen und suchen uns ein vernünftiges Hotel. Das Peninsula soll recht gut sein«, schlug ich vor, wie Mister Großkotz. »Dort gönnen wir uns heut Abend noch ein paar Drinks, einverstanden?«

»Einverstanden.«

Da unser Weiterflug nach Japan für den nächsten Morgen geplant war, blieb uns nicht viel Zeit, Hongkong kennenzulernen. Unser Hotel lag in Kowloon, für dortige Verhältnisse eine billige Absteige, nachdem im noblen Peninsula für zwei Nobodys wie uns kein Zimmer frei war. Tatsächlich begegnete man uns an der Rezeption mit einer britisch-aristokratischen Arroganz, dass ich das Haus zeitlebens mied und in späteren Jahren, als ich in Macau lebte, selbst die berühmte *»teatime«* an den Nachmittagen niemals besuchte.

Paco goss sich einen Whiskey hinter den Binder, ich rauchte diskret einen Joint und dann verließen wir das Hotel, liefen die Nathan Road entlang, wo um diese Uhrzeit noch Verkehr herrschte, unterhielten uns über alles Mögliche, woran ich mich nach mehr als dreißig Jahren natürlich nicht mehr erinnere, aber die Themen, die man im Gespräch mit Paco anschneiden konnte, lagen breit gefächert um uns herum: Er interessierte sich für Naturwissenschaften, alle Arten von Technik, insbesondere für neue Unterwassertechnologien; er kannte sich bei der submarinen Fotografie aus; er war interessiert an Geschichte und wusste über die spanische Kolonialgeschichte ebenso Bescheid wie über den Bürgerkrieg. Schließlich hatte Paco eine grobe weltgeschichtliche Orientierung. Weiter galt sein Interesse der Kunst, angefangen beim Flamenco und fortgesetzt bei den großen Spaniern, die der übrigen Welt gezeigt haben, wie man den Pinsel schwingt. Dass mein Freund stolz war, Spanier zu sein, leugnete er nie. Man kann zwar nicht behaupten, Paco sei ein Nationalist gewesen, aber wenn wir auf der Welt unterwegs waren, reiste er immer mit dem unterbewussten historischen Auftrag, den jeder Spanier seit dem 15. Jahrhundert in sich spürt, nämlich von Gott und König ausgesandt zu sein, die spanische Kultur zu verbreiten und als Spanier in der Welt präsent zu sein, eine Haltung, die ich als Deutscher überhaupt nicht fühlte, es sei denn, ich saß gerade in einem Taxi in Singapur. Mit Paco konnte man über Literatur reden, über Musik allemal, wobei sein Spezialgebiet die Salsa war, er kannte jeden Trommler und jede Sängerin rund um das karibische Becken mit Namen. Dann verstand er etwas von Weinen, von Alkoholika im Allgemeinen, er war ein Feinschmecker, kein Snob, aber es war nicht ausgeblieben, dass er auf seinen vielen Reisen um die Welt in allen möglichen Restaurants gespeist hatte, und wenn Paco zum Essen lud, dann schaute er nicht auf den Peso, die Mark oder den Dollar. Als Schriftsteller war er praktisch an allem interessiert, allgemein an den Menschen, denen er mit Respekt und Neugier begegnete, speziell an Frauen, mit denen er endlose Gespräche führte, ehe er sich von ihrer Erotik umgarnen ließ. Paco hatte Interesse an der Wissenschaft bis hin zu Philosophie und Esoterik. Leider kam er nie dazu, etwas zu veröffentlichen, da, wie an anderer Stelle berichtet, ein Bekannter alle seine mit der Schreibmaschine getippten Manuskripte verbrannt hatte.

Was mir an meinem spanischen Freund besonders gefiel: er war kritikfähig und auch bereit, zu kritisieren. Dies war neben seinem äußerst strapazierfähigen Humor eine Charaktereigenschaft, die mir am meisten imponierte, denn jemand sachlich zu kritisieren, setzt Bildung und Selbstwertgefühl voraus. So war es mir jedes Mal ein intellektuelles Vergnügen, mit Paco unterwegs zu sein. Zu ihm hatte ich im Laufe der Jahre wohl die symmetrischste aller Freundschaften, wenngleich es, wie in Singapur, nicht immer ohne Zoff zwischen uns ablief.

Wir verließen Hongkong am nächsten Morgen in Richtung Tokio, wo wir, im Gegensatz zu unserem ersten Aufenthalt vor zwei Jahren, diesmal ausreichend Zeit und genügend Devisen hatten. Viel ist mir von diesem Tokio-Aufenthalt nicht mehr in Erinnerung. Wir quartierten uns in einem zweitklassigen Hotel mit erstklassigen Tarifen ein, ließen uns ein üppiges japanisches Abendmahl aufs Zimmer bringen und verriegelten anschließend die Tür. Am Nachmittag hatten wir alles gekauft, was notwendig war. Um das Heroin aus den Alurohren des Stativs herauszuholen, benötigten wir einen speziellen Fräskopf mit langem Stiel; um das Pulver versandfertig zu verpacken, ein halbes Dutzend gepolsterte

DIN-A-4-Umschläge, Klebstoff, spezielles wasserfestes Packpapier und natürlich Briefmarken.

In der Ruhe der Nacht und im Schutz des Hotelzimmers arbeiteten wir so lange, bis die 400 Gramm gut verborgen in den Umschlägen steckten. In der Badewanne reinigte ich das Stativ, trocknete es mit dem Föhn und baute es wieder zusammen. Dann brachen wir zu einem späten Spaziergang im Viertel auf und steckten die brisanten Sendungen in einen Briefkasten, zwei davon an das italienische Restaurant, in dem Paco vor ein paar Jahren gearbeitet hatte, als er zum ersten Mal in die Stadt gekommen war.

Paco hatte dem Besitzer telefonisch angekündigt, dass ihm ein japanischer Maler zwei Lithografien schicken wolle, und dass er in Ermangelung einer eigenen Adresse die des Restaurants angegeben habe. Das war unverdächtig, und der Wirt freute sich, seinen ehemaligen Gemüseputzer demnächst wiederzusehen. Als Absender hatten wir den Namen einer Galerie angegeben, deren Adresse wir aus Broschüren ausgeschnitten und auf die Umschläge geklebt hatten. Sollte alles glatt gehen, müsste die Post vor uns in Kalifornien eintreffen.

Am nächsten Tag bat ich eine der Damen an der Rezeption, bei Saeko anzurufen und ihr mitzuteilen, dass ich in der Stadt sei und sie um Rückruf bitte. Kurz darauf meldete sie sich, und wir verabredeten uns im Restaurant des Hotels. Als sie den Speiseraum betrat, sah sie bezaubernd aus, so wie ich sie in Erinnerung behalten hatte. Ich stellte ihr meinen Reisegefährten vor, dem sie ein hintergründiges Lächeln schenkte.

Kurz erwähnte sie, dass die medizinische Untersuchung vor drei Monaten negativ verlaufen sei, als Wacki in San Francisco eine Woche in Syphilis-Quarantäne verbracht hatte. Paco, dem ich zuvor von Saekos Romanze mit Wacki erzählt hatte, bemühte sich redlich um ihre Aufmerksamkeit, aber die attraktive Japanerin biss nicht an. Saeko favorisierte offenbar blonde Männer, dunkelhaarige standen in Japan genügend zur Auswahl.

Sie gestand uns, unglücklich verheiratet zu sein und beneidete uns offen ob unseres Lebensstils, gerne wäre sie mit uns nach Kalifornien geflogen. Schließlich gestand sie, dass sie vorhabe, mit einer Reisegruppe im Winter nach Europa zu fliegen und dann dort ihren blonden Lover zu besuchen. Sie habe allerdings auf ihren Brief hin von Wacki keine Antwort erhalten. Was mich nicht wunderte, denn sein Heroinkonsum bewegte sich nach wie vor auf hohem Niveau, und wer derart »drauf« ist, der nimmt es mit dem Beantworten von Briefen nicht so genau.

Ich versprach Saeko, ihn zu grüßen und ihm zu sagen, dass sie nach wie vor an ihn denke. Leider blieb es bei diesem einen Treffen mit der eleganten Japanerin, deren Anmut mir eine Augenweide war: Ich hätte sie stundenlang betrachten können! Paco kramte sein bestes Englisch hervor, aber es half alles nichts, sogar die Texte aus Osiris' Schule führten nicht zum Erfolg. In Japan galten scheinbar auch beim Flirten andere Regeln. Wir verabschiedeten uns, und ich versprach, mich bei Gelegenheit wieder bei ihr zu melden.

Am 18. September gingen wir an Bord einer Maschine der Japan Airlines mit Kurs San Francisco. Die Flugzeit nach Honolulu betrug etwa sieben Stunden, die von Honolulu nach Frisco noch einmal vier. Auf einen Hawaii-Aufenthalt verzichteten wir diesmal (was für ein Snobismus!), wenngleich die Maschine dort zwischenlandete und zwei Stunden lang für Auftanken und Catering benötigte. Wir begnügten uns damit, duty free eine Riesendose Macadamia-Nüsse zu kaufen, die Flughafentoilette aufzusuchen und jeder zwei Hamburger zu verdrücken, nachdem uns die Bordverpflegung der Japan Airlines nicht sehr zusagte (das steht so, ohne weitere Präzisierung, in meinem Tagebuch). Außerdem schrieb ich Lynn eine Ansichtskarte von Waikiki und dem Diamond Head nach Bali und Paco schickte eine an seine Freundin Elsa nach Bogotá.

Als wir schließlich auf dem Internationalen Flughafen von San Francisco landeten, waren wir beide vom Jetlag gezeichnet. Zum Glück ließ uns der Zoll unbehelligt (ich hatte immer Heroin zum Eigenkonsum dabei, allerdings sehr gut versteckt!), sodass wir in einem Leihwagen recht bald am Hyatt-Hotel vorfuhren. Wir ließen das Gepäck abholen, den Wagen vom Park-Service in die Tiefgarage bringen und lagen eine Stunde später eingecheckt und gebadet in den Betten. Auf unserer ganzen Reise, von Bangkok nach Singapur, Jakarta und Bali, von dort zurück über Bangkok, Hongkong und Tokio nach San Francisco bewegten wir uns an den Ufern des

Pazifischen Ozeans, was mir vor dem Einschlafen in den Sinn kam und alles über die Größe dieses Gewässers sagt.

Wie bei den früheren Reisen, wenn wir das illegale Transportgut per Post in die Vereinigten Staaten geschmuggelt hatten, waren die vier Briefe problemlos angekommen. Paco besuchte am Morgen seinen Freund, den Italiener, der sie ihm aushändigte und ein paar Schnäpse mit ihm trank. Am Nachmittag machte ich mich auf den Weg zur Hauptpost, wo ausgerechnet eine Beamtin japanischer Abstammung mir die beiden Sendungen lächelnd übergab. Zurück im Hotel telefonierte ich mit Hunter und kündigte meinen Besuch an.

Paco hatte sich mit Jorge Santana verabredet, der nach wie vor in der Bay Area mit seiner Band live auftrat und dessen internationale Karriere nicht recht in Gang kommen wollte, wenngleich er seine Gitarre mit Können und Hingabe spielte. Vermutlich lag es an seinem Manager, der ihm vor zwei Jahren, als Mauricio versucht hatte, Jorge für eine Europatournee zu gewinnen, schon den Weg verbaut hatte. Und wie die Geschichte uns zwischenzeitlich lehrte, hat Jorge Santana im Gegensatz zu seinem berühmten Bruder es nie zu einer internationalen Karriere gebracht, vermutlich bloß deshalb, weil er einen miserablen Manager hatte.

Als ich bei Hunter in Lagunitas ankam, herrschte von Anfang an eine gedrückte Stimmung. Hunter schuldete mir aus dem letzten Deal noch mehr als 60 Tausend Dollar, die ich einforderte, ehe ich ihm neues Material aushändigte.

»Sorry, aber ich habe die Kohle noch nicht bekommen. Der Typ, dem ich das Zeug auf Kommission überlassen habe, macht derzeit Urlaub in der Karibik. Ich kann frühestens nach seiner Rückkehr mit dir abrechnen«, erklärte er.

Es waren inzwischen mehr als zwei Monate verstrichen, seit ich mit Wacki in Kalifornien gewesen war, eine Zeitspanne, in der Hunter normalerweise alles verkauft und bezahlt hatte. Irgendetwas stimmte hier nicht. Hinzu kam, dass sowohl er, als auch seine Frau Candy heftig konsumierten, möglicherweise sogar »drückten«, und das bedeutete, dass sie täglich zwei Gramm verbrauchten. Dass sie deshalb weniger verkauften und weniger einnahmen, war leicht auszurechnen, und ich vermutete, dies sei der Grund dafür, dass Hunter seine Schulden nicht bezahlen konnte.

»Um es gleich zu sagen, Hunter: Es gibt erst wieder neue Ware, wenn die alte bezahlt ist. Was unser letztes Geschäft angeht, so wurde es deinerseits alles andere als professionell abgewickelt. Das ist das erste Mal, dass ich hierherkomme, und du hast noch eine Rechnung vom letzten Mal offen.«

»Das hat seine Gründe. Habe ich dir doch alles am Telefon erklärt. Mir ist mein bester Kunde abhanden gekommen, er wurde, kurz nachdem ihr zuletzt hier wart, in L.A. geschnappt. Das bedeutete für mich, dass ich 30.000 abschreiben konnte. Weil ich nach der Sache mit Jake keinen Stoff mehr im Haus aufbewahren wollte, gab ich alles auf Kommission her. Und die Leute, denen ich es überlassen hab, sind nicht so schnell wie Jake, der in Beverly Hills zahlungskräftige Kunden hatte. Ich kann auch nichts anderes tun als warten. Und wenn ich warten muss, musst auch du warten!«

Obwohl er den letzten Satz eine Spur zu frech betont hatte, gab ich mich weiter verbindlich.

»Wenn du meinst, dann werden wir eben warten. Bis wann kannst du mir die Restzahlung verbindlich zusagen?«

»Wie soll ich das wissen? Ich sagte dir ja schon, mein Hauptkunde ist derzeit im Urlaub. Mal sehen, wie viel er vorbeibringt, wenn er zurück ist.«

»Also gut. Ich werde die frische Ware anderweitig verkaufen. In einer Woche rufe ich dich an. Dann kannst du mir ja sagen, wie die Sache steht.«

Zum ersten Mal umarmten wir uns nicht zum Abschied, sondern gaben uns nur die Hand. Die Herzlichkeit, mit der ich bis dahin im Hause James empfangen worden war, war verschwunden. Ich spürte, dass unser Gespräch kein Gespräch unter Freunden mehr war, aber ich hatte keine schlüssige Erklärung dafür. Es gab natürlich eine Erklärung, aber es sollte noch ein paar Wochen dauern, bis ich dahinter kam, dass Hunter sich geschäftlich mit Wacki verabredet hatte. Er wartete auf seinen neuen Lieferanten, mit dem er einen besseren Preis vereinbart hatte.

Mit einem schalen Gefühl verabschiedete ich mich von dem Mann, den ich vor mehr als drei Jahren auf dem Gefängnishof von

Palma de Mallorca kennengelernt und mit dem ich lukrative und korrekte Geschäfte abgewickelt hatte.

Mein nächster Weg führte mich nach San Anselmo zu David Skrogan, den ich auf der Reise mit Werinher in Bangkok kennengelernt hatte. Wir waren damals im selben Hotel abgestiegen und irgendwie hatte er mir angesehen, dass ich ihm dabei helfen könne, eine Unze Heroin zu kaufen, jedenfalls sprach er mich im Coffeeshop eines Tages an. Wir unterhielten uns zunächst über dies und jenes, und als er genug zugehört hatte, um mich als cool einzuschätzen, ging er das Risiko ein, mich auf den Heroinkauf anzusprechen. Ehe ich mich allerdings mit ihm einließ, beobachtete ich ihn noch ein paar Tage, aber schließlich besorgte ich ihm die gewünschte Ware bei meinem alternativen Lieferanten Tiger.

Seither hatten wir gelegentlich telefoniert, einmal hatte ich ihn sogar in seinem Haus in San Anselmo besucht, war seiner Bitte, Geschäfte mit ihm zu machen aber nicht nachgekommen. Schließlich hatte ich mit Hunter einen zuverlässigen Kunden, sodass es keinen Grund gab, ein weiteres Risiko einzugehen. Im Drogenhandel bedeutet jeder neue Kunde sowohl eine Chance als auch ein Risiko. Denn was wusste ich darüber, wie sich der Mann in seiner Szene bewegte, ob er Feinde hatte, ob er im Visier der Polizei stand, ob er korrekt abrechnete und andere Unwägbarkeiten mehr?

Nach dem entmutigenden Gespräch mit Hunter James fand ich es an der Zeit, David zu kontaktieren. Ich traf ihn im Garten seines Hauses, wie er dabei war, mit seinen beiden Töchtern Ball zu spielen. Er freute sich ganz offensichtlich über meinen Besuch, und als ich ihm die 400 Gramm zum Kauf anbot, freute er sich noch mehr. Noch während meiner Anwesenheit telefonierte er mit zwei potenziellen Kunden, die offenbar Interesse zeigten. Er verabredete sich mit den Dealern, um ihnen eine Materialprobe zu übergeben und um den Preis auszuloten. Ich verlangte 200 Dollar pro Gramm, was bei der guten Qualität allgemein in Kalifornien akzeptiert wurde. Hunter hatte sogar freiwillig 250 bezahlt.

Ich verabschiedete mich, ohne meinen Aufenthaltsort zu hinterlassen. Niemand sollte wissen, wo Paco und ich abgestiegen waren. Ich versprach, mich am späten Abend noch einmal zu melden.

Bref: Der Preis stimmte, die Qualität ohnehin, und so konnten wir schon am darauffolgenden Tag die ersten sieben Unzen abrechnen. Ein Umstand, der Paco mehr als gelegen kam, denn er wollte so schnell wie möglich zu seiner Elsa nach Bogotá. Daher zahlte ich ihm seinen Anteil (Paco und ich arbeiteten immer auf Fifty-Fifty-Basis), das heißt: der Gesamterlös minus die Reisespesen minus den Einkaufspreis geteilt durch zwei, also 80.000 – 6.000 – 1.200 = 72.800 geteilt durch 2 = 36.400 Dollar.

Er steckte sich sein riskant verdientes Geld ein und verabschiedete sich gen Kolumbien, ein Land mit Menschen, von denen er Zeit seines Lebens nicht los kam. Sein Vorschlag, ihn zu begleiten, ihm in ein paar Tagen zu folgen, lehnte ich lachend ab.

So angenehm die Erinnerungen, so sehr mir die Kolumbianer ans Herz gewachsen waren (allein Osiris wäre eine weitere Reise wert gewesen!) – Geschäfte wollte ich dort keine mehr machen. Bis auf den Grasdeal, den Paco Anfang des Jahres eingefädelt hatte, standen für mich immer nur rote Zahlen unter dem kolumbianischen Strich. Ich hatte stattdessen vor, nach erledigtem Verkauf der Ware nach München zu Lisa zurückzukehren, unser Haus aufzugeben, das Auto zu verkaufen, die Firma aufzulösen (seit zwei Jahren hatte ich in München eine Fotoagentur, mit Buchhaltung, einem Angestellten, einem Firmenwagen und einem Büro) und mit der ganzen Familie sobald wie möglich nach Bali auszuwandern. Lisa wusste zwar noch nichts von ihrem Glück, aber, so stellte ich mir das vor und hoffte, sie würde sich nicht dagegen sträuben.

Nachdem ich Paco zum Flughafen von San Francisco gebracht hatte, schaufelte ich mir auf dem Parkplatz im Auto erst einmal eine Dosis Heroin in die Nase, ehe ich den Wagen startete und in Richtung Innenstadt fuhr. Auf der Autobahn merkte ich, dass ich wohl ein wenig zu viel geschnupft hatte, zumindest zu viel, um dabei noch sicher Auto zu fahren.

Bei Drogenkonsumenten hängt das Funktionieren im Alltag davon ab, wie hoch sie dosieren. Das gilt bei Alkohol, beim Kiffen und das gilt erst recht fürs Heroin. Ich habe in den zehn Jahren, die ich unter Drogeneinfluss Auto gefahren bin, zwei Unfälle verursacht, beide, weil ich zu viel gekifft hatte. Der erste war der in Marin County, als ich die Tür des Wagens öffnete und einen Jungen mit Fahrrad übersehen hatte. Der zweite ereignete sich später und wird zu gegebener Zeit erzählt. Auf der Fahrt vom Flughafen in die Stadt wäre es fast wieder soweit gewesen. Ich hatte Mühe, die Augen offen zu halten und schlich mit vierzig Meilen über die Schnellstraße, wechselte die Spur, verlangsamte, dass andere Autofahrer mich anhupten und mir den Vogel zeigten. Auf einmal entdeckte ich das Blinken der Tankanzeige, der Zeiger stand schon unter null, also höchste Zeit, um zu tanken. Ich nahm die erste Ausfahrt am Stadtrand und fand nach wenigen hundert Metern eine Tankstelle. Anstatt sofort auszusteigen und den Schlauch in den Stutzen zu stecken, blieb ich sitzen und genoss noch eine Weile meinen Rausch.

Erschrocken fuhr ich auf, als es an der Scheibe klopfte und ein Polizist neben dem Wagen stand. Ich öffnete das Fenster und sagte zu dem Beamten, noch ehe der mich ansprechen konnte: »Eigentlich wollte ich zu einer *gas station* und nicht zur *police station!*«

»Da liegen Sie völlig richtig, Sie sind an einer Tankstelle. Mit viel Glück, wenn ich das mal so sagen darf. Sie hätten mich nämlich auf dem *Interstate* um ein Haar gerammt!«

Schlagartig war ich nüchtern.

»Wie bitte? Gerammt, das kann ich mir nicht vorstellen«, entgegnete ich betroffen.

»Wenn ich es Ihnen sage, dann können Sie sicher sein, dass es so war. Sie fuhren mindestens eine halbe Meile hin und her, sodass ich Ihnen ausweichen musste, sonst wären Sie mir in die Seite gefahren. Sagen Sie mal: Sind Sie betrunken?«

»Aber Officer, ich trinke nie, wenn ich fahre. Ich bin Tourist aus Europa und kenne mich hier nicht aus. Unterwegs hatte ich die Straßenkarte auf den Knien und versucht, mich zu orientieren. Kann sein, dass ich dabei ein wenig von der Spur abgekommen bin.«

In Ermangelung einer plausibleren Erklärung ermahnte mich der freundliche Beamte und ließ mich ansonsten unbehelligt. Ich tankte voll und machte, dass ich weiter kam.

Während ich allein im Hotel darauf wartete, dass David das restliche Pulver verkaufte, fiel mir meine Freundin Lisa Stone auf Maui ein. Ich wählte ihre Nummer, sie schien sich zu freuen, meine Stimme zu hören, und ich lud sie ein, die verbleibenden Tage in Kalifornien mit mir zu verbringen. Am nächsten Morgen fuhr ich gut gelaunt zum Flughafen, um sie abzuholen.

3.15 Lisa Stone

In der Liebe gibt es keine freie Entscheidung.

Roberto Bolaño

Lisa Stone und ich kannten uns inzwischen seit zwei Jahren. Wir hatten schon einige Zeit zusammen verbracht, auch die eine oder andere Nacht. Es gab zwischen uns kaum Konflikte, wir standen uns nahe, und die Zeit, die ich mit ihr verbrachte, war Erholung pur für mich. Sie schien meine Heroinabhängigkeit zu akzeptieren, sie machte mir keine Vorwürfe, sie begnügte sich damit, mich zu lieben, denn sie verstand Sucht als Krankheit, und da die meisten Krankheiten episodischen Charakter haben, vertraute Lisa darauf, dass ich eines Tages wieder gesund würde. Wer mir mit dieser Haltung begegnete (allzu viele gab es da nicht), setzte mich nicht unter Druck. Deshalb fasste ich zu diesen Menschen Vertrauen, und es gelang mir, konstruktiv mit ihnen über meine Abhängigkeit zu sprechen. Dass es gesundheitlich so nicht weitergehen konnte, war mir längst klar geworden. Die Gespräche mit Lisa hatten etwas eindeutig Beruhigendes, und Menschen, die mich beruhigten, waren mir die liebsten.

Das letzte Mal, dass wir uns gesehen hatten, war zwei Monate her, als wir zusammen ein paar Tage in Marin County verbracht hatten. Danach hatten sich unsere Wege getrennt: Sie und ihr Sohn waren zurück nach Hawaii, ich in Begleitung von Wacki nach München geflogen.

Die Begegnungen zwischen Lisa und mir waren von Glück und Zuversicht umspült. Zudem hinterließ die zuweilen monatelange Trennung kaum Spuren: Wir machten da weiter, wo wir zuletzt aufgehört hatten. Keiner von uns brachte Altlasten mit, schwergewichtige Fragen gab es keine. Dass ich mich in Kalifornien so wohl fühlte, lag nicht zuletzt an Lisa Stone, die wie die Morgensonne den Tag, meine Seele erwärmte. Wir konnten uns verdammt gut leiden, und ohne dass wir je darüber sprachen, litten wir beide darunter, dass wir nicht zusammenleben konnten. *Why can't we live together …*

»Wo warst du denn die letzten Wochen? Du hattest uns doch auf Maui besuchen wollen?«, fragte sie, nachdem ich ihre Reisetasche auf den Rücksitz geworfen und sie neben mir Platz genommen hatte.

»In Honolulu war ich, aber für einen Abstecher nach Maui war keine Zeit, ich war nämlich mit Paco unterwegs und der drängte mich, auf den Zwischenstopp auf Hawaii zu verzichten. Er wollte unbedingt zu seiner Elsa nach Kolumbien. Gestern habe ich ihn zum Flughafen gebracht.«

»Wo kommt ihr Spitzbuben denn schon wieder her?«

»Stell dir vor: Wir haben fast einen ganzen Monat auf Bali verbracht. Es war *far out*. Wenn wir im Hotel sind, erzähle ich dir alles.«

Im Hyatt angekommen, staunte Lisa erst einmal, denn das Hotel gehörte seinerzeit zu den architektonisch gewagtesten Bauten in Amerika.

Von außen eher schmucklos, beeindruckt das Hyatt Regency San Francisco durch sein Inneres: Das Gebäude ist nämlich hohl, die Lobby sozusagen ein riesiges Atrium, in welches neben der Rezeption ein Restaurant und mehrere Boutiquen integriert sind. Nach oben hin verjüngt sich der Raum von einer Seite her, da die Stockwerke engere Umläufe bilden, je höher es hinauf geht, wobei die innenliegenden Balkone die darunter liegenden überdachen. So konnte man von der Balustrade der oberen Geschosse (es dürften knapp zwanzig gewesen sein) hinunter in die Lobby blicken, sah von oben auf die Tische des Restaurants, sah den Gästen beim Einchecken an der Rezeption zu und beobachtete das ameisenhafte Treiben im Erdgeschoss, das wie ein öffentlicher Platz wirkte, mit weißen Steinen kunstvoll gepflastert, mit in Kübeln wachsenden Bäumen und Büschen, mit Bänken und Skulpturen. Von all den luxuriösen Hotels, die ich bis dahin schon kannte und die ich noch kennenlernen sollte, war mir das Hyatt in San Francisco das angenehmste. Bekannt wurde das Hotel übrigens durch diverse Filme (High Anxiety, The Towering Inferno), in denen die frei die Innenwand hinauf gleitenden gläsernen Aufzüge gezeigt werden.

Hier verbrachten Lisa und ich also die kommenden Tage. Wir fuhren ab und zu nach Marin County, wo sie Freunde und Bekannte besuchte, die sie lange nicht gesehen hatte.

»Ich habe mich entschlossen, unser Zelt in Deutschland abzubauen. Sobald ich zurück bin, mache ich die Firma dicht, kündige das Haus und melde den Wagen ab«, sagte ich. Wir machten es uns auf dem Bett bequem.

»Dann sehen wir uns also so bald nicht mehr?« In ihrer Stimme lag eine Spur von Bedauern.

»Wer sagt so was? Im Gegenteil, ich schlage vor, du kommst auch nach Bali. Ich bin sicher, dort wird es dir und Kua gefallen.«

»Und deine Frau, was wird die dazu sagen?«

»Damit wäre das Haupthindernis benannt. Sie teilt ihren Mann nicht gerne mit anderen Frauen. Keine Ahnung, wie wir das hinkriegen sollen. Mir würde es gefallen, in Bali ein schönes Haus zu mieten und eine exotische WG zu gründen. Mal sehen, was sie dazu sagt.«

Dann erzählte ich Lisa von unserer Reise bis zu dem Punkt, an dem uns das Geld ausgegangen war und Lynn uns aus der Klemme geholfen hatte.

»Warum hast du mich nicht angerufen? Ich hätte dir doch auch geholfen. Ich hätte mich mit Kua in den nächsten Flieger gesetzt und euch das Geld persönlich vorbeigebracht«, sagte sie und stützte ihr Kinn in die Handfläche.

»Das wäre in der Tat eine Option gewesen, aber ehrlich gesagt, daran hatte ich nicht gedacht. Ich hätte es dir auch nicht zugemutet. Außerdem erwarteten wir ja täglich die Überweisung. Konnte doch keiner ahnen, dass es drei Wochen dauern würde.«

»Und diese Frau aus London, liebst du sie?«

Eine gute Frage, die keine dahin geplapperte Antwort zuließ. Ich musste kurz nachdenken.

»Lynn ist ein wunderbares Mädchen. Man muss sie mögen! Genauso wie man dich mögen muss, wenn man dich einmal näher kennengelernt hat. Ihr seid Frauen mit Mut und Charakter. Zu allem Überfluss seht ihr auch noch aus wie Prinzessinnen.«

»Ob du sie liebst, wollte ich wissen«, fuhr sie mir in die Parade, während sie einen Joint drehte, in den sie aus Maui mitgebrachtes Gras krümelte.

»Das mit der Liebe ist ein heißes Eisen, an dem ich mir schon mehrmals die Finger verbrannt habe. Ich ziehe Freundschaften vor. Im Gegensatz zur Liebe, kann ich das Gefühl der Freundschaft deutlicher spüren. Im Übrigen glaube ich, dass Freundschaft die gewichtigen Elemente der Liebe schon in sich trägt: Vertrauen, Respekt und Solidarität. Damit kann ich mehr anfangen als mit dem romantisch verklärten Liebesbegriff und seiner verbindlichen Forderung nach Treue.«

»Und Lisa, die Mutter deiner Kinder? Liebst du sie?«

»Sie ist meine Frau, mit ihr bin ich nun mal verheiratet. Sie im Stich zu lassen, kommt nicht in Frage, auch wenn es seit einiger Zeit nicht mehr so rund läuft wie in den ersten beiden Jahren. Aber sie gehört zu mir und ich zu ihr. Dass wir verheiratet sind, ist ein bürokratisches Ritual, das verpflichtet mich zu nichts, aber was mich verpflichtet, ist unsere Freundschaft. Lisa als Freundin und unsere Kinder, die haben ein Recht darauf, dass wir eine Familie bleiben.«

»Und wie stellst du dir *unsere* Zukunft vor? Ich meine, welche Rolle spiele *ich* in deinem Leben?«

Ich musste plötzlich lachen. Wie die selbstbewusste Frau aus Hawaii, die von den Göttern privilegierte Lisa Stone, schön und vermögend, sich nach einer Rolle in meinem kriminellen Nomadenleben erkundigte.

»Was ist daran so lustig? Kannst du dir vorstellen, dass auch ich dich lieb habe?«

»Liebe! Wunderbar! Nur her damit, Lisa, ich brauche Liebe fast noch mehr als Sauerstoff«, ich lachte und zog sie zu mir heran, um dann aber doch noch einen ernsthaften Gedanken nachzulegen: »Das Wertvollste, was ich dir anbieten kann ist, Zeit mit dir zu verbringen. Wobei ich die Zeit als einziges halbwegs objektives Kriterium ansehe, wenn es um die Liebe geht: Die Menschen, mit denen wir die meiste freie Zeit verbringen, stehen uns am nächsten! Das gilt für die Freundschaft und damit auch für das, was du als *love* bezeichnest.«

»Und wann willst du Zeit mit mir verbringen, Harry? Hast du schon einen Plan?«

»Den habe ich. Die kommende Nacht zum Beispiel würde ich gerne mit dir in diesem Bett schlafen.«

»Da scheinen unsere Pläne ja für heute übereinzustimmen.« Jetzt lachte auch Lisa und reichte mir den *reefer*. Wir rauchten auf dem Bett, wurden schnell high und dann forderte sie einen richtigen Kuss. Was genau aus dem Kuss wurde, weiß ich heute nicht mehr, aber es könnte ein leidenschaftlicher geworden sein. Ich steckte zweifellos in einem Dilemma. Mit fiel ein Gedanke ein, den ich bei Honoré de Balzac einmal angestrichen hatte: »Was die Freundschaft unlöslich macht und ihren Reiz verdoppelt, ist ein Gefühl, das der Liebe fehlt, die Gewissheit.«

Zum Lunch saßen wir in einem kleinen italienischen Restaurant unterhalb des Telegraph Hill, als wir das Gespräch wieder aufnahmen.

»Hast du das ernst gemeint heute Morgen, als du mich und Kua nach Bali eingeladen hast?«

»Was heißt eingeladen: Ich meinte, dass ich es cool fände, wenn wir uns auf Bali zusammen ein Haus mieten würden. Den Flug und die Miete bezahle ich, für den Rest kommst du selbst auf.«

»Wirklich? Du zahlst uns den Flug?«

»Why not!«

»Kannst du es dir denn leisten?«

»Sonst würde ich dir das Angebot nicht machen.«

»Und wann willst du los?«

»Sobald ich in München bin, fange ich damit an, alles aufzulösen. Welches Datum haben wir heute?«

»Den 25. September.«

»Schätze, dass mein Kunde noch ein paar Tage, maximal eine Woche benötigt, um den Stoff zu verkaufen, den ich ihm gegeben habe. Danach fliege ich gleich zurück. Den Oktober werde ich wohl in München verbringen, das Haus auflösen, die Möbel zu meinen Eltern bringen und alles andere abwickeln. Anfang November fliegen wir dann los. Erst nach Bangkok, dann nach Singapur und schließlich nach Bali.«

Lisa überlegte eine Weile und fuhr mit dem Zeigefinger der Naht der gesteppten Tagesdecke nach.

»Was hältst du davon, wenn ich Mitte Oktober schon fliege und mich um ein schönes Haus kümmere?«

»So kenne ich dich, du denkst mit. Super Idee! Ich gebe dir genügend Geld für Miete und Kaution, und du suchst uns eine Hütte, die für drei Erwachsene und drei Kinder groß genug ist. Wie lange hast du vor, hier in San Francisco zu bleiben?«

»Solange wie du. Wenn du nach Europa fliegst, fliege ich nach Maui zurück.«

»Wo hast du eigentlich deinen Sohn gelassen?«, erkundigte ich mich.

»Der besucht seine Tante in Honolulu. Auf dem Rückflug hole ich ihn dort wieder ab. Ich weiß nicht, ob es eine gute Idee ist, Kua mit nach Bali zu nehmen. Er muss zur Schule. Aber er kann jederzeit ein paar Wochen bei meiner Schwester wohnen. Dort fühlt er sich wohl.«

Der Plan stand, und am Abend, nachdem meine Freundin in Honolulu angerufen hatte, telefonierte ich mit meiner Frau.

Sie war nicht ganz so flexibel wie Lisa Stone, es kostete mich ein paar Dollar Telefongebühren und etliches an Überzeugungsarbeit, bis sie den Gedanken, in Gräfelfing alles aufzugeben und nach Bali auszuwandern akzeptierte, oder besser gesagt: ihn zumindest nicht mehr kategorisch ausschloss. Zumal sie über Bali nicht viel wusste, außer was Geoffrey ihr nach seiner Rückkehr von dort erzählt hatte. Ich versprach, in ein paar Tagen zurück zu sein und noch einmal ausführlich über den Plan mit ihr zu sprechen. Ich würde ihr Bali noch ein wenig schmackhaft machen müssen, das spürte ich.

Die verbleibenden Tage erkundeten Lisa Stone und ich San Francisco zu Fuß. Wir liefen die lange Lombard Street ab, überquerten die Van Ness-Avenue und wanderten hinüber zum Golden Gate Park, wo Hunter anfangs gewohnt hatte, und wo das Zentrum der Hippie-Kultur in den sechziger Jahren lag. Wir liefen die ganze Market Street hinunter, stöberten in Plattenläden und besuchten den berühmten City-Lights-Bookstore. Einmal fuhren wir zu Nico Gerber an die Tomales Bay, dem Deutschen, der der Ulmer Polizei im Sommer entkommen war. Er hatte einen Job gefunden und war dabei, die Übersiedlung seiner Frau und der Kinder zu organisieren.

Wir blieben eine Nacht, und auf dem Rückweg in die Stadt machte ich in San Anselmo bei David Skrogan halt. Er hatte das meiste Pulver verkauft und versprach, mir in zwei Tagen den Rest der vereinbarten Summe zu zahlen. Als ich mich schon von ihm verabschiedet hatte, rief er mich noch einmal ins Haus zurück.

»Magst du eigentlich Acid?«

»Du meinst LSD?«

»So nennen es die Hippies.«

»Wieso fragst du?«

»Weil ich welches habe. Das Beste.«

»Kostet?«

»Geschenk des Hauses. Ich hatte eine größere Menge davon zum Verkauf. Den Rest kannst du gerne haben«, erklärte David.

»Da würde ich nicht nein sagen.«

Hätte ich gewusst, dass David vorhatte, mir einen Beutel mit vierhundert Trips in die Hand zu drücken, wahrscheinlich hätte ich abgelehnt. So nahm ich die Tüte, bedankte mich und stopfte sie in meine Jackentasche. Draußen im Wagen drückte ich den Beutel Lisa in die Hand.

»Acid aus Berkeley.«

»Und was soll ich damit? Wie viele sind das denn?«

»Keine Ahnung, hab sie nicht gezählt.«

»Was hast du dafür bezahlt?«

»Nada. Hat mir mein Kunde gerade geschenkt. Was hältst du davon, sie mit nach Bali zu nehmen? Dort organisieren wir 'ne geile Strand-Fete. Freies Acid für alle.«

Lisa sah sich den Beutel noch einmal an und steckte ihn wortlos ein.

»Erwischen werden sie mich damit hoffentlich nicht«, war ihr einziger Kommentar.

Taten sie auch nicht, was ich vorab schon mal spoilere.

Anschließend statteten wir dem Reisebüro einen Besuch ab, um die Tickets abzuholen, die wir bestellt hatten. Kim und Sue freuten sich jedes Mal, wenn einer von uns Weltenbummlern bei ihnen auftauchte, die Buchung unserer Flugscheine war etwas Besonderes für sie, denn ihr Tagesgeschäft bestand aus Frisco-L.A.-Flügen. Zuweilen reichte mein Ticket nicht, um all die Zwischenstopps einzutragen, dann musste ein zweites dazu geheftet werden, und wenn Susan mir dann die Flugroute noch einmal erklärte, spürte ich, dass sie stolz war, die komplizierte Strecke in kürzester Zeit ermittelt zu haben. Dass ich Lisa als Neukundin mitbrachte, gefiel ihnen und so luden die jungen Frauen aus der Pacific Heights Travel Agency uns noch zu einem Snack ein. Einen besseren Reise-Service als dort habe ich nirgendwo gefunden.

Zurück im Hyatt besprachen Lisa und ich die Logistik bezüglich unserer Pläne. Irgendwie sollten wir schließlich in Kontakt bleiben. Wir vereinbarten, dass wir uns einmal die Woche gegenseitig zu Hause anrufen würden, ganz egal, von wo. Sobald Lisa eine Adresse auf Bali hätte, würde sie mir die Daten telefonisch durchgeben. Dann zählte ich ihr das Geld ab, welches sie für die Flüge und das Haus benötigen würde. Sie verstaute Trips und Kohle in ihrer Reisetasche und verabschiedete sich einen Tag vor meiner geplanten Abreise. Sie hatte Freunden in Marin County einen Besuch versprochen.

Umso erstaunter war ich, als sie am nächsten Morgen völlig aufgebracht im Hotel vor der Tür stand.

»Stell dir vor. Bei meinen Freunden in Marin City hat man mir das Geld gestohlen.«

Ich begriff nicht sogleich: »Welches Geld?«

»Das Geld, das du mir gestern gegeben hast.«

»Du meinst, jemand hat dir im Haus deiner Freunde die 5.000 Dollar geklaut?«

»So ist es. Leider. Es tut mir sehr leid, ich werde dir den Verlust ersetzen.«

Ich nahm sie in die Arme, und als sie sich einigermaßen beruhigt hatte, erkundigte ich mich nach den Einzelheiten. Aber Lisa wusste keine Einzelheiten, außer dass das Geld fort war, als sie morgens in ihre Tasche schaute. Immerhin waren die Trips noch da. Sie hatte keinen Verdacht, wollte sich nicht vorstellen, dass es jemand aus dem Kreis ihrer Freundinnen oder Freunde war, der sie bestohlen hatte. Aber so muss es wohl gewesen sein. Dass sie selbst die Spesenkasse unterschlagen haben könnte, war so abwegig, dass mir der Gedanke nicht einmal kam. Die Sache ließ sich nicht aufklären. So zählte ich erneut 5.000 Dollar ab und gab sie ihr. Gegen Mittag brachte ich sie zum Flughafen und wartete, bis ich den Jumbo der United Airlines in die Wolken eintauchen sah. Also dann: in sechs Wochen auf Bali!

Zurück im Hotel rief ich David an, konnte ihn aber nicht erreichen. Erst beim dritten oder vierten Versuch hob seine Freundin ab und erklärte mir, David sei am Morgen verhaftet worden, als er zwei Unzen Heroin zu einem Kunden nach Oakland habe bringen wollen. Offenbar war er einem V-Mann aufgesessen. Die Abschreibung, die ich vorzunehmen hatte, belief sich auf knapp 12.000. Das bedeutete: An einem Tag hatte ich fast die Hälfte meines Verdienstes eingebüßt.

Mit etwa 15.000 Dollar in der Tasche machte ich mich auf den Weg nach Deutschland. Zum Glück war ich nicht so vermessen gewesen, wieder die Concorde zu nehmen. Der Flug, den mir Susan gebucht hatte, ging von Los Angeles nach Frankfurt, Polarroute. Von Frankfurt nach München fuhr ich diesmal mit der Eisenbahn. Über Berlin. Mitten durch die DDR. Von Lynn hatte ich nämlich die Adresse eines ihrer Freunde bekommen, eines Jurastudenten aus Honolulu, der zwei Semester in Berlin studierte.

Weshalb ich ihn in Berlin besuchte, weiß ich nicht mehr. Weder hatte Lynn mich beauftragt, ihn zu sehen, noch gab es einen geschäftlichen oder persönlichen Grund. Ziemlich verrückt, einen jungen Mann zu besuchen, der weit abseits meiner Straße lebte, zu dem ich keinerlei Beziehung hatte. Und dennoch fuhr ich nach Berlin.

Wie der junge Mann aussah, ich habe es vergessen, wie er hieß ebenfalls. In diesem Zusammenhang fällt mir heute der Name des Schriftstellers Pitigrilli ein, keine Ahnung, wieso. Denn so hieß der Student jedenfalls nicht, aber phonetisch erinnert mich sein Name an Pitigrilli, Jahrzehnte, nachdem ich ihn in Berlin besucht habe.

Es gibt allerdings einen Eindruck von dieser Reise, der sich mir eingeprägt hat: die Mauer. Während dieses Besuches habe ich zum ersten Mal diese Mauer gesehen, die mein Land einige Jahre geteilt hat, eine Trennung, von der ich bis dahin nichts wahrgenommen hatte, bis ich sie mit eigenen Augen sah. Darin liegt wohl der Sinn dieses Umwegs über Berlin, auf dem Weg von Frankfurt nach München.

Ich hielt mich nicht lange in der Hauptstadt auf, zwei Tage vielleicht, zwei Disconächte am Ku'damm und eine coole Braut, die gut in der Drogenszene verzahnt war, ehe ich in einen D-Zug stieg, der mich über Leipzig und Nürnberg nach München brachte. Um die Mauer und ein Mädchen ging es also, nicht um Pitigrilli, der ohnehin nicht Pitigrilli hieß. Christiane F., den Bahnhof Zoo und den dazu gehörigen Film habe ich übrigens nie gesehen: Sie und ihre Kumpels fochten ihre Kämpfe abseits der Straße aus, auf der wir Nomaden unterwegs waren.

3.16 Konflikte

Jedes Mal wenn ich von einer längeren Reise nach Hause zurückkehrte, plagte mich ein Unwohlsein der Seele, weil ich gerne mit meiner Frau offen über alles gesprochen hätte, was mich bewegte und was ich erlebt hatte, aber das war leider nicht möglich. Jedes Mal, wenn Lisa mir die Tür öffnete, wurde ihre Freude, mich wiederzusehen getrübt, sobald sie erkannte, dass sich an meinem Heroinkonsum nichts geändert hatte. Seit der Geburt unserer Tochter rauchte ich bis auf kurze Abstinenzphasen (zuletzt während der Tage auf Bali) täglich Heroin, und scheibchenweise begann ich jetzt damit, mir meine Abhängigkeit selbst einzugestehen.

Der psychische Prozess, der sich langfristig im Bewusstsein eines Suchtkranken abspielt, ist komplex und wird von einer sprunghaften Dynamik bestimmt. Hatte ich mich in den ersten Jahren des gelegentlichen Konsums noch strikt geweigert, die Gefahr anzuerkennen, so ließ es sich irgendwann nicht mehr leugnen, dass ich ein Drogenproblem hatte, jedoch noch immer mit der Überzeugung, jederzeit aussteigen zu können, wenn ich es wirklich wollte und richtig anstellte.

Ich hatte einiges darüber gelesen. Von der Euphorie des ersten Rausches bis hin zu der Erkenntnis, ein Süchtiger zu sein und mit hoher Wahrscheinlichkeit am Ende daran zugrunde zu gehen, durchläuft der Kranke eine Entwicklung, die in kleinen Schritten voranschreitet. Und je nachdem, wie stark der Lebenswille, wie groß die Angst vor dem völligen Absturz und wie erdrückend die Scham vor den Mitmenschen ist, gelingt es den Betroffenen, aus eigener Kraft oder mit therapeutischer Unterstützung auszusteigen. Den meisten jedenfalls. Dieser psychische Verlauf von der Diagnose zur Therapie ist typisch für alle Suchtkrankheiten, darin unterscheidet sich der von Opiaten Abhängige nicht vom Alkoholiker.

Anfangs wollte ich dies nicht wahrhaben, und verweigerte jedes gut gemeinte Gespräch mit Menschen, denen ich nicht egal war, und die mir helfen wollten. Allen voran wies ich meine Frau jedes Mal barsch zurecht, wenn sie meine Sucht zum Thema machte. Das Eingestehen der Krankheit war schambesetzt, weil damit eine Art Offenbarungseid verbunden war: Wer von einer Droge abhängig ist, hat sein Leben nicht mehr im Griff. Dies einzugestehen erfordert eine gute Portion Courage, wie ich am Beispiel meines Freundes Richie schon gesehen hatte. Zur eigenen Scham kam die Stigmatisierung, mit der psychisch Kranke, insbesondere Suchtkranke zur damaligen Zeit noch weitaus stärker konfrontiert waren als heute, da zwischenzeitlich einiges an Aufklärung geschehen ist.

Es war also Mut erforderlich, mich meiner Familie und meinen Freunden gegenüber zu outen, Mut, den ich noch nicht aufbrachte. Stattdessen verschanzte ich mich hinter kraftlosen Argumenten: Es ginge niemanden etwas an, welche Drogen ich nehme und wie viel davon; ich selbst könne ja wohl noch am besten beurteilen, wie es um meine Gesundheit bestellt sei; die Tatsache, dass ich das Zeug nicht injizierte, sei doch der beste Beweis, dass alles nicht so schlimm sei. Und wo faule Argumente nichts brachten, weil die Mahner sich nicht für dumm verkaufen ließen, da nahm ich Zuflucht zur Lüge, indem ich dreist behauptete, nur ein Gelegenheitskonsument zu sein, und wenn man es mir ansah, dass ich »drauf« war, weil mir die Augen zufielen und ich zuweilen nicht mehr klar denken und reden konnte, rechtfertigte ich mich damit, indem ich Müdigkeit oder Jetlag vorgab.

Angesichts dieser Haltung war es für meine Frau und meine engsten Freunde nicht möglich, zu mir durchzudringen und an meinen Verstand zu appellieren. Das Resultat war, dass ich einige Freunde verlor, und dass die Beziehung zu Lisa immer tiefere Risse bekam.

Heute weiß ich, dass eine Drogensucht mit all ihren psychischen, sozialen und wirtschaftlichen Begleiterscheinungen das ist, was man als persönliche Katastrophe bezeichnen muss, denn solange es bei dem Kranken zu keiner Katharsis kommt, wird er sich nur schwer von der Umklammerung der Droge befreien können. Unter Katharsis verstehe ich in diesem Zusammenhang einen körperlichen oder seelischen Zusammenbruch, eine Inhaftierung, die Obdachlosigkeit oder die völlige Entsolidarisierung seitens des sozialen Umfeldes, verbunden mit dem darauf folgenden Schock. Die meisten Suchtkranken brauchen ein kathartisches Ereignis, potenziertes Leiden, ehe sie den Widerstand gegen Abstinenz und Therapie aufgeben oder aber sie erlösen sich durch einen überdosierten letzten Schuss, an dem ich allerdings so gar nichts »goldenes« entdecken kann.

Was sich in meinem Fall gegen einen schnellen Krankheitsverlauf auswirkte, war die Tatsache, dass ich nicht verwahrloste, dass es mir finanziell gut ging und dass ich immer reines Heroin zur Verfügung hatte, es überdies nicht fixte. Das gab mir »Stehvermögen« – und dehnte mein Elend aus.

Der geplante Umzug von München nach Bali war insofern eine richtige Initiative, weil ich dadurch mein soziales Umfeld wechselte. In München kannte ich zu viele Gleichgesinnte, sprich: Junkies und Leute, die ebenso heroinabhängig waren wie ich (Wacki, Mauricio, Roman und eine Reihe weiterer aus dem näheren Kreis der Bekannten), sowie eine ganze Menge Gelegenheitskonsumenten (Walter, Werinher, Christine, Heinz), um der Versuchung auf Dauer zu widerstehen. Das sah auch Lisa ein, und so erklärte sie sich schließlich mit meinem Plan einverstanden.

Wenige Tage nach meiner Ankunft kündigten wir das Haus in Gräfelfing, das wir fast drei Jahre bewohnt hatten, aus meiner Sicht drei gute Jahre. Klaus und Andrea waren schon Anfang Oktober in eine Mietwohnung am Olympiapark umgezogen. Wir kündigten alle Verträge, die uns auf Bali nichts nützten, ich beschloss, den Wagen abzumelden, löste die Fotoagentur auf, die ich zwei Jahre zuvor als »Strohgeschäft« gegründet hatte, die allerdings zu keiner Zeit richtig in Schwung gekommen war. Unseren Flug buchten wir für den 3. November 1980. Bis dahin waren es noch drei Wochen, ausreichend Zeit, um alles zu regeln.

An einem sonnigen Sonntagmorgen im Oktober machten Lisa und ich uns in einem gemieteten Kleinlaster auf den Weg nach Würzburg, wo wir einige Möbel unterstellen wollten, schließlich mussten wir das Haus räumen und die komplette Einrichtung bei Eltern und Freunden in Verwahrung geben. Wer während unserer Reise auf die Kinder aufpasste, ist mir nicht mehr in Erinnerung, jedenfalls ließen wir sie nicht allein zurück.

Wir hatten gerade die Autobahn nach Nürnberg erreicht und waren dabei, uns auf die vor uns liegende vierstündige Fahrt einzustimmen, als Lisa mir einen Zug am Joint anbot. Wie an anderer

Stelle beschrieben, saß ich oft bekifft am Steuer, was in der Regel auch kein Problem darstellte, sofern der Stoff nicht zu stark war. Diesmal war er allerdings von besonderer Güte, was dazu führte, dass ich albern wurde und der Straße nicht die erforderliche Konzentration widmete. Wir fuhren also guter Dinge nach Norden, als es plötzlich krachte und der Laster einen regelrechten Bocksprung tat. Es gelang mir gerade noch, ihn zu fangen und auf dem Randstreifen zum Stehen zu bringen. Ich stieg aus, um zu sehen, was passiert war.

»Was machen Sie denn für Sachen!«, empörte sich der Fahrer des Mercedes, dem ich in die Quere gekommen war. »Sie sind mir direkt in den Weg gefahren.«

»Tut mir leid, ich hab wohl einen Moment nicht aufgepasst«, bedauerte ich den Vorfall. »Sind Sie verletzt?«

»Zum Glück nicht. Aber schauen Sie sich mal meinen Wagen an. Vorne alles im Arsch!«

Der Unfallgegner, ein Bayer, Mitte vierzig, pflegte offenbar die ungeschminkte Ausdrucksweise. Wir gingen nach hinten, um uns die Autos anzusehen. Zum Glück waren die Schäden nicht groß: Dem Mercedes fehlte das rechte Auge, der Kotflügel war verstaucht und die Haube hatte eine Beule. Der Laster war stabiler gebaut, ihm war lediglich ein Rücklicht abhanden gekommen, und die Stoßstange war leicht lädiert. Beide Fahrzeuge waren noch fahrbereit.

»Was sollen wir lange diskutieren«, begann ich. »Der Unfall geht auf meine Kappe. Tauschen wir die Personalien aus, und dann melde ich den Schaden der Versicherung. Mein Fahrzeug ist ein Leihwagen, Vollkasko.«

»Das könnte Ihnen so passen«, sagte der Mann aus Erding ungehalten. »Sie fahren mir nicht eher weg, bis die Polizei den Schaden protokolliert hat. Ein paar Kilometer weiter kommt die Ausfahrt Allershausen, dort gibt es eine Autobahnpolizei.«

»Jetzt machen Sie doch nicht so ein Gedöns! Ich gebe ja zu, dass es meine Schuld war. Wozu brauchen wir denn da noch die Polizei? Schreiben Sie sich meine Daten auf, und wenden Sie sich an die Versicherung des Autoverleihs! Ich unterschreibe Ihnen eine Schuldanerkenntnis.«

»Nix da. Wir fahren zur Polizei. Ich will, dass der Unfall offiziell registriert wird. Sonst behaupten Sie nachher noch, ich sei schuld gewesen.«

»Hören Sie auf, mir so eine Charakterlosigkeit zu unterstellen, dazu haben Sie keinerlei Anlass! Aber wenn Sie darauf bestehen, dann fahren wir eben zur Polizei.«

»Und glauben Sie bloß nicht, dass Sie mir abhauen können, mein Benz ist schneller als *eana Lostwong*.«

»*Bleib gschmeidig, Oida*!«, ermahnte ich ihn auf Bayrisch und kletterte wieder zu meiner Frau ins Führerhaus.

»Können wir mit dem Auto weiterfahren?«

Vernünftige Frage, die Lisa mir da stellte. Ohne Bremslicht hinten links. Ich erklärte ihr, dass der Wagen noch fahrbereit und alles halb so wild sei. Was wollte der Typ überhaupt, wozu die Bullen, da ich doch meine Schuld schon eingeräumt hatte? Die Sache ärgerte mich. Jetzt erwies es sich als vorteilhaft, dass ich den Joint geraucht hatte, denn bei dieser guten Cannabislaune war mir überhaupt nicht nach Streit zumute. Anderenfalls wäre ich wahrscheinlich anders mit dem Kerl umgesprungen.

»Hoffentlich merkt die Polizei nicht, dass wir gekifft haben.« Lisa sah mich besorgt an.

»Wie sollten die das merken? Die sind auf Alk spezialisiert. Da muss einer schon torkeln oder lallen, ehe die was mitkriegen. Gott sei Dank übrigens, sonst wäre ich den Lappen schon längst los«, ich grinste und spürte dabei meine Zuversicht wachsen. »Ich werde denen erklären, dass wir ein Gebet gesprochen hätten und dass ich das Steuer ein Vaterunser lang dem lieben Gott überlassen hätte …«

»Spinnst du? Mach keinen Quatsch! Sag einfach, du wärst auf die linke Spur gewechselt, um ein vor uns fahrendes Auto zu überholen«, schlug Lisa vor.

»Kennst du Ken Kesey?«

»Der von ›Einer flog über das Kuckucksnest‹?«

»Genau der. Der schaffte sich mal einen alten Schulbus an, füllte ihn mit Hippies, die den Bus bemalten und ihm den Namen ›Further‹ gaben, also *further* wie weiter, immer weiter, sozusagen das Konzept der Busreise. Sie durchquerten den Kontinent von San Francisco über New Orleans bis nach New York. Und der von all den Freaks an Bord, der am meisten LSD schluckte, war der Chauffeur, ein gewisser Neal Cassady, ein Kumpel von Jack Kerouac ...«

»Du meinst den Schriftsteller, der *On the Road* geschrieben hat?«

»Genau den. Dieser Neal Cassady, der bei Kerouac Dean Moriarty heißt, wurde dabei gefilmt, wie er als Busfahrer erst Luftgitarre zur Music der *Grateful Dead* spielte, offenbar voll auf Trip, jedenfalls auf irgendwas, und dann verließ er seinen Fahrersitz und kam tanzend nach hinten, während der Bus führerlos auf dem Highway unterwegs war.«

»Damals waren Drogen noch legal«, wusste Lisa.

»Nicht ganz. LSD war legal, was aber nicht bedeutet, dass man auf Trip Busse fahren durfte«, kommentierte ich.

Inzwischen waren wir bei der Ausfahrt angelangt. Der Erdinger Mercedes überholte uns und bog ab. Ich folgte ihm. Die Autobahnpolizei befand sich in unmittelbarer Nähe. Wir hielten direkt vor dem Eingang. Der Mann, den wir vor wenigen Minuten auf der Autobahn kennengelernt hatten, ging als erster in das Gebäude. Als wir die Wachstube betraten, ein ebenso geräumiges wie steriles Büro mit einer Art Theke, blickte ein dicker Polizist uns über die Ränder von Brille und *Bild am Sonntag* entgegen.

»Morgen!«, sagte der Mercedesfahrer zu dem Beamten. »Ich habe einen Unfall zu melden. Die zwei da sind mir auf der Autobahn reingefahren.«

Inzwischen waren auch Lisa und ich an die Theke getreten und sondierten die Lage, das heißt, ich sondierte die Lage, während Lisa dem Wachtmeister ihr charmantestes Lächeln schenkte.

Der ließ seine Zeitung sinken und erhob sich vom Stuhl. Auf dem Weg nach vorn forderte er uns Fahrzeugführer auf, die Papiere vorzuzeigen. Der Name des Unfallgegners war Gert Kummer. Dann erkundigte sich der Beamte, wer welchen Wagen gefahren habe und stellte anschließend fest, dass Lisa die einzige Zeugin war.

»Dann schildern Sie mir doch mal, wie sich der Unfall in Ihren Augen zugetragen hat, Frau Berger! Sie haben doch sicher ...«

»Ich fahre von München kommend in Richtung Nürnberg und will gerade den Laster überholen, da schert der plötzlich nach links rüber und schneidet mir den Weg ab«, unterbrach Kummer den Beamten.

»Sie haben gerade der Frau Berger das Wort verwehrt, Herr Kummer. Ich hatte Sie noch gar nicht gefragt, sondern mit Bedacht zuerst die Zeugin. Sie können mir ihre Version des Unfallhergangs dann anschließend schildern. Erst ist die Zeugin dran«, sagte der Polizeibeamte. »Also Frau Berger, wie hat sich der Unfall aus ihrer Sicht ereignet?«

»Ich kann Ihnen bloß das sagen, was ich beobachtet habe …«

»Mehr will ich auch gar nicht wissen«, unterbrach sie der Polizist mit freundlicher Miene.

Während Lisa sprach, kam er um den Tresen herum und forderte uns durch eine Geste auf, ihm nach draußen zu folgen. Offenbar wollte er sich die Fahrzeuge ansehen. Doch noch ehe er halb um unseren Laster herum war, blieb sein Blick an Lisa hängen. Sie war Mitte zwanzig, so sexy, wie an dem Tag, als ich sie kennengelernt hatte, und sie trug eines ihrer luftigsten Kleider. Unübersehbar war der Wachtmeister ein Mann, der sich noch im fortgeschrittenen Dienstalter an schönen Mädchenbeinen erfreute, und der von dem, was er sah, erkennbar beeindruckt war. Mir war fast, als hörte ich ihn mit der Zunge schnalzen.

»Na ja«, fuhr Lisa mit ihrer Schilderung fort. »Mein Mann näherte sich einem Opel, setzte den Blinker, um zu überholen, und dann krachte es auch schon …«

»Was?«, rief der Mercedesfahrer dazwischen. »Da war überhaupt kein Opel. Weit und breit fuhr außer dem Laster und mir kein Auto auf der Straße!«

»Haben Sie etwa den Opel nicht gesehen?«, so die heimtückische Frage des Beamten. Und wieder freundlich an Lisa gerichtet: »War Ihr Mann im Begriff, einen Opel zu überholen oder nicht?«

»Ob es ein Opel war, kann ich nicht beschwören. Aber ich glaube, es war ein Kadett.«

»Und Sie, Herr Kummer, haben also den Kadett nicht gesehen, den der Herr Berger gerade zu überholen ansetzte? Sagen Sie mal, haben sie Alkohol getrunken?«

»Wie bitte? Sehe ich so aus? Da fuhr überhaupt kein Auto. *Die Oide liagt*!«, rief unser Unfallgegner empört und schickte sich an, weiterzusprechen.

»Ich habe Sie gefragt, ob Sie heute schon Alkohol getrunken haben! Ein paar Halbe Weißbier vielleicht«, würgte ihn der Beamte erneut ab. »Sie antworten, wenn Sie gefragt werden. Also, wie war das mit dem Weißbierfrühstück?«

»I glab I spinn. I hob nix drunga«, regte der Mann sich auf.

Misstrauisch beäugte ihn der Polizist und murmelte etwas vor sich hin. Dann besah er sich die Schäden an den Autos und anschließend folgten wir ihm zurück ins Dienstgebäude. Unterdessen führte unser Gegner ein halblautes Selbstgespräch, wobei er immer wieder *I glab I spinn* sagte, er sozusagen am eigenen Verstand zweifelte. Gewiss keine Strategie, um den Beamten von seiner Nüchternheit zu überzeugen.

»Herr Berger«, wandte sich der Polizist nun erstmals an mich. »Wollten Sie einen Opel überholen oder nicht?«

»Ob es ein Opel war, kann ich nicht sagen, jedenfalls fuhr ein langsamer PKW auf der rechten Spur, sodass ich beschloss, ihn zu überholen«, log ich.

Was hätte ich denn sonst sagen sollen, nachdem Lisa sich festgelegt hatte? Ich konnte ja schlecht sagen, nein, Herr Wachtmeister, meine Frau lügt, da war gar kein Opel, und ich habe auch keinen Blinker gesetzt, weil wir beide nämlich bekifft sind und ich mit dem Laster ohne verkehrstechnischen Grund die Spur gewechselt habe.

»Des gibt's net!«, rief Kummer empört, nachdem ich Lisas Version bestätigt hatte. »Ich schwöre, da fuhr kein Kadett vor dem Laster!«

»Dann war es eben ein Rekord. Oder ein Käfer!«, schrie der dicke Wachtmeister mit einem Temperament, welches ich ihm gar nicht zugetraut hätte. »Und schwören Sie hier nicht so leichtfertig! Wer schwört, hat meistens Unrecht. Wie schnell waren Sie eigentlich, als der Unfall passierte?«

»Wer? Ich?«

»Ja, Sie, wer denn sonst? Sie müssen ja ein ziemliches Tempo drauf gehabt haben«, vermutete der Beamte.

»So um die 200 würde ich sagen. Deshalb konnte ich ja auch nicht mehr rechtzeitig bremsen.«

»So um die 200! Und Sie finden, dass das in Ordnung ist, mit 200 Stundenkilometer daher zu heizen?«

»Auf der Autobahn kann ich so schnell fahren wie ich will!«, rechtfertigte sich der Erdinger.

»Eben nicht. Sie haben Ihre Geschwindigkeit der Verkehrslage anzupassen. Und den Verkehr vor Ihnen zu beachten. Wenn ich sehe, dass vor mir ein Laster fährt, der zum Überholen ansetzt, dann rase ich doch nicht mit 200 Sachen auf die Situation zu, in der Hoffnung, der Laster lässt mich vorher noch vorbei. Das nennt man fahrlässige Verkehrsgefährdung, Herr Kummer. Haben Sie davon schon mal was gehört?«

»Was wollen Sie eigentlich, der Mann hat mir gegenüber doch längst zugegeben, dass er schuld ist.«

Das hatte ich in der Tat, und ich wusste nicht, wie ich dem Polizisten mein spontanes Geständnis am Unfallort erklären sollte. Indes, ich hatte das psychologische Wissen der Polizei unterschätzt.

»Zugegeben oder nicht, das muss doch nicht der Wahrheit entsprechen! Es gab schon Leute, die haben gestanden, einen Mord begangen zu haben, und am Ende waren sie unschuldig«, belehrte ihn der Polizist.

»Reden Sie doch nicht so einen Schmarrn daher«, empörte sich der Erdinger, der langsam spürte, dass ihm die Felle fortschwammen. »Wenn Sie nicht sofort einen wahrheitsgemäßen Unfallbericht schreiben, übergebe ich den Fall meinem Anwalt. Dafür nehme ich mir extra den Bossi, das wollen wir doch mal sehen!«

In dem Text des Angeklagten gab es ein paar Reizworte zu viel, jedenfalls hatte er dafür gesorgt, dass es mit der guten Laune des behäbigen Beamten nun endgültig vorbei war.

»Wir können Ihre Befragung auch am Montag vor dem Ermittlungsrichter fortsetzen. Ich kann Sie nämlich so lange in eine Zelle sperren. Dort können Sie dann drüber nachdenken, ob Sie weiter die Fakten leugnen wollen und mich überdies auch noch beleidigen.«

Dann nahm er unsere Autopapiere, kehrte zu seinem Platz zurück, schrieb sich die Daten auf und fertigte den Berichtsbogen aus. Nach ein paar Minuten kam er wieder nach vorn und verkündete das Ergebnis seiner Ermittlung.

»Für mich steht einwandfrei fest, dass Sie, Herr Kummer, schuld an dem Unfall sind. Sie befuhren die A 8 mit überhöhter Geschwindigkeit, so dass es zum Bremsen nicht mehr reichte, als der Kleinlaster zum Überholen ansetzte. Dabei kann es dahingestellt bleiben, ob der LKW plötzlich ausgeschert ist oder nicht, denn jeder Verkehrsteilnehmer muss seine Fahrweise so anpassen, dass er einem plötzlich auftauchenden Hindernis jederzeit ausweichen kann.«

»Das glaub ich nicht«, schüttelte Kummer den Kopf. »Wir werden die Angelegenheit vor dem Verkehrsgericht klären.«

»Dort wird man die Sache auch nicht anders beurteilen«, sagte der Polizist, immer noch verärgert, dass der andere seine Autorität nicht anerkennen wollte. Aber dann begegnete er Lisas Lächeln und schon war die souveräne Selbstgefälligkeit wieder da. Mit ein paar mahnenden Worten entließ er den uneinsichtigen Raser in die Zukunft, mit uns plauderte er noch ein Weilchen und versicherte uns, den Unfallbericht so abzufassen, dass der Erdinger keine Chance hätte. Schließlich begleitete er uns noch hinaus zum Wagen.

Während der ganzen Untersuchung musste ich mich beherrschen, denn hinter meiner coolen Miene zum uncoolen Spiel staute sich ein Lachen, das befreit werden wollte. Sobald wir den Hof der Station verlassen hatten, war es dann so weit. Als wir uns sattgelacht hatten, fiel mir der Satz von Karl Kraus ein, der immer wieder zitiert werden muss, weil er sich so oft als wahr erweist: »Ein Skandal fängt an, sobald die Polizei eingreift!« Oder so ähnlich.

Was schließlich aus der Sache wurde, ob Herr Bossi je damit befasst war oder ob der Mann aus Erding den Schaden seiner Versicherung gemeldet hat, ich kann es nicht sagen. Als ich den demolierten Laster zwei Tage danach zum Verleih zurückbrachte, hinterließ ich dort Kummers Daten, und das war's. Natürlich hätte ich, bekifft und vollkaskoversichert wie ich war, die Sache regulieren können. Was mich davon abhielt, war das Misstrauen, welches der Fahrer des Mercedes mir gleich nach dem Zusammenstoß entgegengebracht hatte, als er mein Schuldeingeständnis nicht annahm und auf das Einschalten der Polizei bestand. Das hatte mich gekränkt, denn in seiner Weigerung, den Konflikt unter uns zu lösen, lag der unterschwellige Vorwurf, ich sei ein kleiner Lump, dessen Worten man nicht trauen könne. Das Ergebnis der polizeilichen Einmischung sollte ihn ein für alle Mal gelehrt haben, dass man Konflikte am besten mit den direkt Beteiligten klärt. Denn wer sich auf die Polizei verlässt, steht zuweilen am Ende verlassen da.

Ich nutzte die Tage in München, um meine Freunde zu besuchen, das heißt die, die ich dafür hielt. Mein Glaube, viele Freunde zu haben, rührte daher, dass ich bei meiner Lebensweise viel herumkam, nicht bloß geografisch, sondern auch unter Menschen. Von der in meiner frühen Kindheit erworbenen und lange Jahre mitgeschleppten narzisstischen Verhaltensstörung* und der damit zusammenhängenden Heroinsucht behindert, erkannte ich meist viel zu spät, dass Leute, die sich als meine Freunde empfahlen, in Wahrheit gar kein Interesse an mir und meiner Gesellschaft hatten. Ihnen ging es darum, dabei zu sein, wenn ich zum Essen in ein besseres Lokal lud und die Rechnung bezahlte. Sie sagten niemals nein, wenn ich Drogen auspackte und freigiebig Geschenke machte. Und weil viele von ihnen notorisch klamm waren, schätzten sie mich als Kreditgeber. Irgendwann hatte ich gelernt, dass derjenige, der großzügig Geld ausgibt, automatisch viele »Freunde« hat. Und da ich beim Schmuggeln von Drogen relativ leicht Geld verdiente, gab ich es auch relativ leicht aus der Hand. Um mir keinen Kummer aufzuladen, wenn ich verliehene Tausender nicht pünktlich oder gar nicht zurück erhielt, betrachtete ich Darlehen de facto als Schenkungen: Ich rechnete nicht wirklich damit, etwas zurück zu bekommen. Was so allerdings auch nicht stimmte. Als Gegenleistung erhielt ich nämlich Schulterklopfen und Schmeicheleien, die ich lange als ehrlich gemeinte Anerkennung missdeutete. Oft verteilte ich mehr Geld als es meine finanzielle Lage erlaubt hätte, zumal ich eine Familie zu versorgen hatte. So kam es, dass ich gegen Ende des Monats zu wenig auf dem Konto hatte, um sorglos mit der Familie nach Bali zu fliegen.

Ein paar Tage, bevor wir von Frankfurt aus aufbrechen wollten, fuhr Lisa mit den Kindern zu meinen Eltern in den Hunsrück, während ich in Gräfelfing blieb, um das Haus zu übergeben und den Wagen abzumelden. Wacki rief mich an einem dieser Tage an und bat mich, ihm den Alfa für eine Fahrt nach Passau zu leihen. Dabei

---

* Details dazu werden in meinem Vorgängerroman »Das Blaue vom Hunsrück« geschildert.

verursachte er einen schweren Unfall, als er östlich von München auf der Ebersberger Landstraße bei nasser Straße ins Schleudern kam und in ein entgegenkommendes Auto krachte. Der Fahrer des Wagens, ein älterer Mann, starb noch an der Unfallstelle, seine Frau wurde schwer verletzt ins Krankenhaus gebracht. Wie durch ein Wunder kam Wacki mit einer leichten Verletzung davon. Den Alfa hatte er vorsorglich zu meiner Werkstatt schleppen lassen, wo Schorsch, der Meister, am nächsten Morgen einen Totalschaden diagnostizierte.

Da ich ohnehin vorgehabt hatte, den Wagen demnächst abzumelden, bot Schorsch an, mir für die verbleibenden Tage einen identischen Wagen aus seinem Gebrauchtwagenpool zur Verfügung zu stellen. Das ersparte mir die Zeit, wegen einiger Tage einen anderen Wagen anzumelden. Also schraubte ich die Nummernschilder vom Unfallwagen und befestigte sie an dem geliehenen Ersatzfahrzeug, welches ebenfalls rot war. Der neue Wagen lief tadellos, hatte noch drei Monate TÜV und kostete mich zudem keinen Pfennig. Dienst am guten Kunden, sagte Schorsch und versprach sogar, das Auto abzumelden. Ich solle es am Tag meiner Abreise vor der Werkstatt abstellen, Schlüssel und Papiere in den Briefkasten werfen. Von Wacki, der wie die meisten Heroinabhängigen, nichts auf der hohen Kante hatte, konnte ich nicht erwarten, dass er mir den zu Schrott gefahrenen Wagen bezahlen würde, für den Schorsch mir immerhin noch zweitausend Mark hatte geben wollen.

Mein Barvermögen belief sich zwei Tage vor der geplanten Abreise auf knapp dreitausend Mark, zweitausend erwartete ich noch von der Hausbesitzerin, die mir die seinerzeit gezahlte Kaution zurückgeben würde. Der Verlust der zweitausend für den Alfa schmerzte ein wenig, aber irgendwie, so tröstete ich mich, würde es schon klappen. Bisher hatte es ja auch meist geklappt, irgendeine Möglichkeit zu Geld zu kommen, tat sich erfahrungsgemäß immer auf. Was sich erst kürzlich auf Bali gezeigt hatte, als Lynn aus dem Nichts auftauchte und mir aus der Klemme half. Meine Mutter, die Kölnerin, pflegte in solchen Situationen zu sagen: *Et hätt no imme joot jejange!*

Am Vorabend unseres geplanten Abflugs hatte ich mich mit der Vermieterin zur Schlüssel- und Kautionsübergabe verabredet. Am Nachmittag tauchte sie unerwartet früh in Gräfelfing auf und erklärte mir, dass sie die Kaution vorerst zu behalten gedenke, da es einige Reparaturen am Haus gebe, die ich zu verantworten hätte. Das überraschte mich, denn ich hatte das Haus während der drei Jahre, die wir dort wohnten, in Schuss gehalten und alles, was zu reparieren war, aus eigener Tasche in Ordnung gebracht. Unter anderem hatte ich die Gartenterrasse neu fliesen lassen, den Schuppen neu eingedeckt und die Garage frisch gestrichen, es gab somit überhaupt keinen Grund, mir die Kaution vorzuenthalten.

Wir besprachen die Sache, aber ich merkte bald, dass die Frau sich vorgenommen hatte, mich um die Zweitausend zu prellen. Da der Mietvertrag erst um Mitternacht endete, forderte ich sie auf, das Haus zu verlassen und zum verabredeten Termin um 18 Uhr wiederzukommen. Der neuerliche Verlust von zweitausend Mark ärgerte mich maßlos. Deshalb hängte ich, als sie fort war, eine Tür aus und rammte mehrere Türstöcke damit. So lange, bis ich glaubte, einen Schaden verursacht zu haben, der die Kaution in etwa aufwog. Dann setzte ich mich ins Auto und stattete Christine einen letzten Besuch ab.

Christine war eine der ersten Frauen, die ich in München kennengelernt hatte, und wir waren über all die Jahre Freunde geblieben. Wir halfen uns gegenseitig, wenn Hilfe benötigt wurde, und wenn mir zu Hause die Decke auf den Kopf zu fallen drohte, fuhr ich zu ihr, um bei einem Joint zu positiven Gedanken zurückzufinden. Sie selbst verreiste selten, wenn, dann höchstens nach Spanien, aber sie interessierte sich für ferne Länder, insbesondere für die USA, und ließ sich von mir erzählen, was ich dort gesehen und erlebt hatte. Ich schwärmte ihr von Bali vor, wo es mir so gut gefallen hatte, und dass ich plante, längere Zeit in Indonesien zu leben. Ob und wenn ja, wann wir wieder nach Deutschland kommen würden, das wusste ich selbst noch nicht. Ich versprach, mit ihr in Verbindung zu bleiben und verabschiedete mich.

Auf dem Weg von Obermenzing nach Gräfelfing malte ich mir das Gesicht der Vermieterin aus, sobald sie die Schäden an den Türrahmen entdecken würde. Als ich in der Waldstraße ankam, stand sie in Begleitung zweier Polizisten vor dem Haus. Ich stellte den Alfa ab und begrüßte die mürrisch dreinblickende Versammlung.

»Wir haben von Frau P. erfahren, dass Sie in Ihrem Haus mutwillig einige Türstöcke beschädigt haben. Sollte sich das bewahrheiten, hätten Sie sich der mutwilligen Sachbeschädigung strafbar gemacht«, erklärte einer der Beamten.

»Blödsinn«, sagte ich. »Die Türstöcke sind während des Umzugs beschädigt worden, meine Möbelpacker sind wohl etwas unvorsichtig gewesen. Im Übrigen verstehe ich die Aufregung nicht. Frau P. hat doch eine Kaution, mit der sie den Schaden beheben lassen kann. Mutwillig ist hier gar nichts geschehen, außer der Tatsache, dass die Dame mutwillig einen überflüssigen Polizeieinsatz angefordert hat. Als hätten Sie nichts Besseres zu tun, als sich Türstöcke anzusehen.«

»Ist das zutreffend, dass Sie von Herrn Berger eine Kaution erhalten haben?«, erkundigte sich der Polizist bei der Vermieterin.

»Ja. 2000 Mark. Die reichen hinten und vorne nicht, denn ich bin praktisch gezwungen, das ganze Haus zu renovieren«, behauptete die Frau.

Am liebsten hätte ich ihr eine Ohrfeige verpasst, so dreist und verlogen, wie sie sich vor den Polizisten präsentierte, aber das wäre nach Lage der Dinge unklug gewesen, abgesehen davon, dass ich noch nie eine ältere Dame geohrfeigt hatte. Die Polizisten besprachen sich mit der Frau und rieten ihr von der geplanten Anzeige ab, da sie ohnehin keine Beweise dafür habe, dass ich den Schaden mutwillig verursacht habe. Die Sache war damit vom Tisch. Ich drückte Frau P. den Schlüsselbund in die Hand und empfahl mich. Als ich gerade in den Wagen steigen wollte, rief mich der Polizist noch einmal zu sich.

»Ist das Ihr Wagen?«

»Wollen Sie ihn kaufen? Zwei Mille und er gehört Ihnen.«

»Darf ich bitte mal die Papiere sehen?«

Ich holte die Autopapiere aus dem Handschuhfach. Er sah sie sich kurz an und reichte sie dann seinem Kollegen.

»Machen Sie bitte mal die Haube auf.«

Wir gingen hinüber zum Wagen und ich öffnete die Motorhaube. Unterdessen holte der zweite Beamte eine Taschenlampe aus dem Einsatzwagen und begann, im Motorraum herum zu leuchten. Mir schwante, wonach er suchte.

»Ich hab sie«, sagte er zu seinem Kollegen.

»Dann lies vor.«

Er nannte eine Zahlenfolge, und als der Kollege wieder aus dem Motorraum auftauchte, sagte der andere: »Bingo!«

Ich muss ziemlich belämmert dreingeschaut haben, als ich die Worte Urkundenfälschung, Polizeiwache und verhaftet hörte. Ehe ich hinten in den Polizeiwagen kletterte, sah ich die Hausbesitzerin schadenfroh hinter dem Gartentor stehen.

Kurz darauf führten sie mich in ein Büro der Polizeiwache von Planegg. Ich setzte mich auf einen Stuhl und harrte der Dinge. Dass die Sache mit dem Wagen ein derart gravierender Gesetzesverstoß war (Urkundenfälschung, Versicherungsbetrug), wurde mir erst bewusst, nachdem einer der Beamten mich aufgeklärt hatte. Man versuchte, einen Schnellrichter ans Telefon zu kriegen, der entscheiden sollte, wie weiter verfahren werde. Ich möge mich bitte gedulden.

Mir war klar, dass ich für die Polizei kein unbeschriebenes Blatt war: Meine Inhaftierung in Spanien hatte meinen Namen erstmals aktenkundig werden lassen, aber noch viel mehr Informationen dürften aus dem Kreis der V-Leute gekommen sein, die in der Szene ihr Unwesen trieben und denen ich über die Jahre gewiss kein Unbekannter geblieben war. Jedenfalls war die Stimmung in Planegg frostig, kein nettes Lächeln, kein aufmunterndes Wort. Plötzlich fiel mir ein, dass ich noch ein Tütchen Heroin in der Hosentasche stecken hatte. Sollte man auf die Idee verfallen, mich zu durchsuchen und das Zeug dabei finden, würde die Sache erst recht kompliziert. Also holte ich das Briefchen hervor und warf es unauffällig in den Papierkorb.

Um es kurz zu machen: Vier Stunden ließen sie mich im eigenen Saft schmoren, ehe der Dienstleiter mir eröffnete, dass der Richter einen Strafbefehl über zweitausend Mark erlassen habe. Man werde mich deshalb so lange nach Stadelheim ins Gefängnis überführen, bis die Strafe bezahlt sei.

»Kann ich das denn nicht sofort regeln?«

Meine Frage überraschte die Beamten, denn sie konnten sich offenbar nicht vorstellen, dass ich so viel Geld einstecken hatte.

»Haben Sie denn 2000 Mark dabei?«

Ich holte meinen Geldbeutel hervor und zog ein Bündel Hundertmarkscheine heraus. Am Vortag hatte ich mein Konto bei der Sparkasse aufgelöst und mir den Saldo in bar auszahlen lassen. Wie in Trance blätterte ich die geforderten zwanzig Scheine auf den Tisch, nahm die Quittung entgegen und schickte mich an, die Wache zu verlassen, als einer der Beamten mich zurückrief.

»Unterstehen Sie sich, mit dem Alfa zu fahren! In dem Fall müssten wir Sie verhaften und dann wird die Sache richtig teuer«, warnte er mich. »Wir lassen den Wagen morgen nach Pasing abschleppen, dann können Sie ihn dort abholen, sofern sie eine ordentliche Zulassung mitbringen. Das Auto haben wir versiegelt, bis wir wissen, ob es als gestohlen gemeldet ist. Also, lassen Sie es nur ja stehen!«

»Machen Sie sich keine Sorgen«, sagte ich. »Das Auto gehört eh nicht mir.«

Dann gab er mir noch einen Zettel mit der Adresse, wo ich den Alfa abholen könne.

Der Weg vom Revier in die Waldstraße war nicht weit. Eine Viertelstunde später stand ich neben dem Auto, das vor dem Haus parkte, in dem wir drei gute Jahre gelebt hatten. Der Abschied war bitter. Die Dunkelheit, die inzwischen hereingebrochen war, schien sich, wenn nicht über mein Leben, so doch über die letzten drei Tage geworfen zu haben. Was hatte ich verbrochen, dass das Schicksal mich so unter Stress setzte? Erst der Verlust meines Autos, dann der Betrug um die Kaution und schließlich der Verrat mit dem Nummernschild. Dass es sich um einen Verrat handelte, war offensichtlich, denn so zielstrebig, wie die beiden Polizisten die Fahrgestellnummer mit der im Fahrzeugschein verglichen hatten, war mir klar, dass sie von der Sache Wind bekommen hatten. Die Frage war, woher dieser Wind wehte. Außer meinem Automechaniker Schorsch und meinem Freund Wacki wusste niemand etwas von dem Autotausch, und von beiden konnte ich mir einen derartigen Verrat nicht vorstellen. Warum hätten sie mich an die Polizei verpfeifen sollen? Die komplizierte Folge der Ereignisse, die an jenem Herbsttag dazu führte, dass ich in Gräfelfing vor dem Haus, in welchem meine Familie und ich drei Jahre gelebt hatten, von der Polizei kontrolliert wurde, konnte niemand vorhersehen. Ich kam zu keiner Erkenntnis, ja nicht einmal zu einem plausiblen Verdacht. Der Vermieterin hätte ich eine solche Rache wohl zugetraut, aber wie hätte sie wissen können, dass der rote Alfa nicht derselbe, sondern der gleiche rote Alfa war, der normalerweise vor dem Haus parkte? Bis heute ist es mir nicht gelungen, diese Geschichte aufzuklären. Vielleicht findet sich des Rätsels Lösung ja bei den Stasi-Unterlagen …

Ich hatte allerdings nicht vor, mit dem Taxi in die Stadt zurück zu fahren. Ich lief um den Block, um nach versteckten Polizisten Ausschau zu halten. Als ich zurück zur Waldstraße kam, sah ich, wie gerade ein Streifenwagen am Alfa vorbei schlich und an der Kreuzung in Richtung Planegg abbog. Ohne zu zögern setzte ich mich in mein Auto und machte mich aus dem Staub. Der Wagen hatte ein paar PS, lag auf der Straße wie ein Brett, und ich traute mir zu, es mit den meisten Polizisten aufzunehmen, sollte einer versuchen, mich aufzuhalten. Aber auf meinem Weg in die Stadt begegnete ich keinen Polizisten mehr.

Ich brachte den Alfa zur Werkstatt und stellte ihn auf dem Hof ab. Wie verabredet, warf ich Papiere und Wagenschlüssel in den Briefkasten und ließ mich von einem Taxi abholen. Die Nacht verbrachte ich bei Wacki und seiner Freundin Michaela, die mir noch ein wenig Opium schenkten, mit dem ich hoffte, es bis nach Bangkok zu schaffen. Spontan erklärte Wacki, dass er in ein paar Wochen ebenfalls nach Fernost zu reisen gedenke. Er bat mich, ihm einige hundert Gramm von dem guten Stoff zu besorgen, den wir im Sommer nach Kalifornien gebracht hatten. Wir verabredeten uns in Singapur. Ich sollte ihn Mitte November anrufen und einen Termin mit ihm vereinbaren.

3.17 Organisierte Asiaten

Am nächsten Morgen flog ich mit der Lufthansa nach Frankfurt, wo Lisa und die Kinder bereits auf mich warteten. Wir checkten sechs Koffer, einen Kinderwagen, meine Fotoausrüstung und noch zwei Reisetaschen ein. Als die Boeing 747 der Singapore Airlines abhob, spürte ich ein Ziehen im Bauch, Vorbote des Mangels an Opiaten, anders ausgedrückt: Die Entzugsschmerzen würden nicht mehr lange auf sich warten lassen. Wie konnte ich mich bloß in diese Lage bringen?

Die Stewardess hatte uns in die erste Reihe der Business-Class gesetzt, direkt unter die Leinwand, auf die während des Fluges eine Reihe von Filmen projiziert wurde. Das hatte den Vorteil, dass wir unsere Tochter Mirabell, die gerade ein halbes Jahr alt war, in ein Babybett legten, welches direkt vor uns in die Wand geklinkt werden konnte. Santiago, der wenige Tage zuvor drei Jahre alt geworden war, hatte einen eigenen Sitzplatz zwischen Lisa und mir. Sofern er nicht schlafend auf dem Sitz lag, stromerte er in der Kabine umher und kehrte andauernd mit Süßigkeiten zurück, die er geschenkt bekommen hatte.

Üblicherweise führte die Flugroute der SQ* über den Balkan und die Türkei, an der Südküste von Persien und Pakistan vorbei, über Indien hinaus auf den Golf von Bengalen und schließlich über Burma nach Bangkok. Als wir etwa die Hälfte der Strecke zurückgelegt hatten, irgendwo über dem Persischen Golf, wurden meine Entzugsschmerzen unerträglich. Da Abhilfe erst in Thailand zu erwarten war, quälte ich mich Stunde um Flugstunde der Ankunft entgegen. Ich war kurz davor, das Bordpersonal um Morphium zu bitten, traute mich aber dann doch nicht. So saß, besser, kauerte ich in meinem Sessel, streckte mich gegen die Beinkrämpfe, wälzte mich hin und her, auf der vergeblichen Suche nach einer Position, die mir einigermaßen erträglich erschien. Während die meisten Passagiere Kopfhörer aufgesetzt hatten und einen Film anschauten, dehnte ich immer wieder die Arme und fuchtelte mit den Händen im Projektionsstrahl herum, was die Leute verständlicherweise störte.

---

* Internationales Kürzel für Singapore Airlines

Irgendwann wurde es meinem Hintermann zu bunt, er packte mich bei den Handgelenken und drückte meine Arme nach unten. Die Berührung durch den Fremden empfand ich wie einen Stromstoß. Augenblicklich entfachte ein unbändiger Zorn in mir, und hätten mich die Rückenlehnen nicht daran gehindert, ich hätte mich auf den Mann gestürzt. Ich sprang auf, stellte mich auf den Sitz und blickte in die erschrockenen Augen der hinter uns sitzenden Leute. Ich muss ihnen einen ziemlich irren Gesichtsausdruck geboten haben.

»Was fällt dir ein, mich anzufassen?«, schrie ich den Mann hinter mir an. »Soll ich dir eine kleben, du Vollidiot?«

Der Bedrohte erschrak und versuchte, sich zu rechtfertigen, aber ich ließ ihn nicht zu Wort kommen.

»Lass uns bloß nach Bangkok kommen, du Schwachkopf, dann poliere ich dir dermaßen die Fresse, dass du es bereust, jemals in diesen Flieger gestiegen zu sein!«

Mit einer Salve weiterer Beleidigungen und Drohungen malte ich ihm seinen ersten Urlaubstag in Thailand aus, sodass er verunsichert schwieg. Und als sei das noch nicht genug der Blamage, dehnte ich meine Verwünschungen auf alle versammelten Filmgucker aus, darunter ein Kegelklub aus dem Ruhrgebiet; ich nannte sie Penner, Wixer und dergleichen mehr, drohte jedem für den Fall, dass er mir am Gepäckband auf dem Flughafen über den Weg liefe, eine Abreibung an und steigerte mich in einen psychotischen Wahn hinein, bis ich vor Erschöpfung zusammensackte.

Lisa, ebenso erschrocken wie alle anderen, versuchte mich zu beruhigen, aber da lag ich längst in Tränen aufgelöst neben meinem kleinen Sohn und bemitleidete mich selbst. Zum Glück fiel ich danach in einen Dämmerschlaf, der den Schmerz für eine halbe Stunde überlagerte. Spätestens jetzt war mir klar, dass ich ohne Heroin nicht mehr funktionierte. Aus der Erinnerung an derartigen Entzugshorror, den ich periodisch durchmachte, schöpfte ich am Ende die Kraft und den Willen, abstinent zu leben. Wie ich den Rest der Reise überstanden habe, weiß ich nicht mehr. Es versteht sich, dass ich nach der Ankunft in Bangkok froh sein konnte, dass mir keiner der Passagiere eine Ohrfeige gab, die Leute waren entweder zu feig oder zu klug, ich weiß es nicht.

Wir packten unsere hundert Gepäckstücke auf ein Dutzend Trolleys, schoben sie durch den Zoll und ließen uns von einem Taxi in die Stadt bringen. Sobald wir im Hotel angekommen waren, einem der finanziellen Lage angemessenen Haus der dritten Kategorie, und das Zimmer bezogen hatten, machte ich mich auf den Weg zu Tiger, um mir meine Droge zu besorgen. Als ich nach einer Stunde ins Hotel zurück kam, waren die Schmerzen verflogen und ich war wieder in der Lage, zu denken und zu kommunizieren, wenngleich auf einem chemisch zensierten Niveau. Vermutlich war selbst meine Frau erleichtert, dass die Krise vorüber war, denn für das, was wir während des Fluges erlebt hatten, gab es nur eine Diagnose: Wahnsinn.

Stichwort Wahnsinn: Die Amerikaner hatten gerade einen Filmschauspieler zum Präsidenten gewählt. Sein Name war Ronald Reagan. Ich wollte es nicht glauben, dass man diesem schon von der Senilität des Alters gezeichneten Filmcowboy die Verfügungsmacht über die gefährlichsten Waffen der Welt übertragen hatte. Eine katastrophale Personalie, da war ich mir sicher! Wahnsinn eben.

Am Nachmittag, nachdem wir geduscht und die Kinder versorgt hatten, gingen wir gemeinsam zum Schwimmen hinunter. Es gab dort einen Pool, den niemand nutzte, und so ergriff ich die Gelegenheit, meinem Sohn erste Schwimmübungen beizubringen. Später machte ich mich auf den Weg zu Odt und Oi, um ihnen unsere Ankunft mitzuteilen.

Ich fand Odt bei der Arbeit an der Sukhumvit und half ihm dabei, einem Franzosen einen geschnitzten Elefanten aufzuschwatzen. Er übertrug die Obhut über seine Herde einem Kollegen und folgte mir, um Lisa und die Kinder kennenzulernen.

Unterwegs im Tuk-Tuk erinnerte er mich an unsere Vereinbarung, die ich natürlich ebenso wenig vergessen hatte wie er. Als ich nicht sofort antwortete, weil ich darüber nachdachte, wie ich es wohl anstellen könne, dass Odt bei Lisa eine Chance bekäme, glaubte er, ich mache einen Rückzieher.

»Wenn Odt mit Lisa schlafen, du mit Oi Liebe machen, keine Problem!«

»Darum geht es nicht. Ich überlege bloß, wie wir die Sache am besten angehen. Wie ich dir beim letzten Besuch schon sagte, kann ich meiner Frau keine Befehle erteilen, mit wem sie ins Bett zu steigen hat. Sie ist mir zwar seit einiger Zeit nicht mehr treu, aber zwingen kann ich sie nicht. Du musst sie schon selbst verführen. Ich kann lediglich an den Rahmenbedingungen ein wenig drehen«, sagte ich.

»Bedingungen? Was ist das? Ich nix verstehen.«

Ich musste grinsen.

»Wir werden sehen. Ich habe nämlich vor, ein paar Tage nach Japan zu fliegen. Dort habe ich eine Freundin, die ich gerne besuchen möchte. Dann werde ich dich bitten, auf meine Familie aufzupassen. Ich werde drei oder vier Tage fort sein, in der Zeit musst du dein Ziel erreicht haben.«

Odt glaubte seinen Ohren nicht zu trauen. Drei oder vier Tage wollte ich ihn mit Lisa allein lassen? Noch nie hatte er mehr als einen Tag vor einer Frau im Schützengraben verbracht, er war sich völlig sicher, dass er die katholische Festung erstürmen werde.

»Du bist mein Bruder«, sagte er, umfasste meine Schulter und drückte mich an sich. Seine Augen leuchteten.

Teil eins klappte gut. Ich stellte Lisa Odt als einen Freund vor, den ich schon seit ein paar Jahren kannte und dem ich vertraute. Von der Sache mit Oi sagte ich ihr vorerst nichts, denn dafür hätte sie kein Verständnis gehabt, erst recht erfuhr sie nichts von der Vereinbarung zwischen Odt und mir. Lisa reagierte positiv, was man vorher bei ihr nie wissen konnte. Sie gehörte zu den Menschen, die stark von Vorurteilen oder zweifelhaften ersten Eindrücken geleitet wurden. Ob sie einen Menschen mochte oder ablehnte, entschied sich in den ersten Sekunden, sie vertraute ihrem Bauchgefühl. Ich selbst jedenfalls hatte seinerzeit, als wir uns auf Ibiza kennenlernten, Wochen gebraucht, bis sie Vertrauen zu mir gefasst hatte. Zu Odt fasste sie sofort Vertrauen, er sah gut aus, hatte ein charmantes Lachen und vor allem, die Chemie zwischen den beiden schien zu stimmen.

Um unsere desolate finanzielle Lage zu verbessern, musste ich rasch handeln. Vorerst saßen wir ohne Mittel in Thailand fest, und wenn je John Waynes bescheuerter Slogan: »Ein Mann muss tun, was ein Mann tun muss!« eine gewisse Berechtigung hatte, dann an dieser Stelle meines Lebens.

Wir hatten uns in dem billigen Hotel in Bangkok einquartiert, besaßen nur noch wenig Bargeld und die wirtschaftliche Verantwortung für die Familie lag bei mir. Abgesehen davon wurde es Zeit, dass ich endlich ein klärendes Gespräch mit den Chinesen führte, von denen ich seit drei Jahren den überwiegenden Teil des Heroins bezog. Den Termin im August hatte ich versäumt, weil Paco und ich so lange auf Bali festsaßen, weshalb der Emissär aus Hongkong wieder abgereist war. Inzwischen hatte ich mit Ah Lin telefoniert (mit Tiger als Dolmetscher) und angeboten, nach Hongkong zu fliegen und mit den Männern der Triade zu sprechen, die befugt waren, Entscheidungen zu treffen. Schon am nächsten Tag kam das O.K., und ich nahm mir vor, sobald wie möglich, auf jeden Fall noch vor dem Weiterflug nach Bali, nach Hongkong zu fliegen. Als ich mir bei Tiger am Mittag ein paar Gramm Stoff geholt hatte, stand mein Plan, mit einem kleinen Paket Heroin nach Tokio zu fliegen, so gut wie fest. Wir hatten vereinbart, dass Tiger mir zweihundert Gramm auf Kommission geben würde, die ich innerhalb einer Woche zu bezahlen versprach. Gegen Abend sollte ich erneut bei ihm vorbeikommen, dann wollte er mir sagen, wann er den Stoff, den er erst bei einem Mittelsmann holen musste, liefern könne.

Lisa begann sehr bald, Odt zu umgarnen, schenkte ihm ihr Lächeln und plante ihrerseits, den hübschen Asiaten zu verführen. Was angesichts des Umstandes, dass es schon ein paar Wochen her war, dass wir zuletzt Sex hatten, nichts Verwerfliches war. Ein Mann, der seine Frau nicht regelmäßig vögelt, ist schließlich selber schuld, wenn sie ihm Hörner aufsetzt. Ich glaube, das stammt von Hemingway, stimmt aber dennoch.

Ich weihte Lisa in meine Reisepläne ein (von dem geplanten Besuch bei Lynn erzählte ich ihr wohlweislich nichts, ebenso wenig wie ich Odt über den geplanten Drogenschmuggel in Kenntnis gesetzt hatte) und versprach, in ein paar Tagen mit ausreichend Geld zurück zu sein. Derweil würde Odt auf sie aufpassen und ihr behilflich sein. Damit war das Feld bestellt, und ich hatte mein Versprechen eingelöst. Odt seinerseits vergatterte mich, auf gar keinen Fall seine Frau zu informieren, dass er ein paar Tage auf meine Familie aufpassen solle. Ich hatte Oi zwar noch nicht gesehen, aber es war nicht ausgeschlossen, dass wir uns auf der Straße begegneten.

Drei Tage, nachdem wir in Bangkok angekommen waren, setzte ich mich in einen Flieger nach Tokio. Das Ticket hatte ich telefonisch bei Susan in San Francisco bestellt. Den Flugpreis buchte sie wie üblich von unserem gemeinsamen Konto bei Wells Fargo ab. Prepaid holte ich es wenige Stunden später im Stadtbüro der Japan Airlines in der Silom Road ab.

Ein kleines logistisches Risiko bestand darin, dass ich lediglich die Adresse von Lynns Freundin Bianca besaß und überdies nicht genau wusste, ob Lynn planmäßig von Bali nach Tokio geflogen war. Hatte sie sich an ihren Zeitplan gehalten, sollte sie sich seit zwei Wochen in Japan aufhalten. Ich war gespannt.

Die Zollbeamten auf dem Flughafen Narita begegneten den Reisenden mit weniger Misstrauen als ihre Kollegen in den USA. Hier bestimmte die Höflichkeit den zwischenmenschlichen Umgang, ein traditionell bewährtes Verhalten, welches damals noch den Status eines Gebotes zu haben schien. Ich lief somit kein großes Risiko, als ich mit den geruchsdicht verpackten Tüten in der Jackentasche und einer angedeuteten Verbeugung vor den Zöllnern den mit »Nichts zu deklarieren« markierten Durchgang nahm. Da ich für den kurzen Aufenthalt in Tokio nur Handgepäck dabei hatte, brauchte ich auf keinen Koffer zu warten, sondern begab mich direkt zum Taxistand.

Ich reichte dem Fahrer den Zettel, auf dem Biancas Adresse vermerkt war, beobachtete den Mann dabei, wie er eine auf dem Armaturenbrett befestigte Leselampe anknipste, die Information konzentriert studierte, dann mehrmals *»Hai, hai«* sagte, mir den Zettel nach hinten reichte und den Gang einlegte.

Wir waren etwa eine Stunde unterwegs, als wir die Schnellstraße verließen und in einen Vorort eintauchten. Die Straßen wurden mit jeder Abzweigung enger, und ich hatte den Eindruck, dass, müssten wir noch zweimal abbiegen, der Toyota zwischen den die Häuser umgebenden Holzzäunen stecken bleiben würde. Schließlich hielten wir in einem Wohnviertel an, wo alle Häuser die Größe einer amerikanischen Garage hatten. Der Taxifahrer kassierte für die Anfahrt in etwa den Betrag, den mich die Fahrt von Bangkok nach Penang mit dem Southern Express gekostet hatte. Ich dankte meinem Chauffeur, entrichtete den Fahrpreis und blieb eine Weile vor dem Haus stehen, um zuzusehen, wie er es schaffte, in dem engen Sträßchen zu wenden. Dann blickte ich ihm nach und ertappte mich bei dem Gedanken, dass ich diesen Menschen, mit dem ich mehr als eine Stunde schweigend auf der Oberfläche der Erde unterwegs gewesen war, wohl nie mehr wiedersehen würde … Da ich unangemeldet kam, war Bianca von meinem Besuch überrascht, was ihrer Gastfreundschaft allerdings keinen Abbruch tat. Lynn war, wie ich erfuhr, zwar vor ein paar Wochen aus Bali gekommen, aber nicht zu Hause. Sie war bei der Arbeit und würde erst spät in der Nacht heimkehren. Bianca bat mich herein. Das Haus war erheblich kleiner als der Bungalow, in dem Saeko mit ihrem Mann lebte, aber die beiden Zimmer, je eines für Bianca und eines für Lynn, waren geschmackvoll eingerichtet. Bianca studierte Japanisch an der Universität von Tokio. Sie stammte aus Holland, war wie Lynn Mitte zwanzig, aber damit erschöpfen sich meine Erinnerungen an sie auch schon. Was ich im Zusammenhang mit ihr abgespeichert habe, ist am ehesten mit den Attributen freundlich, holländisch und schelmisch zu beschreiben. Ansonsten sehe ich das neblige Bild einer stabil gebauten jungen Frau mit kurzen Haaren, also kein Funkenmariechen, eher ein Kumpel.

Bianca schlug vor, ich möge Lynn in der Bar aufsuchen, in der sie arbeitete. Ein spannendes Vorhaben, zu dem sie mich nicht lange überreden musste. Zumal ich neugierig war, um was für eine Art von Bar es sich dabei handelte. Auch wenn Lynn mir von ihrer Arbeit in Tokio erzählt hatte, ein wirkliches Bild konnte ich mir davon nicht machen. Zum Beispiel war mir schleierhaft, wie Männer in Gruppen eine Animierbar besuchten, ohne die geringste Aussicht auf Sex. Ein Konzept, mit dem man in Europa wohl kaum kommerziellen Erfolg haben würde.

Nachdem wir uns eine Stunde bei Tee und süßen Mochi unterhalten hatten, deponierte ich mein Gepäck in Lynns Zimmer. Die beiden Beutel mit dem Heroin versteckte ich unter der Bettwäsche im Regal, dann machte ich mich auf den Weg zum nächsten Bahnhof. Bianca hatte mir einen Plan gezeichnet, wie ich nach Ginza käme. Den Stadtteil, besser gesagt, das Vergnügungsviertel, hatte ich auf der Reise mit Roman und Walter schon kennengelernt; doch was heißt kennengelernt: Wir waren damals in den Straßen von Ginza herumgelaufen, ohne Geld in den Taschen und mit knurrenden Mägen. Abgesehen davon erschien mir Tokio eine derart große und unfassbare Ansammlung von Menschen, Gebäuden, Fahrzeugen und nicht zuletzt Geld, dass man schon nicht mehr von einer Stadt sprechen, man sie somit auch nicht kennenlernen konnte. Es ist wohl so ähnlich wie mit den Menschen, man kann mit ihnen sprechen, arbeiten, reisen und »schlafen«, ohne sie wirklich kennenzulernen. Entweder man ist zeitlebens auf dem Weg oder man kapituliert irgendwann und hegt keinerlei Erwartungen, ihre Antriebskräfte doch noch zu verstehen. Mir kam es so vor, als sei der Versuch, Tokio kennenzulernen, ebenso müßig, wie der, den Sinn des Lebens zu ergründen. Ich gab mir keine Mühe, den Plan der Stadt zu verinnerlichen, wie etwa den von New York oder Paris. Ich gab meinen Ehrgeiz auf, den ich ansonsten dauernd verspürte: wo immer ich mich befand, wenigstens eine grobe geografische Orientierung zu gewinnen. In Tokio ergab ich mich dem Chaos. Um mich von A nach B zu bewegen, bediente ich mich der U-Bahn und der Taxis.

Den Namen des Hostessen-Clubs, in dem Lynn arbeitete, habe ich vergessen, irgendwo in einer kleinen Straße des Vergnügungsviertels. Es gab Hunderte solcher Klubs in der Stadt, denn bei japanischen Männern steht das Flirten mit schönen Frauen jenseits der eigenen Gattin hoch im Kurs. Früher gingen reiche Männer zu den Geishas, dieser mysteriösen Tradition, bei der die Frau zwar mit ihrer Erotik spielt, aber definitiv auf einer anderen Klaviatur als der sexuellen. Frei übersetzt bedeutet Geisha »Künstlerin« und im Gegensatz zu einer Prostituierten durchläuft sie eine mehrjährige Ausbildung, während der sie sich Maiko nennt. Geishas werden in Konversation, Schauspiel, Make-Up, Gesang, Tanz, Ikebana, Tee-Zeremonie und weiterer Künste ausgebildet. Da ein Besuch bei den Geishas ein kostspieliges Vergnügen ist, hat sich in den Jahren nach dem Zweiten Weltkrieg die kostengünstigere Variante der Hostessen-Clubs verbreitet. Und weil weiße Mädchen auf Japaner sehr anregend wirken, insbesondere wenn sie blonde Haare haben, war es für Europäerinnen und Amerikanerinnen leicht, als Hostess in Tokio einen Job zu finden.

Wie Lynn dazu kam, Hostess zu werden, hatte sie mir in Bali erzählt. Ich war neugierig, den Laden zu sehen, in dem eine Frau mehrere hundert Dollar an einem Abend verdienen konnte, ohne dabei ihren Körper zu vermarkten.

Mein Taxichauffeur kannte das Etablissement. Er brachte mich direkt vor die Tür. Eine lange, steile Treppe, die mit einem rot-goldenen Teppich ausgelegt war, führte hinauf in den ersten Stock. Ich drückte auf den Klingelknopf und es dauerte nicht lange, bis sich erst ein kleiner Vorhang, dann ein Fensterchen in der Tür öffnete und eine Dame mich musterte. Sie hatte keinen Grund, etwas anderes als einen Kunden in mir zu vermuten. Sie ließ mich ein, noch ehe ich mich als privaten Besucher vorgestellt hatte.

Der Klub war kleiner als vermutet, eine gemütlich eingerichtete Bar mit Tresen und drei oder vier durch transparente Vorhänge voneinander getrennten Sitzecken. Es gab eine Tanzfläche mit dunklem Parkett, und unter einer gläsernen Glocke wartete ein Appetit anregendes Buffet. Hinter der Bar arbeitete eine Frau um die Vierzig, davor saßen auf gepolsterten Hockern drei junge Japanerinnen, die mich neugierig musterten. Ihr Schweigen schien zu bedeuten: Schau mal an, wer kommt denn da! Junge Europäer gehörten nämlich nicht zum üblichen Klientel, sodass die Damen zögerten, ob und wer sich um mich kümmern sollte und vor allem, in welcher Sprache.

Die Barfrau half ihnen aus der Klemme, indem sie mich auf Englisch fragte, was ich zu trinken wünsche. Üblicherweise trinken Männer in solchen Etablissements Alkohol, vorzugsweise Whiskey, aber da ich mich nicht als Klub-Kunde betrachtete und ohnehin selten Alkohol trank, bestellte ich ein Glas Limonade, was die Frau veranlasste, sich noch einmal zu vergewissern, ob sie richtig verstanden habe. Sie trug ihr Haar kurz, war auffällig elegant gekleidet und der dezente Duft, den ich wahrnahm, konnte nur ihr Parfum sein. Ich lehnte mich an einen Hocker und hielt nach Lynn Ausschau. Wegen des abgedunkelten Lichts und weil sie mit dem

Rücken zur Bar saß, entdeckte ich sie erst, als ich ihr Lachen vernahm. Sie saß mit einer weiteren Europäerin inmitten einer Gruppe japanischer Geschäftsleute, alle in Anzug und Krawatte. Lynn trug ein elegantes, seitlich geschlitztes Kleid und hochgesteckte Haare. So, wie sie positioniert war, konnte sie mich nicht sehen.

Die Bardame servierte mir die Limonade.

»Ist es gestattet, hier zu rauchen?«, erkundigte ich mich.

»Selbstverständlich.«

Ich holte eine Gudang Garam aus der Packung, und sie gab mir Feuer.

»Wünschen Sie die Gesellschaft einer jungen Dame, Sir?«

»Vielen Dank! Ehrlich gesagt bin ich mit Ihrer Gesellschaft sehr zufrieden«, schmeichelte ich ihr. Das Kompliment schien sie ein wenig in Verlegenheit zu bringen, weshalb sie mir aus Höflichkeit eine unverfängliche Frage stellte. Das konnte sie, denn außer dem Tisch, an dem Lynn mit den Geschäftsleuten saß, war das Lokal noch leer. An der Bar gab es nicht viel zu tun. Wir unterhielten uns also weiter, Smalltalk, wobei ich immer ein Auge auf Lynn warf, in der Hoffnung, sie würde mich endlich bemerken und vor Überraschung die Sprache verlieren. Aber Lynn war emsig dabei, die Gäste zu unterhalten, ihnen Laune zu machen, sie zum Trinken zu animieren und sich dadurch einen Bonus zu verdienen.

Wie ich von meiner Gesprächspartnerin erfuhr, erhielten die Hostessen einen festen Monatslohn, eine Kommission auf die Getränke der Klienten und, je nach deren Spendierlaune, ein mehr oder weniger großzügiges Trinkgeld. Als Gegenleistung mussten sie ihnen eine gepflegte Konversation bieten.

»Erlauben Sie mir eine kleine Neugier: Wie haben Sie unser Lokal gefunden?«, fragte sie.

»Indem ich einem Taxifahrer den Zettel mit der Adresse in die Hand drückte«, antwortete ich für asiatische Verhältnisse ein wenig zu frech. Sie überlegte kurz, überspielte meinen Fauxpas, ehe sie ihre Frage weiter präzisierte.

»Und von wem hatten Sie die Adresse?«

»Von einer Ihrer Hostessen.«

»Darf ich fragen, von welcher?«

»Das dürfen Sie. Ich bin ein Freund von Lynn!«

»Ah, ah, ah! Lynn-san. Sie sitzt dort drüben am Tisch. Soll ich ihr mitteilen, dass Sie hier auf Sie warten?«

»Damit würden Sie unser interessantes Gespräch beenden.«

»Entschuldigen Sie bitte! Aber ich bin keine Hostess, ich versorge die Gäste mit Getränken. In einer halben Stunde wird es sehr voll hier. Dann werde ich ohnehin keine Zeit mehr haben, mich mit Ihnen zu unterhalten«, sagte sie mit professionellem Charme.

»Wie lange ist der Klub denn geöffnet? Anders gefragt: wann hat Lynn Feierabend?«

»In der Regel schließen wir, wenn die letzten Gäste aufbrechen, meist so gegen vier oder fünf am Morgen.«

»Gibt es hier keine Sperrstunde? In Deutschland benötigt man eine Lizenz, und die ist mit einer Sperrstunde verknüpft. Die meisten Bars müssen um zwei Uhr schließen«, erklärte ich.

»Solche Gesetze haben wir in Japan auch. Bloß nehmen es die Behörden nicht so genau. In den vier Jahren, die ich hier an der Bar arbeite, gab es noch nie eine Kontrolle. Offiziell dürften wir nicht einmal Alkohol ausschenken.«

»Wie bitte?«

Die Sache mit dem Alkohol erstaunte mich ebenso sehr wie die Indiskretion der Dame. Sie musste ihrer Sache schon recht sicher sein, dass sie einem Fremden gegenüber ein derartiges Geständnis machte. Wie ich später von Lynn erfuhr, gehört das gesamte Nachtleben mit all den Etablissements, die zur Unterhaltung in erster Linie der Männer dienen, zum sogenannten »Wassergeschäft«, das größtenteils von der Mafia kontrolliert wird, in Japan Yakuza genannt. Der Begriff Wassergeschäft ist als Euphemismus für Alkoholausschank zu verstehen, eine semilegale gastronomische Besonderheit, die ich nie ganz verstanden habe.

»Wenn mich nicht alles täuscht, dann trinken die Herrschaften dort am Tisch Whiskey?«, sagte ich. »Haben Sie denn keine Angst, dass mal eine Razzia kommt und man Ihnen den Laden dicht macht?«

»Eine Razzia?« Sie musste grinsen. »Hier gibt es keine Razzia. In Japan sind die Gesetze da, damit wir das Gesicht wahren, nicht, damit sich jeder daran hält. Die Hostessen-Klubs, allein in Tokio gibt es tausende, werden von reichen Geschäftsmännern, von Politikern und von höheren Söhnen der Yakuza besucht ...«

»... was für die Polizei so viel bedeutet wie: Finger weg, störe diese Kreise nicht!«

Sie lächelte bloß.

»Dann gestatten Sie mir bitte noch eine letzte Frage: Wenn Sex nicht der Grund ist, weshalb die Männer in Scharen nach dem Büro zu den Hostessen kommen, was ist es dann?«

»Sex«, sagte sie und ließ mir Zeit, die Auskunft wirken zu lassen. »Natürlich kommen auch japanische Männer zu Frauen, weil sie davon träumen, mit ihnen ins Bett zu gehen. Im Unterschied zu den Prostituierten ist das hier aber ein offenes Spiel. Weder die Hostess noch der Kunde wissen, wie es am Ende ausgeht. Aber grundsätzlich gehört Sex mit in das Spektrum des Angebots, auch wenn es selten dazu kommt. Aber die meisten Mädchen werden irgendwann einmal schwach, sei es, weil der Mann ihnen gefällt oder sei es, weil er ihnen unverschämt viel Geld anbietet. Das war früher bei den Geishas auch nicht anders. Wo Frauen und Männer ins Gespräch kommen, kommen sie früher oder später auf das Thema Sex zu sprechen. Und wenn einmal über Sex geredet wird, dann ist der Weg ins Bett nicht mehr weit.«

Das leuchtete mir ein.

»Wollen Sie damit sagen, dass die Hostessen Dirnen sind?«

»Man muss es nicht so vulgär ausdrücken, aber im Grunde liegen Sie richtig. Und nicht etwa deshalb, weil Sie sich zum Dohan* einladen lassen und viele von ihnen anschließend mit dem Kunden ins Hotel gehen, sondern weil sie Interesse, Anerkennung und sogar Liebe vortäuschen, letzten Endes aber nur am Geld der Männer interessiert sind. Ob die Frauen die Fantasie der Männer erregen oder ihre Libido, spielt keine entscheidende Rolle.«

»Also doch Prostitution?«

»Was heißt hier Prostitution«, entgegnete sie. »Ich erlaube mir nicht, die Frauen zu verleumden. Aber für die wenigsten Hostessen ist Sex mit dem Klienten völlig tabu. Ich kenne mich da aus, denn ich war selbst sieben Jahre lang Hostess in einem Club.«

---

* förmliche Einladung zu einem Diner in einem Luxusrestaurant, Teil der japanischen Kultur

»Und? Wie haben Sie …«

In diesem Moment ertönte plötzlich ein Schrei und als ich mich umdrehte, sah ich Lynn mit kleinen Schritten auf mich zulaufen. Sie hatte nämlich den Rauch der indonesischen Zigarette in die Nase bekommen und sich auf der Suche nach der Quelle des ihr seit Bali vertrauten Duftes umgesehen, mich dabei an der Bar entdeckt, zunächst geglaubt, sie müsse sich täuschen, aber an meiner Stimme hatte sie mich schließlich zweifelsfrei erkannt. Entgegen den hierzulande üblichen Gepflogenheiten umarmten und küssten wir uns mitten auf der Tanzfläche, zum Bedauern der Kunden, die im Geiste schon mit der hübschen Hostess aus Europa auf dem Weg zum Hotel der Sünde waren.

»Wo kommst *du* denn her? Und wie hast du mich gefunden?«

»Einmal darfst du raten.«

Lynn verschwand im Büro, wo sie ihren Chef bat, vorzeitig Feierabend machen zu dürfen, entschuldigte sich bei den Kunden am Tisch, ließ meine Limonade auf ihre Rechnung setzen und lotste mich nach draußen.

Händchen haltend wie Teenies liefen wir zehn Minuten später durch Ginza, unter Leuchtreklamen hindurch, an Sex- und Dance-Clubs vorbei. Ein leiser Regen hatte eingesetzt, was der nächtlichen Stadt weiche Konturen verlieh. Vor einem Kino herrschte Andrang, und was in Tokio Andrang ist, wäre in München oder Frankfurt nur als Massenhysterie zu beschreiben. Der Grund für das Gedränge war ein neuer Film von Stanley Kubrick: »The Shining« aus der Feder Steven Kings und mit Jack Nicholson. Diesen Film wollten die Japaner sehen, zumal Horror ohnehin eines ihrer Lieblingsgenres ist. Lynn und ich stellten uns eine Weile in die Schlange, besser: in den Haufen und küssten uns. Irgendwann klinkten wir uns wieder aus und ließen somit ein paar Kinofreunde ratlos stehen.

Déjà vu: Weil ich knapp bei Kasse war, lieh ich mir ein wenig Bares bei Lynn, was sie weniger durch Staunen als vielmehr lachend kommentierte.

»Es gibt dir scheinbar einen Kick, ohne Geld in der Welt herum zu reisen. Ist es indiskret, danach zu fragen, weshalb du diesmal kein Geld einstecken hast?«

»Jawohl, indiskret ist der richtige Ausdruck. Alles hat seine Gründe. Ich treffe hoffentlich morgen jemand, der mir eine größere Summe übergibt …«

Im Einzelnen weiß ich nicht mehr, was für eine Geschichte ich Lynn auftischte, aber ich weiß genau, dass ich sie nicht in die wahre Natur meiner Tokio-Reise einweihte. Sie und Bianca brauchten nichts über meine Geschäfte zu wissen, erst recht nicht, dass ich kurzfristig das Heroin bei ihnen gebunkert hatte. Das war zwar nicht astrein, da ich die beiden Frauen im Falle eines Falles in ziemliche Schwierigkeiten hätte bringen können, aber ich schätzte das Risiko als gegen null tendierend ein. Zumal ich vorhatte, das Zeug so schnell wie möglich loszuwerden.

Plan A sah so aus, dass ich versuchen wollte, in Tokio einen Kontakt zu knüpfen, das heißt, jemanden zu finden, dem ich die heiße Ware verkaufen konnte. Plan B sah vor, den Stoff auf bewährte Weise in die USA zu schicken und mir den Erlös von meinem Freund Joey überweisen zu lassen. Letzteres würde ein wenig Zeit in Anspruch nehmen, Zeit, die ich angesichts der Tatsache, dass Lisa und die Kinder in Bangkok auf mich warteten, nicht hatte. Mit all dem wollte ich Lynn jedenfalls nicht belasten.

Als wir spät abends in dem Puppenhaus ankamen, in dem die beiden Frauen lebten, war Bianca noch wach. Sie hatte Reis mit Gemüse vorbereitet, eine Flasche Wein entkorkt und als Nachtisch einen Grasjoint gedreht.

»Ist Gras in Japan teuer?«, erkundigte ich mich.

»Das kann man wohl sagen. Teurer als in Amsterdam«, meinte sie.

»Und sogar teurer als in London«, ergänzte Lynn.

»Woher kriegt man es denn? Ich meine, wenn ich als Tourist was kiffen möchte, wo finde ich in Tokio den Straßendealer?«

»Ich kaufe mein Gras bei einem japanischen Kommilitonen. An der Uni kommt man leicht an Drogen. Auf der Straße habe ich noch nie was gekauft«, sagte Bianca. »Du etwa, Lynn?«

»Wenn ich mal was haben will, brauche ich bloß Reiko zu fragen, unsere Barfrau im Club. Die hat gute Kontakte und versorgt die ganzen Mädels«, erklärte Lynn.

»Was heißt: versorgt die ganzen Mädels? Nehmen die Hostessen denn Drogen?«, wollte ich wissen.

»Was denkst du denn? Wie sollte man es ohne Drogen aushalten, Abend für Abend mit irgendwelchen Typen am Tisch zu sitzen, zu labern und zu trinken bis zum Geht-nicht-mehr? Wir müssen mit den Gästen mithalten, es vergeht kaum ein Tag, ohne dass wir am Ende unsere zehn Gläser Whiskey intus haben. Das gelingt bloß, wenn wir nach jedem dritten Glas zur Toilette oder in die Umkleide gehen und uns eine *line* Koks gönnen. Nur so halten wir mit den Männern mit und können sie dazu animieren, selbst viel zu trinken. Davon hängt mein Verdienst ab: Je mehr Alkohol ein Kunde bestellt, umso höher mein Bonus.«

»Was kostet denn ein Whiskey bei euch in der Bar?«

»Kommt drauf an, was für eine Sorte. Für eine Flasche Chivas zahlen die Gäste umgerechnet 250 Dollar, davon kriegen wir zwanzig Prozent«, sagte sie.

»Und was kostet das Koks?«

»Hundert Dollar das Gramm. Ich krieg's von Reiko für achtzig.«

»Gutes Zeug?«

»Meistens, aber nicht immer.«

»Und wo kriegt Reiko es her?«

»Von einem Bekannten, der im Hard Rock Cafe in Roppongi arbeitet. Dort findet man alles, Gras, Hasch, Koks, sogar Heroin.«

Das hatte ich hören wollen. Ich beschloss, dem Hard Rock Cafe in Roppongi am nächsten Tag einen Besuch abzustatten.

»Reiko, ist das die elegante Frau an der Bar, mit der ich mich unterhalten habe?«

»Ja. Hat sie dir gefallen?«, wollte Lynn gleich wissen.

»Welchem Mann würde sie nicht gefallen? Ich fand sie ebenso charmant wie gebildet«, sagte ich. »Dass sie gut aussieht, steht ja wohl außer Frage.«

»Sie hat früher auch mal als Hostess gearbeitet.«

»Ich weiß. Sie hat es mir gesagt.«

»Das hat sie dir erzählt? Dann hat sie aber schnell Vertrauen zu dir gefasst«, wunderte sich Lynn.

»Genau wie du, als wir uns auf Bali kennenlernten. Du hast mir sogar dein halbes Vermögen anvertraut, und dabei kannten wir uns gerade mal ein paar Stunden.«

»Stimmt. Ich frage mich immer noch, was mich dazu bewogen hat.«

»Hast du es bereut?«

Anstatt einer Antwort gab sie mir einen Kuss auf die Wange, den ich mit einem Kuss auf ihren Mund erwiderte. Wir unterhielten uns noch eine Weile, bis Bianca sich zurückzog. Lynn öffnete zum Lüften die Balkontür, die auf eine winzige Terrasse führte, hinter der ein kleiner Garten lag, höchstens zehn Quadratmeter Rasen, bewachsen mit drei Sträuchern und einem Zierbäumchen. Die Gärten der Nachbarn waren auch nicht größer, und ich stellte mir einen heißen Sommertag vor, wenn alle draußen in der Sonne lägen. Aber jetzt im Herbst war es kühl in Tokio, und sobald der Raum sich mit frischer Luft gefüllt hatte, schlossen wir die Tür, gingen ins Bad (oder sollte ich besser von einer Nasszelle sprechen) und als ich zu meiner Freundin unter die Decke schlüpfte und mich bei ihr anschmiegte, dauerte es genau drei Atemzüge und einen Kuss und ich wusste, dass wir beide noch nicht vorhatten, zu schlafen.

Den Morgen verpennten wir, irgendwann hörte ich Bianca aus dem Häuschen gehen. Am Mittag weckte Lynn mich mit einem englischen Frühstück, welches ich der Höflichkeit zuliebe über den grünen Klee lobte. Anschließend liefen wir zu Fuß zum Metro-Bahnhof. Unterwegs kamen wir an einem kleinen Lebensmittelladen vorbei, vor dessen Tür eine Vitrine stand, in der ein Dutzend Fruchtsorten auf Eis lagen und von einem Sprinkler beregnet wurden, was an Frische und Kaufappetit kaum zu überbieten war. In der Obstauslage entdeckte ich Äpfel mit roten und gelben Backen, von der Größe kleiner Melonen, daneben die inzwischen auch in Europa bekannten Nashi*, eine Birne, deren Geschmack ich allerdings nicht viel abgewinnen konnte. Mit der Ginza-Linie fuhren wir nach Shibuya.

Viel mehr habe ich von der Logistik der vielen Metro- und U-Bahnlinien nicht behalten. Shibuya ist ein zentraler Bahnhof

* Nashi ist das japanische Wort für Birne, Nashi-Birne ist somit eine Tautologie

im gleichnamigen Distrikt. Fest steht, dass ich nirgendwo so viele Menschen ihre Wege kreuzen sah wie um diesen Bahnhof herum, wo zuweilen tausend Passanten die Straße überquerten, sobald die Ampel auf Grün schaltete, das jedenfalls erzählte mir Lynn, und die sollte es eigentlich wissen, denn sie war ja schon zwei Jahre in der Stadt zuhause, jedenfalls zwei Quartale im Jahr. In Bombay, gab ich zu bedenken, kann man pro Minute auch mehreren tausend Menschen begegnen.

»Stimmt! In Jakarta ebenfalls.«

Wir besuchten Kaufhäuser und Spielhallen und sahen den Japanern bei Bowling und Snooker zu, wir liefen kilometerweit durch Einkaufstraßen, schauten in hundert Geschäfte hinein, aßen *Ramen* in einem *Noodleshop*, durchquerten einen Park und ruhten uns in der Lobby eines piekfeinen Hotels aus. Dabei erklärte Lynn mir, was ich wissen wollte, und als wir uns am späten Nachmittag mit Bianca in der Bar des Hotels trafen, waren wir vollbepackt mit Einkaufstüten.

Um zurück nach Uehara zu kommen, dem Stadtbezirk, in dem die beiden wohnten, nahmen wir wieder die Metro vom Bahnhof Shibuya aus. Am Abend verließ Lynn das Haus, um zur Arbeit zu fahren. Auch Bianca ging, weil sie sich mit zwei Kommilitoninnen treffen wollte. Dass sie mich allein ließen, kam mir nicht ungelegen, denn schließlich hatte ich ja Plan A zu verfolgen, also einen Käufer für mein mitgebrachtes Heroin zu finden. Ich füllte ein paar Gramm ab und verließ das Haus eine halbe Stunde später. Mein Ziel war das Hard Rock Cafe im Distrikt Roppongi. Mit welchem Zug ich dorthin gelangte, hatte ich am Nachmittag schon ausgekundschaftet.

Trotz der Kühle des Abends standen hundert Gäste draußen vor dem Lokal auf der Straße. Ich hielt mich zunächst abseits und rauchte.

»Entschuldige bitte, wo kann man das Zeug kaufen?«, fragte mich eine Touristin, die zusammen mit zwei weiteren Frauen in der Nähe stand.

»Wovon sprichst du?«, gab ich die Frage zurück, denn ich hatte nicht begriffen, was sie meinte.

»Von dem Gras, das du da rauchst. Man riecht es bis zu den Taxis dort«, sagte sie. »Meine Freundinnen und ich stammen aus Perth und wir würden gerne einen Joint rauchen. Dürfen wir mal ziehen?«

Ich holte meine Packung Gudang Garam aus der Tasche und hielt sie ihr unter die Nase.

»Das sind indonesische Nelkenzigaretten. Marihuana ist da keines drin«, erklärte ich, indem ich ihr eine anbot.

Sie nahm die Einladung an, und ich gab ihr Feuer.

»Nicht schlecht«, sagte sie nach ein paar Zügen. Dann rief sie ihre Begleiterinnen herbei und gab ihre Zigarette weiter.

»Ich würde mir selbst gerne etwas zu kiffen kaufen. Kenne mich hier aber genauso wenig aus wie ihr«, erklärte ich.

Wir machten uns miteinander bekannt. Die Mädels aus Australien hatten Lust, sich anzutörnen, hatten aber offenbar noch nichts auftreiben können.

»Der Typ da vorne«, eine der Frauen deutete diskret auf einen langhaarigen Japaner im weißen Kapuzenpulli, »ist ein Dealer. Der verkauft aber nur Koks. Margret hat ihn vorhin angesprochen.«

»Wer Koks verkauft, der weiß auch, wo man Gras herbekommt«, sagte ich.

»Das stimmt. Er will mir Bescheid geben, wenn der Typ mit dem Gras auftaucht«, sagte Margret. »Wenn du magst, legen wir zusammen und kaufen uns einen kleinen Beutel.«

»Gute Idee. Ich gehe mal zu ihm rüber. Wartet hier auf mich.«

Ich ging hinüber zu dem Mann im Kapuzenpullover und sah, wie er einer Frau unauffällig etwas zusteckte. Nachdem er den Deal abgeschlossen und ein paar Scheine in der Jeans hatte verschwinden lassen, beschloss ich, ihn anzusprechen.

»Was kostet ein Gramm?«

»Ein Gramm was?«

»Smack.«

»Heroin?«, vergewisserte er sich und sah mich prüfend an.

Möglicherweise erkannte er an meinen Pupillen, die trotz der abendlichen Lichtverhältnisse klein wie Kugelschreiberminen waren, dass ich Heroin konsumiert hatte, jedenfalls schloss er aus, dass ich ein Mann von der Gegenseite war, also kein V-Mann oder gar ein Polizist.

»Wieviel willst du?«

»Ein Gramm.«

»Warte hier. Ich schaue mal nach meinem Kollegen. Ich weiß zufällig, dass er gutes Thai-H hat. Ein Gramm kostet aber mindestens 150 Dollar«, erklärte er.

»Damit muss man rechnen«, sagte ich. »Ich warte da drüben bei den blonden Frauen.«

»O.K. Wenn ich meinen Kumpel gefunden habe, schicke ich ihn zu dir rüber.«

Um die Sache abzukürzen: Der Heroin-Mann tauchte nach einer Viertelstunde vor dem Hard-Rock-Café auf, ein nervöser kleiner Japaner mit Brille und in einen dunklen Kaschmirmantel gehüllt. Ich begleitete ihn um die Ecke in eine kleine Seitenstraße. Im Lichtschein einer Sony-Reklame zeigte er mir den Stoff und bot mir an, ein wenig davon zu probieren. Da ich das Gefühl hatte, es mit einem korrekten Dealer zu tun zu haben und nicht etwa mit einem Ermittler der Drogenfahndung (schließlich setzten die USA auch die japanische Politik unter Druck, den Drogen den Kampf anzusagen), legte ich die Karten auf den Tisch. Ich erklärte ihm, selbst über eine gewisse Menge Heroin zu verfügen und bot ihm etwas davon zum Kauf an. Um mein Angebot durch Fakten zu untermauern, holte ich das Tütchen aus der Tasche, in welches ich zuvor ein paar Gramm abgefüllt hatte. Ich überließ ihm ein wenig davon. Er tupfte sich etwas auf die Zunge. An Optik und Geschmack erkannte der Mann, dass es sich um hervorragende Ware handelte, und dementsprechend war er interessiert.

»Wie viel davon hast du?«

»Ungefähr 200 Gramm«, sagte ich.

»Und was willst du haben?«, wollte er wissen.

»Hundert Dollar pro Gramm. Ich denke, das ist angesichts der Qualität ein fairer Preis.«

Das alles bezog sich natürlich auf Yen, aber ich habe den Kurs nicht mehr im Kopf, also habe ich den Preis in US-Dollar beziffert. Wie beim Rohöl, so wurden internationale Drogendeals seinerzeit in Dollar abgewickelt, ob das in Kolumbien war oder in China, der Dollar war die Währung. Dessen Wechselkurs zur Deutschen Mark betrug im Jahr 1980 etwa 3,30 DM, der zum Japanischen Yen irgendwo um die 100 JPY, aber wie gesagt, da bin ich mir nicht ganz sicher. Kleine Straßendeals hingegen wurden in den meisten Ländern in der Landeswährung abgewickelt.

»Ich denke, das ist ein interessantes Angebot. Ich werde mal mit meinem Lieferanten telefonieren, denn ich selbst habe nicht die Mittel, um solch eine Menge zu kaufen. Wo kann ich dich, sagen wir, in einer Stunde erreichen?«

»Wo soll ich hinkommen?«

»Auf gar keinen Fall ins Hard Rock Cafe«, sagte er. »Dort ist es zu unübersichtlich. »Ich schlage vor, wir treffen uns in einer Stunde in der Apollo-Bar. Die hat lange auf und ist in zehn Minuten zu Fuß von hier zu erreichen.«

»Die Taxifahrer kennen die Bar?«, wollte ich wissen.

»Ja, natürlich. Mein Name ist übrigens Yuri, meine Freunde nennen mich Jazz.«

Ich verabschiedete mich von Jazz und war erleichtert, dass sich Plan A offenbar weit weniger kompliziert entwickelte als befürchtet. Auf gar keinen Fall wollte ich jetzt schon zurück nach Uehara und das ganze Zeug holen. Erst wenn alle Details geklärt wären …

Ich lief zurück zum Hard Rock Cafe und hielt nach den Kifferinnen aus Perth Ausschau, fand sie aber nicht mehr. Wahrscheinlich waren sie im Café oder irgendwo am Kiffen, egal. Nach einer halben Stunde nahm ich ein Taxi zu der angegebenen Bar.

Jazz erschien etwas zu früh mit zwei Typen, die mir auf den ersten Blick überhaupt nicht gefielen. Beide hatten sie kahlrasierte Köpfe und gingen sehr sparsam mit vertrauenerweckender Mimik um. Das Gespräch, nur einer der beiden sprach Englisch, kam mir zunächst vor wie ein Verhör, was ich allerdings akzeptierte, denn schließlich kannten wir uns nicht und schickten uns an, ein Drogengeschäft zu vereinbaren, für das man auch in Japan ein paar Jahre hinter Schloss und Riegel kommen konnte.

Sie fragten mich, wieso ich das Zeug nach Japan gebracht hätte und nicht nach Deutschland? Sie wollten wissen, in welchem Hotel ich abgestiegen sei und ein Dutzend misstrauischer Erkundigungen mehr. Ich wollte wissen, ob sie überhaupt das Geld besäßen, mir die 200 Gramm zu bezahlen, und ich bestand darauf, die Übergabe in einer von mir zu bestimmenden Hotellobby durchzuführen.

Es dauerte eine halbe Stunde, dann waren wir uns einig. Jazz sollte mich begleiten, den Stoff zu holen, aber das wollte ich wiederum nicht. Es gelang mir, ihn zu überreden, in einer Bar auf mich zu warten, während ich nach Uehara fuhr. Dabei berichtete er mir, dass die beiden der Inagawa-kai angehörten, einer Yakuza-Bande, der man erstklassige Verbindungen zur Polizei nachsagte, von daher sei also nichts zu befürchten. Mir war klar, dass ich ein Risiko einging, aber Jazz schien mir der Garant zu sein, dass niemand vorhatte, mich zu linken. Wir unterhielten uns über Musik, er mochte Weatherreport und Chick Corea, ich erzählte ihm von Bali, wo er, wie er sagte, gerne einmal einen Urlaub verbringen würde. Ich hatte das Gefühl, in Jazz einen coolen Typen kennengelernt zu haben.

Als ich das Paket aus Biancas Haus geholt hatte und wir im Zug zurück nach Roppongi saßen, schlug Jazz mir das Hotel Grand Hyatt vor, in dessen Lobby trotz fortgeschrittener Stunde noch reger Verkehr herrschte. Wir suchten uns einen Platz in einer ein wenig abseits gelegenen Sitzgruppe und bestellten Getränke. Jazz ging zu den Telefonen und kontaktierte unsere Kunden. Nach einer vollen Stunde tauchten die Glatzköpfe schließlich auf. Ein organisatorisches Problem blieb: Wie sollte ich den Kunden in der Lobby die Gelegenheit geben, das Heroin auf seine Qualität hin zu testen, ohne dabei von neugierigen Hotelbediensteten oder zufällig in der Nähe sitzenden Gästen beobachtet zu werden? Zudem machten sie mich darauf aufmerksam, dass hoch oben an der Decke der Lobby zwei Überwachungskameras ihre Augen schwenkten. So erklärte ich mich notgedrungen damit einverstanden, den Deal in ein Hotelzimmer zu verlegen, zumal einer der Typen schon mit seiner Kreditkarte auf dem Weg zur Rezeption war.

Bref: Wir fuhren zeitversetzt und in verschiedenen Aufzügen nach oben und als Jazz und ich bei der Zimmernummer anklopften, die sie uns zuvor genannt hatten, hatte der Room-Service schon Getränke gebracht. Wir machten es uns bequem, unterhielten uns noch eine Weile, ehe einer der Männer plötzlich eine Waffe aus der Jacke holte und sie vor sich auf den Tisch legte. Mir schwante

Böses. Das Zeug war ich jetzt wohl los. Genau das hatte ich verhindern wollen, indem ich darauf bestanden hatte, die Sache in der Lobby abzuwickeln; und am Ende hatte ich mich so plump in die Falle locken lassen.

Doch zu meiner Überraschung legte der Kollege plötzlich den Umschlag mit der Kohle daneben, und Jazz forderte mich auf, die beiden Beutel mit dem Stoff ebenfalls auf den Tisch zu legen. Derweil unterhielten die drei sich auf Japanisch, was mir immer noch keinen Durchblick verschaffte. Schließlich erhob ich mich, deutete auf den Umschlag und fragte, ob es sich um die 20.000 Dollar handele, und ob ich das Geld zählen könne. Einer der Männer holte daraufhin die Scheine selbst heraus und begann, sie mir vorzuzählen. 13.000 US Dollar und der Rest in Yen, mehrere Millionen, wenn ich mich recht entsinne. Unterdessen war sein Kumpel dabei, das Heroin zu testen, wobei er mehrere Prisen in eine mitgebrachte Flüssigkeit streute und dabei beobachtete, wie schnell es sich auflöste und wie tief es sank. Jazz, der den Stoff schon probiert hatte, bestätigte meine Angabe, nämlich, dass es sich um Heroin Nr. 4 handelte, die beste Qualität aus den chinesisch-laotischen Laboren. Dann nahm ich das Geld an mich und gab Jazz die versprochene Kommission. Von den Yakuzas erhielt er ein paar Gramm Stoff, dann verstauten sie die Beutel in den Innentaschen ihrer Bomberjacken und wir tranken noch ein Glas Whiskey auf den gelungenen Deal.

So recht entspannen konnte ich allerdings erst, als ich mich von den Japanern verabschiedet hatte und im Zug Richtung Uehara saß. Vorsichtshalber tauschten Jazz und ich Kontaktdaten aus, falls ich noch einmal in die Verlegenheit kommen sollte, in Japan ein Geschäft zu machen. Kurz nach Mitternacht war ich daheim. Im Schneidersitz saß ich auf Lynns Bett und zählte die Scheine nach. Dann legte ich eine Kassette in den Rekorder und schrieb das Erlebte in mein neues Tagebuch, das ich mir am Nachmittag in einem Kaufhaus ausgesucht hatte.

Die Auswahl an Tagebüchern war enorm, verglichen mit dem, was man in einer Münchener Schreibwarenabteilung findet. Das Exemplar, welches ich mir ausgesucht hatte, war quadratisch und dick wie ein Roman. Der Einband bestand aus brauner Rohseide, Haptik und Gewicht legten nahe, es könnten nur Inhalte von Bedeutung darin festgehalten werden. Es versteht sich von selbst, dass ich nicht im Klartext schrieb, wenn ich den Schmuggel oder ein illegales Geschäft erwähnte. Als mir nach drei Seiten nichts mehr einfiel, ließ ich die Tinte trocknen. Dann löschte ich das Licht und wartete im Dunkeln darauf, dass die Frauen nach Hause kämen.

Bianca kehrte als erste zurück. Sie hatte einen kleinen Schwips und war dementsprechend gesprächig. Auf meine Frage, wie sie darauf gekommen sei, Japanisch zu studieren, gab sie mir eine ebenso einfache wie logische Erklärung: Ihr Vater importierte Elektronikartikel aus Japan, und da sie vorhatte, dessen Geschäft eines Tages zu übernehmen, hatte sie an das BWL-Studium noch sechs Semester Japanisch angehängt. Aus ihren Worten hörte ich heraus, dass es ihr Spaß machte, sich mit der Sprache und Kultur Japans zu beschäftigen, zumal dort vieles völlig anders angegangen werde als in West-Europa. Bianca gab mir einen Einblick in das Leben und die Traditionen des Landes, in dem sie schon seit mehr als zwei Jahren lebte. Wovon ich mich teilweise schon selbst hatte überzeugen können, insbesondere auf dem Gebiet der gesellschaftlichen Organisation, waren die Unterschiede zu Europa nicht zu übersehen: Das fing mit der Ernährung an, berührte die innere Struktur von Familie, Schule und Firma, letztere war durch eine übertriebene Corporate Identity zu einer Art Ersatzfamilie geworden. Die Unterschiede betrafen praktisch alle kulturellen Felder. Stichworte: Sumo, Kabucki, Geisha, Dohan und nicht zuletzt all die in unseren Augen bizarr anmutenden sexuellen Praktiken und Institutionen: Bondage, Love-Hotels, Kuschelkabinen, Kindersexcomics, Intimwäschehandel. Dabei stellten sich mir allerdings mehr Fragen als beantwortet wurden. Um die japanische Gesellschaft und dahinter die japanische Seele zu verstehen, würde es eines längeren Aufenthaltes bedürfen als die wenigen Tage, die ich bisher in dem Land verbracht hatte.

Mitten in der Nacht gesellte Lynn sich zu uns. Sie hatte einen anstrengenden Abend hinter sich. Ihre Kunde, ein Mann aus der Immobilienbrache, der seinen Geschäftspartner mitgebracht hatte, es ging um eine Investition in ein Shopping-Center, wollte sich dabei Lynns Künste des Flirtens und der gehobenen Konversation zunutze machen. Und natürlich die verführerische Wirkung des Alkohols. Was Lynn anbelangte, so dürfte ihr der Job nicht gerade leicht gefallen sein. Ihr ging es definitiv um die Kohle und nicht darum, ihre Abdrücke in der Tokioter Szene zu hinterlassen oder gar auf diese Weise einen reichen Lebensgefährten zu finden. Sie war auf der Suche nach einem Ort in der Welt, an dem sie ihr Leben als Künstlerin verwirklichen konnte.

Wir tranken noch einen Tee zusammen und legten uns danach schlafen. Am nächsten Tag rief ich in Bangkok an, um mich bei Lisa zu erkundigen, ob alles nach Plan verliefe. Als ich nach Odt fragte, gab sie den Hörer weiter, denn der war gerade bei ihr im Hotel. Schon an seiner aufgeräumten Stimmung erkannte ich, dass er bei meiner Frau gepunktet hatte. Fast hatte ich den Eindruck, die beiden waren enttäuscht, als ich meine Rückkehr für den nächsten Tag ankündigte, und Lisa mir zuredete, mir ruhig Zeit zu lassen, bis ich alles erledigt hätte. Mit ihr und den Kindern sei (Odt sei Dank!) alles im Lot. Als ich aufgelegt hatte, wollte Lynn, die ihre Verliebtheit wie einen Schatz von Bali herüber gerettet hatte, Details wissen.

»Wie lange kannst du noch bleiben?«, fragte sie und versuchte, dabei so cool wie möglich zu wirken. Zweifellos liebte sie mich und was mich anging, so war der Begriff der Liebe damals schon dermaßen überstrapaziert, dass ich ihm den Absolutheitsgedanken entkoppelte. Ich fuhr gefühlsmäßig sozusagen im Kriechgang, nicht nur, weil die Droge meine Emotionen drosselte, sondern weil ich die Erfahrung gemacht hatte, wie schnell sich Gefühle, die ich zunächst für ehrlich, tief und wahr empfunden hatte, als Täuschungen entpuppten. Diese Erkenntnis hatte mit der Zeit ein Misstrauen erzeugt, welches ich insbesondere dem Gefühl der Liebe entgegenbrachte. Ich hatte den Satz »ich liebe dich« an die Kette gelegt. Einen Freund oder eine Freundin meiner Freundschaft zu versichern, fiel mir bedeutend leichter, hier war ich bereit, mit meiner Ehre zu bürgen. Ohne zu übertreiben: Die parallelen Beziehungen zu meiner Frau, zu meiner Freundin Lisa Stone und neuerdings zu Lynn überforderten mich. Lynn und Lisa Stone wussten von Anfang an, dass ich verheiratet war und zwei Kinder hatte, voneinander wussten sie jedoch nichts. Meine Frau wusste, dass ich eine wie immer geartete Beziehung zu Lisa Stone hatte, die sie naturgemäß missbilligte. Von Lynn hatte ich ihr wohlweislich nichts gesagt, denn jedes Mal, wenn ich ihr von einem erotischen Abenteuer mit einer anderen Frau erzählte, brach ihre Eifersucht aus, und es dauerte Wochen, ehe sie sich einigermaßen beruhigt hatte. Dass ich bei diesen, ich will sie mal Eskapaden nennen, kein schlechtes Gewissen verspürte, machte unsere Versöhnung nicht einfacher. Zumindest die Freundschaften zu den beiden »Rivalinnen« wollte ich nicht aufgeben. Die Wurzeln dieser Haltung steckten im libertären Geist der Sechziger sowie im Lebensstil der Hippies auf Ibiza.

Als ich mich am darauffolgenden Tag von Lynn verabschiedete, ließ ich eine junge Frau zurück, die in mich verliebt war und die vor dem schmerzhaften Prozess stand, verstehen zu müssen, dass unsere Romanze nach Lage der Dinge keine Zukunft hatte. Mich von meiner Familie zu trennen, kam nicht in Frage. Ich stand vor der Aufgabe, die Beziehung zu meiner Frau wieder ins Lot zu bringen, was jedoch letzten Endes nur gelingen konnte, wenn ich meine Heroinsucht überwand. Lisa Stone harrte geduldig, wie sich die Dinge mit Lisa Berger entwickeln würden, vorerst begnügte sie sich mit unserer Freundschaft. Diese komplexe soziale Konstellation überforderte mich definitiv, so dass ich dem Leben einfach seinen Lauf ließ. Mal sehen, wie sich die Dinge demnächst auf Bali entwickeln würden.

Ehe ich nach Bangkok zurückflog, machte ich einen Tag in Hongkong Station, wo ich das Oberhaupt der Familie treffen sollte, zu der meine thailändischen Lieferanten Ah Lin und Sudah gehörten. Ohne zu wissen, wie und wo ich meinen Kontaktmann finden konnte, verließ ich den Flughafen und nahm ein Taxi nach Kowloon. Ich hatte kaum in das vereinbarte Hotel eingecheckt, als das Zimmertelefon klingelte und eine unbekannte Person mich bat, in die Lobby zu kommen, wo man mich erwarte.

An der Bar des Sheraton-Hotels lernte ich Ming kennen, den Mann, mit dem ich in den kommenden anderthalb Jahren zusammenarbeiten würde. Ming war ein Chinese meines Alters. Er sprach leidlich Englisch. Geboren war er in Kanton, lebte aber seit Mitte der sechziger Jahre in Bangkok. Wie viele wohlhabende Chinesen, kleidete er sich italienisch elegant und unterstrich seinen Wohlstand mit einer goldenen Schweizer Uhr. Seine Augen hielten meinen Blick selbstbewusst aus, aber nicht länger als angemessen. Sein Gesicht hatte nichts Beunruhigendes, was mich hätte misstrauisch machen können, anders ausgedrückt: Ich fasste bald Vertrauen zu meinem neuen Geschäftspartner. Die Triade, der er angeschlossen war, spielte im südchinesischen Raum um Guangzhou eine bedeutsame Rolle im Glückspiel und war gerade dabei, sich in der aufstrebenden Sonderwirtschaftszone Shenzhen zu etablieren. Der Heroinhandel war ein unbedeutendes Nebengeschäft, welches immerhin genug Gewinn abwarf, dass sie es nicht ignorierten. In Amerika waren sie bislang noch nicht tätig gewesen, hofften aber, durch den Kontakt zu mir, einen Fuß in die Tür zu bekommen. Deshalb hatten sie mich gerufen, um zu eruieren, ob wir nicht größere Mengen in die USA bringen könnten, jedenfalls mehr, als ich üblicherweise in den vergangenen Jahren geschmuggelt hatte. Die Tatsache, dass ich alle paar Monate in Chonburi auftauchte, bewies ihnen, dass ich zuverlässig und clever genug war, mich in den Staaten zu behaupten, und ich hatte ihnen erzählt, dass ich neuerdings Abnehmer hatte, die alle zwei Monate Mengen im Bereich von zehn Kilogramm absetzen konnten. Das machte es für die Hongkonger interessant, mit mir zu arbeiten, denn die Preise, die in den USA für reines *China white* bezahlt wurden, lagen deutlich über denen, die sie in China oder Vietnam erzielten. Ming war also der Beauftragte, der die Geschäfte mit mir organisieren sollte. Wir leerten die Gläser und fuhren anschließend in ein Restaurant, wo die oberen Chargen der Familie uns erwarteten.

Das Treffen fand in einem Hinterzimmer statt, wie es sie in jedem besseren Restaurant in China für private Zusammenkünfte gibt. Am runden Tisch saßen einige Chinesen, alles Männer, darunter ein älterer Herr, der offenbar das Sagen hatte. Keiner sprach eine andere Sprache als Kantonesisch, das heißt, der in China übliche Smalltalk, das anfängliche Um-den-heißen-Brei-Reden, ehe man zur Sache kommt, entfiel weitgehend. Wir tauschten ein paar Floskeln aus, die Ming übersetzte, dann begannen die Kellnerinnen, das Essen zu servieren. Ich gebe zu, dass ich mehr als erstaunt war, wie viele Gänge serviert wurden und was da alles auf dem Tisch stand. Speisen, die ich noch nie gekostet hatte und die teilweise äußerst kostspielig aussahen. Während des Essens wurde getrunken, jeder konnte Pausen einlegen und am Tisch rauchen, dabei unterhielten sich meine Gastgeber in einem fort. An dem Lachen, welches immer wieder zu hören war, spürte ich, dass die Atmosphäre entspannt war.

Schließlich wurden vom Familienoberhaupt die entscheidenden Fragen gestellt: Wie viel ich zu zahlen bereit sei, wenn die Chinesen mir das Heroin in die USA lieferten und wie viel ich im Monat absetzen könne? Da sie mir, wenn sie die Ware nach Amerika brachten, das Risiko des Schmuggels abnahmen und ich nicht mehr in Vorleistung treten musste, erklärte ich mich spontan bereit, auf fifty-fifty-Basis mit ihnen zu arbeiten. Als Bedingung stellte ich noch, dass mir die Ware in Amerika auf Kommission überlassen und mir ein offenes Zahlungsziel gewährt würde. Unter Vorbehalt stellte ich in Aussicht, monatlich zehn Kilo verkaufen zu können. Meine Vorschläge und Bedingungen wurden diskutiert, zuweilen übersetzte Ming eine Rückfrage, aber wir näherten uns erstaunlich schnell einem Ergebnis: Ming sollte mein Verbindungsmann werden, und an ihn würde ich alle Zahlungen leisten. Den Kontakt zu Ah Lin und seiner Frau in Thailand sollte ich nur noch im Notfall nutzen.

Ab sofort war Ming mein Ansprechpartner. Wir verabredeten uns vor Jahresende in Bangkok, wo ich ihn telefonisch erreichen konnte, um das weitere Vorgehen zu besprechen. Der erste Transport in die USA wurde für Anfang des Jahres terminiert, was meinen Geschäftspartnern ausreichend Zeit gab, alles vorzubereiten. Ich meinerseits plante eine Reise in die USA, um dort noch einmal mit Barry und Basil zu sprechen, damit es nach der Ankunft der Ware zu keinen unnötigen Verzögerungen käme. Wenn möglich wollte ich Paco bitten, nach Miami zu kommen, um mir bei der Umsetzung des ersten größeren Deals mit den Chinesen zu helfen. Dann verabschiedete ich mich von der Runde, und Ming brachte mich ins Hotel zurück. Noch am selben Abend flog ich mit der letzten Maschine der Cathay Pacific nach Thailand.

Als ich in Bangkok eintraf, hatte ich uns zwar aus der finanziellen Bredouille befreit, aber von völlig unerwarteter Seite war eine neue Hürde aufgetaucht: Meine Frau hatte sich während der drei Tage meiner Abwesenheit in meinen Freund Odt verliebt! Erstaunlicherweise stand ich dieser Tatsache gelassen gegenüber, von Eifersucht keine Spur. Um der Affäre zwischen Odt und Lisa ein Ende zu bereiten, buchte ich den Weiterflug nach Singapur. Odt verstand das vollkommen, denn er konnte ja nicht hoffen, dass seine Geliebte aus Europa mit den Kindern bei ihm in Bangkok bliebe. Für Odt war das Abenteuer beendet, als ich wieder vor Ort war. Vor seiner Frau hatte er dies geheim gehalten und sie hatte offenbar auch keinen Verdacht geschöpft.

Also verabschiedeten wir uns von den Freunden aus Bangkok und bestiegen am nächsten Morgen ein Flugzeug nach Singapur. Als wir den Golf von Siam überflogen, die Ostküste von Malaysia tief unter uns, blickte ich Lisa in die Augen und sah, wie eine dicke Träne über ihr schönes Gesicht rollte. Als ich ihre Hand ergreifen wollte, entzog sie sie mir. Zum Glück bekamen die Kinder von alledem nichts mit.

3.18 Bali II

In Singapur genossen wir das bewährte Ambiente des Raffles Hotels. Es gelang Lisa zwar nicht ganz, Odt zu vergessen, aber dennoch schloss sie ihn als ernste Option für die Zukunft aus. Fortan bewahrte sie die Erinnerung an ihn in einer Nische ihres Herzens auf. Singapur war, nach allem, was ich dort zuvor schon gesehen hatte, nicht der Ort, an dem wir länger bleiben wollten als erforderlich. Erforderlich war ein kurzer Aufenthalt in der Stadt deshalb, weil es dort eine indonesische Botschaft gab, die einem das Visum innerhalb von zwei Tagen ausstellte (in Bangkok hätte es zwei Wochen gedauert), je nach Bakschisch auch schneller. Aber bei vier Pässen hätten sich die korrupten Botschaftsangestellten eindeutig zu viel in die Taschen gesteckt. Im Übrigen hatte ich Lisa versprochen, ihr die Stadt zu zeigen, also gab es keinen Grund, am nächsten Tag schon weiterzufliegen.

Wir heuerten zwei Rikschas an, eine für Lisa und die kleine Mirabell, eine für meinen Sohn Santi und mich. Ich vereinbarte eine Gage, und die alten Chinesen traten in die Pedale und zeigten uns, von dem sie glaubten, es sei sehenswert, also einige Tempel, ein paar Straßen, den botanischen Garten und den Hafen. Mehr oder weniger dieselben Attraktionen, die ich zuvor schon mit Paco gesehen hatte.

Am Abend besuchten wir einen der zahlreichen Nachtmärkte, wo über offener Flamme im Wok kulinarisch gezaubert wurde. Um uns abzukühlen, liefen wir mehrmals am Tag durch eins der klimatisierten Shopping-Center. Da fast alle angebotenen Waren ausgesprochen preiswert waren, insbesondere Elektronik aus Taiwan und Japan, hatten wir auch kein schlechtes Gewissen, wenn wir am Abend mit drei Einkaufstüten in der Hand ins Hotel zurückkehrten. Sogar Santi kam auf seine Kosten, lediglich dem Baby war das Konsumparadies Singapur einerlei, es begnügte sich damit, aufmerksam hinzuschauen und zuzuhören.

Pünktlich erhielten wir nach zwei Tagen unsere Visa für Indonesien, wenn mich nicht alles täuscht, waren sie sechs Wochen lang gültig. Danach, so wurde uns erklärt, könnten wir sie im Land noch zweimal verlängern, gegen eine Gebühr, versteht sich. Nachdem die Reise nach Bali logistisch vorbereitet war, buchten wir einen Direktflug nach Denpasar für den darauf folgenden Morgen.

Lisa Stone hatte uns im »Golden Village« in Seminjak ein Haus gemietet, vorerst für einen Monat. Sie holte uns am Flughafen ab, vorausahnend hatte sie zwei Taxis mitgebracht, in die wir unser mit jedem Aufenthalt wachsendes Gepäck luden.

Das »Golden Village« war das erste Bungalowdorf auf Bali, welches den Namen verdiente. Agung Boss, ein Geschäftsmann aus der vielköpfigen Familie Agung hatte es errichten lassen. Auf einem Gelände von einem Hektar standen ein Dutzend anderthalbstöckige Häuser, alle von einheimischen Handwerkern erbaut und weitgehend mit traditionellen Methoden und Materialien: Die Fundamente waren gemauert, die Böden gefliest, die Aufbauten aus verschiedenen Hölzern und die Dächer waren mit Schilfgras gedeckt.

Verglichen mit dem Losmen Belgi, wo Paco und ich im Sommer gewohnt hatten, war das »Golden Village« eine feine Adresse, da luxuriöser eingerichtet und insofern auch deutlich teurer in der Miete. Unser Haus verfügte über ein großes Wohnzimmer im Erdgeschoss. Das Bad war teils überdacht, teils unter freiem Himmel. Die Küche lag in einem kleinen Nebengebäude, des Ungeziefers wegen, das immer dort zur Stelle ist, wo Speisen zubereitet werden und wo Abfälle anfallen. Der Weg vom Haus zur Küche war überdacht und von Kletterpflanzen gesäumt, sodass die Gerichte auch bei Regen trocken auf den Tisch gelangten.

Im Obergeschoss lag das Schlafzimmer mit zwei großen Betten, von Moskitonetzen geschützt, wie alle Betten, die für Touristen vorgesehen waren. Die Balinesen selbst wurden von Moskitos nicht behelligt, angeblich, weil ihre Haut einen Stoff absonderte, den die Insekten nicht mochten. Durchaus möglich, die Evolution hat sich im Laufe der Jahrmillionen schon viele Schutzmechanismen einfallen lassen.

Das Haus im Golden Village war jedenfalls so konzipiert, dass eine Familie mit Kindern dort angenehm leben konnte. Es war ausreichend möbliert, die Küche gut eingerichtet, nichts fehlte. Zwischen den einzelnen Häusern hatte man einen Park angelegt, und hinter den Häusern begannen die Reisfelder. Die Wohnanlage hatte eine Einfahrt mit Rezeption, und durch denselben Weg musste man sie auch verlassen. Bis zum Strand war es ein Kilometer. Um mobil zu sein, mietete ich wieder ein Geländemotorrad.

Während der ersten Tage akklimatisierten wir uns. Ich zeigte Lisa die Warungs in der Nähe, wo Obst, Gemüse und die notwendigsten Lebensmittel eingekauft werden konnten, eine Art Supermarkt gab es lediglich in der Hauptstadt Denpasar.

Nach und nach stellte ich meiner Frau die Leute vor, die ich im Sommer kennengelernt hatte, also Madé Tambùn, Wayan, David Ely, die Familie Belgi und ein paar andere.

Am zweiten Tag stand plötzlich der Berliner Elvis alias Harry an der Tür. Er hatte das schöne Haus in den Reisfeldern aufgegeben und wohnte jetzt ebenfalls im Golden Village, allerdings auf der gegenüber liegenden Seite der Anlage. Er lebte mit einer Javanerin aus der Nähe von Surabaya zusammen. Vor ein paar Wochen war die Frau ihrem Ehemann fortgelaufen, um auf Bali ein erotisches Abenteuer mit einem Europäer zu suchen, ein Projekt, das sich offenbar mit Harrys Lebensplänen deckte. Das Liebespaar verbrachte den halben Tag am Strand und den Rest der Zeit im Bett, besser auf dem Bett, denn auf Bali sinken auch nachts die Temperaturen nie unter 20 Grad, sodass es genügte, sich mit einem Leintuch zuzudecken, eine Wolldecke wäre für uns, die wir aus gemäßigten Klimazonen stammten, zu viel des Guten gewesen.

Harry war braun an Leib und sanft an Seele, so wie Paco und ich ihn vor ein paar Monaten verlassen hatten, und so stand er auch auf dem Surfboard. Ein Junge, der mit seinem charmanten Lächeln und seinem großen Herzen der beste Botschafter war, um der Welt zu zeigen, dass nicht alle Deutschen Rassisten und Faschisten waren, Stigmata, die uns nach den Kriegen noch lange überall auf der Welt anhafteten und derentwegen wir »Hunnen« von vielen zivilisierten Menschen mit Skepsis betrachtet wurden. Hier am Strand von Kuta, wo sich die Jugend der Welt begegnete, wo sie miteinander spielten, wo sie sich austauschten und liebten, konnten junge Deutsche das schlechte Image ihrer durch Auschwitz stigmatisierten Geschichte abbauen helfen. Allein für seine Performance auf dem internationalen Parkett hätte man die

Anklage wegen des Drogenhandels, die in Berlin auf ihn wartete, fallen lassen müssen. Harry, dieser freie Geist, dieser flatternde Vogel, gehörte einfach in keinen Käfig. Dieser Gedanke kam mir in den Sinn, als ich ihn wiedersah.

Aus meinem Plan, mit den beiden Lisas und den Kindern eine Wohngemeinschaft zu gründen, eine Keimzelle, die jederzeit weiteres Personal aufnehmen könnte, wurde nichts. Schon beim ersten Mal, als wir zu dritt im Bett lagen, sperrte sich meine Frau gegen die Anwesenheit meiner Freundin, wenngleich Sex gar kein Thema war, denn dem Heroin war es geschuldet, dass mich Sex nicht sonderlich interessierte. Lisa Stone, die die negativen Vibes sofort spürte, zog sich danach zurück und nahm das Angebot einer Freundin an, in einem Haus in Ubud zu wohnen, welches man ihr für zwei Monate überlassen hatte.

Die italienische Besitzerin des Anwesens, die ich leider nie kennenlernte, muss eine Künstlerin gewesen sein, eine Gartenkünstlerin, denn das Haus, welches sie sich im klimatisch angenehmen Hochland unterhalb der Vulkane gebaut hatte, lag auf einem Hügel mit Rundumsicht. Auf dem kleinen Hochplateau hatte sie auf vier Pfeilern eine Plattform errichten lassen, die nach drei Seiten von einer geschnitzten Balustrade umschlossen und von einem tief hängenden Schilfgrasdach geschützt wurde. Eine Freitreppe führte hinauf, der Boden bestand aus polierten Teakholzbrettern, und auf dieser Bühne thronte ein Bett der unglaublichen Dimension von drei mal drei Metern. Lediglich am Kopfende stieß es an eine Wand, die aus Bambus und aus Glas bestand. Ein kunstvoll gezimmertes Regal und zwei Konsolen zu beiden Seiten komplettierten das Mobiliar. Der Boden war mit edlen Teppichen bedeckt. Eine transparente Gardine diente als Moskitonetz und mehrere geschmiedete Kerzenleuchter als Nachtbeleuchtung. In die sanft abfallenden Flanken des Hügels hatte der Erbauer einen Pool und mehrere Hütten gesetzt, dazwischen Rasen gesät, der von Blumen und tropischen Gewächsen besprenkelt war. Der Blick über den Süden der Insel und das Meer war insbesondere vom Bett aus unverstellt, alles in allem ein Ort, den man getrost mit einigen Superlativen versehen darf. Eine nahezu perfekte Kombination aus Luxus und Einfachheit, aus Natur und Architektur, in einiger Entfernung von Ubud gelegen, sodass man den Verkehr nicht mehr hörte. Auf dem Hügel herrschte erholsame Stille, lediglich vom Gesang der Vögel unterbrochen, die vom Wald unterhalb des Anwesens einen gelegentlichen Ausflug hinauf auf das Plateau unternahmen. In diesem *house on the hill* hatte Lisa also Unterschlupf gefunden. Gelegentlich besuchte ich sie dort, und in dieser ungekrönten Königin aller Himmelbetten erlebten Lisa Stone und ich einige der sinnlichsten Nächte auf der Insel. Die meiste Zeit verbrachte ich allerdings in Seminjak mit meiner Familie.

So vergingen zwei Wochen, in denen wir Ausflüge in entferntere Regionen der Insel unternahmen. Ich hatte den Eindruck, meine Frau fühlte sich wohl, die Kinder sowieso. Ich hatte meinem Sohn beigebracht, vorne auf dem Tank des Motorrads zu sitzen und sich an der Lenkstange festzuhalten. Das klappte, und der dreijährige Junge hatte Spaß, mit dem Papa Motorrad zu fahren.

Ich fuhr natürlich sehr vorsichtig, wenn er vor mir saß, aber selbst wenn man vorsichtig fährt, ist man nicht vor einem Unfall gefeit, denn auf der Straße bist du nicht allein. Ich nahm Santiago also wieder einmal mit und wir befuhren im Schritttempo einen staubigen Weg, der von der Hauptstraße durch den Dschungel zum Meer führte. Plötzlich kam aus einem verdeckten Seitenpfad ein Mädchen auf dem Fahrrad und fuhr uns direkt vor das Vorderrad. Santi machte kopfüber den Abflug und schlug mit der Stirn auf. Die Radfahrerin fiel samt ihrem Drahtesel in den Staub, und mir erging es nicht anders.

Noch ehe ich mich um meine Verletzung kümmern konnte (ich hatte eine Schürfwunde am Knie), rappelte ich mich hoch und hob das Kind auf. Santis Gesicht war blutüberströmt und er schrie so herzzerreißend, dass ich glaubte, er sei schwer verletzt. Ich musste ihn unbedingt zu einem Arzt bringen. Um das Motorrad wieder in Gang zu setzen, wollte ich dem Mädchen das Kind auf den Arm geben. Sie war unverletzt, hatte sich wieder aufgerichtet und klopfte den Staub von ihrem Kleid. Sie dürfte etwa vierzehn Jahre alt gewesen sein.

Ich hielt ihr also den schreienden Jungen hin und forderte sie auf, ihn zu halten, während ich die Maschine starten wollte. Dummerweise verstand sie mich nicht (nicht alle Balinesen sprachen Englisch) und als ich sie anschrie, gefälligst mein Kind festzuhalten, fing sie hysterisch an zu kreischen, dass man hätte glauben können, sie werde vergewaltigt oder gar ermordet. Sie schrie so laut, dass im Nu einige Leute herbeigelaufen kamen, um zu sehen, ob sie helfen könnten. Zum Glück tauchte eine Frau auf, die mir den Kleinen abnahm, sodass ich das Motorrad aufheben und starten konnte. Die Leute beruhigten das Mädchen, und die Frau setzte Santi wieder auf den Tank. Ich hielt ihn fest und fuhr, so schnell es die Umstände erlaubten, zu einem Doktor, dessen Schild mir schon mehrmals im Vorbeifahren aufgefallen war. Dummerweise war der Arzt in der Mittagspause, sodass ich mich an eine Nachbarin wandte, um nach dem Doktor zu fragen. Die Frau sah sich das immer noch weinende Kind an, redete beruhigend auf es ein und bat uns zu sich in die Küche. Mit einem feuchten Tuch wischte sie Santi Staub und Blut aus dem Gesicht, gab ihm ein Bonbon, und schon beruhigte er sich wieder. Er hatte eine kleine Platzwunde auf der Stirn, die Blutung hatte aufgehört, und als wir auf dem Rückweg zum Golden Village waren, stellte er schon wieder Fragen, wie die, ob es im Dschungel auch Elefanten gebe. Klar, sagte ich. Wir könnten allerdings froh sein, dass wir bloß mit einem Mädchen und nicht mit einem Elefanten zusammengestoßen seien. Das fand er lustig, und da wusste ich, alles war halb so schlimm gewesen.

3.19 Psychedelika

Irgendwann erinnerte mich Lisa Stone an das LSD, welches sie aus Kalifornien mitgenommen hatte. Die Qualität sei hervorragend, milde Trips, sie habe schon davon genascht. Also beschlossen wir am späten Nachmittag eines schönen Tages eine Acid-Party am Strand von Legian zu geben. Insgesamt verteilten wir mehr als hundert von den kleinen gelben Pillen, die es in sich hatten. Einzige Bedingung: Wir fragten die Interessenten, ob sie schon einmal psychedelische Drogen genommen hätten. Wer bejahte, kriegte eine Pille, wer zum ersten Mal probieren wollte, sollte am Strand bei den anderen bleiben, um im Notfall betreut zu werden. Um es vorweg zu sagen, alles verlief friedlich, keiner kam auf den Horror.

Über »Trips« ist viel geschrieben worden, viel Unwahres im doppelten Sinne: Polemische Beschreibungen ebenso wie Erfahrungsberichte über schlechte Trips, insbesondere über angebliche Horrortrips. Meine Erfahrungen decken sich damit nur zum Teil. Ich bin überzeugt davon, dass, wer psychisch gesund ist, auf korrekt dosierte Halluzinogene positiv reagiert; vorausgesetzt, das Ambiente stimmt. Hier ist allerdings Vorsicht geboten, denn bei Leuten, die unter Depression leiden oder bei Borderline-Kranken etwa wird das psychedelische Abenteuer möglicherweise zu einer psychischen Achterbahnfahrt. Andererseits sind es gerade diese psychischen Krankheiten, die durch gezielten Einsatz psychotroper Substanzen wie Psilocybin, Meskalin oder LSD gelindert oder gar geheilt werden können. LSD hatte in den Sechzigerjahren einen kaum zu überschätzenden Einfluss auf das Denken und Handeln der jungen Generation, was mir einen kurzen Exkurs in diese Thematik zu rechtfertigen scheint.

Es sind in erster Linie drei bewusstseinsverändernde Phänomene, die beim (richtig dosierten) LSD-Rausch zu nennen sind: Zunächst werden vor allem akustische und optische Sinneseindrücke im Vergleich zur Normalrezeption verstärkt: Geräusche werden deutlicher und nuancierter wahrgenommen, Musik löst leicht Gefühlskaskaden aus, die ein mehr oder weniger starkes Glückserleben ermöglichen; auch Farben werden intensiver gesehen; Formen und Farben in der Natur haben ein ausgeprägt harmonisches Verhältnis zueinander; unter dem Eindruck von LSD wird die Welt aufgrund der akustischen Harmonie und der optischen Ästhetik als schön und sinnvoll empfunden, bis hin zum mystischen Erleben. Museums- oder Konzertbesuche in angenehmer Gesellschaft sind sehr zu empfehlen! Sinneseindrücke, die unter normalen Umständen gefiltert werden, kommen unter dem Einfluss halluzinogener Drogen in zentrale Gehirnareale und werden dort ungewohnt verknüpft, mit dem subjektiven Ergebnis des Spürens der Schwerkraft; eines Gefühls für den eigenen Körper als eines auf 37 Grad erhitzten Organismus, der im permanenten Stoffwechsel mit der Umwelt steht; eines ganzheitlichen Gefühls für das Werden und Vergehen in der Natur; eines Gefühls für die planetarischen Bewegungen und die kosmische Dimension des Lebens auf der Erde. Echte Halluzinationen dagegen sind bei verträglicher Dosierung selten. In erster Linie verändert die Droge die Sicht auf Dinge, die tatsächlich da sind.

Nächtliche Spaziergänge nach der Einnahme von LSD mit anschließender Beobachtung des Sonnenaufgangs gehören zu den eindrucksvollsten und schönsten Naturerfahrungen überhaupt!

Halluzinogene Drogen wie LSD heben das Zeitgefühl auf. Die Aktivitäten des Gehirns konzentrieren sich die meiste Zeit so intensiv auf einen bestimmten Aspekt, dass das unter Normalbedingungen parallel laufende Gefühl für die Zeit völlig verloren geht. Man kann sich zum Beispiel in ein Gemälde von Dali vertiefen, und ehe man wieder daraus hervorkommt, ist eine Stunde vergangen. Unter dem Einfluss von LSD durchlebt man eine »zeitlose Zeit«. So ist es einem in diesem Zustand nicht möglich zu sagen, wie lange zum Beispiel ein gerade gehörtes Musikstück gedauert oder wie lange man sich im Garten aufgehalten hat. Die Frage nach der Zeit und damit nach der Geschichte scheint völlig irrelevant zu sein, bestenfalls Ursache für ein schelmisches Lachen. Etwa nach dem Motto: Ist das denn überhaupt wichtig, angesichts der kosmischen Unendlichkeit?!

Bei der Beurteilung seiner Mitmenschen richtet man sich unter LSD-Einfluss weniger nach Status und Mode, sondern mehr nach dem Habitus, dem Ausdruck der Augen, der Mimik und dem Klang der Stimme. Da insbesondere das Sprachzentrum gestört ist (bei höherer Dosierung bricht die verbale Kommunikationsfähigkeit völlig zusammen), wird gleichzeitig die Gabe verstärkt, aus der Mimik seines Gegenübers Informationen über dessen psychische Befindlichkeit zu gewinnen. Was immer die Triebfeder hinter dem Verhalten der Menschen ist, Liebe, Libido oder Gier, sie zeigt sich unter dem Einfluss von Psilocybin in der Mimik; denn Mimik ist keine Maske mehr, wenn der Beobachter den »psychedelischen Blick« hat; auf LSD, Meskalin und Psilocybin kann man den Menschen (und den Tieren) tiefer in die Seele blicken. Daher ist es weitaus schwieriger, einen Menschen zu täuschen, der unter LSD-Einfluss steht, als einen, dessen Gehirn unter chemischen Normalbedingungen arbeitet. Dies deutet auf die soziale Komponente des halluzinogenen Rausches hin, nämlich eine emotionale Neubewertung seiner Mitmenschen. Mimische Akzeptanz führt so zu starken Gefühlen der Freundschaft, gesteigerter Anziehungskraft oder zu vertieftem gegenseitigen Respekt. Bei negativer Interpretation der Mimik, können daraus aber auch Ekel, Widerwille und Verachtung resultieren. Dieser Gesamteindruck der Ausstrahlung anderer Menschen wird als Aura erlebt, als Schwingungen oder *vibes*, wie wir seinerzeit zu sagen pflegten, die vermeintlich etwas über den Charakter und die Absichten des anderen verraten.

Ein LSD-Trip ist mit einem Tauchgang zu vergleichen: Vertraut man sich der Führung eines erfahrenen Tauchers an, so wird das Ganze mit hoher Wahrscheinlichkeit zu einem unvergesslichen Erlebnis. Taucht der Unerfahrene oder psychisch Instabile aber allein, schlecht vorbereitet und möglicherweise auch noch in gefährlichen Gewässern (unpassende Umgebung), so kann die Sache übel ausgehen, also tatsächlich in einem Horrortrip enden.

Wie gesagt, meine eigenen Erfahrungen waren durchweg positiv. Bei vernünftiger Dosierung weiß man während des Rausches immer, dass es eine Droge ist, die für das Feuerwerk im Gehirn verantwortlich ist, so dass selbst bei negativen Wahrnehmungen keine Angst aufkommt. Für Menschen, deren Seele in der Balance schwebt, stellt ein korrekt dosierter LSD-, Meskalin- oder Psilocybin-Trip kein Risiko dar, im Gegenteil, verspricht er doch ein mystisches Erlebnis, welches anders überhaupt nicht oder nur durch großen Aufwand an Zeit und Energie zu haben ist (beim Extrembergsteigen etwa, im Tiefenrausch, durch Fasten oder bestimmte Meditationstechniken, wie man zuweilen liest). Was schließlich das immer wieder angeführte Suchtpotenzial der Halluzinogene angeht, so ist dieses meiner Erfahrung nach gering. Wahrscheinlich kann ähnlich wie beim Haschisch von einer Gewöhnung gesprochen werden, aber auch da habe ich meine Zweifel. Ein LSD-Rausch bedeutet nämlich zwischen sechs und zwölf Stunden geistige und körperliche Aktivität auf hohem bioenergetischem Niveau, und am Ende schläft man erschöpft ein. Es dauert dann zwei Tage, bis man sich wieder völlig fit fühlt, und in dieser Zeit hat man normalerweise kein Verlangen, erneut nach der Droge zu greifen. Aber es gibt immer Leute, die übertreiben es damit. So soll es schon vorgekommen sein, dass der Dauerkonsum von Halluzinogenen zur geistigen Umnachtung geführt hat, was ich durchaus für möglich halte. Das Bedenklichste, das ich in diesem Zusammenhang erlebt habe, war ein aggressiver Wahn, bei dem ein befreundeter Maler nach dem Konsum von Wodka und LSD seine Wohnzimmermöbel aus dem Fenster wuchtete und anschließend alles im Garten verbrannte. Geschichten, bei denen Minderjährige im LSD-Rausch aus dem Fenster springen, weil sie glauben, fliegen zu können, halte ich hingegen für Hirngespinste.

3.20 Danny

Der Tag kam näher, an dem ich mich mit Wacki verabredet hatte. Ich verabschiedete mich wieder einmal von Lisa und den Kindern und flog nach Singapur. Dort wollten wir uns im Hotel Supreme treffen und zusammen weiter nach Bangkok reisen – aber Wacki tauchte nicht auf. Ich blieb zwei Tage in der Stadt und wollte gerade den Rückflug nach Bali buchen, als ich durch Zufall einen bemerkenswerten Menschen kennenlernte.

Nachdem ich den Aufzug vom sechsten Stock hinunter in die Lobby betreten hatte, stieg im vierten ein junger Mann zu, der mich grüßte wie einen alten Bekannten und mit dem ich sogleich ins Gespräch kam. Als wir unten ankamen, schlug er vor, einen gemeinsamen Stadtbummel zu unternehmen. Sein Name war Danny Reno. Unterwegs erzählte er mir, dass er aus Sydney stamme, dass er beruflich bei der Feuerwehr arbeite und gerade Urlaub habe, den er zu einer Südostasienreise nutze.

Als wir von dem langen Rundgang durch die Stadt zurück waren, hatte Danny mir nicht bloß seine halbe Lebensgeschichte erzählt, sondern er war auch mit einem ebenso verblüffenden wie gefährlichen Geständnis herausgerückt: Die Reise sei eigentlich keine Urlaubsreise, wie er mir anfänglich hatte weis machen wollen, sondern eine geschäftliche: Er wolle nämlich Heroin kaufen und es nach Sydney schmuggeln! Er habe Spielschulden und mit dem Gewinn wolle er sich davon befreien. Weder hatte er eine Connection, wo er das Zeug bekäme, noch hatte er einen Plan, wie er es durch den australischen Zoll bringen könnte. In naiver Selbstüberschätzung glaubte er, die Droge in Singapur kaufen zu können. Dass dort schon wegen einer relativ geringen Menge die Todesstrafe drohte, wusste er nicht. Da er aber ein interessanter Mensch war, freundeten wir uns im Schnelldurchgang an, und am Abend beim Essen in einem Straßenrestaurant bot ich ihm an, bei Spesenübernahme mit ihm nach Bangkok zu fliegen und ihm die Ware dort zu besorgen. Ganz uneigennützig war mein Angebot allerdings nicht, denn auf diese Weise konnte ich meinen persönlichen Vorrat wieder aufstocken, nachdem ich auf Bali einige Leute getroffen hatte, die ich aus Ibiza oder Goa kannte und die sich ihre Nase mit meinem Stoff gepudert hatten. Dass ich den Berliner Harry zuweilen einlud, verstand sich von selbst. Mein eigener Konsum belief sich auf etwa ein Gramm am Tag, also musste ich jedes Mal kalkulieren, ehe ich mich auf eine Reise in eine Gegend begab, wo ich keinen Dealer kannte, wie zum Beispiel auf Bali. Ich verließ mich lieber auf mich selbst, was natürlich die Gefahr mit sich brachte, dass ich mit dem Zeug erwischt werden konnte, was bei den vielen Grenzübertritten nicht auszuschließen war, wie seinerzeit auf den Bahamas erlebt.

Danny und ich flogen also nach Bangkok. Da es sich um eine relativ kleine Menge handelte, die er kaufen wollte, besorgte ich den Stoff bei Tiger. Dort musste ich zwar ein wenig mehr hinblättern als bei den Chinesen in Chonburi, aber die Qualität stimmte, und Tiger war ein korrekter Lieferant. Mehr als verblüfft war ich indes, als er mir mitteilte, dass Wacki vor einer Woche in der Stadt gewesen sei. Der hatte sich 300 Gramm auf Kommission von ihm geben lassen und erklärt, ich werde demnächst mit ihm abrechnen. Davon war zwar nie die Rede gewesen, aber da es sich lediglich um tausend Mark handelte, beglich ich Wackis Schulden. Bei unserer nächsten Begegnung würde ich ihn zur Kasse bitten, denn auch wenn wir Freunde waren, war ich von seiner Vorgehensweise befremdet.

Tiger besorgte Danny eine Reisetasche mit eingebautem Versteck, sodass ich mir weniger Sorgen machten musste, er könne bei der Ankunft in Sydney überführt werden. Ich war selbst zwar noch nicht in Australien gewesen, wusste aber von Aussies, die auf Bali lebten, dass die australischen Zöllner im Verdachtsfall ähnlich gründlich suchten wie die in Amerika. Es ging immerhin um ein paar Jahre Gefängnis, anders ausgedrückt: Dannys Einsatz war seine Freiheit.

Danny war auf einem Flugticket unterwegs, welches ihm vorschrieb, frühestens zwei Wochen nach dem Abflug zurückzufliegen, also musste er die Zeit irgendwie überbrücken. Wir beschlossen, ein paar Tage in Bangkok zu bleiben, zumal er noch nie in Thailand Urlaub gemacht hatte, und er von den erotischen Angeboten der Thai-Girls sehr angetan war. Während mein neuer australischer Kumpel seine Tage in Massagesalons verbrachte, hing ich mit Odt auf der Straße herum und half ihm dabei, Elefanten an Touristen zu verkaufen.

Eines Morgens teilte er mir mit, dass sich vor einer Stunde eine »schöne Frau aus Amerika« bei ihm nach mir erkundigt habe. Als er mir schließlich ihren Namen verriet (er wollte es spannend machen), wusste ich zunächst nicht, was das zu bedeuten hatte. Lisa Stone war nach Bangkok gekommen, sie hatte offenbar keine Lust mehr, länger auf Bali zu bleiben. Sie war auf dem Rückweg nach Hawaii, und da sie wusste, dass sie mich entweder in Singapur oder in Bangkok antreffen konnte, legte sie dort Zwischenstopps ein. Jetzt hatte sie mich also gefunden. Unweit der Sukhumvit war sie in einem kleinen Hotel abgestiegen, ganz in der Nähe des White Inn, wo Danny und ich wohnten. Für die verbleibenden zwei Tage zog ich zu ihr, und so verbrachten wir die Zeit im Bett, zumal Danny in den Huren-Coffee-Shops derart aktiv war, dass man den Eindruck bekommen konnte, er wolle jede Dirne der Stadt begatten. Lisa hatte aus Singapur einen neuen Kassettenrekorder mitgebracht, den wir auspackten und das Hotelzimmer damit in eine Disco verwandelten. Ihre persönliche Hymne war das Lied »*Now that we found love …*« von der jamaikanischen Band »Third World«.

Während wir unsere Pläne abglichen, erwähnte sie, dass sie vor ihrer Abreise einen Balinesen kennengelernt habe, der in Legian an der Hauptstraße einen Fahrradverleih betreibe. Sein Name sei Agung Raka, ein Verwandter unseres Agung Boss und des Agung Motobike, der Paco und mir während der ersten Reise die Yamahas vermietet hatte. Mit Agung Raka habe sie sich angefreundet, ein cooler Typ, der ihr ein interessantes Angebot unterbreitet hatte: Er wollte ihr erlauben, auf dem Land der Familie ein Haus zu bauen. Davon träumte sie nun, von einem Haus auf Bali.

Die Idee gefiel mir sofort, und ohne lange darüber nachzudenken, schloss ich mich Lisas Planung an. In einem Hotelbett in Bangkok fassten wir den Plan, je ein Haus am Strand von Legian zu bauen. Sie schrieb mir den Namen und die Adresse des Grundbesitzers auf, und ich versprach, ihn aufzusuchen und unser Vorhaben mit ihm zu besprechen.

Da ich außerdem vorhatte, Anfang kommenden Jahres nach Amerika zu fliegen, versprach ich Lisa, einen Zwischenstopp auf Maui einzulegen, um ein paar Tage mit ihr zu verbringen. Dann packte sie ihre Reisetasche, ich mein Köfferchen und Danny die präparierte Tasche mit dem Stoff. Wir verließen Bangkok am selben Tag, sie via Tokio nach Honolulu, wir über Jakarta nach Bali, bewusst die ansonsten übliche Zwischenlandung in Singapur meidend, denn mit Leuten, die für friedliche Drogenschmuggler einen Galgen in Betrieb hielten, wollten wir nichts zu tun haben.

Ich hatte Danny davon überzeugt, zunächst mit mir nach Bali zu fliegen und dort eine Weile unser Gast zu sein. Von Bali aus könne er dann einen Touristen-Clipper nach Australien nehmen, was mir unverdächtiger erschien als direkt von Bangkok nach Sydney zu fliegen. Lange blieb er allerdings nicht bei uns im Golden Village, denn er saß auf heißen Kohlen. Nach zwei oder drei Tagen hatte er eine australische Reisegesellschaft gefunden, der er sich spontan anschloss. Wir verabschiedeten uns, und Danny verschwand ebenso plötzlich aus meinem Leben, wie er hinein gestolpert war. Ich habe noch oft an ihn denken müssen und mich gefragt, ob er es wohl geschafft hat. Er hatte versprochen, mir eine Karte zu schicken, aber sie kam nie an.

An dem Tag, als Danny Reno, der Feuerwehrmann aus Sydney, Bali verließ, wurde in New York John Lennon erschossen, was sich allerdings erst mit zweitägiger Verzögerung am Strand von Legian-Kuta herumsprach. Madé Tambún meinte, John und Yoko hätten auf Bali leben sollen, dann wäre er womöglich noch am Leben. Da musste ich Madé recht geben.

3.21 Harrys Flucht

Ein paar Tage nachdem Danny Bali verlassen hatte, stand plötzlich der Berliner Harry vor unserer Tür im Golden Village. Er bat dringend um Einlass, mehr noch, er bat um Asyl.

»Die Bullen sind hinter mir her!«

Was war passiert? Harry hatte seine indonesische Geliebte nach Kuta in den Sari-Club* ausgeführt. Während er an der Bar stand und auf ein frisch gezapftes Bier wartete, sah er plötzlich, wie ein Indonesier seiner Freundin, die am Tisch sitzen geblieben war, eine Salve von Ohrfeigen gab. Im Nu sprang Harry hinzu und schlug den Indonesier nieder. Was er nicht wissen konnte: Der Schläger war der Ehemann seiner Gespielin, nach islamischem Gesetz mit ihr verheiratet. Die Gattin war dem Gatten vor zwei Monaten in Surabaya fortgelaufen (»weil der im Bett so eine Niete war«) und hatte sich nach Bali abgesetzt, wo sie Harry kennenlernte und fortan mit ihm zusammenlebte. An ihrem ungesetzlichen Lotterleben erfreuten sich die beiden etwa sechs Wochen lang, bis der Mann seine Frau schließlich aufgespürt hatte. Nach geltendem Recht war er befugt, die untreue Ehefrau zu bestrafen, also fing er schon mal mit den Ohrfeigen im Sari-Club an.

Nachdem Harry sich eingemischt und den Gewalttäter mit ein paar Schlägen und Tritten auf die Straße befördert hatte, lief der zur Polizei. Als die Beamten im Lokal eintrafen, um Harry zum Verhör mit auf die Wache zu nehmen, suchte unser Freund das Weite. Und jetzt saß er bei uns im Salon und erzählte Lisa und mir diese ärgerliche Geschichte.

»Ihr müsst mich in eurem Haus verstecken. Sollten die Bullen mich erwischen, werden sie mich ausweisen, und ich kann Bali vergessen. Ich liebe diese Insel, und ich will nicht von hier fort«, erklärte er entschlossen.

»Wie lange soll das Asyl denn dauern?«, fragte ich. »Vielleicht ist es besser, wir bringen dich in die Berge, dort kann man sich besser verstecken als hier im Golden Village, wo dich jeder kennt.«

* am 12.10.2002 wurde in dem Club von Verrückten eine Bombe gezündet, es gab viele Tote

»Ich denke, hier bei euch bin ich erst einmal sicher. Kann mir nicht vorstellen, dass die Bullen wegen so einer Sache ein großes Balihoo veranstalten«, meinte er.

»Kommt drauf an, ob du den Mann deiner Freundin verletzt hast«, wandte Lisa ein. »Ist er denn verletzt?«

»Na hör mal! Der hat meinem Mädchen ins Gesicht geschlagen. Ich hab's dem richtig auf die Zwölf gegeben. Ein paar Zähne hat er eingebüßt, jedenfalls hat es gekracht, als ich zuschlug.«

Zum Beweis zeigte Harry uns seine Hand, die eine Verletzung aufwies. Ich schüttelte den Kopf und musste lachen.

»Scheiße. In dem Fall werden sie bald vor deiner Haustür stehen. Ich gehe mal rüber auskundschaften, ob sich da drüben schon was tut.«

»Hier ist der Schlüssel. Hol bitte meine Reisetasche mit den Papieren da raus und bring sie her. Sonst wissen die Bullen sofort, wer ich bin, und wenn sie dann bei Interpol nachfragen, habe ich eh verspielt.«

Lisa kochte Harry einen Tee, und ich ging hinüber zu seinem Haus, um die Sachen zu holen. Ich war höchstens fünf Minuten bei der Suche, als ich Stimmen und Klopfen an der Pforte vernahm. Agung Boss, der Besitzer des Golden Village, stand mit dem Polizeichef von Kuta vor dem Haus und pochte an das Tor. Der Bungalow war zum Weg hin von einer Mauer geschützt, um hineinzugelangen, musste man durch das Gartentor. Da Mauer und Tor die Sicht versperrten, hatte ich Gelegenheit, nach hinten durch eine Hecke zu verschwinden. Im weiten Bogen schlich ich zurück zu unserem Haus. Doch kaum hatte ich es geschafft und Harry seinen Krempel übergeben, da hörte ich Stimmen vor unserer Tür. Ich ging hinaus, um nachzusehen. Agung Boss war in Begleitung von inzwischen zwei Polizisten: dem Chef und seinem Adjutanten.

»Mister Berger«, sagte Agung. »Die Polizei sucht den Elvis aus Bungalow No. 4. Mein Gärtner sagt, er habe ihn vor einer halben Stunde zu euch ins Haus gehen sehen. Bitte sagen sie ihm, er soll herauskommen!«

Das war ehrlich gesagt, ein bisschen zu viel von mir verlangt. Einen Freund an die Polizei auszuliefern, das kam nicht in Frage. Das wäre ja noch schlimmer als Verrat! Fieberhaft überlegte ich, wie ich die Sache zu Harrys Vorteil abwenden könnte. Zunächst versuchte ich es mit einer Lüge.

»Wer soll bei mir im Haus sein? Der Elvis von gegenüber? Da muss sich der Gärtner geirrt haben, bei mir sind nur meine Frau und die Kinder. Sonst müsste ich ihn ja gesehen haben.«

Agung Boss besprach sich kurz mit den Beamten.

»Dann haben Sie sicher nichts dagegen, wenn sich die Herren von der Polizei selbst vergewissern, dass der Mann sich nicht bei Ihnen versteckt? Sollte er dennoch im Haus sein, wird das auch Konsequenzen für Sie und Ihre Familie haben. Unsere Polizei lässt sich nicht gerne an der Nase herumführen. Oder wollen Sie morgen in den ersten Flieger nach Singapur steigen?«

Ich hatte verstanden und sah plötzlich, dass ich keine Chance hatte, Harry zu retten. So frei wir uns auf der Insel fühlten, so war Indonesien unter Präsident Suharto doch ein Willkürregime, in dem die Polizei freie Hand hatte. Wenn dem Polizeichef von Kuta die Visage eines Touristen nicht passte, hatte er die Macht, den Betreffenden auszuweisen, und ich wusste, dass von dieser Macht hin und wieder Gebrauch gemacht wurde. Wer also auf Bali investieren wollte, musste sich darüber im Klaren sein, dass er und sein Investment auf Gedeih und Verderb den örtlichen Behörden ausgeliefert sein würden.

»Gestatten Sie, dass ich hinein gehe und erst mal mit meiner Frau rede?«

»Besser wäre es, wenn Sie gleich mit Elvis Schulz redeten«, sagte Agung Boss, dessen Geduld zu schwinden schien. »Gehen Sie, und schicken Sie ihn raus!«

Harry hatte sich ins Obergeschoss verdrückt, sobald der Suchtrupp vor dem Haus aufgetaucht war. Von dort oben hatte er jedes Wort mitgehört und beschlossen, sein Schicksal zu akzeptieren. Er kam aus dem Haus und stellte sich. Agung riet ihm, mitzufahren. Vielleicht ließe sich die Sache ja mit einem Bakschisch regeln.

Der Polizeichef bedankte sich für meine Kooperation und bot mir zu allem Überfluss seine Hilfe an, sollte ich einmal ein Problem haben. Harry begleitete die Männer zum Polizeijeep, stieg ein, und ich ging schlechten Gewissens ins Haus zurück.

Lisa fand mein anfängliches Zögern, den Freund auszuliefern, völlig sinnlos und unverantwortlich, und schon hatten wir wieder ein Thema, über das wir uns streiten konnten. Für nichts und wieder nichts. Beim Abendessen versöhnte sie mich wieder, indem sie so lecker kochte wie eh und je. Zweifellos hatte ich eine hervorragende Köchin geheiratet. Und eine schöne obendrein. Wir saßen anschließend im Salon und lasen in unseren Büchern, die Kinder lagen schon im Bett und schliefen, im Hintergrund lief bei gedämpfter Lautstärke Musik. Auf einmal war mir, als habe jemand meinen Namen gerufen. Ich drehte den Ton leiser und lauschte in die warme Nacht hinaus. Tatsächlich hörte ich aus den Reisfeldern hinter dem Haus jemand rufen. Ich ging hinaus, um zu sehen, wer der späte Besucher sei. Es war Harry. Oder Elvis. Einer von beiden.

»Wo kommst du denn her?«

»Es ist mir gelungen, auf der Fahrt in den Knast aus dem Jeep zu entkommen. Du musst mir helfen, ich muss dringend von hier verschwinden. Die Bullen haben schon herausgekriegt, dass ich über Interpol gesucht werde. Agung hat ihnen meinen richtigen Namen verraten«, erklärte er aufgeregt. »Ich brauche dringend Kohle!«

»Was hast du vor?«

»Zuerst einmal weg von der Insel. Mal sehen, ob ich im Hafen von Singaraja einen Fischer finde, der mich nach Java bringt. Dort schaue ich dann, wie es weiter geht.«

»Was benötigst du denn an Geld?«, fragte ich.

»Wenn du tausend Mark für mich erübrigen könntest, damit käme ich schon mal bis Singapur.«

Wir hatten keine Zeit, lange zu überlegen. Harry musste sein Schicksal jetzt selbst in die Hand nehmen. Ich ging nach oben, holte das Geld aus dem Versteck, nahm seine Tasche mit den Papieren und den Klamotten, die ich am Nachmittag eingepackt hatte und brachte es ihm nach draußen. Wir umarmten uns, ich wünschte ihm Glück, und dann verschwand er in der Dunkelheit.

Am Morgen kam Agung Boss noch einmal vorbei und erzählte mir, dass Elvis der Polizei entwischt sei. Weit werde er aber nicht kommen, da der Zoll am Flughafen bereits nach ihm Ausschau halte. Ich pflichtete Agung bei, und damit war der Fall für uns erledigt.

Von Harry habe ich nichts mehr gehört, allerdings auch nicht, dass man ihn auf Bali erwischt hätte. Ich bin zuversichtlich, er hat es irgendwie geschafft, aus dem Land zu kommen. Umtriebig wie er war, machte ich mir um den Nomaden Elvis Schulz alias Harry keine großen Sorgen. Aber die Art und Weise, wie der Besitzer des Golden Village die Bullen bei der Verhaftung eines seiner Mieter unterstützt hatte, gefiel mir gar nicht. Ich begann, mich nach einer anderen Bleibe umzusehen.

3.22 Agung

Zufällig entdeckte ich im Vorbeifahren an der *Jalan Legian-Kuta** das Schild *»Bicycle for Rent, Agung Raka«*. Ich hielt an und erkundigte mich nach dem Mann, den mir Lisa Stone in Bangkok empfohlen hatte. Dessen Schwester Madé betrieb einen Klamottenladen an der Straße. Ohne Umstände führte sie mich zu ihrem Bruder.

Vor mir saß ein grinsender Balinese mit langen Haaren auf einem Steinsockel und kritzelte mit einem Stöckchen Figuren in den Staub. »Das ist ein Freund von Lisa Hawaii«, stellte Madé mich ihrem Bruder vor. Dann erst fragte sie nach meinem Namen. Ich gab den Geschwistern die Hand.

»Du kennst Lisa?«, war Agungs erste Frage.

»Sie ist eine meiner besten Freundinnen«, sagte ich. »Sie hat mir von dir erzählt.«

»Nur Gutes, hoffe ich.«

»Nur das Beste.«

»Ist sie noch auf Bali? Ich habe sie ein paar Tage nicht gesehen.«

»Sie ist zurück nach Hawaii geflogen. Ihr Junge muss zur Schule«, erklärte ich.

Während ich Agung Lisas Grüße ausrichtete, fingen seine sanften Augen an zu leuchten. Sogleich spürte ich eine Herzlichkeit, welche die bei Balinesen übliche Freundlichkeit noch übertraf. Agung war so alt wie ich und so groß gewachsen wie ich, er wog in etwa so viel wie ich, und wir trugen beide dunkle Locken auf dem Kopf, bloß dass seine weich waren, meine dagegen borstig. Seine Mimik kannte scheinbar nur zwei Ausdrucksformen: Entweder grinste er zufrieden oder aber er zeigte Überraschung. Schlechter Laune habe ich ihn nie erlebt. Er sprach ein passables Englisch, sodass die Verständigung ohne Probleme klappte. Ich kam ziemlich schnell zur Sache und wollte wissen, ob wahr sei, was unsere gemeinsame Freundin mir gesagt hatte, ob er bereit sei, ihr ein Stück Land zu verkaufen oder zu verpachten, damit sie dort ein Haus bauen könne.

»You have time?«, fragte er mich und erhob sich von dem Stein, auf dem er die ganze Zeit gesessen hatte.

---

* Jalan = Weg, Straße

»In Bali everyone must have time«, entgegnete ich lachend. »Was hast du vor?«

»Ich will dir unser Land zeigen.«

Das Land der Familie Agung erstreckte sich von der Straße bis zum Strand, ein etwa 30 Meter breiter und 300 Meter langer Streifen. Die Straßenfront war bebaut: linker Hand die »Boutique« der Schwester, daneben der Kaufladen seines Bruders Ketut, dazwischen ein schmaler Durchgang zum hinteren Teil des Anwesens. Dort wurde es sofort unübersichtlich, denn hier standen ohne erkennbare Ordnung ein halbes Dutzend Gebäude dicht beisammen: zwei Wohnhäuser, zwei Haustempel, ein Reisspeicher, eine Küche, sowie ein noch im Bau befindliches Gebäude.

Nachdem wir das Gehöft hinter uns gelassen hatten, überquerten wir eine freie Fläche, auf der Hühner sich im Staub plusterten, und wo Ferkel faul neben der Sau im Schatten lagen. Begrenzt wurde dieses Tiergehege durch eine Hecke, hinter der ein Palmenhain begann, der sich bis zum Meer ausdehnte, gut und gerne 250 Meter lang. Es handelte sich um Kokospalmen, die im Abstand von fünf bis sechs Metern in Reihen standen. Unter den Palmen wuchs Gras, und auf dem Gras lag eine magere Kuh, bewacht von einem alten Mann im Sarong, der im Schneidersitz auf der Erde hockte und eine Zigarette paffte. Agung sprach kurz mit ihm und sagte dann zu mir: »Mein Vater.«

Ich reichte dem Alten die Hand, wobei er mich aufmerksam ansah. Damit hatte ich das Familienoberhaupt kennengelernt, die Instanz, deren Einwilligung Agung haben musste, wenn er Lisa und mir ein Stück ihres Bodens überlassen wollte. Dass Ausländer in Indonesien damals kein Land erwerben konnten, machte Investitionen nicht einfach. Andererseits vertrug es sich gut mit meiner eigenen Philosophie, dass die Erde allen gehört und nicht verkäuflich sein sollte.

Privater Grundbesitz war in meinen Augen eine obszöne Anmaßung, ein Frevel am Planeten. So hatte ich überhaupt kein Problem damit, ein Haus für meine Familie zu bauen, welches auf einem Fleckchen Erde stehen sollte, das mir nicht gehörte. Letzten Endes war es eine Vertrauensangelegenheit zwischen Agung und mir, zwischen der balinesischen und meiner deutschen Familie.

Ganz so einfach, wie es sich jetzt liest, war es dann aber doch nicht, denn es waren noch informelle Hürden zu nehmen. Das Einverständnis des alten Agung bekam ich schon am nächsten Tag. Er befand, dass der *»Orang Jerman«**, den sein ältester Sohn ihm vorgestellt hatte, in Ordnung sei. Von ihm aus wurde also grünes Licht gegeben. Welche Turbulenzen diese Sache familienintern aufwirbelte, konnte ich nicht beurteilen. Agung, der mein Freund wurde, hat es mir viele Jahre danach einmal erzählt. Sein Bruder hegte nämlich Zweifel. Als der bessere Geschäftemacher der beiden, hatte er sofort erkannt, dass sein großer Bruder in irgendeiner Form von dem Vertrag mit mir profitieren würde. Da alle anderen Familienmitglieder allerdings dafür stimmten, ein kleines Stück ihres Palmenwaldes an Lisa Stone und mich herzugeben, war der Bruder Ketut bald überstimmt, zumal in einer balinesischen Familie keine Demokratie herrschte: Der Vater hatte das Sagen, er entschied, und die anderen hatten sich zu fügen.

Der Alte hatte also entschieden. Um seinem Beschluss Rechtskraft zu verleihen, musste ein Priester befragt werden. Der tauchte ein paar Tage danach tatsächlich auf, ganz in weiß gekleidet und mit schweren goldenen Ringen an den Fingern. Wir unterhielten uns eine halbe Stunde, dann gab er der Familie Agung gegenüber eine Unbedenklichkeitserklärung ab. Nachdem auch diese Hürde genommen war, musste noch ein Schamane bemüht werden, der den exakten Standort des Hauses und dessen Ausrichtung festlegte, und zwar unter Berücksichtigung der Gewohnheiten böser Geister und Dämonen, die auf Bali überall ihr Unwesen treiben. Er legte also fest, dass für den Bau des Hauses nicht mehr als zwei Bäume gefällt werden durften und dass die Eingangstür gen Süden zu zeigen habe. Dem Architekten wurde die Vorgabe auferlegt, gegenüber der Haustür auf keinen Fall ein Fenster zu setzen, anderenfalls den Dämonen im wahrsten Sinne des Wortes Tür und Tor geöffnet würden. Damit waren die Traditionen berücksichtigt, was jetzt folgte, waren Lappalien: Ein professioneller Bauplan, die Finanzierung und die sozialen Aspekte, die zu berücksichtigen sind, wenn ein völlig Fremder in eine traditionell gefügte Gemeinschaft kommt. Eine Baugenehmigung bei den Behörden war seinerzeit nicht erfor-

* der Deutsche

derlich. Ich bin jedoch sicher, dass Agung gewissen Leuten ein Bakschisch hat zukommen lassen. Bei unserer zweiten Exkursion auf den Bauplatz fragte ich ihn, was ich ihm denn zahlen müsse, dafür, dass er mir das Grundstück überließe.

»Wieso zahlen? Nichts. Du kaufst doch nichts, also musst du auch nichts bezahlen«, erklärte er.

»Aber ich muss mich doch irgendwie erkenntlich zeigen«, beharrte ich. »So ganz ohne Gegenleistung kann ich das nicht annehmen.«

Während wir diesen störrischen deutsch-balinesischen Dialog zu einem positiven Resultat zu führen versuchten, stolperte ich buchstäblich über ein Fundament, das im »Schweineviertel« aus der staubigen Erde ragte.

»Was ist denn das?«, fragte ich Agung.

»Das wird mal mein Haus«, sagte er stolz. Der Optik des Bauprojektes nach zu urteilen, war hier schon lange nichts mehr geschehen.

»Und warum baust du nicht weiter?«, wollte ich wissen.

»Kein Geld!«

Wir vereinbarten, dass ich Agung sobald wie möglich eine Anzahlung übergeben würde: zum Bau eines modernen Hauses aus Stein, mit Blechdach und Fenstern aus Glas für ihn und seine Familie (er war verheiratet und hatte schon drei kleine Buben); und zur Errichtung eines balinesischen Hauses aus Holz und Bambus für mich und meine Familie. Und weil das Fundament, das ich aus dem Boden ragen sah, bestenfalls die Größe einer Doppelgarage hatte, zog ich mit dem Stiefelabsatz eine Linie in den Staub, die den Grundriss von Agungs geplantem Haus mehr als verdoppelte. Ich musste all meine Überredungskunst aufbieten, ehe er am Ende einverstanden war, sein Haus nach meinem Grundriss zu bauen, was er dann auch tat.

Nach und nach lernte ich sie alle kennen, die Agungs aus Legian-Tengah: die Oma und den Opa, ihre Tochter Madé, den jüngsten Sohn Ketut und den ältesten Sohn Madé, genannt Agung Raka, sowie die Ehefrauen der beiden Söhne, die beide den Namen Ketut trugen. Agung Raka und seine hübsche Frau Ketut hatten drei Söhne: der älteste hieß Putú, der zweite Wayan und der jüngste wiederum Ketut. Dass so viele Balinesen, den gleichen Vornamen tragen, bereitete mir zugegebenermaßen einige Schwierigkeiten, was zuweilen zu Verwechslungen, aber zu keinen Problemen führte. Die Kinder waren damals zwischen fünf und zehn Jahre alt. Fortan besuchte ich die Agungs regelmäßig, stellte ihnen meine eigene Familie vor, und wir befreundeten uns.

3.23 Umberto

Einen Monat lang blieb ich mit Lisa und den Kindern im Golden Village wohnen. Eines Tages stellte mir Madé Tambùn einen Spanier vor, der ähnlich wie der Berliner Harry, daheim von der Polizei gesucht wurde. Ein Junkie, der noch eine Haftstrafe zu verbüßen hatte. Sein Name war Umberto Soler. Er war gut organisiert, finanziell solide aufgestellt und äußerlich alles andere als verwahrlost. Er lebte auf der Insel und suchte eine Connection in Thailand, wo er in Zukunft stressfrei gutes Heroin kaufen konnte. Madé hatte ihm berichtet, jemanden zu kennen, der ihm in dieser Sache helfen könne, und jetzt wollte Umberto mich kennenlernen. Madé hatte ihn mitgebracht.

Er stammte ursprünglich aus Barcelona, war ungefähr vierzig Jahre alt, zeigte ein breites Gesicht auf einem stabilen Nacken und machte, Junkie hin, Junkie her, den Eindruck eines verlässlichen und coolen Zeitgenossen. Wir unterhielten uns, rauchten ein paar Grasjoints, aber als er seine Pumpe auspackte und sich einen Schuss setzte, war es mit Lisas Verständnis vorbei. Sie forderte mich auf, Umberto aus dem Haus zu weisen.

Da aber in meinen Augen Gastfreundschaft einen hohen Stellenwert hat, verließ ich unser Haus mit ihm und wir verlegten das gesellige Beisammensein einfach nach Ubud, wo Umberto ein kleines, aber feines Holzhaus bewohnte, welches mit balinesischen Gemälden dekoriert war. Er forderte mich auf, es mir bequem zu machen und ging in die Küche. Er stellte Getränke, Früchte und Oliven auf den Tisch, dazu eine Schale mit Gras, gutes indisches Hasch und als Krönung eine Kugel gepresstes Heroin von der Größe eines Golfballs. Dann steckte er eine Kassette mit spanischer Musik in den Rekorder und gesellte sich zu mir.

Wir besprachen seinen Plan, nach Weihnachten in Richtung Bangkok zu verschwinden, denn sein Heroindepot musste aufgefüllt werden. Die Kugel, die vor uns auf dem Tisch lag, war der Rest, den er noch besaß. Ich stellte in Aussicht, ihn nach Thailand zu begleiten und ihm dort einen Kontakt zu vermitteln. Dabei dachte ich an Tiger, der sich bis dahin immer Mühe gegeben hatte, seine Kunden zufriedenzustellen. Umberto referierte dann noch über die balinesische Malerei, über Epochen und Stile und er versprach mir, mich bei Gelegenheit ins Atelier des »Bali-Dalí« mitzunehmen. So wurde im Scherz ein spanischer Maler genannt, der an der Hauptstraße von Ubud ein Anwesen besaß, durch welches Busladungen von Touristen geführt wurden, die (gegen eine Gebühr versteht sich) dem Bali-Dalí bei der Arbeit an der Staffelei zusehen durften.

Tatsächlich handelte es sich um einen mittelmäßigen Pinselschwinger namens Antonio Blanco, der sich den Schnurrbart wie dereinst Salvador Dalí hatte wachsen lassen, und der sich in der Pose gefiel, als Bali-Dalí gefeiert und fotografiert zu werden. Nach seinem Tod hat man ihm ein Kitsch-Museum gewidmet, durch das weiterhin zahlende Touristen streichen, die anschließend einen völlig falschen Eindruck von der balinesischen Kunst mit nach Hause nehmen. Dieser Antonio Blanco war ein Freund Umbertos.

Irgendwann im Laufe des Nachmittags musste mein neuer Bekannter mich eine Viertelstunde allein lassen, da er etwas Dringendes bei Antonio zu erledigen hatte. Er forderte mich auf, mich bei Getränken, Obst und Drogen zu bedienen, er sei bald zurück. Ich goss mir von seinem leckeren Jasmintee nach, schälte eine Salak* und schabte mir etwas von dem weißen Heroin von der Kugel, das ich schnupfte. Ich selbst hatte zwar noch einen kleinen Vorrat zuhause, aber angesichts der guten Gelegenheit nahm ich mir von Umbertos Kugel noch zwei Gramm und steckte sie ein. Es versteht sich von selbst, dass diese Aneignung fremden Eigentums über das großzügige Angebot des Spaniers hinausging. Offensichtlich hatte die Sucht mich schon so sehr im Griff, dass ich, wenn es um Heroin ging, zum hässlichen kleinen Dieb wurde. Richtig peinlich wurde das Ganze, als Umberto mich später, als ich mich verabschiedete, aufforderte, mir ein paar Gramm mitzunehmen. Immerhin kann ich mich heute noch schämen, wenn ich an den Vorfall denke. Ein gutes Beispiel, wie die Sucht den Charakter verbiegt.

Am zweiten Weihnachtsfeiertag machten Umberto und ich uns auf den Weg nach Bangkok. Ich hatte geplant, von dort aus weiter in die USA zu fliegen, um die erste Heroinlieferung abzuwickeln, die Ming, mein neuer chinesischer Partner, Anfang Januar

* tropische Frucht, von der Größe einer Kastanie

auf den Weg zu bringen gedachte. Alles in allem wollte ich einen Monat unterwegs sein. Dass es am Ende zwei wurden, hatte vielfältige Ursachen. Zunächst verzögerten sich Mings Vorbereitungen um eine Woche. Ich blieb in Bangkok, wo ich mich inzwischen auskannte, wo ich Freunde hatte und wo sowohl *sex* und *drugs* als auch *rock'n'roll* wohlfeil zu haben waren. Wenn ich damals gefragt wurde, wo auf der Welt es mir am besten gefalle, antwortete ich ohne zu zögern: in Bangkok, der geilsten Stadt der Welt. Mit der Einschränkung, dass ich viele Städte noch nicht kannte, wie etwa Buenos Aires, Johannesburg, Melbourne, Havanna, New Orleans, Beirut, Teheran, Lhasa, Moskau, Samarkand, Shanghai und tausend andere mehr. Dass ich eines Tages auch überall dorthin fliegen würde, war ausgemachte Sache, denn im Reisen hatte ich längst einen Sinn gefunden. Zeitgleich reifte der Gedanke, eines Tages über meine Reisen zu schreiben. Der Umstand, dass ich seit Jahren schon Tagebücher über unser Nomadenleben führte, erwies sich diesbezüglich als Glücksfall.

In Bangkok machte ich Tiger und Umberto miteinander bekannt. Als ich den Spanier fragte, ob er an einem präparierten Gepäckstück interessiert sei, ähnlich der Reisetasche, wie sie Danny zuvor benutzt hatte, da lehnte er, ohne sich lange mit der Idee aufzuhalten, ab. Er sei ein Profi, schließlich sei er seit zwanzig Jahren heroinabhängig und habe immer Stoff in der Tasche. Umberto besaß nämlich ein halbes Dutzend Plastik-Kugeln mit Gewinde, ähnlich Tee-Eiern. In diese Halbkugeln presste er seinen Stoff, verschraubte sie anschließend luftdicht und führte sie rektal in den Umberto ein. Dort, so versicherte er mir grinsend, habe noch nie ein Zöllner gesucht.

Tiger versorgte mich mit Drogenproviant, gratis versteht sich, oder als Gegenleistung für den Kunden, den ich ihm vermittelt hatte. Tagsüber saß ich bei den Taxifahrern vor dem Ambassador-Hotel und spielte Schach, oder ich leistete Odt Gesellschaft, der in der Soi Nana unermüdlich Elefanten verkaufte.

Als Oi sah, dass ich mehr oder weniger untätig bei ihrem Mann saß, bat sie mich, ihr beim Abfassen einiger Briefe zu helfen. Die Mädchen in Bangkok hatten nämlich die Erfahrung gemacht, dass ihre ausländischen Kunden, nachdem ihr Sex-Urlaub zu Ende ging, weiterhin gemolken werden konnten. Es gab jede Menge Liebeshanswurste, die glaubten, sich in ihr Thaimädchen verliebt zu haben, und diese wiederum spielten den Kerlen anschließend vor, ganz ähnlich zu empfinden: »Hans, du starke Mann, viel gut Liebe machen«, und so weiter.

Die Prostituierten ließen sich von den Freiern die Anschriften geben, und kaum, dass die Kerle abgereist waren, wurde schon der erste Brief abgeschickt. Die Männer fühlten sich geehrt und in ihrer erotischen Kompetenz bestätigt. Wenn sie dann daheim von ihrem Liebchen im fernen Bangkok einen Brief bekamen, in dem etwas von der kranken Großmutter oder dem hungrigen Baby gelogen wurde, dann liefen sie eifrig zur Sparkasse und schickten ihrem Schatz je nach Liebesduselei und Vermögen einen Scheck, nicht selten über tausend Francs, Mark oder Dollar.

Oi hatte die Idee, mich beim Formulieren solcher Liebesbriefe um Hilfe zu bitten. Das hörte sich nach einer kreativen Belustigung an, und so setzte ich mich zusammen mit ihr und zwei Freundinnen an einen runden Blechtisch neben der Straße und erfand schmachtende Liebesbriefe. Auf Englisch, Deutsch, Französisch. An Jacky aus Sheffield, für Horst aus Bamberg und nach Rennes zu Jean-Michel.

Mit jedem Brief tropfte das Schmalz fetter aufs Papier: »Mein geliebter Horst, seit du nicht mehr bei mir bist, weiß ich erst, wie sehr ich dich liebe. Noch nie habe ich einen so starken Mann kennengelernt wie dich, der mich beim Bumsen so glücklich gemacht hat. Jeden Abend liege ich wach und muss an die Tage und Nächte mit dir denken. Ich kann es gar nicht erwarten, bis du wieder nach Bangkok kommst, mein wilder Tiger! … Am Ende des Briefs dann die Bitte, ihr doch ein klein wenig finanzielle Unterstützung zu gewähren, das versetze sie in die Lage, ihm (Horst, Jacky oder Jean-Michel) treu zu bleiben und außerdem die Oma zum Doktor zu bringen, die anderenfalls bald stürbe.

Die »Liebesbriefe« hatten enormen Erfolg. Ich war übrigens nicht der Einzige, der den Mädels dabei half, auch andere Freaks hatten in dem Geschäft schon mitgemischt, teilweise gegen eine prozentuale Beteiligung. Der Schreiber erhielt bis zu fünfzig Prozent der eingehenden Kohle! Es kursierten Musterbriefe, die sich die Mädchen untereinander ausliehen, und ich entwickelte einigen Ehrgeiz, die Liebesschwüre so suggestiv zu formulieren, dass die Kerle möglichst mit feuchten Augen und dem Liebestropfen zur Bank spurteten, um ihrem Schatz das Geld nach Bangkok zu schicken.

Silvester feierten wir in einer Tabledance-Bar, in der es turbulent zuging. Eine Reisegruppe von Versicherungsagenten aus Norditalien hatte den halben Laden reserviert und sich vorgenommen, ein total »versautes« Fest zu feiern. Frauen, die für Kleingeld strippten und Penisse lutschten, waren nicht schwer zu finden, und etliche Italiener, die im Slip an der Stange turnten, waren auch aktiv.

Umberto und ich saßen ziemlich zugedröhnt in einer Sitzecke, umlagert von Dirnen, die sich wunderten, dass sie uns erotisch nicht anmachen konnten. Nichtsdestotrotz amüsierten wir uns, spendierten den Mädels Whisky-Cola und Wodka-Lemon, gingen hier und da auf ein Angebot ein, schön geformte Titten in die Hand zu nehmen und lehnten ansonsten alle weitergehenden Offerten ab. Nach Mitternacht tauchten Oi, Noi und Odt noch auf, wobei Oi mit stiller Zufriedenheit registrierte, dass ich ihr nicht »fremd ging«.

Am 2. Januar machte Umberto sich auf den Rückweg nach Bali. Er schob sich seine vier Plastikkugeln in den Arsch und verabschiedete sich. Am 7. Januar 1981 bestieg ich eine Maschine nach Tokio, wo es diesmal zu keiner Begegnung mit Lynn kam. Von ihrer Freundin Bianca erfuhr ich, dass sie kürzlich nach Kalifornien aufgebrochen war, wo es ihr so gut gefalle, dass sie zu bleiben gedenke. Es sollten mehrere Monate vergehen, ehe wir uns in San Francisco wiedersahen. Nach Bali ist Lynn nicht mehr zurückgekehrt, ebenso wenig nach Tokio. In Santa Cruz hatte sie eine Künstlerkommune gefunden, der sie sich anschloss, und fortan lebte sie von der Malerei.

In Tokio hatte ich zwei Tage Aufenthalt. Ich nahm ein Zimmer im New Otani, wo ich seinerzeit schon auf der Reise mit Wacki abgestiegen war. Eigentlich hatte ich Kyoto besuchen wollen, aber dazu wollte ich mir ein andermal mehr Zeit nehmen. So verfaulenzte ich die Wartezeit im Hotelzimmer und im zum Hotel gehörigen Zen-Garten, wo es im Winter aber zu kalt war, um lange auf den weißen Steinen zu sitzen.

Mit ambivalenten Gefühlen ging ich am 10. Januar 1981 an Bord eines Jumbos der Japan Airlines. Einerseits hatte ich auf Bali einen Platz gefunden, an dem wir stressfrei würden leben können, hatte mit Lynn und Lisa Stone zwei Freundinnen, an deren Seite ich hin und wieder entspannen konnte, und auch was die Geschäfte in den USA anging, schienen sich die Dinge positiv zu entwickeln.

Andererseits waren da meine Heroinabhängigkeit und das angezählte Verhältnis zu meiner Frau, zwei Probleme, die unbedingt gelöst werden sollten. Dass ich aus eigener Kraft keinen Ausweg fand, lag nicht an fehlender Disziplin oder Willensschwäche, wie man auf den ersten Blick vermuten könnte. Es lag daran, dass ich nicht begriffen hatte, dass Sucht auf einen Mangel hindeutet, auf einen seelischen Schmerz, den der Süchtige glaubt mit der Droge betäuben zu können. Was ja auch eine Zeit lang gelingt. Wer aber eine wirkliche Lösung seiner Suchtprobleme will, oder sagen wir besser, wer auf Heilung seiner Suchtkrankheit aus ist, der muss die Ausgangsbedingungen kennen. Solange man diese nicht kennt, ja nicht einmal danach sucht, weil man sich einfach nicht vorstellen kann, dass eine verkorkste Mutter-Kind-Beziehung in den ersten Lebensjahren die Ursache für eine narzisstische Störung sein kann, aus der sich wiederum der Hang zu betäubenden Drogen erklären lässt, haben Entzugsversuche geringe Chancen, zum Erfolg zu führen. Es sollte noch eine Weile dauern, und eine Reihe von Freunden und Bekannten sollten sich von mir abwenden, bis ich das endlich begriff. Als ich die internationale Datumslinie im Pazifik überflogen hatte und der Tag wieder von vorne begann, schöpfte ich Zuversicht: Lisa Stone, mit der ich von Tokio aus telefoniert hatte, wollte mich am Flughafen von Kahului abholen. Und auf sie, da war ich mir sicher, war Verlass.

3.24 Heroin

Meine jahrelange Auseinandersetzung mit dem Heroin, der durch diese Droge verursachte Rausch, ihr zweifellos hohes Suchtpotenzial, unser Handel damit und der nachhaltige Eindruck, den sie auf mein Lebensgefühl machte, verdienen eine eingehendere Betrachtung. Weil in den Biografien der »Globalen Nomaden« Drogen, insbesondere Heroin, eine ebenso markante Rolle spielen wie etwa bei Literaten und Jazz-, später Rockmusikern, stellt sich die Frage, in welchem Zusammenhang der Drogenrausch mit Neugier und Kreativität steht, die das Verhalten dieser Menschen charakterisierten, anders ausgedrückt: Inwieweit gehört der Rauschzustand zu den legitimen Techniken einer sich in der Kunst verwirklichenden Avantgarde? Wollte ich alle Musik, Gemälde, Romane und Filme (Drehbücher) aus dem Archiv verbannen, die unter dem Einfluss harter Drogen geschaffen wurden, müsste ich kistenweise Kultur aus dem Haus tragen, beziehungsweise ein Terabyte von der Festplatte löschen. Zu Ende gedacht würde das bedeuten, dass alle Künstler und Wissenschaftler, deren Arbeiten in irgend einer Weise vom Rausch inspiriert waren und sind, vom Stigma des Kriminellen erfasst würden. Sie verkörpern in der Welt der »vernunftgesteuerten Normalen« den Irren, den Wahnsinnigen, mit denen sich die Normwächter des Staates in irgendeiner Form beschäftigen, um sie entweder zu diskriminieren, zu isolieren oder unter Androhung von Strafen zu normenkonformem Verhalten zu zwingen. Um mich nicht auf diesem Ast zu verklettern, verfrachte ich das Thema kurzerhand vom Kopf in den Bauch. Und dort spüre ich: hier kann etwas nicht stimmen.

Bei der Analyse und Diagnose meiner Drogenabhängigkeit verlasse ich mich in erster Linie auf eigene Erfahrungswerte und auf in Literatur und Medien gewonnene Fakten. Es ist erstaunlich genug, dass zu einem Phänomen wie dem des Drogenkonsums nach wie vor so viele Fake News und ungesicherte Daten kursieren, die eine objektive Positionierung zu diesem Thema erschweren. Zusätzlich ist gerade Heroin derart tabuisiert, dass man sich kaum traut, seine Legalisierung und die rechtliche Gleichstellung zum Alkohol zu fordern.

Es fing mit der Werbekampagne des Bayer-Konzerns an, der Heroin ab 1898 als wirksames Schmerz- und Hustenmittel vermarktete, und bestimmt den öffentlichen Diskurs bis heute, da politisch opportuner Unsinn noch immer von Hardlinern aus Medien und Politik verbreitet wird.

Da ich die Frauen im Goldenen Dreieck begleitet hatte, als sie in der Früh auf den Schlafmohnfeldern das Rohopium ernteten, da ich selbst Opium mit ihren Männern rauchte und fünf Jahre lang Heroin nahm, da ich die Vertriebswege kannte, sowie viele Menschen, die sich mit Transport und Verkauf der Mohnprodukte befassten, und da ich als Konsument unter Konsumenten insbesondere in den USA die Straßenszene und den Endverbraucher kennengelernt hatte, somit die Ursache-Wirkungskette von der Pflanze bis zum Rausch und zur Suchterkrankung kennengelernt habe, weiß ich, weshalb der in den Siebzigerjahren ausgerechnet von Saubermann Richard Nixon erklärte *»War on Drugs«* gescheitert ist und auch in Zukunft nicht zu gewinnen sein wird. Meine Erfahrung mit Drogen einerseits und die Verunsicherung weiter Teile der Gesellschaft andererseits scheinen mir einen kleinen Exkurs in die Unterwelt des Heroins zu rechtfertigen.

Die Herstellung von Heroin aus dem Kapselsaft des Schlafmohns (Opium) ist ein chemischer Prozess, eine Veredlung über mehrere Stufen, bei der verschiedene Chemikalien zum Einsatz kommen. Zunächst wird aus Rohopium Morphinbase hergestellt, fälschlicherweise oft als »Heroin Nummer 1« bezeichnet. Lässt man diese mit Essigsäure-Anhydrid reagieren, so entsteht »Heroin Nummer 2«, welches sich zum Rauchen, nicht aber zum intravenösen Gebrauch eignet. Erst »Heroin Nummer 3«, früher als *»Brown Sugar«* auf dem europäischen Markt, ist rein genug, um es zu »sniefen« oder zu »drücken«.

Bei dem Heroin, welches Richies amerikanische Freundin Bea Mitte der Siebzigerjahre von Amsterdam nach Ibiza schmuggelte, handelte es sich um *Brown Sugar*. »Heroin Nummer 4« schließlich, wie es damals in den Laboren im Goldenen Dreieck und in

Macau hergestellt wurde, ist ein weißes, wasserlösliches Pulver. Es ist konzentriert und eignet sich gut zur intravenösen Anwendung. Aus dem Grund war es diese Qualität, auch *China White* genannt, welche sich bei den Konsumenten in den USA größter Beliebtheit erfreute, und weshalb sein Preis vergleichsweise hoch war.

Als ich erstmals Heroin schnupfte, war ich volljährig und wurde nicht dazu gezwungen. Kein finsterer Dealer trieb sich damals auf Ibiza herum, der versuchte, die Hippies in die Sucht zu locken und damit sein Vermögen zu vergrößern. Die Mär, skrupellose Pusher umschlichen die Schulhöfe, um unsere Kinder zu verführen und in die süchtige Kundschaft zu locken, trifft eher für die Zuckerindustrie zu, aber bestimmt nicht auf den Drogenhandel. Kinder sind denkbar schlechte Kunden für teure Drogen, deren Preise durch eine kriminelle Drogenpolitik künstlich hochgehalten werden. Außerdem halten Kinder nichts von Diskretion, was die Halbwertszeit eines Schulhofdealers erheblich verkürzen würde. Wenn Kinder zum Drogenkonsum verführt werden, dann durch andere Kinder oder durch ältere Geschwister. Ein lokaler Kleindealer wird sich hüten, seine Ware auf Schulhöfen zu verhökern.

Als ich zum ersten Mal Heroin nahm, tat ich dies spontan aus Neugier, obwohl ich die Warnung »einmal probiert, für immer verführt« kannte. Ich dachte nicht lange nach, unterzog mein Vorhaben auch keiner Risikoabwägung, ich war mir nicht mal darüber im Klaren, dass ich ein gesundheitliches Risiko einging. Allerdings war ich der Meinung, ein naturgegebenes Recht zu haben, mich zu berauschen, ähnlich dem Recht, saubere Luft zu atmen, nahrhafte Lebensmittel zu essen oder gesellschaftskritische Zeitungen und Bücher zu lesen. All das und noch viel mehr gehört meiner Ansicht nach zum Wesen der Würde eines Menschen.

Ich konnte mir einfach nicht vorstellen, dass irgendeine Droge einmal zu einer Hürde in meinem Leben werden könnte, die zu nehmen mich letztendlich mehr Energie kosten sollte als alle großen Lebensprojekte zusammen, wie etwa der Bildungs- und Berufsweg, die Partnerwahl und die Suche nach einem Heim für die Familie, die Sicherung des Lebensunterhalts und nicht zuletzt die kreative Auseinandersetzung mit der Gesellschaft, inklusive meiner weltanschaulichen Positionierung: Also, wo liegt der Hase im Pfeffer, wo der Hund begraben, was kann ich durch den Konsum von Drogen lernen, was habe ich zu verlieren? Das heißt, ich habe mich und meine Disziplin über- und die Droge unterschätzt, zumal es wenig valide Erfahrungswerte gab. Bis dahin kannte ich niemanden, der an Kokain, Tabak oder Heroin gestorben war, wohl aber durch Alkohol im Straßenverkehr.

Die Tatsache, dass einer Bier trinkt, ohne zum Alkoholiker zu werden, bedeutet noch lange nicht, dass er mit Heroin oder Kokain ähnlich souverän umgeht. Jede Droge trifft auf eine individuelle genetische Prädisposition, also eine Anfälligkeit, auf eine individuelle psychische Verfassung und auf ein ganz spezielles soziales Umfeld, mit denen sie in Wechselwirkung tritt. Erst wenn der Mensch den Rausch kennengelernt hat, stellt sich heraus, ob er das Experiment mit der Droge unter Kontrolle hat oder die Droge ihn. Es wäre somit verantwortungslos, junge Leute zum Konsum von Alkohol, Kokain oder Heroin zu ermuntern oder sie ihnen gar zu verkaufen.

Der Jugend das Experiment mit Drogen zu verbieten, macht allerdings auch keinen Sinn, denn damit provoziert man eher ihre Neugier. Der Erfolg versprechendste Weg besteht in Aufklärung und Warnung vor einem Höllenritt, der sie möglicherweise erwartet und dem nicht jeder gewachsen ist. Ansonsten macht nur eine Legalisierung Sinn.

Dass der Besitz und erst recht der Handel mit Heroin illegal waren, berührte mich wenig, da ich dem Staat und seinen Gesetzgebern aus einer anarchistischen Grundhaltung heraus misstraute. Zu einem Volk zu gehören, in welchem vor noch nicht allzu langer Zeit die mörderischste Verbrecherbande aller Zeiten ihr Unwesen getrieben hatte, und das dabei zugesehen hatte, wie psychisch Kranke, Zigeuner, Anarchisten, Sozialisten, sogenannte Berufsverbrecher und vor allem die jüdischen Mitbürger gejagt, verhaftet, deportiert und ermordet wurden, empfand ich als schwer erträgliche Hypothek. Umgeben von davongekommenen Mitläufern, SS-Männern, KZ-Schergen und Gestapo-Sadisten, die im öffentlichen Leben der Bundesrepublik die Köpfe wieder hoben und das Maul aufmachten, fühlte ich, sowie viele meiner Generation, wenig Verpflichtung, uns nach den Gesetzen ehemaliger Nazis zu richten.

Von jeher war es mir schwergefallen, Regeln zu befolgen, die ich nicht nachvollziehen konnte. Und dazu gehörte das Drogenverbot. Ich unterstellte dem Staat, seine angebliche Sorge um die Volksgesundheit sei nichts anderes als eine Strategie, Kontrolle über eben dieses Volk zu gewinnen, indem er ein Heer von Schnüfflern, Polizisten, Zöllnern, Juristen und Gefängniswärtern damit beauftragt, die Einhaltung der Gesetze zu überwachen und gegebenenfalls zu erzwingen. Durch das Erzeugen von Angst und das Androhen von Strafen wird versucht, kritische Potenziale bei der rebellischen Jugend zu unterdrücken. Ganz unverdächtig wird dabei den Schurken die Bahn geebnet, die die wirklich moralfernen Geschäfte betreiben und aufgrund ihrer Wirtschaftsmacht die Politiker instrumentalisieren. Der durch korrupten Lobbyismus eingefädelte Waffenexport in Krisengebiete etwa, der in den USA, Frankreich und Deutschland besonders schwunghaft blüht. Oder einige der Pharmamultis, die nutzlose Medikamente an chronisch Kranke verkaufen.

Dass ich nicht der Einzige war, der so dachte, erkannte ich schnell. Sowohl in der Münchener Boheme als auch unter den Freigeistern, die ich auf Ibiza traf, war diese Skepsis, was das Drogenverbot und die Rolle der Staaten in unserem Leben anging, sehr verbreitet. Zusammen mit Dutzenden von Bekannten, die kifften, schluckten, snieften oder fixten, übertraten wir weltweit geltende Gesetze, ohne dass unser Gewissen Alarm ausgelöst hätte. Jahrelang standen wir Drogenkonsumenten mit einem Bein im Gefängnis, jeder Grenzübertritt und jede Polizeikontrolle wurden für uns zum Vabanquespiel. Oder zum Nervenkitzel. Der Konsum illegaler Drogen war eine Form von Widerstand, und Widerstand war etwas, was in Deutschland noch nie in ausreichendem Maß kultiviert worden war.

Warum hielten manche von uns am Heroin fest, an dieser Hochrisikodroge, die einige der in diesem Bericht auftretenden Protagonisten am Ende umbrachte? Was hat uns daran so verzaubert, dass wir lange Haftstrafen in Kauf nahmen, vereinzelt sogar den

Tod? Zunächst ist es die als überaus positiv empfundene Wirkung, die das Heroin in der Anfangsphase oder beim kontrollierten Konsum (auch den gibt es zuhauf) auf unser Gehirn ausübt. Ich empfand anfangs eine warme Zuversicht, dass alles gut werde, gekoppelt mit dem Gefühl, meine Seele stehe im Bann einer freundlichen Schwerkraft.

Unter dem Einfluss von Opiaten schottet sich das Gehirn gegen äußere Reize weitgehend ab, um Wachträumen die Schleuse zu öffnen. Gleichzeitig werden schmerzhafte Bewusstseinsinhalte unterdrückt, die Angst wird ausgeschaltet. In meinem Fall dürfte die Droge die narzisstische Kränkung in Schach gehalten haben, die mich unter Normalbedingungen permanent zur Aktivität anhielt, um Aufmerksamkeit und Anerkennung zu erlangen. Wenn Opiate an meinen Nervenzellen andockten, fühlte ich mich tiefenentspannt, und ich war überzeugt, dem Stress gegenüber gewappnet zu sein und der Welt und ihren Fährnissen gelassen zu begegnen.

Ähnlich verhielt es sich mit der Sexualität, die unter Heroineinfluss gerade bei jungen Männern, die dauernd unter Spannung stehen, in den Hintergrund tritt. Heroin wirkt sich dämpfend auf die Libido aus, im Zustand der Gewöhnung erlischt sie nahezu vollkommen. Aber die Reaktion des Gehirns, die mich am nachhaltigsten beeindruckte und die wohl auch das hohe Suchtpotenzial der Substanz ausmacht, ist die Euphorie, dieses Hochgefühl, dieses stark dosierte Lustempfinden, das man ohne Drogen nur selten spürt. Was mich zum »trunk'nen Lied« von Nietzsche führt: »Denn alle Lust will Ewigkeit, will tiefe, tiefe Ewigkeit!« Wiederholungen der großen Lust gestattet der Mohn allerdings nur wenige Male. Wobei ich zugeben muss, dass ich den viel beschworenen Kick oder Flash nicht einmal kenne, denn ich habe weder Heroin noch sonst eine Substanz je injiziert. Ich kannte allerdings genügend Junkies wie Umberto Soler, die mir berichtet haben, dass auch beim Fixen der Kick nach einiger Zeit nachlasse. Insbesondere Angel Canto war mir in dieser Hinsicht eine zuverlässige Quelle an Information, denn er beobachtete sich sehr genau, und er war in der Lage, präzise Auskünfte zu seinen Rauscherlebnissen zu geben.

So viel zu den als positiv empfundenen Wirkungen der Droge. Dem gegenüber stehen die Schmerzen, die auftreten, wenn man Opiate absetzt. Die Entzugssymptome habe ich mehrfach beschrieben. Wem das noch nicht abschreckend genug war, dem empfehle ich den beeindruckenden Roman Nelson Algrens »Der Mann mit dem goldenen Arm«! Oder Hubert Selbys »Requiem für einen Traum«.

Probleme treten zusätzlich auf, wenn der Stoff mit mehr oder weniger giftigen Substanzen gestreckt wird, mit dem hochtoxischen Strychnin etwa, das Carmen und mich seinerzeit in Amsterdam als Beimischung zum Kokain fast umgebracht hätte, und dabei hatten wir es nicht einmal injiziert. Aber Strychnin als Streckmittel ist zum Glück die absolute Ausnahme, in der Regel werden harmlosere Substanzen dafür verwendet, wie Laktose etwa. Was das grundsätzliche Problem erkennen lässt, dass der Konsument nie genau weiß, was er da kauft, raucht, snieft oder spritzt. Wäre die Droge legal zu erwerben, könnten der prozentuale Gehalt und die Reinheit wie bei jedem anderen in der Apotheke erhältlichen Stoff garantiert werden. Es käme dann seltener zu tödlichen Überdosierungen oder den Folgeerkrankungen durch ungeeignete Beimischungen. Der Stoff, den wir in Thailand und später von den Hongkonger Chinesen kauften, hatte die gleichbleibend gute Qualität von nahezu 80 Prozent Reinheit, was den Umgang damit problematisch machte, denn das musste insbesondere beim Fixen berücksichtigt werden, weil Straßenheroin in Amerika in der Regel weniger als 30 Prozent Wirkstoff besaß. Mit dem hochprozentigen *China White* hätte es wahrscheinlich letale Überdosierungen gegeben. Daher streckten wir das frisch aus dem Labor kommende Heroin mit einem in den USA eigens zu diesem Zweck produzierten und in sogenannten »Headshops« vertriebenen Stoff namens »Mannitol«, einem frei verkäuflichen Süßstoff in Pulverform.

Das hohe Suchtpotenzial der Droge hatte zur Folge, dass die Firma Bayer die Produktion nach 33 Jahren (!) einstellte und damit die Qualitätssicherung aufhörte. In den USA gab es ab den siebziger Jahren Labore, die anonym eingeschickte Proben untersuchten und deren Testergebnisse über lokale Radiosender verbreiteten. Ich erinnere mich, dass Hunter einmal eine Probe des Stoffs, den er von mir bekommen hatte, an ein Labor schickte, Codewort »Hugo«. Drei Tage danach war dann auf einem bestimmten Radiosender der San Francisco Bay Area das Ergebnis zu erfahren:

»Und nun kommen wir zu Hugo. Kürzlich ist wieder eine Sendung weißer Ware aus China in unserer Region eingetroffen, die an ihrer Farbe leicht zu erkennen ist: Weiß mit gelben Einsprengseln. Das Heroin erwies sich hinsichtlich seiner Beimischung als unbedenklich. Die Reinheit der uns übersandten Probe betrug 42 Prozent, der Preis des in San Francisco angebotenen Stoffs liegt bei 200 Dollar pro Gramm.«

Diese private Initiative war hilfreich, denn so hatte der Endverbraucher die Möglichkeit, einigermaßen sichere Informationen über den Stoff zu erhalten. In Deutschland war man damals weit von einer solchen Qualitätsinformation entfernt. Hier wurde, im Gegensatz zum Reinheitsgebot bei Bier nichts unternommen, um den Konsumenten zu schützen. Ebenso engdärmig zeigten sich deutsche Politiker, als es darum ging, Abstinenzwilligen die Substitution zu ermöglichen. Am Beispiel von Richie und Bea hatte ich gesehen, wie schwierig es war, einen medizinisch begleiteten Entzug zu machen und daran anschließend eine Therapie.

Meine Freunde und ich hatten dieses Missverhältnis schon damals begriffen. Wir hatten erkannt, dass es den Mächtigen der USA nicht um das Wohl des Volkes geht, sonst würden sie dafür sorgen, dass alle Menschen in ihrem Land ein menschenwürdiges Leben führen können. Wie glaubwürdig konnte ein Staat sein, der seine Kinder in einen durch nichts zu rechtfertigenden Krieg nach Indochina schickte, die besten Killer mit *Medals of Honor* auszeichnete, andererseits die Enkel von Sklaven einsperrte und ausbeutete, weil sie mit willkürlich für illegal erklärten Drogen gedealt hatten?

Wenn wir Drogen, die von redlichen Bauern angebaut wurden, an erwachsene Menschen weiterverkauften und uns das beim Schmuggel eingegangene Risiko gut bezahlen ließen, so hatten wir damit ebenso wenig moralische Probleme wie ein Wirt, der seinen Gästen alkoholische Getränke ausschenkt. Oder ein Kioskbetreiber, welcher Kindern bedenkenlos Süßigkeiten verkauft. Oder der Kaufmann, der das Volk mit Zigaretten, Pfeifentabak und Spirituosen versorgt. Es wäre absurd, würde man all diesen Leuten unterstellen, sie nähmen damit bewusst den Tod ihrer Kunden in Kauf, wenngleich einige ihrer Kunden tatsächlich am Alkohol-, Tabak- und Zuckerkonsum sterben.

Das »Teuflische« an den Opiaten sind die Entzugswirkungen, das »Craving«, der mächtige Wunsch, den gefühlten Schmerzen und der inneren Leere zu entkommen, die unweigerlich auftreten, wenn man die Droge absetzt. Und diejenigen, die sie unfreiwillig absetzen, weil sie kein Geld mehr haben, um sich Nachschub zu besorgen, die sich prostituieren oder zu kriminellen Methoden greifen, um sich die nächste Dosis zu beschaffen, sie sind auf der untersten Ebene des Elends angekommen. Dort brechen die letzten moralischen Dämme: Sie bestehlen Freunde, belügen die, die es gut mit ihnen meinen, sie werden zu Betrügern. Wer einmal ein Mensch mit stabilem Charakter war, der wird unter dem Suchtdruck zum Asozialen. In diesem Milieu tauchen am Ende Phänomene wie Obdachlosigkeit, goldener Schuss und der einsame Tod auf dem Bahnhofsklo auf.

Stellt sich die Frage, bei welchem Glied dieser Kausalkette einzugreifen wäre, um auf dem weiteren Weg ins Elend innezuhalten? An dem Tag der Katharsis, an dem der Süchtige erstmals klar erkennt, dass er von der Droge abhängig ist, besteht eine kleine Chance, das Steuer herumzureißen. Aber das erfordert Courage und Lebenswillen, die viele nicht mehr aufbringen können. Damals fehlten niedrigschwellige Angebote zu Entgiftung, Substitution und Therapie. Was damals auch fehlte, war Solidarität. Arbeitgeber kündigten Betroffenen den Job, Partner trennten sich, Familien verweigerten ihre Unterstützung, Ärzte schauten zu, Drogenfahnder hefteten sich den Kranken an die Fersen, die Mühlen der Justiz fingen an zu mahlen. Die Frage, die heute noch zu stellen ist: Ist der Suchtkranke ein Fall für die Justiz, oder sollten sich nicht vielmehr Ärzte um ihn kümmern? Und wäre es nicht an der Zeit, es den Menschen selbst zu überlassen, mit welchen Drogen zu berauschen sie sich entschlossen haben?

Es gab in all den Jahren keinen einzigen Menschen, der uns Schmuggler und Dealer angezeigt hätte, weil wir ihm die Droge verkauft hatten, mit der er sich berauschen wollte. Wen also haben wir mit unserem illegalen Tun so sehr geschädigt, dass wir zu drakonischen Strafen verurteilt wurden? Zumal wir die Drogen, mit denen wir handelten, selbst konsumierten. Und so, wie wir uns dazu »entschieden hatten«, die Konsequenzen und die Verantwortung dafür zu übernehmen, sollte jeder Erwachsene das sehen, egal ob er jetzt Alkohol, Cannabis, Heroin oder Tabak konsumiert. Die einen lässt der Staat gewähren, die anderen bestraft und diskriminiert er. Wo bleibt da die Gleichbehandlung?

Die Militanz, die seit den 30er-Jahren des vorigen Jahrhunderts in die Debatte um die Rauschdrogen Einzug hielt, ist untrennbar mit dem Namen Harry Anslinger verbunden, der 1930 in den USA Vorsitzender des Federal Bureau of Narcotics wurde. Durch wissenschaftlich nicht zu untermauernde *Fake News* diskreditierte er zunächst den Hanf, dessen Anbau und Handel im Jahr 1937 im Marihuana Tax Act verboten wurde. Unterzeichnet wurde das Gesetz übrigens vom damaligen Präsidenten Roosevelt, demselben Präsidenten, der vier Jahre zuvor die Alkoholprohibition aufgehoben hatte.

Anslinger, ein ehemaliger Eisenbahndetektiv und Rassist, unterstellte Schwarzen und aus Mittelamerika eingewanderten Minderheiten, illegale Drogen zu konsumieren. Um dann im Wahn des Rausches weiße Frauen zu vergewaltigen. Weder differenzierte er bei den von ihm verteufelten Pflanzen, noch schreckte er davor zurück, Vorurteile und rassistische Klischees zu verwenden: »Schwarzer Schwanz schändet weiße Möse!« Mit der Hilfe gefälliger Zeitungsschreiber und der Filmindustrie (Anti-Kiffer-Film »Reefer Madness«,1936) gelang es ihm, insbesondere die Heilpflanzen Hanf und Schlafmohn in Verruf zu bringen. Von diesem durch Anslingers Kreuzzug auf Jahrzehnte hinaus versauten Ruf haben sich die illegalen Drogen bis heute nicht wirklich erholt. Noch zu Beginn der dritten Dekade des 21. Jahrhunderts, also 90 Jahre, nachdem Harry Anslinger seine Desinformationskampagne startete, plappern konservative Politiker in Deutschland und Frankreich seinen längst widerlegten Unsinn nach.

Der zweifellos bedauerliche Skandal, dass in den Großstädten der industrialisierten und vom Raubtierkapitalismus deformierten Gesellschaften bis heute Ghettos existieren, in denen von der Heroin- und Crack-Abhängigkeit gezeichnete Menschen als obdachlose Junkies dahinvegetieren, ist nicht bloß auf den fahrlässigen Umgang dieser Kranken mit den Drogen zurückzuführen; der Skandal wurzelt vielmehr in der Prohibition und der Kriminalisierung der künstlich problematisierten Substanzen.

Den Dealern, Schmugglern und Herstellern der Rauschdrogen die Schuld an diesen Toten zu geben, greift zu kurz (hier müssten ausdrücklich die Winzer, die Bierbrauer und die Schnapsdestillateure, die Tabakindustrie und die Zuckermultis einbezogen werden). Offenbar neigt der Mensch seit Tausenden von Jahren dazu, sich zu berauschen, und solange es den Rausch als Phänomen seiner kulturellen Evolution gibt, hat es Menschen gegeben, die den Konsum übertrieben haben und abhängig, also krank wurden. Statt diese Suchtkranken solidarisch aufzufangen und ihnen durch staatliche Hilfe den Rückweg in die Gesellschaft zu ermöglichen, werden sie stigmatisiert und in vielen Ländern kriminalisiert.

Statt den psychischen Ursachen der Suchtkrankheiten nachzuspüren, werden Vorurteile bemüht: Charakterschwäche, Leichtsinn und kriminelle Energie. Fazit: Selber schuld!

Kommt kaum ein Politiker auf den Gedanken, Wirten und Barkeepern persönlich das Dilemma der Millionen Alkoholkranken anzulasten, schrecken dieselben Leute nicht davor zurück, Schmuggler und Dealer illegaler Rauschgifte für das Elend auf den Trottoirs des Frankfurter Bahnhofsviertels verantwortlich zu machen und sie einzusperren.

An dieser Stelle muss ich die Worte des Suchtexperten Dr. Gabor Maté wiederholen, die uns schon im zweiten Band zum Nachdenken bringen sollten: »Die Kriminalisierung der Sucht in unserem Rechtssystem ist kriminell. Ein kriminelles Rechtssystem ist der richtige Ausdruck dafür, denn es traumatisiert die Menschen, denen bereits unvorstellbare Schmerzen zugefügt worden sind, noch mehr.«

Und um das komplexe Thema »Drogensucht« nicht ganz ohne Hoffnung zu verlassen, hier ein Text des argentinischen Songschreiber-Duos Morena und Nilson:

Cuando pierda todas las partidas
cuando duerma con la soledad
cuando se me cierren las salidas
y la noche no me deje en paz
Cuando sienta miedo del silencio
cuando cueste mantenerse en pie
cuando se rebelen los recuerdos
y me pongan contra la pared
Resistire erguido frente a todo
me envolvere de hierro para endurecer la piel
aunque los vientos de la vida soplen fuerte
soy como el junco que se dobla
pero siempre sigue en pié
Resistiré para seguir viviendo
soportaré los golpes y jamas me rendiré
aunque los suenos se me rompan en pedazos
*resistriré resistriré resistriré**

Als ich im Januar 1981 von Japan kommend in den Vereinigten Staaten von Amerika landete, hatte ich außer einem persönlichen Heroinvorrat keine kommerzielle Menge im Gepäck, statt dessen den Plan, zusammen mit den Chinesen, mit denen ich vor zwei Monaten in Hongkong verhandelt hatte, größere Mengen zu importieren. Deshalb war ich nach Amerika gekommen. Meine Aufgabe bestand darin, den Absatz sicher und zügig zu organisieren.

Sobald ich auf Maui bei Lisa Stone angekommen war, mit der ich zuletzt in Bangkok ein paar Tage verbracht hatte, rief ich Paco an. Ich fand ihn in Deutschland bei Enrico, dem er sich freundschaftlich verbunden fühlte, und bei dem er immer wieder zu Gast war. Ich informierte ihn, dass ich inzwischen das Gespräch mit den Chinesen geführt hätte, das aufgrund unseres überzogenen Bali-Auf-

* Die Übersetzung des Liedes von Chris Morena und Carlos Nilson findet sich im Anhang (Seite 422)

enthaltes im Sommer geplatzt war. Und ich schlug ihm vor, in die USA zu kommen und mir bei der Abwicklung des ersten Deals zu helfen. Ming wollte am 22. Januar in San Francisco eintreffen. Da unser neuer Kunde, Basil Mitchell, der Mann, den Paco im Knast kennengelernt und den ich im vergangenen Jahr dort aufgesucht hatte, von Florida und den Bahamas aus operierte, verabredeten wir uns in Miami.

Paco teilte mir außerdem mit, dass Wacki ihn angerufen und sich nach meinem Aufenthaltsort erkundigt habe. Es gebe ein Problem, bei dessen Lösung ich ihm behilflich sein solle. Also rief ich Wacki in München an. Ich hatte ohnehin noch einen Truthahn mit ihm zu rupfen, weil er sich vor ein paar Wochen von Tiger in Bangkok Ware geholt hatte, die ich am Ende bezahlen musste. Als ich ihn erreichte, teilte Wacki mir in weinerlichem Ton mit, dass er vor zwei Wochen bei Hunter gewesen sei, ihm 300 Gramm Heroin übergeben habe, und dass der ihn gelinkt habe. Er verlangte von mir, mit Hunter zu reden, damit der ihm wenigstens einen Teil der 60.000 Dollar schicke, die er ihm schuldete.

»Warum sollte ich?«, antwortete ich verstimmt. »Erst versetzt du mich in Singapur, dann lässt du dir, ohne mit mir darüber geredet zu haben, von Tiger die Ware auf Kommi geben, behauptest, ich werde sie ihm bezahlen, und dann bringst du das Zeug zu meinem Kunden. Und jetzt verlangst du auch noch, dass ich die Kohlen für dich aus dem Feuer hole.«

»Ich weiß, das war nicht ganz korrekt, aber glaub mir, ich hätte dich an dem Deal beteiligt«, jammerte er über zwei Kontinente und einen Ozean hinweg. »Du musst mir helfen! Wir sind doch Freunde!«

»Da bin ich mir auf einmal nicht mehr so sicher, Wacki. Freunde ziehen so etwas anders auf.«

»Bitte, Harry! Ich sitze hier in München und bin total pleite. Ich habe alles, was ich hatte, in die Reise investiert.«

»Das mag so sein, aber ehrlich gesagt, habe ich das ungute Gefühl, dass Hunter auch mich übers Ohr gehauen hat. Der schuldet mir von damals auch noch einiges.«

»Und das willst du dir gefallen lassen?«

»Sicher nicht. Ich bin derzeit auf Hawaii, fliege aber in ein paar Tagen nach San Francisco. Dann werde ich zu ihm fahren und ihn zur Rede stellen. Allerdings habe ich kein sehr gutes Gefühl«, sagte ich.

»Bitte sprich mit ihm und mach ihm klar, dass er die Kohle rausrücken muss, die er uns schuldet«, beschwor Wacki mich. Er klang wirklich verzweifelt.

»Ich will es versuchen. In einer Woche rufe ich dich an und sage dir, was ich erreicht habe.«

Ich verbrachte ganze zehn Tage bei Lisa Stone auf Maui, in ihrem Haus in Kula, hoch oben auf der Flanke des Vulkans, von wo aus der Blick weit hinaus auf den Pazifik schweift. Es war ein Ort, der mich jedes Mal faszinierte, wenn ich dort zu Gast war. Zumal Lisas Haus so gebaut war, dass man durch jedes Fenster einen ungetrübten Ausblick über die Insel und das Meer genießen konnte.

»Wie ist es denn dem Feuerwehrmann aus Sydney ergangen?«, wollte Lisa wissen, nachdem wir das Abendessen beendet und draußen auf der Terrasse Platz genommen hatten. »Der wollte sich doch bei dir melden.«

»Du meinst Danny Reno.«

»Ein verrückter Kerl. Ich muss dauernd dran denken, wie er ohne irgendeinen Kontakt zu haben, ausgerechnet dich in Singapur angesprochen hat.«

»Stimmt. So ein Zufall. Möchte mal wissen, wie hoch die Wahrscheinlichkeit war, einen Menschen zu treffen, der ihm in seinem speziellen Anliegen weiterhelfen konnte«, sagte ich.

»Und das ausgerechnet in Singapur!« Lisa schüttelte den Kopf. »Wäre er an den Falschen geraten, säße er jetzt dort im Knast.«

»Vielleicht hat es ihn ja in Sydney erwischt, denn ich habe nichts mehr von ihm gehört.«

»Ich will es nicht hoffen. Er war so ein netter Kerl. Nicht gerade der Hellste, aber einer von den guten Aussis«, meinte sie.

»Täusche dich nicht, Danny war keineswegs ungebildet. Ich habe mich auf Bali mal länger mit ihm unterhalten. Er hatte sich sogar über die Drogen schlau gemacht, die er ins Land schmuggeln wollte.«

»Zum Beispiel?«

»Zum Beispiel wusste er, dass der Stoff gegen Ende des 19. Jahrhunderts von Bayer als Hustenmedikament lizenziert wurde und jahrzehntelang als solches frei verkauft wurde«, sagte ich.

»In den USA wurde es aber relativ bald als suchterzeugend erkannt und aus dem Sortiment genommen«, sagte Lisa. »Wann genau weiß ich nicht mehr.«

»Ich glaube, 1925, nach einer internationalen Opiumkonferenz. Bis dahin hatte es aber fast 30 Jahre den Husten gelindert.«

»Stimmt. Gegen den Husten gibt es kein besseres Medikament als Heroin«, stellte Lisa mit ironischem Unterton fest.

»Codein«, warf ich ein.

»Ist chemisch fast dasselbe. Anderer Name für den gleichen Stoff.«

»Jedenfalls wurde aus der Engelsmedizin irgendwann die Teufelsdroge, sobald Heroin illegal auf den Markt kam. Was ursprünglich im Labor der pharmazeutischen Industrie entwickelt und danach vom Arzt als ›gute‹ Medizin verschrieben wurde, mutierte zu einer ›bösen‹ Droge, sobald sie ein Dealer verkaufte. Dabei hätten wir Heroinschmuggler viel eher Grund, ein schlechtes Gewissen zu haben, weil wir in Flugzeugen unterwegs sind und damit nicht unwesentlich den CO_2-Gehalt in der Atmosphäre erhöhen«, sagte ich.

»Von der Warte aus habe ich das noch nie betrachtet«, lachte Lisa. »Aber objektiv gesehen hast du Recht. Dass Flugzeuge zur Verpestung der Luft beitragen, steht außer Zweifel. Wo das wohl eines Tages noch hinführt.«*

»Keine Ahnung, aber bald kriegen wir keine Luft mehr vor lauter Abgasen aus Fabrikschloten, Auspuffen, Schornsteinen und sonstigem Qualm«, stimmte ich ihr zu. »Du brauchst bloß aus dem Fenster zu schauen und die Rauchfahne der Zuckerfabrik in Puunene ansehen, die dieses Paradies hier verpestet!«

»Daran habe ich schon oft gedacht.«

»Wenn man es mit kühlem Kopf bedenkt, kann man durchaus zu dem Fazit kommen, dass die Weltpolitik von Irren gesteuert wird«, schloss ich die Unterhaltung. Lisa lachte. Dann erhob sie

* Der Begriff *»climate change«* gehörte damals noch nicht zu unserem Vokabular! Aber das Problem der Verschmutzung der Atmosphäre war bekannt.

sich, trat ins Haus und schaltete den lokalen Radiosender ein: Firefall mit ihrem Hit »*Strange Way*« schien unser gerade ratlos beendetes Gespräch fortzuführen:

»*Didn't you feel alone this morning … didn't you need a friend?*«

Der Tag, an dem ich nach San Francisco weiterflog, war der Tag, an dem Ronald Reagan als neuer Präsident vereidigt wurde. Die Wahl Reagans betrachtete ich als eine mittlere Katastrophe für das Land. Die Tatsache, dass er gewählt worden war, bestärkte mich in meinem Verdacht, dass die Demokratie als Staatsform nichts tauge. Wenn es darum geht, die Macht in die Hände verantwortlicher Menschen zu legen, die, wie im Falle des US-Präsidenten, die Geschicke der ganzen Welt mitbestimmen, ist der Souverän, das Volk, kein Garant, dass auch der klügste, besonnenste, gescheiteste und visionärste Bürger aus seiner Mitte gewählt wird. So führt Demokratie dazu, dass die Wirtschaftselite ihren Kandidaten mit großem finanziellem Aufwand fördert, indem das Volk über die Medien manipuliert wird, solange, bis es den Kandidaten der Lobbyisten wählt. Das heißt, in den USA und vielen anderen Demokratien wird die Macht zwar vom Volk delegiert, aber dadurch, dass jeder ungebildete und leicht zu beeinflussende Depp mit seiner über dem Arsch tätowierten Tusse eine Stimme haben, ist das Wahlergebnis kein Ausdruck der Volksintelligenz, sondern eher ein Beweis für die Dummheit der Menschen. Was nutzt die wunderbare Theorie der Demokratie als Staatsform, wenn ein Volk von 250 Millionen aus 200 Millionen Schlafmützen und Halbirren besteht?

Präsident Reagan also, der neue Feind. Dazu passte, dass Eldrige Cleaver, einer der militantesten Aktivisten der *Black Panther Party* den neuen Präsidenten in Wildwestmanier zum Duell herausgefordert hatte. Das hatte *style*, fand ich. Es würde nicht mehr lange dauern, bis ich mit der Lage der Afroamerikaner konfrontiert werden und Stellung beziehen sollte.

Damals gewann ich die Überzeugung, dass die Demokratie langfristig wieder abgeschafft werden müsse, denn wenn man den Oligarchen, die in den letzten Jahrzehnten die Welt regierten und ausplünderten, und an deren Fäden die Politiker wie Marionetten baumelten, das Handwerk nicht legte, würde die Erde unweigerlich zu Grunde gehen. Vor diesem Hintergrund – es ging schon damals um nichts anderes als um die Existenz des Planeten und damit um die des Menschen – erscheint der Krieg gegen die Drogen geradezu lächerlich: Er ist ein durchschaubares Manöver, dem Volk ein Feindbild zu präsentieren, mit dem es sich auseinandersetzen kann und soll, um so von den eigentlichen Schweinereien abgelenkt zu werden, den Waffengeschäften etwa, der Vergiftung der Atmosphäre*, der Verschmutzung der Meere, der Vernichtung des Urwalds und der radioaktiven Verseuchung durch die Atomindustrie. *Bref:* Es ging und geht darum, dass eine kleine Elite ungestört ihren dreckigen Geschäften nachgehen kann. Der Rauschgifthandel und die damit einhergehenden Steuerverluste, die Suchterkrankungen und die damit verbundenen Rehabilitierungskosten stehen in keiner vernünftigen Relation zu den Schäden, die durch korrupte Politiker wie Nixon und Reagan (diese Liste kann aus heutiger Sicht beliebig verlängert werden) und deren Hintermänner verursacht wurden und werden. Es war und ist zum Kotzen!

In San Francisco quartierte ich mich diesmal im Holiday Inn ein, dem Hotel, in dem auch Ming absteigen wollte. Niemand konnte wissen, dass es zwischen dem Gast aus Deutschland und der Reisegruppe aus Fernost eine Verbindung gab. Weder wusste ich, mit welchem Flug, noch, um welche Uhrzeit Ming eintreffen würde. Aus Sicherheitsgründen wusste ich nicht einmal, wo genau er abgeflogen war und wer ihn begleitete.

Als ich gegen Abend von einem Stadtspaziergang zurückkam, summte mein Zimmertelefon. Ming war am Apparat. Sein Zimmer lag drei Stockwerke über dem meinen. Ich nahm den Aufzug und klopfte bei ihm an.

»Alles gut gelaufen?«, fragte ich, nachdem er mich eingelassen hatte.

»Alles bestens. Wie geplant. Es gab keinerlei Schwierigkeiten.«

Wie sich herausstellte, war Ming in Begleitung eines älteren Ehepaares mit einer Reisegesellschaft gekommen, einer Gruppe von etwa zwanzig chinesischen Touristen, die eine dreiwöchige

* 1979 wurden erste wissenschaftliche Warnungen zum Klimawandel durch Kohlendioxyd veröffentlicht.

USA-Rundreise gebucht hatten. Die Zollformalitäten der Gruppe wurden vom Reiseleiter erledigt, das heißt, das gesamte gekennzeichnete Gepäck wurde auf Kofferkulis geladen und zusammen durch den Zoll gebracht. Die alten Leute gehörten nicht zu den Reisenden, die den Zöllnern verdächtig erschienen. Wie Ming mir später anvertraute, arbeitete eine seiner zahlreichen Cousinen bei einem Hongkonger Reiseunternehmen. Sie hatte ihre Erfahrungswerte weitergegeben, und von daher wusste er, dass derartige Pauschaltouristen bei der Einreise in die Vereinigten Staaten in den seltensten Fällen vom Zoll kontrolliert wurden. Die Wahrscheinlichkeit, dass die Koffer der Reisegruppe aus Hongkong einer genauen Überprüfung unterzogen würden, war sehr gering. Im Gegensatz etwa zu jungen Weltenbummlern wie mir.

Je öfter ich die Grenze der USA überschritt, je mehr Stempel aus Thailand, Indien, Kolumbien und Marokko sich in meinem Pass befanden, umso skeptischer wurden die Zöllner. Wiederholt war ich von amerikanischen Zollbeamten einer misstrauischen Kontrolle unterzogen worden, zuletzt auf der Reise mit Wacki in Honolulu. Hier lag zweifellos die größte Gefahr auf dem langen Weg der Drogen vom Erzeuger zum Verbraucher.

Die Masche, zum Transport alte Leute zu gewinnen, die so gar nicht dem Profil entsprachen, welches ein Zöllner von einem Drogenschmuggler im Kopf hatte, funktionierte sehr gut. Zudem waren die Hartschalenkoffer in der Fabrik mit doppelten Böden ausgerüstet worden, was es selbst bei einer Kontrolle schwierig machte, das Versteck zu erkennen. Selbst wenn sie entdeckt worden wären, die Schmuggler hätten behauptet, von dem Heroin in ihren Koffern nichts gewusst zu haben und somit Opfer dubioser Machenschaften geworden zu sein. Eine weitere raffinierte Sicherheitsmaßnahme, welche die Hongkonger Hintermänner getroffen hatten: Die Koffer waren mit Klamotten gepackt, die eindeutig jungen Frauen zugeordnet werden mussten. Es hätte sich also um eine Verwechslung der Gepäckstücke handeln können, zumal diese Hartschalenkoffer eines bekannten chinesischen Herstellers von vielen Reisenden benutzt wurden. Diese Vorkehrung stellte sich allerdings als unnötig heraus, denn eine Gepäckkontrolle fand nicht statt.

Ming öffnete die Schiebetür des Schrankes und deutete auf die beiden Koffer mit dem in den doppelten Böden versteckten Stoff. In jedem befanden sich zwei Kilo Heroin. Wir tranken Tee, unterhielten uns eine Viertelstunde, wobei ich ihn aufklärte, dass wir am nächsten Tag nach Miami fliegen würden. Dann nahm jeder von uns einen der Koffer und wir brachten sie auf mein Zimmer, wo sie sicher aufgehoben waren. Von jetzt an war ich für den weiteren Verlauf der Operation verantwortlich.

Um keinen Verdacht zu erregen, teilte Ming seiner Reiseleiterin mit, dass er in San Francisco bei Verwandten bleiben wolle, während der Rest der Gruppe das geplante USA-Programm absolvierte. Am Tag der Abreise wollte er wieder zur Gruppe stoßen, um gemeinsam mit den anderen den Rückflug nach Hongkong anzutreten.

Ehe wir Kalifornien verließen, wollte ich die Sache mit Hunter noch klären. Ich rief ihn an, um meinen Besuch anzukündigen, doch es hob niemand ab. Am nächsten Morgen nahm ich ein Taxi und fuhr nach Lagunitas. Das Haus war verschlossen. Von Chris, dem Betreiber des Country-Stores, erfuhr ich, dass die Familie James Urlaub in der Karibik mache und erst in zwei Wochen zurück erwartet werde. Ich fuhr noch einmal hinauf in den Wald, wo auf Hunters Grundstück ein halbes Dutzend Mammutbäume wuchsen, die wie gigantische Wächter dem Treiben der Menschen zu ihren Füßen zusahen. Ich setzte mich auf den ausgebauten Rücksitz des Toyota, der auf der Terrasse an der Wand lehnte und dachte nach. An dieser Stelle musste ich entscheiden, ob ich meinem ehemaligen Knastbruder Hunter, mit dem ich drei Monate Zelle an Zelle im Gefängnis von Mallorca verbracht hatte, eine Abreibung verpassen sollte oder nicht. Ich beschloss, die Geschäfte mit Hunter sowie unsere Freundschaft zu vergessen. Alles kommt irgendwann zu einem Ende, manches früher, anderes später. Schade, aber so ist das zuweilen. Was das Geld angeht, das Hunter mir noch schuldete, so würde ich wohl eine Abschreibung machen müssen.

In diesem Milieu ist es durchaus üblich, Betrügern mit Gewalt zu begegnen. Einen Racheakt konnte man in den USA für Kleingeld kaufen. Einen Mord auch. Andererseits war ich bis dahin gut mit der Hippie-Methode gefahren, das heißt, ohne Gewalt anzuwenden. Ich war weder Staatsanwalt, noch Richter, noch Henker. Meine Devise hieß: schau nach vorne! Und organisiere deine Geschäfte so, dass sie sicher abgewickelt werden. Falls dennoch Verluste zu beklagen sind, schreibe sie ab, und stecke deine Energie in das Geschäft, das vor dir liegt! Mit dieser Strategie bin ich stets gut gefahren. Ich zündete mir eine Zigarette an, und während ich rauchte, ließ ich die Zeit Revue passieren, die ich unter diesem Urwald verbracht hatte.

Einen letzten Blick warf ich hinauf in die Kronen der Bäume, deren botanischer Name *sequoia sempervirens* lautet, dann kehrte ich in die Stadt zurück. Es gab jetzt Wichtigeres zu erledigen, als auf Hunter zu warten.

Ich rief Wacki an, um ihm die Erfolglosigkeit meiner Bemühungen mitzuteilen. Er war am Boden zerstört. Ich versprach, ihm sobald wie möglich tausend Dollar zu schicken. Von Hunter bekam er nichts, auch danach nicht. Damit war sein Versuch, sich als Drogenschmuggler auf eigene Füße zu stellen, gescheitert.

Im Holiday Inn wartete Ming auf mich. Als nächstes buchten wir den Flug nach Miami, sicherheitshalber jeder für sich. Ming ließ sich dabei vom Hotelpersonal helfen, ich fuhr bei Susan von Pacific Heights vorbei. Unser Flug sollte San Francisco um 22 Uhr verlassen.

Wenn ich von Kalifornien an die Ostküste flog, was in den kommenden Monaten häufiger der Fall sein sollte, nahm ich in der Regel eine Abendmaschine. So eine Reise dauerte je nach Wind und Wetter zwischen fünf und sechs Stunden, und da man der Sonne entgegen fliegt und dabei vier Zeitzonen quert, vergeht die Nacht buchstäblich im Flug. Man erreicht die Metropolen an der Ostküste also am frühen Morgen. Der Nachteil eines solchen Nachtfluges war der, dass einem die herrliche Landschaft verborgen blieb: Vom Grand Canyon und den Rocky Mountains, von den Wüsten im Südwesten der USA und vom Mississippi Delta sahen wir demnach nichts. Gerne hätte ich Ming das riesige Land aus der Luft gezeigt und mich als Reiseführer profiliert, denn für ihn war es die erste Reise in Amerika.

3.25 Smoker

Als wir am 29. Januar in Miami landeten, ging gerade die Sonne auf. Da es sich um einen inneramerikanischen Flug handelte, gab es keine Zollkontrolle. Ich zerrte das Gepäck vom Förderband und ließ es von einem Gepäckträger auf einer Karre zum Autoverleih schieben.

Wenn es um das Anmieten eines Leihwagens ging, war ich nicht wählerisch, eine biedere Kutsche, mit der man nicht auffiel, war mir am liebsten. Weder war dazu eine Kreditkarte notwendig, noch sonst ein Plastik. Man zeigte den Führerschein, hinterlegte ein paar hundert Dollar Kaution, unterschrieb den Vertrag, und schon bekam man den Schlüssel. Auf dem Parkplatz der Firma suchten wir nach unserem Auto, luden das brisante Gepäck in den Kofferraum und warfen einen Blick in die Straßenkarte.

Paco erwartete uns im Hotel Luzern in Miami Beach. Dabei handelt es sich nicht etwa um den Strand von Miami, sondern damit bezeichnet man eine der Küste vorgelagerte Insel, die ihrerseits an der Ostseite von einem zehn Meilen langen Strand gesäumt wird. Die zur Stadt Miami gehörende Insel ist eines der ältesten Urlaubsdomizile der USA, bewohnt von Bonzen, bebaut mit Hotels, Resorts und Gastronomie. Gewissermaßen das exakte Gegenteil von Bali, was Bewohner und Infrastruktur anbelangt: In Miami Beach lebten viele Pensionäre und wenig junge Leute, viele Reiche und kaum Habenichtse. Es handelte sich somit um einen Ort, an dem zu wohnen mir im Traum nicht eingefallen wäre. Aber Paco hatte sich in diesem für dortige Verhältnisse billigen Hotel einquartiert und Zimmer für uns reserviert.

Das Hotel war ein grauer Kasten von fünf oder sechs Stockwerken. Es lag an der Hauptstraße, mehrere hundert Meter vom Strand entfernt. Wer immer hier abstieg, stellte offenbar an die Lebensqualität keine hohen Ansprüche. Der einzige Vorteil, den ich sah: In dem Laden konnte man unauffällig und preiswert übernachten, und da wir ohnehin nicht vorhatten, lange dort zu residieren, fügte ich mich ins Schicksal.

Paco begrüßte uns in der Empfangshalle, nachdem ich ihn vom Flughafen aus angerufen hatte. Er war in Begleitung eines Schwarzen, den er kennengelernt hatte, als wir im vergangenen Jahr den Gras-Deal organisiert hatten. Der Mann nannte sich Joe Smoker, war ein wenig untersetzt und mir von Anfang an sympathisch. Auf seinen feisten Nacken war ein ovaler Kopf montiert, aus dem zwei listige Äuglein blinzelten. Smoker lachte gerne, so als habe er vergessen, dass er der Nachfahre von Sklaven war und in einem Land lebte, in dem ein Schwarzer auch mehr als hundert Jahre nach der Abschaffung der Leibeigenschaft noch einen schweren Stand hatte. Paco hatte ihn als eine Art Bodyguard engagiert, weil er der Meinung war, dass unsere Geschäfte jetzt eine Größenordnung erreicht hätten, die doppelte Vorsicht erforderte, und ein Profi an unserer Seite eine sinnvolle Verstärkung sei. Joe Smoker arbeitete nämlich als Schuldeneintreiber für ein Casino, und dabei hatte er gelernt, Menschen Angst einzujagen.

»Wir sind doch nicht nach Miami gekommen, um irgendwem Angst einzujagen«, sagte ich zu Paco, nachdem wir allein auf dem Zimmer waren. Ming hatte sich zurückgezogen und Smoker war unterwegs, um ein wenig Koks für uns zu besorgen, das in Miami sehr preiswert und von guter Qualität zu bekommen war.

»Smoker kennt sich in der Unterwelt aus, und er ist in der Lage, für unsere Sicherheit zu sorgen«, erwiderte Paco. »Er sieht vielleicht nicht so aus, aber er kann uns den Rücken frei halten. Überleg mal, was das Zeug wert ist, das in diesen Koffern steckt. Dafür schneidet so mancher Ganove uns den Hals ab.«

»Ich halte mehr davon, so diskret vorzugehen, dass kein Ganove etwas über unsere Geschäfte erfährt, der nicht direkt damit zu tun hat«, sagte ich. »Im Übrigen sehe ich nicht, was unser schwarzer Freund tun könnte, sollten wir wirklich von einer Bande überfallen werden.«

»Joe kann ihnen ein Loch in die Birne schießen. Er hat immer einen Revolver dabei.«

»Das wird ja immer schöner«, protestierte ich. »Bislang hatten wir keine Probleme, weshalb sollte sich daran etwas ändern?«

»Weil wir in Amerika sind.«

»Waren wir doch zuvor auch schon.«

»Du kannst die kleinen Geschäfte mit Hunter nicht mit dem vergleichen, was wir jetzt vorhaben. Die Kunden, an die Basil uns vermitteln will, stammen aus Chicago, Detroit und New York. Wir kennen diese Leute nicht. Da ist es besser, einen Kerl wie Smoker an der Seite zu haben, der sich hier auskennt und vor allem, der sich wehren kann.«

»Ich weiß nicht«, zögerte ich. »Was sollte Smoker tun, wenn wir von drei Typen mit Maschinenpistolen angegriffen werden? Dann gäbe es höchstens eine Leiche mehr«, wandte ich ein.

»Unterschätze ihn nicht, *hermano*! Der Junge ist fit wie ein Pittbull. Ich habe ihm ohnehin fest zugesagt. Vorerst für einen Monat«, erklärte Paco.

»Was soll er denn kosten? Ich meine, so ein Bodyguard mit erweitertem Repertoire macht es doch nicht umsonst.«

»Umsonst nicht, aber zu korrekten Konditionen. Ich habe ihm 3.000 Dollar Gage in Aussicht gestellt«, sagte Paco. »Notfalls übernehme ich sein Gehalt.«

Paco wusste, wie er mich fangen konnte. Er hatte mich zwar nicht völlig von der Notwendigkeit eines bewaffneten Mannes an unserer Seite überzeugt, aber ich ließ mich darauf ein, diesen Smoker für einen Probemonat zu engagieren. Danach könnten wir dann entscheiden, ob er was taugte oder nicht.

Um mit dem Verkauf des Heroins weiterzukommen, rief ich Basils Cousin Barry auf den Bahamas an. Ich hatte Barry zuletzt im Casino auf Paradise Island gesehen, und das war schon eine Weile her. Aber er erinnerte sich natürlich an unsre Begegnung und versprach, in zwei Tagen nach Miami zu kommen, um das Geschäftliche zu besprechen. Unterdessen würde er seine Kunden informieren, und einen Besuch bei seinem Cousin Basil im Gefängnis wollte er auch noch machen. Schließlich war Basil der Chef der Familie und hatte in geschäftlichen Dingen das letzte Wort. Barry und ich verabredeten uns in einer Bar in Coconut Grove, einem südlichen Stadtteil von Miami.

Am Nachmittag rief ich Joey Palmano an und teilte ihm mit, dass ich in der Gegend sei und vorhätte, ihn am Abend zu besuchen.

»Wo steckst du denn?«, wollte er wissen.

»In Miami Beach.«

»In Miami Beach? Was treibst du denn da?«

»Geschäfte.«

»Laufen inzwischen wieder Geschäfte zwischen Juden und Deutschen?«

Ich verstand nicht.

»Wie bitte?«

»Ob du mit Juden Geschäfte machst?«, wiederholte Joey.

»Warum nicht. Wenn sie Interesse an meiner Ware haben. Aber wieso fragst du das?«

»Weil in Miami Beach nach New York die meisten Juden leben. Wusstest du das nicht?«

»Hätte ich das wissen sollen?«

»Nicht unbedingt«, lachte er. »Ich wollte dich bloß ein wenig provozieren.«

»Verstehe ich nicht«, log ich. »Warum sollte ich mich provoziert fühlen?«

»Lass gut sein. Wann sehen wir uns?«

»Heute Abend, wenn du Zeit hast.«

Am liebsten wäre ich gleich aufgebrochen, um mit meinem Freund ein Pfeifchen zu rauchen, aber ich hatte noch einige Dinge zu erledigen. Ich war mit Ming unterwegs und der wartete darauf, dass ich den Stoff verkaufte und ihn bezahlte. Außerdem wollte ich das Heroin noch um ein Drittel strecken, damit ich Basil einen guten Preis machen konnte. Dazu musste ich mir in einem Head-Shop in Miami vier Packungen Mannitol besorgen. Erfahrungsgemäß war die um ein Drittel reduzierte Qualität immer noch gut genug, um in den USA als erstklassige Ware durchzugehen. Meine Rechnung sah folgendermaßen aus: Für die vier Kilo musste ich Ming 480.000 Dollar zahlen. Für sechs Kilo erhielt ich von Barry 960.000, das Doppelte. Das heißt, am Ende verdienten Paco und ich ebenso viel wie die Chinesen. Mings Hongkonger Bosse waren mit dem Kilopreis von 120.000 Dollar bei Übergabe in den USA einverstanden. Auf der anderen Seite kam Basil mit einem Kilopreis von 160.000 Dollar klar.

Wie verabredet traf ich Barry zwei Tage später in einer Bar in Coconut Grove, einem südlichen Stadtteil von Miami. Das Besondere an dieser Bar war, dass sie größtenteils im Freien lag, mit einem Tresen am Pool, sodass man vom Wasser aus seinen Cocktail trinken konnte. Aber mehr noch begeisterte mich der Teil des Lokals, den man in einem Baum untergebracht hatte. Der Banyan-Baum war so alt und ausladend, dass er genügend Platz im Geäst der Krone bot, um dort in luftiger Höhe eine Bar einzubauen sowie mehrere Stehtische auf einer Plattform. Dort oben berichtete mir Barry von seinem Besuch bei Basil im Knast. Der hatte seit zwei Tagen aus dem Gefängnis heraus Verhandlungen geführt und schließlich beschlossen, dass wir die Ware an seinen Geschäftspartner in Detroit verkaufen sollten. Dieser sei in der Lage, die sechs Kilo in zwei Wochen abzusetzen. Das bedeutete, dass wir sobald wie möglich nach Detroit aufbrechen würden, denn die beiden Koffer lagen zwar sicher bei Ming auf dem Hotelzimmer, aber mit einer derartigen Hypothek im Schrank lebte man nicht wirklich entspannt, auch wenn es keinen konkreten Grund gab, sich zu sorgen. Je schneller wir das Zeug los wären, umso besser.

»Da ist noch etwas, was ich mit dir besprechen wollte. Paco hat einen schwarzen Bruder von dir engagiert, den er auf die Reise mitnehmen will, eine Art Bodyguard oder Sicherheitsagent. Was hältst du davon?«, fragte ich Barry.

»Wie bitte? Wozu denn ein Bodyguard? Spinnt der? Wir sind vier erwachsene Kerle, wozu brauchen wir da einen Aufpasser? Vergiss es! Der Mann, den wir in Detroit besuchen, ist ein langjähriger Freund von mir und Basil. Der wäre beleidigt, wenn wir dort mit einem Bodyguard auftauchten.«

»So sehe ich das auch. Wollte bloß deine Meinung dazu hören. Wenngleich er ein cooler Typ zu sein scheint«, entgegnete ich.

»Wir sind selber cool und brauchen keinen coolen Nigger. Schick den Kerl wieder heim, dann kann er gleich mal zeigen, wie cool er ist.«

Ich verstand Barry nicht gleich.

»Na ja, ich meinte die Kündigung. Da kann der Kerl zeigen, wie cool er auf seinen Jobverlust reagiert.«

Das Ergebnis dieser Unterredung teilte ich Paco gleich nach meiner Rückkehr mit. Er versuchte zwar noch halbherzig, das Ticket für Smoker zu lösen, aber ich war strikt dagegen. Als Joe Smoker am späten Nachmittag mit dem Koks auftauchte, sagte ich ihm, dass wir ihn vorerst nicht benötigten, versprach aber, ihn zu kontaktieren, falls es einmal nötig würde, seinen Dienst in Anspruch zu nehmen. Er nahm das gelassen (cool) und prognostizierte selbstbewusst, er sei sicher, dass ich ihn schon bald benötigen werde. Er sollte recht behalten.

Ming war erleichtert, als ich ihm mitteilte, dass es am nächsten Tag losgehe. Wie üblich, kaufte sich jeder sein Ticket auf eigene Faust. Ming reservierte telefonisch bei der Fluggesellschaft Eastern am Flughafen. Ich buchte mein Ticket über mein Reisebüro in Frisco, Barry das seine beim Stadtbüro von Eastern und Paco seines in einem kleinen Reisebüro in der Nähe des Hotels. Sollte etwas schief gehen, gäbe es keinen Anhaltspunkt, dass wir zusammengehörten. Im Fall von Andys Verhaftung in Taiwan hatte sich diese Vorsichtsmaßnahme schon als entscheidend herausgestellt.

Nachdem das Logistische erledigt war, setzte ich mich ins Auto und fuhr die Küstenstraße hinauf nach Fort Lauderdale, wo Joey Palmano wohnte. Als er mir die Tür öffnete, strahlte er mich mit der gleichen Herzlichkeit an, mit der er mich im vergangenen Jahr verabschiedet hatte. Mir kam es so vor, als seien seither erst wenige Wochen vergangen. Erfreut stellte ich fest, dass die Trennung unserer Freundschaft nicht geschadet hatte. Zur Feier des Abends öffnete er eine Flasche Champagner, und als wir den Alkohol spürten, baute er das Schachbrett auf. Scott und Joe, seine Buben, saßen dabei und wurden Zeuge, wie ihr Vater die Partie gewann. Als sich der Gast aus Europa im Rückspiel revanchierte, waren sie schon im Bett.

»Wie laufen die Geschäfte?«, fragte ich. Schließlich wusste ich, dass Joey im vergangenen Jahr im Kokaingeschäft mitgemischt hatte.

»Ich bin ausgestiegen, das Scheißzeug hätte mich sonst fertiggemacht«, erklärte er. »Außerdem habe ich fast den ganzen Profit als Freebase in die Luft geblasen.«

»Dabei hatte ich mich schon gefreut, mit dir ein paar Pfeifen zu rauchen«, sagte ich. »Hast du nichts mehr im Haus?«

»Hab eines Tages vor einem halben Jahr alles in einen Sack gesteckt und in den Müllcontainer geworfen. Seither geht es mir erheblich besser.«

»Mir macht die Base nicht viel aus. Ich stehe zwar auch auf den Kick, aber wenn ich ab und zu ein paar Pfeifen rauche oder mal eine Nacht durchmache, dann hab ich für eine Weile genug. Kommt ohnehin besser, wenn man nicht so oft raucht«, sagte ich.

»Und wie sieht es mit Smack aus, bist du noch drauf?«, fragte er erkennbar besorgt.

»Ja, leider. Da muss bald was passieren. Das Zeug fängt langsam an, mir den Geist zu vernebeln.«

»Aber Schach spielst du dafür noch erstaunlich gut«, bemerkte Joey.

»Das ist schlecht zu beurteilen. Wer weiß, wie ich spielen würde, wenn in nüchtern wäre.«

»Stimmt. Du hast also ernsthaft vor, auszusteigen?«

»Yep!«

»Gibt es schon eine konkrete Planung?«

»Dass ich es plane, ist bislang das Konkreteste, was ich dir dazu sagen kann. Wann ich damit beginne, weiß ich noch nicht. Solange ich mit dem Zeug deale, macht es eh keinen Sinn. Das würde ich nicht schaffen. Ich schätze, dazu benötige ich professionelle Hilfe, und wirksame Medikamente.«

»Je länger du den Ausstieg aufschiebst, um so schwerer wird es werden«, warnte mein Freund.

»Keine Ahnung. Kann sein, aber im Moment kann ich noch nicht aufhören, denn die Geschäfte laufen gerade richtig gut.«

Dann berichtete ich Joey, der selbst die ganze Zeit über in Florida verbracht hatte, von meinen Reisen des vergangenen Jahres. Ich sprach von der Weltreise mit Wacki und von der anschließenden mit Paco, ich erzählte ihm die verrückte Geschichte, wie ich Lynn getroffen hatte, ohne zu ahnen, dass Joey ihr bald begegnen würde. Zum Schluss schilderte ich ihm, wie ich Agung kennengelernt hatte, auf dessen Land wir demnächst ein Haus bauen wollten.

Mitten in meiner Erzählung drehte sich plötzlich der Schlüssel in der Haustür und eine schöne Frau trat ein. Es war Joeys neue Freundin Sunny, nachdem ihn Marsha im vergangenen Jahr verlassen hatte. Der arg eingeschränkte Sex mit einem Rollstuhlfahrer sei ihr auf Dauer zu langweilig gewesen, erklärte er mir. Mit Sunny schien es besser zu laufen, jedenfalls grinste sie, während ihr neuer Freund darüber sprach. Sie kam gerade vom Schwimmtraining und hatte noch nicht ganz trockene Haare, die jetzt nach und nach heller wurden. Sie setzte sich zu Joey auf den Schoß und legte einen Arm um ihn. Es tat gut, zu sehen, wie sie seine Nähe suchte und genoss.

»Joey hat mir viel von dir erzählt«, sagte sie und gab damit ihrer Neugier Ausdruck, mehr über den Freund ihres Freundes zu erfahren.

»Ich hoffe, nur Schlechtes«, sagte ich und grinste dabei.

»Überhaupt nicht. Joey liebt dich!«

Der als Zeuge aufgerufene tauchte hinter Sunnys Kopf auf und zwinkerte mir zu.

»Nur schlechte Dinge. Ich habe ihr gesagt, dass du ein Verbrecher bist. Aber du hast Glück: Sunny findet Verbrecher cool.«

»Ist das so?«, fragte ich.

»Alle Menschen lieben intelligent agierende Ganoven, bloß geben es die meisten nicht zu. Im Grunde ihres Herzen wollen doch alle gerne Gangster sein, aber den meisten fehlt dazu der Mut. Deshalb bewundern sie heimlich den Ganoven, denn er besitzt die Kühnheit, von der sie selbst nur träumen«, sagte Sunny.

»Das mag so sein, aber eigentlich gibt es keinen Grund, einen Ganoven zu idealisieren. Mir gefällt die Idee von der Gleichwertigkeit der Menschen, Kühnheit hin oder her, keiner ist besser als der andere. Und keiner kann letzten Endes etwas dafür, dass er so ist, wie er ist«, stellte ich fest.

»Meinst du, ich kann nichts dafür, dass ich in diesem verdammten Rollstuhl sitze?«, fragte Joey.

»Genau so. Du hattest damals keine andere Wahl, als mit deinem Bruder zu diesem Kubaner zu fahren. Auch wenn du vielleicht glaubst, du hättest anders entscheiden können, aber glaub mir, Joey, du hast so gehandelt, weil du so handeln musstest. Die Gültigkeit dieser These kann ich dir zwar nicht beweisen, aber ich habe das starke Gefühl, dass es sich so verhält. Zumindest in meinem Leben wurden die wichtigen Entscheidungen und Entschlüsse aus dem Bauch heraus getroffen. Das hatte weder etwas mit Moral, noch mit dem Willen zu tun. Im Übrigen gründet die viel gepriesene Würde des Menschen, von der die meisten Leute übrigens keine konkrete Vorstellung haben, auf der Annahme, dass wir alle als fühlende und denkende Wesen von gleichem Wert sind. Davon bin ich überzeugt. Oder hältst du dich etwa für minderwertig, weil du Koks vertickt hast?«

»Nicht wirklich. Aber ich halte mich für minderwertig, weil ich in diesem Rollstuhl sitze«, machte er den Versuch einer Provokation.

»Erzähl keinen Mist. Du bist deshalb vielleicht unglücklich, aber weniger wert bist du deshalb nicht. Anderenfalls hättest du dich längst vom Acker gemacht.«

»Das hätte ich vor Jahren auch fast. Du kannst dir wahrscheinlich gar nicht vorstellen, was es bedeutet, von einem auf den anderen Tag an einen Rollstuhl gefesselt zu sein. Hat verdammt lange gedauert, ehe ich mich daran gewöhnt hatte.«

Es ist mir nicht mehr möglich, nach all den Jahren, die zwischen dem Gespräch und dem Versuch einer Rekonstruktion liegen, den exakten Fluss der Gedanken zu protokollieren. Was ich noch weiß: Wir sprachen sehr lange, und das Gesagte wurde Teil des Fundamentes, auf dem unsere lebenslange Freundschaft gründet.

Es war schon früh, als ich mich verabschiedete und über den Federal Highway zurück nach Miami Beach fuhr. Als ich ins Hotel trat, hörte ich hinter der Rezeption jemanden leise schnarchen. Um ihn nicht aufzuwecken, verzichtete ich auf den geräuschvollen Aufzug und nahm die zwei Etagen über die Treppe. Leise schloss ich das Zimmer auf und schlich zum Bett, um Paco nicht wach zu machen. Wir hatten schon des Öfteren nebeneinander in einem französischen Bett gepennt, also ermittelte ich anhand Pacos gleichmäßigem Atmen, auf welcher Seite er lag, entkleidete mich und schlüpfte unter die Decke. Erst als ich auf der Suche nach dem Kopfkissen in die wuscheligen Haare einer Frau fasste, wurde mir bewusst, dass mein Freund nicht allein war. Wo mag er denn diese Kameradin aufgetan haben, ging es mir noch durch den Kopf, als eine unbekannte Hand nach der meinen griff und sie sich auf den warmen Bauch legte. Dabei hatte ich doch schlafen wollen …

3.26 Detroit

Wir nahmen einen Flug am frühen Nachmittag. Jeder checkte für sich ein, jeder gab sein eigenes Gepäck ab. Nervosität kam auf, als wir nach der Ankunft in Detroit feststellten, dass der Koffer mit der illegalen Fracht fehlte, den Ming aufgegeben hatte. Das restliche Gepäck war auf dem Förderband, lediglich dieser wichtigste aller Koffer tauchte nicht auf. Ich begleitete Ming zum Reklamationsschalter, wo er ein Formular über vermisstes Gepäck ausfüllte, und um einen Grund zu haben, mich selbst an der Koffersuche zu beteiligen, gab auch ich an, meine Reisetasche sei ebenfalls nicht angekommen, obwohl sie längst oben im Terminal bei Paco und Barry stand. Die diensthabende Dame riet uns, am nächsten Tag anzurufen. Bei den vielen Flügen komme es schon einmal vor, dass ein Koffer fehlgeleitet werde und mit einem Tag Verspätung am Zielort eintreffe. Mit einem mulmigen Gefühl im Bauch nahmen wir ein Taxi in die Innenstadt.

Etwas, womit ich überhaupt nicht gerechnet hatte, war das Klima. In Miami hatten angenehme 25 Grad Lufttemperatur geherrscht, während über Detroit und den Großen Seen grimmiger Winter lag. Vor dem Flughafen ein halber Meter Schnee. Gepäckträger und Taxifahrer, fast alle Schwarze, trugen Fellmützen mit Ohrenklappen, Fäustlinge, Schals und gefütterte Winterjacken, Menschen, die ich mir bis dahin barfuß unter Palmen und tropischer Sonne vorgestellt hatte.

Überhaupt kam mir das gesamte Land, der ganze Kontinent Amerika auf einmal so jung vor. Tatsächlich waren ja erst 300 Jahre vergangen, als es die Weißen den Indianern stahlen, ehe sich die Europäer gegenseitig bekämpften. Ursprünglich waren es Franzosen, die hier in der Mitte Amerikas siedelten und Spuren ihrer Kultur hinterlassen hatten (Detroit wurde 1701 von dem Franzosen Antoine de la Mothe Cadillac als ein militärisches Fort gegründet, im Siebenjährigen Krieg 1760 von den Engländern erobert und erst 1795 an die Vereinigten Staaten übergeben.) Dem Shawnee-Häuptling Tecumseh gelang es, die Stadt 1812 kurzfristig zu erobern, aber wie heute jeder weiß, konnten sich die Indianer gegen die Waffen und die Droge des »Weißen Vaters aus Washington« nicht durchsetzen.

Barry hatte uns eine Suite im Detroit Plaza reserviert, dem seinerzeit exklusivsten Hotel in Michigan. Ich fand das zwar unangemessen, aber offensichtlich wollte er uns beeindrucken, was ihm ehrlich gesagt auch gelang. Die Suite lag weit oben im 68. Stock des mittleren Turmes des Renaissance-Center, und wenn wir durch die vollverglaste Außenwand blickten, lagen der Detroit River und dahinter die kanadische Stadt Windsor vor uns. Der Fluss verbindet den Erie- mit dem Huron-See und durchquert dabei den weitaus kleineren Lake Saint-Clair. Diese Wasserstraße, die den Nordatlantik mit Chicago verbindet, gehört zu den meistbefahrenen der Erde.

Über die Stadt Detroit wusste ich damals nicht eben viel. In den USA wird sie oft als »Motor City« bezeichnet, weil praktisch alle namhaften amerikanischen Autohersteller in ihrem Umfeld angesiedelt sind, Ford, General Motors und Chrysler, *the big three*. Außerdem ist sie eines der kulturellen Zentren derjenigen Amerikaner, deren Vorfahren einst in Afrika lebten: In Detroit wurde das Plattenlabel Motown gegründet, hier sangen Aretha Franklin und Diana Ross, hier wurden Stevie Wonder und Marvin Gaye berühmt und hier lebte und boxte Joe Louis, nach dem das Stadion am Ufer des Detroit River benannt ist.

Als wir Anfang Februar 1981 in Detroit ankamen, war die Stadt schon lange im Niedergang begriffen. Die Jahre des Automobilbooms waren vorbei und man hatte die Ansiedlung alternativer Industrien verschlafen. Hätten Politiker und Industrie-Magnaten frühzeitig auf die IT-Karte gesetzt, Silicon Valley und die Key-Players der Branche könnten heute in der Detroit Metropolitan Area angesiedelt sein.

Der Aufstieg der Region begann mit Henry Ford und seiner legendären Tin Lizzy, dem ersten »Volkswagen« der Automobilgeschichte. Das war zu Beginn des 20. Jahrhunderts. Im Jahr 1950 zählte Detroit fast zwei Millionen Einwohner. Als ich die Stadt kennenlernte, waren es noch knapp die Hälfte, und bis zur Jahrtausendwende sank die Zahl weiter. 1980 war ein Drittel der Bevölkerung ohne Arbeit, die Kriminalität war die höchste im ganzen

Land, insbesondere die Anzahl der Morde lag doppelt so hoch wie in vergleichbaren US-Großstädten.

Der Sommer 1967 hat sich in die Geschichtsbücher der Vereinigten Staaten eingebrannt, und insbesondere bei den Weißen einen nachhaltigen Schrecken hinterlassen: Innerhalb von fünf Tagen, in denen auf den Straßen von Detroit ein Aufstand der Schwarzen tobte, in denen Geschäfte geplündert wurden und 2.000 Häuser brannten, als der Bürgermeister in Washington um die Entsendung der Nationalgarde ersuchte, die mit schwerem Gerät in die Stadt einrückte, kamen 43 Menschen ums Leben, wurden 1.100 verletzt und am Ende landeten mehr als 7.000 Personen in Gewahrsam. Die Weißen verließen im Anschluss an die Krawalle die Innenstadt und siedelten in den Vororten, sofern sie nicht ganz aus der Gegend verschwanden, um sich anderswo einen Job zu suchen. Übrig blieben meist arbeitslose Schwarze. Viele ehemals teure Häuser standen leer, verfielen mit den Jahren, wurden durch Brandstiftungen zerstört oder von Obdachlosen besetzt.

Das Renaissance-Center war seinerzeit noch relativ neu. Auf Initiative von Henry Ford II. und nach Plänen des Architekten John C. Portman, Jr. erbaut, wurde es 1977 eröffnet*. Der Gebäudekomplex besteht aus fünf einzelnen Türmen, wobei der mittlere mehr als 200 Meter in den Himmel ragt und damit das höchste Gebäude von Detroit ist. Er beherbergte mit dem damals zur Westin Kette zählenden Detroit Plaza eines der größten Hotels der USA (1300 Zimmer auf 70 Etagen) und das höchste obendrein. In der obersten Etage befindet sich ein Drehrestaurant, von dem aus man innerhalb einer Stunde das gesamte Panorama der Stadt und ihrer Umgebung an sich vorbeiziehen sieht, ein Ausblick, der schon damals eine sterbende Stadt erkennen ließ: verfallene Wohnviertel, Hochhäuser im Stadtzentrum mit Brettern vernagelt, ganze Planquadrate, die von nichts anderem als ausgebrannten Ruinen bedeckt waren. Das pompöse Renaissance-Center dagegen ragte wie eine Festung am Ufer des Flusses gegen den Himmel, was an

* Zu Beginn des 21. Jahrhunderts erwarb General Motors das Gebäude, renovierte es und nutzt es seither als seine Konzernzentrale. Auch das Hotel wird zwischenzeitlich von einer anderen Kette betrieben.

das Fort Detroit in der Zeit der Indianerkriege und an Tecumseh erinnerte. Inzwischen waren es allerdings keine Indianer mehr, die man ihrer Jagdgründe beraubt hatte und die das Fort »belagerten«, sondern Nachkommen von Sklaven, die in der Automobilindustrie ihren Job verloren hatten. Die Depression, die sich in der Branche breit gemacht und auf die Psyche ihrer Verlierer übergegriffen hatte, war eine der Ursachen, weshalb es in der Stadt eine große Nachfrage nach betäubenden Drogen gab. Die Leute waren verzweifelt, und gegen die Verzweiflung und den Schmerz ist Heroin zumindest kurzfristig ein probates Mittel.

Am nächsten Morgen rief ich am Flughafen an, um mich nach dem verlorenen Gepäck zu erkundigen. Die Dame am anderen Ende der Leitung erklärte, es seien diverse Koffer aus Miami angekommen, ich möge doch bitte zum Flughafen kommen, um nachzusehen, ob das vermisste Gepäckstück sich darunter befinde. Als ich Ming bat, mitzukommen, äußerte der Bedenken. Er hatte ein ungutes Gefühl, sein Koffer könne entdeckt worden sein, und jetzt stelle man ihm eine Falle. Er fürchtete, sobald er den Gepäckschein präsentiere, werde man ihm Handschellen anlegen. Weshalb, so seine Überlegung, habe die Frau sich die Nummer des Scheins nicht geben lassen und dann selbst nachgesehen, ob etwas angekommen sei? Ming war sicher, dass es sich um eine Hinterlist handelte. Er wollte den Koffer verloren geben. Ich hingegen fand, dass es dafür zu früh sei.

Ich beschloss, zum Flughafen zu fahren, um nach meiner virtuellen Reisetasche zu suchen und dabei die Augen offen zu halten, ob ich das eigentliche vermisste Gepäckstück bei den Nachlieferungen entdeckte. Mich konnte man mit Mings Koffer ja nicht in Verbindung bringen. Das Risiko, welches ich einging, war somit gering. Auf diese Weise kam ich in den Bereich, wo die vermissten und fehlgeleiteten Gepäckstücke aufbewahrt wurden und konnte möglicherweise Informationen gewinnen. Paco war derselben Meinung, und so brachen wir zusammen im Taxi zum Flughafen auf.

Paco setzte sich an eine Bar in der Wartezone Abflug, während ich nach unten in die Ankunftshalle ging. Der Dame im Büro präsentierte ich meinen Gepäckschein. Da sie beschäftigt war, deutete sie nach hinten zur Tür eines Lagers, in der ein Regal an der Wand stand, welches vom Boden bis zur Decke mit Gepäckstücken beladen war. Die Art, wie sie auf mich und mein Ansinnen reagierte, deutete nicht darauf hin, dass heute hier irgendetwas nicht stimmte. Wäre Mings Koffer enttarnt worden, wären Polizei oder Zoll im Hintergrund bei der Observation gewesen, und gewiss wäre auch die Angestellte im Büro informiert gewesen. Die Tatsache, dass sie mir kaum Beachtung schenkte und weiter ihrer Schreibarbeit nachging, war ein gutes Zeichen. Ein sehr gutes Zeichen! Zudem hatte ich mich auf dem Weg durch die Halle, vorbei an den still stehenden Förderbändern (es war gerade kein Flugzeug gelandet und somit waren auch keine Passagiere dabei, Gepäck vom Band zu holen) diskret nach allen Seiten umgesehen, ob sich irgendwelche Personen auffällig unauffällig hinter Säulen und vor den Schaltern der Autovermieter herumdrückten. Ich entdeckte nichts, was Grund zur Beunruhigung hätte sein können, die Halle war menschenleer, bis auf die Dame in dem verglasten Büro. Also betrat ich den Raum und hielt Ausschau nach Mings grauem Samsonite. Tatsächlich standen dort mehrere von der gleichen Machart im Regal, sodass ich mir die Anhängeschilder genau ansehen musste, auf denen Herkunfts- und Bestimmungsort, sowie die Referenznummer zu lesen waren.

In der zweiten Regaletage wurde ich fündig. Dort stand das vermisste Gepäckstück, allerdings war eines der beiden Schlösser aufgeplatzt, und durch den Spalt war helle Wäsche zu erkennen. Ich tat so, als suche ich weiter nach meiner Reisetasche, versicherte mich aber in Wahrheit, ob es in dem Raum eine Überwachungskamera gab. Erst als ich nichts Verdächtiges entdeckte, zog ich Mings Koffer heraus, um zu sehen, ob auch der zweite Verschluss beschädigt war. Das war zum Glück nicht der Fall. Ich schob den Koffer wieder ins Regal, ehe ich zurück ins Büro trat und der Frau mitteilte, dass ich mein Gepäck nicht gefunden hätte. Sie meinte lediglich, ich solle am Abend noch einmal anrufen, denn möglicherweise treffe es ja mit den über Tag erwarteten Maschinen ein. Dann verwickelte ich sie in ein Gespräch über ihre Arbeit und erkundigte mich beiläufig, wann ihre Schicht beendet sei. Sie blickte auf ihre Uhr und meinte erleichtert, in einer Dreiviertelstunde. Ich wünschte ihr einen schönen Tag und fuhr mit der Rolltreppe hinauf auf die Abflugebene. Ich fand Paco an der Bar, wo er gerade den zweiten Whiskey bestellt hatte.

»Was willst du trinken?«

»Ein Drink wäre jetzt nicht verkehrt«, entgegnete ich. »Der Koffer ist angekommen.«

»Und? Alles in Ordnung?«

»Leider nein. Er ist auf der einen Seite aufgeplatzt.«

»Wie das?«

»Keine Ahnung. Komisch finde ich es schon. Solche Schlösser sind in der Regel solide und platzen nicht so leicht auf«, sagte ich.

»Kommt drauf an. Wenn er geworfen wird und auf der Kante aufschlägt, kann so ein kleiner Verschluss schon mal aus der Halterung springen. Das muss also nichts zu bedeuten haben. Im Übrigen: Hätte jemand den Koffer geöffnet und das Zeug gefunden, dann hätte er ihn bestimmt wieder richtig verschlossen«, vermutete mein in technischen Dingen versierter Freund.

»Stimmt. Abgesehen davon ist da unten alles ruhig. Ich konnte niemanden entdecken, der da nicht hingehört oder der verdächtig herumsteht. Ich denke, ich hole den Koffer, sobald die Frau im Büro Feierabend macht«, sagte ich.

»Wann soll das sein?«

»In 'ner halben Stunde. Gib mir schon mal den Gepäckschein.«

»Vorher laufe ich durch die Halle und schaue, ob wirklich alles cool ist. Zwei zusätzliche Augen sehen mehr, was meinst du?«, schlug er vor.

»Warum nicht. Aber jetzt bestell mir erst mal einen Remy!«

»Remy? Ich bitte dich: Wir trinken Bourbon! In den Staaten trinke ich selten Cognac. Gute Cognacs gibt es hier bloß in guten Restaurants, aber guten Bourbon haben sie fast alle!«

»Pardon, ich dachte, du würdest Cognac trinken.«

»Sieht so ein Cognac-Schwenker aus?«

»Schon gut, so genau hab ich nicht hingesehen.«

Paco bestellte einen Bourbon und versuchte, mir zu erklären, was der Unterschied zwischen einem Scotch und einem Bourbon ist. Offenbar habe ich die Info auch nicht abgespeichert, denn ich kenne den Unterschied zwischen den diversen Whiskeys bis heute nicht und werde mich auch jetzt nicht schlau machen. Es gibt eben Dinge, die mich bei aller generellen Neugier nicht interessieren, und so gestattete ich mir, während er dozierte, mit den Gedanken abzuschweifen.

Ich ging noch einmal die vor mir liegende Abholung von Mings Koffer durch. Nachdem der Cognac-Whiskey-Knochen abgenagt war, rührte Paco ein neues Thema an.

»Hier haben wir zum Beispiel so eine Situation, wo wir einen Mann wie Smoker gut gebrauchen könnten«, riss Paco mich aus meinen Gedanken. »Der hätte uns das Risiko abgenommen, welches der verloren gegangene Koffer jetzt darstellt.«

»Wüsste nicht wie?«, entgegnete ich.

»Ganz einfach, indem er derjenige wäre, der jetzt nach dem Koffer suchen würde«, meinte er.

»Das Risiko ist überschaubar. Damit habe ich kein Problem«, stellte ich dazu fest. »Allerdings sehe ich die Gefahr, dass Smoker uns den Koffer hätte klauen können.«

Paco sah mich befremdet an, indem er die Stirn in Falten warf: »Wie das?«

»Ganz einfach: Er fragt nach dem verlorenen Gepäck und gegen den Gepäckschein händigt man es ihm aus. Dann gibt er Mings Koffer bei der Gepäckaufbewahrung ab. Uns erklärt er, wir hätten Recht gehabt, die Sache sei schief gegangen. Der ganze Flughafen wimmele von Bullen, im Ankunftsbereich habe man neue Kameras installiert, die gestern noch nicht da waren. Unter diesen Umständen hielte auch er es für angebracht, den Koffer nicht mehr anzurühren und so diskret wie möglich aus Detroit zu verschwinden. Das würde Smoker mehr als eine Million einbringen, Geld, welches er leichter nie verdienen kann.«

»Das würde Smoker nie tun«, verteidigte Paco die moralische Integrität seines schwarzen Kumpels.

»Das will ich ihm auch gar nicht unterstellen«, entgegnete ich. »Aber möglich wäre es doch, logistisch machbar, oder etwa nicht?«

»Theoretisch. Wie misstrauisch du denkst!«, empörte er sich. »So kenne ich dich überhaupt nicht.«

»Wir spielen schließlich nicht Monopoly. Hier geht es um ziemlich komplizierte logistische Operationen, wo Mitspieler und

Gegenspieler eine Menge Handlungsspielraum haben. Und derjenige geht als Gewinner vom Feld, der möglichst viele, insbesondere negative Optionen vorher erkennt. Wir sind hier in Detroit, nicht auf Ibiza. Eine gesunde Vorsicht ist durchaus angebracht«, erklärte ich.

»Ich habe nichts gegen Vorsicht, während wir in den Staaten Drogen verkaufen«, sagte Paco. »Mir geht es bloß darum, einen anständigen Mann wie Joe Smoker nicht zu verleumden.«

»Das habe ich verstanden und finde es im Übrigen sehr nobel von dir, wie du deinen Kumpel verteidigst. Dennoch und jetzt wieder generell: Das ist ein heißes Pflaster. Barry hat mir während des Hinfluges erzählt, dass vor nicht allzu langer Zeit an einem Wochenende in Detroit achtzehn Leute erschossen worden sind. Alles Leute, die glaubten, vorbei an der Mafia, die gerade hier das Sagen hat, Smack zu verticken«, erklärte ich. »Habe leider den Namen der Gang vergessen.«

»Y.B.I.«, kam es wie aus der Pistole geschossen. »Young Boys Incorporated.«

»Du kennst dich also aus!«

»Das hat Barry mir erzählt. Außerdem sagte er, wir sollten uns keine Sorgen machen, denn der Typ, der uns den Stoff abnimmt, arbeitet mit diesen Jungs zusammen, anderenfalls könnten wir hier keine zehn Unzen verkaufen. Ohne die Y.B.I. geht in Detroit im Heroin-Business *nada*!«

Paco verließ die Bar nach einer halben Stunde, um zu sehen, ob die Dame im Gepäckbüro schon Feierabend gemacht habe. Ich beschrieb sie ihm, indem ich ihr geschätztes Alter, die Haarfarbe und die vermutete Körbchengröße angab. Das sollte an Erkennungsmerkmalen genügen. Nach zehn Minuten war er zurück und meldete, die Beschriebene sei vor fünf Minuten vor dem Terminal in einen gelben Bus gestiegen.

»Sollte ich nicht zurückkommen, heißt das, dass ich verhaftet wurde. Wie es dann weitergeht, überlasse ich deiner Fantasie, Bruder. Salud!«

Ich trank mein Glas leer und begab mich nach unten in den Ankunftsbereich. Erneut scannte ich die Halle nach unerwünschten

Beobachtern, fand aber kein Indiz, das mich beunruhigt hätte. Dann straffte sich meine Courage, und ich betrat selbstbewusst das Büro.

»Was kann ich für Sie tun, Sir?«, wandte sich die junge Frau mir zu. Sie hatte gerade ihre Schicht angetreten und schenkte mir ihre ungetrübte Aufmerksamkeit.

»Vor einer Stunde habe ich mit Ihnen telefoniert. Sie teilten mir mit, der Koffer aus Miami sei angekommen.«

Ich legte den Gepäckschein vor ihr auf den Tisch und lächelte sie freundlich an.

»Ich bin erst seit zehn Minuten im Dienst. Sie müssen also mit meiner Kollegin gesprochen haben«, lächelte sie, nahm den Schein und verschwand in der Kammer, in der die Gepäckstücke lagen.

»Hier ist er«, rief sie mir kurz darauf zu. »Scheint aufgeplatzt zu sein. Wären Sie so nett, mir dabei zu helfen, ihn aus dem Regal zu heben?«

Da ich vermeiden wollte, dass der Koffer ganz aufplatzte, holte ich einen Trolley herbei und folgte der Frau in den Lagerraum. Vorsichtig hob ich das Gepäckstück aus dem Fach und legte es flach auf den Wagen. Dann verließ ich das Büro mit Mings Koffer, für dessen illegalen Inhalt Barry uns eine knappe Million Dollar bezahlen wollte. Anders betrachtet: Ronald Reagans Agenten hätten uns für 20 Jahre in den Knast gesteckt, hätten sie Kenntnis von dieser illegalen Transaktion erlangt. Kommt immer darauf an, aus welcher Perspektive man die Dinge sieht. Ich war gerade am Ausgang der Ankunftshalle angekommen, dort, wo die Inlandspassagiere von ihren Angehörigen erwartet werden, als per Lautsprecher der Name *Ming Chen Loo* ausgerufen wurde.

»Mr. Ming Chen Loo. Bitte ins Büro für verlorene Gepäckstücke kommen!«

Zunächst dachte ich, das ginge mich nichts an, aber als die Durchsage zum zweiten Mal durch das Flughafengebäude erklang, wurde mir bewusst, dass Ming Chen Loo der Name war, der auf dem Koffer stand, der vor mir auf dem Kuli lag. Inzwischen war ich bei Paco angekommen.

»Hast du gehört, Paco? Die rufen Ming aus. Was können die noch von ihm wollen?«

»Keine Ahnung. Ich bringe auf jeden Fall den Koffer schon mal in Sicherheit!«

»Gute Idee. Ich schaue nach, was die noch wollen. Da unten sah vorhin alles ruhig aus«, erwiderte ich. »Hast du schon bezahlt?«

»Alles erledigt«, sagte Paco. »Gib mir zwei Minuten Vorsprung. Ich nehm ein Taxi und warte auf dich. Falls du in fünf Minuten nicht da bist, fahre ich zum Hotel.«

»Gut. So machen wir's. *Hasta luego, hermano!*«

Ich ließ mich von der Rolltreppe nach unten bringen. Inzwischen wurde der Name Ming Chen Loo zum dritten oder vierten Mal durchgegeben, sodass ihn jeder, der gerade im Flughafen war, schon auswendig kannte.

»Was gibt es denn noch?«, fragte ich die Frau, als ich das Büro betrat.

»Mr. Ming Chen Loo«, erklärte sie fast außer Atem. »Sie haben vergessen, zu quittieren.«

Ich nahm den Kugelschreiber und quittierte der Frau den Erhalt des ausgelieferten Gepäckstücks.

»Have a nice day, Mr. Ming Chen Loo!«

Ich deutete eine Verbeugung an und machte, dass ich vom Acker kam.

Ming war irritiert, als ich ihm eine halbe Stunde später im Hotel seinen Koffer vor die Füße stellte. Ob ich sicher sei, dass wir nicht verfolgt worden seien? Schließlich kehrte aber Freude in sein chinesisches Herz zurück, das, wie ich bald feststellen sollte, im Schatten abergläubischer Meme* schlug. Ich merkte bald, dass er sich in einem buddhistisch-esoterischen Weltraum bewegte und dass seine Psyche sich magnetisch darin orientierte. Zuweilen handelte er ganz nach seinem Sheng-Fui-Gefühl, und wenn ihm das einflüsterte, eine Sache gehe schief, dann ergab er sich einem Schicksal, das sich noch gar nicht gegen ihn entschieden hatte. Doch auf rätselhafte Weise gab ihm dieser demütige Zug etwas Liebenswertes. Und wenn er dann wieder aus seiner Schicksalsergebenheit auf-

* Ein Mem bezeichnet nach der Memtheorie einen Gedanken, der weitergegeben und verbreitet werden kann.

tauchte, wurde er verlegen wie ein Novize, dem man zu viel Reis in die Schale gegeben hatte.

Nachdem wir mit einem Tag Verzögerung den Koffer mit der Ware sichergestellt hatten, erwarteten wir den Kunden, den Barry telefonisch ins Hotel bestellt hatte. Jerry Woodward war ein junger Schwarzer in meinem Alter, der mir auf den ersten Blick gefiel, und zu dem ich schon auf den zweiten Blick Vertrauen fasste. Er hatte eine sportliche Figur, war lässig gekleidet (Stiefel, Jeans, T-Shirt, warme Felljacke), und er hatte einen wachen Blick. Jerry war in Detroit aufgewachsen und kannte sich in der Stadt aus. Die Tatsache, dass Basil ihm vertraute, war auch für mich verbindlich. Ich hatte ein gutes Gefühl, mit Jerry Geschäfte zu machen. Ming hielt sich dabei im Hintergrund und überließ mir die Verhandlungen, die allerdings im Grunde schon von Basil geführt worden waren, das heißt, der Preis war fest verabredet und sofern die Qualität dem entsprach, was ich angekündigt hatte, sollte es keine Probleme geben.

Ich teilte Jerry mit, dass wir vorerst drei Kilo dabei hätten, allerdings in Kürze eine weitere Lieferung erwarteten. Unterdessen hatte Paco auf seinem Zimmer gearbeitet und den Koffer geöffnet. Das Gewicht stimmte. Aus zwei Kilo hochprozentigem Pulver machte er drei von geringerem Wirkstoffgehalt, indem er zwei Pfund Mannitol daruntermischte. Von dieser Mischung, die auch Hunter in Kalifornien verkauft hatte, ohne dass es dabei zu Reklamationen gekommen wäre, übergab ich Jerry eine Probe. Daraufhin verabschiedete er sich und kündigte an, das Heroin testen zu lassen und, falls die Qualität stimmte, wollte er am Abend zurück sein und das erste Kilo mitnehmen. Wir vereinbarten *cash on delivery*.

Ming und ich genossen derweil den Luxus, den das Plaza Hotel bot, wir bestellten ein Menü à la carte und sahen uns anschließend einen Film an. Unterdessen passte Paco auf die Ware auf, während Barry den beschädigten Koffer mitnahm, um ihn in der Stadt zu entsorgen.

Am Abend war er zusammen mit Jerry zurück, und sie brachten das Geld mit. 160.000 Dollar in Scheinen aller Nennwerte, vom Fünfer bis zum Hunderter. Wir zählten das Geld und teilten es auf:

120.000 für Ming, den Rest für Paco und mich. Die Höhe der Kommission, die Jerry an Basil zu zahlen hatte, blieb deren Geheimnis.

Nachdem die Scheine gezählt waren (ein zur Hälfte gefüllter Koffer) machten Jerry und Barry sich auf den Weg. Die beiden kannten sich von früheren Deals, und ich hatte den Eindruck, dass sie Freunde waren. Jerry kündigte an, in Kürze zurück zu kommen um das nächste Kilo abzuholen. Nach Lage der Dinge hätten wir uns in der Tat lächerlich gemacht, hätten wir einen Bodyguard mitgebracht. Das musste sogar Paco einsehen.

Die internationale Verbrecherbande aus zwei Europäern, einem Asiaten und zwei Afroamerikanern verstand sich gut, und sie war erfolgreich. Am folgenden Abend schleppte Jerry den nächsten Koffer voll Kohle an, und ich gab ihm zusätzlich zu dem Kilo, welches er bezahlen konnte, das dritte auf Kommission mit. Barry und er brachten das Paket in ein sicheres Depot. Der Kirchenhelfer der Gemeinde an der Livernois Avenue versteckte es in der Sakristei, was Paco und ich beschmunzelten, als wir es später von Jerry erfuhren. Nachdem die beiden zurück waren, luden sie uns zum Essen ins griechische Viertel ein.

Ehe wir das Hotel verließen, ließ ich mir an der Rezeption ein Schließfach zuteilen, in dem ich Pacos und mein Geld verstaute. Für Ming, der ja den größten Teil erhalten hatte, gab es kein Schließfach, das groß genug gewesen wäre. Er schaffte sich in einer Boutique im Erdgeschoss eine lederne Pilotentasche an, packte die Dollarbündel hinein, verwahrte sie im Schrank und überließ Buddha die Bewachung seines Reichtums.

Die Stimmung im Lokal war ausgelassen, und die Tatsache, dass sowohl Paco als auch Ming nur rudimentäre Englischkenntnisse hatten (der Slang der Schwarzen schlug zusätzlich Löcher in die Sätze), wurde durch den Alkohol kompensiert. Wir unterhielten uns, Ming erzählte von Macau, wo er kürzlich im Casino 6.000 Dollar gewonnen habe, nachdem ein Wahrsager ihm dies prophezeit hatte; Paco und ich erzählten den Amerikanern von Bombay und der Opiumhöhle Kashmir Chandu Den, und Jerry gab Ratschläge, wie wir uns in Detroit verhalten sollten, wo man zu Fuß hingehen konnte und in welche Gegenden der Stadt man vorsichtshalber nur mit dem Auto fahren sollte. Ohne dass ich darüber im Bilde war, herrschte in Detroit eine Art Krieg zwischen rivalisierenden Drogengangs, in dem sich Jerry äußerst vorsichtig bewegen musste. Wie ich zuvor schon von Barry erfahren hatte, belieferte er eine Gang junger Burschen, die sich Young Boys Inc. nannten, die das Heroin in *packs* von je einer Unze abwogen, die Tütchen mit ihrem Kürzel stempelte (»China White – Young Boys Incorporated«) und an die Kleindealer weitergab. Es gab bestimmte *hotspots* in der Stadt, etwa im Stadtkern die Kreuzungen Erskine und John R Street sowie Selden und Gibson Street, an der vor nicht allzu langer Zeit für die Y.B.Inc. arbeitende Killer an einem Wochenende achtzehn Leute erschossen hatten. Auf solche Störungen der öffentlichen Ordnung mussten die Cops natürlich reagieren, egal wie korrupt sie waren.

Das war die Lage, als wir Anfang 1981 nach Detroit kamen, aber in derartige Rivalitäten und Fehden wollten wir möglichst nicht hineingezogen werden. Nach drei Tagen hatte Jerry so viel verkauft, dass ich Ming ausbezahlen konnte. Die Erfahrung mit dem verloren gegangenen Gepäck auf dem Hinflug hatte uns, was Flugreisen anbelangte, vorsichtig gemacht. Wir beschlossen, kein unnötiges Risiko mehr einzugehen und das Geld mit dem Zug nach New York zu bringen. Dort hatte die Triade einen Kontaktmann, der Ming dabei half, es nach Hongkong zu transferieren. Anschließend wollte er nach San Francisco fliegen, wo er sich wieder seiner Reisegesellschaft anzuschließen gedachte. Wir vereinbarten, die nächste Lieferung aus China in einem Monat auf den Weg zu bringen.

Da ich allerdings keine Lust hatte, selbst mit dem Zug zu fahren, rief ich Nora in New York an und bat sie, nach Detroit zu kommen. Sie blieb zwei Tage, in denen sie sich Mühe gab, meiner vom Heroin auf den Hund gekommenen Libido aufzuhelfen. Eines Morgens wachte ich auf und ertappte sie dabei, wie sie mit Hingabe an meinem weißen Lümmel saugte.

»Hey!«, rief ich noch halb schlaftrunken. »Was machst du denn da?«

Sie grinste ihr schelmisches Afrikagrinsen und meinte cool: »Keine Panik. Ich stecke ihn gleich bei mir rein und du machst die Augen wieder zu. Von wegen keinen hochkriegen! Schau dir die Prachtlatte doch mal an! Alles eine Frage der Geduld und der Technik. Glaub mir, ich kenne mich mit Schwänzen aus. Ich hab noch jeden zum Stehen gebracht.«

»Das ist eine Vergewaltigung«, empörte ich mich halbherzig.

»*So what.*« Mit der geübten Bewegung einer Tänzerin war sie über mir, steckte mir die Zunge in den Mund und sich selbst mein Ding unten rein. Damit war mein strafrechtlich begründeter Protest erstickt, und ich ergab mich dem Schicksal.

Doch ehe ich mich an diese neue Qualität unserer alten Freundschaft gewöhnen konnte, gab ich ihr einen Koffer mit 200.000 Dollar und bat sie, gemeinsam mit Ming den Zug nach New York zu nehmen, von wo aus ich das Geld in kleinen Summen aus dem Land schicken wollte. Unterdessen hatte ich nämlich Konten bei Banken in der Schweiz, in München, in Singapur, auf den Bahamas, auf Bali, in Hongkong, in Tokio und in Kalifornien eingerichtet. Nachdem ich Ming (der seinen Geldkoffer ebenfalls dabei hatte) und Nora zum Bahnhof von Detroit gebracht hatte, folgte ich ihnen am nächsten Morgen mit dem Flugzeug. Paco blieb in Detroit. Er hielt die Stellung, um die letzte Zahlung von Jerry abzuwarten. Barry verabschiedete sich als letzter und flog zurück auf die Bahamas. Das Vertrauen zwischen ihm, Basil und Jerry ging so weit, dass er es gestattete, dass ich mit Jerry Kontaktdaten austauschte. Beim nächsten Mal würde die Ware gleich nach Detroit gebracht und ich könnte Jerry direkt anrufen. Das vereinfachte vieles, und ich fühlte mich mitten in dieser Dealer-Bande gut aufgehoben. Der Detroiter Drogen-Krieg schien woanders stattzufinden. Tatsächlich tobte er in Sichtweite meines Hotelfensters: links und rechts der Woodward Avenue, auf den Straßen Livernois, Dexter und John R., wo so illustre Figuren der Unterwelt wie Raymond Peoples, Duane Davis, Demitrius Holloway oder Maserati Rick Carter für kurze Zeit die Oberhand hatten, ehe sie geschnappt oder umgelegt worden waren. Zur Zeit hatten die Young Boys Oberwasser, und weil Jerry sie belieferte, hatten Paco und ich in Detroit nichts zu befürchten. Jedenfalls dachten wir das.

Als ich auf dem La Guardia Airport in New York landete, nahm ich ein Taxi nach Manhattan, wo ich gerade rechtzeitig eintraf, um Nora und Ming an der Grand Central Station abzuholen. Ming und ich quartierten uns im Plaza Hotel am Central Park ein, Nora fuhr in ihre Wohnung nach Brooklyn, kehrte aber nach ein paar Stunden zurück. Gemeinsam begaben wir uns am frühen Abend nach Chinatown, wo Ming bereits erwartet wurde.

Die Gäste des Restaurants musterten uns zwar neugierig (ein Chinese, eine schwarze Frau und ein Weißer mit zwei Koffern waren ungewöhnliche Gäste), als wir zu dem reservierten Nebenzimmer geführt wurden. Alle wandten sich aber gleich wieder ihrem Chop Suey zu, nachdem der Chef persönlich uns begrüßt hatte. Der Inhaber, ein untersetzter Kantonese mit Embonpoint, der sich um den Transfer des Geldes kümmern sollte, war verunsichert, dass Ming in Begleitung aufgetaucht war. Es gab ein kurzes Gespräch auf Kantonesisch, das ich nicht verstand, aber ich spürte, dass es dem Dicken nicht passte, den Berg Kohle vor Leuten zu zählen, die er noch nie zuvor gesehen hatte. Ming schien ihn beruhigen zu wollen, aber ich half ihm aus der Klemme, indem ich anbot, mit Nora einen Bummel zu machen und in zwei Stunden wiederzukommen. Noch nicht einmal damit war der Restaurantbesitzer einverstanden, so dass Ming uns bat, ihn allein zu lassen. Wir wollten uns später im Hotel treffen, wo er sich dann für die Unfreundlichkeit seines Landsmannes bei mir entschuldigte.

»Ich mag deinen chinesischen Freund«, sagte Nora, als wir draußen waren und in Richtung Canalstreet spazierten. »Ich werde ihn heiraten!«

Ich glaubte, mich verhört zu haben.

»Wie bitte? Was hast du gesagt?«

»Dass ich Ming heiraten werde!«

Es war kalt in New York, aber es lag kein Schnee. Lediglich der Wind, der zuweilen durch die Häuserschluchten pfiff, presste die Kälte durch unsere Kleider. Ich blieb stehen, nahm Nora in die Arme und drückte sie an mich.

»Das muss ja eine heiße Nacht im Zug gewesen sein«, staunte ich. »Was hat Ming drauf, was die bisherigen Männer in deinem Leben nicht beherrschten?«

»Er zahlt besser. Wir heiraten nicht, weil es im Zug so heiß her ging, sondern weil Ming ungehindert in die USA einreisen möchte. Er hat mir 5.000 Dollar geboten, wenn ich seine Frau werde.«

»Eine Ehe ohne Sex?«, erkundigte ich mich indiskret.

»Zumindest ist Sex nicht der Grund, weshalb wir heiraten. Ausschließen will ich es allerdings auch nicht. Er gefällt mir. Du bist doch hoffentlich nicht eifersüchtig?«

»Dazu habe ich keine Veranlassung«, versicherte ich. »Aber jetzt benötige *ich* erst mal deinen Dienst.«

»Um was geht es?«

»Du sollst mir dabei helfen, die Kohle aus dem Land zu transferieren.«

»Sag mir, was ich tun soll.«

Am darauffolgenden Morgen ging ich zur New Yorker Filiale meiner deutschen Bank und zahlte 5.000 Dollar auf mein Konto ein. Bei der jungen Frau, die mich bediente, erkundigte ich mich nach den rechtlichen Rahmenbedingungen für Devisentransfers. Dabei erfuhr ich, dass Banken in den USA verpflichtet sind, alle finanziellen Transaktionen, die den Betrag von 10.000 Dollar überschreiten, der Steuerbehörde zu melden. Und da ich nicht vorhatte, irgendetwas zu versteuern, beschloss ich, mein Geld in kleineren Beträgen ins Ausland zu transferieren.

Zurück im Hotel besorgte ich mir die Adressen von zwanzig Banken in Manhattan. Dann erstellte ich eine Tabelle: In die erste Spalte trug ich das Datum ein; in die zweite die Teilbeträge zwischen 5000 und 9000 Dollar; in die dritte die Bank, von der das Geld abgeschickt wurde und in die letzte Spalte kamen der Kontoinhaber und die Daten der Adressbank. Das sah dann zum Beispiel so aus, dass am 18. Februar der Betrag von 7.200 Dollar von der Chase Manhattan Bank in New York, Madison Avenue Branch an Herrn Lee Chee Wong nach Hongkong zur Bank of China geschickt wurde.

Ich fertigte zwei Listen an, eine für Nora, die fünf Überweisungen zu erledigen hatte und eine für mich, ebenfalls fünf Überweisungen. Zusammen schafften wir an einem Vormittag etwas über 70.000 Dollar aus dem Land, nach Deutschland, in die Schweiz, nach Hongkong, Singapur und so weiter. Kein Computer wäre so in der Lage, ein System dahinter zu erkennen, zumal wir einige der Überweisungen unter Pseudonymen auf den Weg brachten. Sollte es eine Behörde in den USA gegeben haben, die Auslandstransfers nach einem Raster überprüfte, so hätten sie nichts finden können, was darauf hindeutete, dass die Transaktionen von ein und demselben Absender ausgingen. Ming hatte es da einfacher, seine chinesischen Komplizen in Amerika waren, was die Geldwäsche anging, Profis.

Am Nachmittag brachten wir Ming, der in San Francisco bei der Reisegesellschaft erwartet wurde, zum Flughafen. Am nächsten Tag sollte die Gruppe nämlich zurück nach Hongkong fliegen. Wir verabredeten uns in einer Woche in Bangkok: zur Hochzeit.

Nach drei Tagen hatten Nora und ich die Kohle transferiert. Als Salär erhielt sie zwei Prozent der Summe, die sie überwiesen hatte. Und weil gute Geschäfte die Spendierlaune erhöhen, kaufte ich ihr einen Ghettoblaster und bezahlte ihre Miete für ein halbes Jahr, was angesichts der Tatsache, dass sie in einer ziemlich heruntergekommenen Immobilie wohnte, eine überschaubare Investition darstellte. Nachdem wir allein waren, lud sie mich auf eine Kutschfahrt durch den Central Park und zu einem Besuch in dem Bob-Fosse-Musical »Dancing« ein. Zu letzterem musste sie mich überreden, denn ich hatte eine völlig falsche Vorstellung vom Broadway. Irgendwie hatte ich geglaubt, ein Musical sei eine moderne Form von Operette, und die langweilten mich zu Tode. Was ich dann im Shubert-Theater erlebte, war Tanz und Musik von großer Klasse! Ich beschloss, mir weitere Musicals anzusehen. Doch dann rief Paco an, um mir mitzuteilen, dass er in Detroit alles erledigt habe, und er wegen der Schlussabrechnung auf mich warte. Daher verließen Nora und ich New York, um noch einmal nach Detroit zu fliegen.

Paco hatte das Hotel gewechselt. Er wohnte jetzt weniger spektakulär im gediegenen Stouffer's Inn in einem der nördlichen Vororte. Als ich das gerade niederschrieb, musste ich innehalten, um mir die geographische Lage der Stadt noch einmal vor Augen zu führen: Detroit ist nämlich die einzige Stadt in den USA, von der aus der Weg nach Kanada Richtung Süden führt, weil die Landzunge von Windsor den Lake St. Clair von Süden her umschließt und dadurch das südliche Ufer des Detroit River bildet.

Nora und ich quartierten uns ebenfalls im Stouffer's ein. Paco hatte Jerry gebeten, zu einer Art Schlussbesprechung vorbeizukommen. Er hatte Fragen zur Sicherheitslage, nachdem er im Fernsehen einen Beitrag über Bandenkriege in Detroit gesehen hatte. Schließlich waren wir in einer Stadt aktiv, die wir nicht kannten, von der wir wenig wussten. Uns war bekannt, dass Detroit eine hohe Arbeitslosenquote hatte und dass es dementsprechend viele Menschen gab, die verarmt und desillusioniert waren. Die Kriminalitätsrate, was immer sie über eine Gesellschaft aussagt, war angeblich eine der höchsten in den USA. Und da der Handel mit Drogen, insbesondere der mit harten Drogen, Begehrlichkeiten weckte, galt es, umsichtig vorzugehen. Gefahr drohte seitens gewaltbereiter Banden, die sich auf den Überfall auf sogenannte Dope-Häuser verlegt hatten. Einen Großdealer zu überfallen war in Detroit Erfolg versprechender als eine Bank zu machen, allerdings nicht unbedingt einfacher.

Detroit war von Anfang an eine Grenzstadt, in der die *Coastguard* einen bedeutenden Stützpunkt unterhielt. Downtown hatte die *Drug Enforcement Agency (DEA)* einen Bürokomplex und die übrigen staatlichen Sicherheitsorgane wie das *Federal Bureau of Investigation (FBI)*, das *Sheriff's Department* und die Verkehrspolizei *(State Troopers)*, allesamt erpicht darauf, Ganoven wie uns das Handwerk zu legen, waren ebenfalls vertreten. Gleichzeitig waren viele Mitglieder der Sicherheitsbehörden korrupt, der größte Ganovenboss der sechziger Jahre war ein ehemaliger Polizist namens Henry Marzette, der den Heroinmarkt innerhalb weniger Jahre unter seine Kontrolle brachte und dessen *lieutenants** jeden Konkurrenten aus dem Weg räumten.

Nachdem Marzette (eines natürlichen Todes!) verstorben war, übernahmen verschiedene Gangs den Drogenhandel in der Stadt, die unter den Namen *»Westside Seven«*, *»Bishops«* und *»The Errol Flynns«* bekannt wurden, bis Mitte der Siebziger eine Gruppe von Jugendlichen, eben jene *Young Boys Inc*, unsere Geschäftspartner, die Knarren in die Hand nahmen. Innerhalb kurzer Zeit vertrieben

* In der Hierarchie der Bande dem Boss nachgeordnete Mitglieder

sie die alten Pusher aus ihrem *turf**: Ausgehend von dem berüchtigten Jeffries-Project, einer verkommenen Wohnanlage, brachten sie die Gegend zwischen den Straßen Livernois und Dexter, zwischen Davison und Tuxedo unter ihre Kontrolle. Es handelte sich um junge Schwarze, deren Väter Jahrzehnte in den Automobilwerken geschuftet hatten, und die jetzt entlassen worden waren. Die Kids traten selbstbewusst auf, auch gegenüber den Cops, sie kleideten sich hip, trugen teuren Schmuck und fuhren in fetten, meist europäischen Autos durchs Viertel. Sie waren solidarisch untereinander, sie waren intelligent, gut aussehend und ihre schwarzen Heroinen saßen neben ihnen im Daimler wie Diven aus Hollywood. Zaghafte Versuche seitens der Detroiter Polizei, der Bande etwas nachzuweisen und sie einzubuchten, waren gescheitert, teils an guten Anwälten, teil an bestochenen Beamten, teils an der Furcht, man könne ins Visier ihrer Killer geraten. Detroit war damals eine gesetzlose Stadt, jedenfalls kam es der Presse so vor. Als wir erstmals mit unserem chinesischen Stoff dort auftauchten, hatten die Young Boys den Handel mit harten Drogen fest unter Kontrolle.

Es war zum Glück diese Bande, die Jerry Woodward belieferte, und somit hatten wir nichts zu befürchten. Unseren ersten gemeinsamen Deal hatte Jerry schnell und geräuschlos abgewickelt. Pünktlich traf er zusammen mit einem Komplizen der Y.B.I.-Gang im Stouffer's ein.

»Die Qualität des Stoffs ist ausgezeichnet«, begann Jerry, nachdem er uns seinen Kumpel Rick vorgestellt hatte. »Es wäre gut, wenn es dabei bliebe. Meine Abnehmer bestehen auf Heroin von gleichbleibender Qualität. Dann kommt es nicht zu versehentlichen Überdosen und außerdem ist der Verbrauch geringer als bei dem braunen Stoff, den die Italiener aus Chicago und New York herüberbringen. Unsere Kunden bevorzugen *china white.*«

»Freut mich, dass sie mit der Qualität zufrieden sind. Ich kann dir garantieren, dass keinerlei giftige Streckmittel drin sind.«

»Aber gestreckt habt ihr es«, stellte Jerry grinsend fest. »Ungefähr 30 Prozent Mannitol ist nämlich drin.«

»Wie habt ihr das denn so schnell herausgefunden?«

---

* Territorium

»Ich kenne einen Chemiker, der sich auf Untersuchungen von Drogen spezialisiert hat. Für 200 Dollar sagt der dir innerhalb von zwei Stunden, ob jemand damit rumgepanscht hat.«

»Aber die Qualität stimmt doch, oder?«

»Klar stimmt sie, sonst hätte ich euer Zeug nicht gekauft. Bei dieser Qualität sollte es in Zukunft aber auch bleiben. Nicht dass der Stoff beim nächsten Mal schlechter wird.«

»Keine Sorge«, versicherte Paco. »Der Stoff, den ihr bekommen habt, ist unsere Qualität und unser Preis, daran wird sich nichts ändern. Du kannst die Ware auch sauber kriegen, dann kostet das Kilo eben 240 statt 160.000.«

»Nee nee, lass das mal so. Damit kommen wir klar. Ich gehe davon aus, dass der Verkauf beim nächsten Mal schneller über die Bühne geht«, sagte Jerry. »Wann kann ich denn mit der nächsten Lieferung rechnen?«

Paco schaute mich fragend an, denn er war selbst noch nicht im Bilde, wie die weitere Planung aussah.

»Ming und ich haben vereinbart, dass wir in zirka einem Monat nachlegen. Er ist gestern nach Hongkong geflogen und organisiert einen neuen Transport. Nora und ich werden morgen nach Bangkok aufbrechen, wo wir ihn in ein paar Tagen treffen«, erklärte ich. Und an Jerry gerichtet fuhr ich fort: »Rechne gegen Ende März mit uns. Bis dahin dürften wir alles in die Wege geleitet haben.«

»Gleiche Menge?«

»Das kann ich noch nicht sagen, denn das organisieren die Chinesen. Aber ich schätze, dass es eher etwas mehr sein wird. Ich gebe dir Bescheid, sobald ich es weiß. Am Telefon werde ich dir erzählen, dass ich segeln war und du fragst mich dann, bei welcher Windstärke. Und wenn ich dir antworte, Windstärke sechs oder acht, dann weißt du, mit wie viel Ware du rechnen kannst«, erklärte ich.

»Klingt gut. Ich denke zwar nicht, dass ich abgehört werde, aber Vorsicht ist auf jeden Fall angebracht.«

»Wie halten wir es mit Basil und Barry? Soll ich sie informieren, oder willst du das übernehmen, Jerry?«

»Das kann ich machen. Wir telefonieren ohnehin jede Woche miteinander.«

Nora, Paco und ich flogen über Kansas City nach San Francisco. In meinem Tagebuch lese ich, dass ich auf dem Flughafen ausrutschte und mich dabei am Knie verletzte. Erstens erinnere ich mich nicht mehr an den Vorfall, und außerdem scheint es nicht so schlimm gewesen zu sein, denn sonst hätte ich mehr dazu geschrieben. Wir stiegen im Hyatt Regency ab, dem Hotel mit den freischwebenden Aufzügen im Atrium. Dass wir mit der Sonne geflogen waren, verlängerte den Tag. So war noch Zeit, beim Reisebüro vorbei zu schauen und die weiteren Flüge zu buchen: Nora sollte mich bis Bangkok begleiten, wo Ming unterdessen dabei war, die Hochzeit vorzubereiten. Paco und ich nahmen Tickets bis nach Bali, wo ich von Lisa und den Kindern erwartet wurde.

3.27 Ming

Der Flug von San Francisco nach Bangkok mit Singapore Airlines war einer der längsten Nonstop-Flüge die ich je erlebte. Die Nacht über dem Pazifik schien einfach kein Ende nehmen zu wollen. Der Grund dafür lag darin, dass wir hinter der Sonne her flogen, also nach Westen, entgegen der Erdrotation. Am frühen Morgen des 23. Februar landeten wir endlich auf dem Don Muang Airport von Bangkok.

Ming hatte uns ein Zimmer im Ambassador Hotel reserviert. Wir schliefen uns aus und schüttelten den Jetlag ab. Am Nachmittag tauchte Noras Bräutigam auf, um seine Zukünftige abzuholen. Er wollte ihr die Stadt zeigen. Ming war zwar ethnisch ein Chinese aus der Guangdong-Provinz, aber er lebte seit Jahren in Thailand. Wobei ich zugeben muss, dass er aus Sicherheitsgründen nicht allzu viel von sich preisgab, selbst dann nicht, als wir längst Freunde geworden waren. Weder war ich sicher, wie er in Wirklichkeit hieß (er benutzte mindestens drei verschiedene Alias-Namen, zu denen er die erforderlichen Papiere besaß) noch kannte ich seine Wohnung. Sein Privatleben hielt er vollkommen vor mir verborgen, selbst wenn man mich gefoltert hätte, ich hätte nicht sagen können, wo er lebte und wer er in Wirklichkeit war. Unser Verhältnis war eine Hier-und-jetzt-Beziehung. Telefonnummern wechselte er wie Kleider, seine Aufenthaltsorte änderten sich alle paar Monate. Daher wussten weder Nora noch ich, wen sie eigentlich im Begriff war zu heiraten, war es Herr *Ming Chen Loo* oder Herr *Sarit Isiriphong* oder Herr *Chuan Yonsahakan*,, alles Namen, unter denen er sich bei verschiedenen Gelegenheiten schon ausgewiesen hatte. Ming war Ming, wenn er da war, und sobald er ging, wurde er zum Phantom. Die einzige Möglichkeit für mich, ihn zu erreichen, war mein Kontakt zu Sudah und Ah Lin, über die ich ihn und die Triaden-Mitglieder in Hongkong kennengelernt hatte, ansonsten war es immer Ming, der mich kontaktierte, was zu einer Zeit, da es noch keine Mobiltelefone gab, nicht immer einfach war.

Paco hatte Sehnsucht nach Bali, wo eine Gruppe Spanier auf ihn wartete, die er dort treffen wollte. Er setzte seine Reise deshalb am nächsten Tag fort.

Ich wollte zwei Tage mit Nora in Bangkok bleiben, ehe ich ihm folgte. Also suchte ich meine Freunde Odt und Oi auf, um sie zum Essen einzuladen. Wie üblich, fand ich Odt an der Kreuzung Sukhumvit-Soi Nana, wo er vor einem Juweliergeschäft seine Teakholz-Elefantenherde aufgebaut hatte. Wir begrüßten uns, drückten uns, und die Wiedersehensfreude war auf beiden Seiten spürbar.

»Oi viele Geld von Deutschland und Schottland kriegen«, berichtete er mir strahlend. »Du Briefe schreiben, Männer schicken 8.000 Baht. Familie gut leben.«

»Dann haben die Liebesbriefe also gewirkt?«

»Du gut schreiben Brief. Brief an deutsche Mann gut Geschäft.«

»Das freut mich für euch. Wo ist Oi denn gerade?«

»Oi haben *boy-friend farang**. Eine Woche. Alte Mann von Swizzerland. Viele Geld haben.«

»Was?«, spielte ich den Empörten. »Mehr Geld als ich?«

»Weiß nix«, ruderte Odt rasch zurück. Offenbar konnte er nicht einschätzen, inwiefern ich es als Beleidigung ansähe, würde er meine ökonomische Potenz der dieses Schweizers unterordnen. Erst als er mich grinsen sah, entspannte sich mein Freund.

»Schweizman gut Herz haben. Kaufen zwei Elefant«, ergänzte er.

»Und Oi, wann kommt sie denn nach Hause?«, wollte ich wissen, denn mir war in Erinnerung, dass Oi nie die Nacht mit ihren Freiern verbrachte.

»Heute Abend. Vielleicht sechs Uhr kommen. Du wollen schlafen mit Oi?«, erkundigte er sich nicht ohne Hintergedanken. Wann immer ich sein Angebot angenommen hatte und die Nächte mit seiner Frau verbracht hatte, war es wirtschaftlich nicht zu seinem Nachteil gewesen.

»Diesmal nicht. Ich habe eine Freundin dabei, der würde das nicht gefallen.«

»Lisa mitkommen?« Seine Augen leuchteten, sobald er den Namen meiner Frau aussprach.

»Nein. Lisa ist in Indonesien. Morgen fliege ich zu ihr«, sagte ich. »Eine Freundin aus Amerika.«

»Schade. Odt Lisa viel lieben.«

---

* ein ausländischer Liebhaber

»Ich weiß. Aber auch ich Lisa viel lieben. Du hast Oi, ich habe Lisa, damit müssen wir uns abfinden, mein Freund.«

»Abfinden«, wiederholte er gedankenverloren. Ich bemerkte, dass er mit dieser Vokabel rang.

»Wir müssen das Spiel mit unseren Frauen beenden. Sie können beide damit nicht umgehen. Oi hat sich in mich verliebt und Lisa sich in dich. Aber das geht nicht, Odt! Wir haben beide Familie und Kinder. Zudem würde es unseren Frauen weh tun, wenn wir ihnen die Chance geben, ihre Liebe zum falschen Mann zu erneuern. Wir müssen damit aufhören, Odt!«

Mir war zwar klar, dass er mich nicht ganz verstand, aber das Wesentliche hatte er begriffen.

»Nix mehr Liebe machen mit Lisa?«

»Und ich nix mehr Liebe machen mit Oi«, sagte ich. »Von jetzt an kümmert sich wieder jeder um die eigene Frau. Du dich um deine und ich mich um meine.«

Ich hoffte, das Thema wäre damit durch, und das war es auch. Es war für alle Beteiligten schön gewesen, aber eine Zukunft konnte ich in dem Arrangement nicht erkennen.

»Wo ist denn deine Freundin aus Amerika?«, wollte er jetzt wissen.

»In der Stadt. Sie ist mit ihrem chinesischen *boy-friend* unterwegs.«

Er sah mich erstaunt an. Meine Freundin mit einem Chinesen unterwegs? Das musste ich ihm erklären. Als er dann auch noch erfuhr, dass Nora eine Afro-Amerikanerin war, war seine Neugier endgültig geweckt.

»Schwarzes Frau?«, vergewisserte er sich.

»So ist es.«

»Schönes schwarzes Frau?«

»Auch das«, sagte ich.

»Schwarzes Frau nix gut für Chinese«, befand er, keinen Widerspruch duldend. »Chinese nix mag Afrika-Frau.«

»Dieser Chinese mag sie. Er will sie sogar heiraten!«

Damit hatte ich ihn verblüfft. Er kannte die Chinesen, denn in Bangkok lebte eine große Zahl von Diaspora-Chinesen, die im Laufe der wechselvollen Geschichte ihres Landes nach Südostasien eingewandert waren, zuletzt während der Kulturrevolution in den sechziger Jahren. Wie überall, begegnete die einheimische Bevölkerung den Zugewanderten mit Skepsis und Vorurteilen, wenngleich die Chinesen, die in Thailand lebten, vergleichsweise gut integriert waren, sogar die thailändische Staatsbürgerschaft besaßen. Im Gegensatz etwa zu denen, die in Malaysia und Indonesien lebten, wo sie unterdrückt und zeitweise sogar verfolgt wurden.

»Warum Chinese wollen heiraten schwarzes Frau? Schwarzes Frau viel reich?«

»Nein. Der Chinese liebt sie.«

Er sah mich an, als habe ich gerade einen schlechten Witz zum Besten gegeben. Er beschloss, meine Freundin kennenzulernen, ehe er sich in weiteren Spekulationen ergehen würde.

»Wann du mitbringen schönes schwarzes Frau?«

»Heute Abend kannst du sie kennenlernen. Ich wollte dich und Oi im Ambassador zum Essen einladen. Der Chinese und Nora werden auch dabei sein«, sagte ich.

»Haben Name Nora?«

»So ist es. Ihr Name ist Nora. Sie lebt in New York«, klärte ich ihn auf. »Und der Chinese heißt Ming, ebenfalls ein Bekannter von mir.«

Mit der Einladung zum Abendessen und einem Dollarschein, den ich ihm schenkte, war dem weiteren Elefantenverkauf zumindest für diesen Tag die ökonomische Motivation entzogen. Ich half ihm dabei, seine hölzerne Herde in Leinensäcke zu verstauen. Er trug sie in den Laden, um sie dort abzustellen. Auf diese Weise blieb die Ware vor Ort, und er musste sie nicht jedes Mal hin und her transportieren.

Anschließend lud er mich auf eine grüne (unreife und daher säuerliche) Mango ein, die in ein Gemisch aus Zucker, Salz und Chili gestippt wurde. Von früheren Gelegenheiten wusste Odt, dass grüne Mangos zu meinen Lieblingsfrüchten gehörten. Dann hielten wir ein Tuk-Tuk an, kletterten hinein und fuhren in den Slum, in dem er mit seiner Familie lebte. Einer ihrer Nachbarn, ein arbeitsloser ehemaliger Mönch, den ich von einem früheren Besuch her kannte, lud mich auf ein paar Opiumpfeifen ein, was Odt missbilligend kommentierte. Er meinte, ich sei leichtsinnig, eine so gefährliche Droge zu rauchen, so etwas könne ins Auge gehen. So war er erleichtert, dass ich nach einer Stunde wieder bei ihm in der Hütte auftauchte.

Als die Dämmerung sich über dem Viertel ausbreitete, kehrte Oi von ihrem Rendezvous mit dem Schweizer Großvater zurück. Wir freuten uns über das Wiedersehen und umarmten uns. Als erstes entledigte sie sich ihrer Klamotten (Jeans und Bluse) und betrat den Waschraum hinter der Hütte, eine von einem Sichtschutz umgebene Veranda, nach oben hin offen. Dort standen zwei große Tonkrüge, aus denen sie mit einer Kelle Wasser schöpfte und es sich über den Körper goss. Im unter den Achseln verknoteten Sarong tauchte sie nach einer Weile wieder auf, mit nassen Haaren und leuchtenden Augen. Odt teilte ihr mit, dass wir später gemeinsam Essen wollten, und ich glaube, sie diskutierten, welche Garderobe im Restaurant des Ambassador Hotels angemessen sei. Vom Opium in milde Stimmung versetzt, streckte ich mich in der Hütte aus und schloss die Augen. Odt spielte unterdessen mit seinen Kindern, ein Mädchen und ein Junge, beide noch im Vorschulalter. Später kam die Oma, um bei den Kleinen zu bleiben, während wir zum Hotel aufbrachen.

Als wir beim Ambassador ankamen, saßen Nora und Ming in der Lobby und tranken Tee. Ich machte meine Freunde miteinander bekannt und nahm anschließend den Aufzug nach oben. Ich duschte, zog ein weißes Hemd an, gönnte mir eine Prise Heroin und fuhr wieder nach unten.

Nach wie vor hatte ich Odt und Oi nicht aufgeklärt, dass ich seit Jahren immer wieder nach Bangkok kam, um Drogengeschäfte zu machen, allerdings hielt ich die beiden nicht für so einfältig, es sich nicht denken zu können. Die vielen Asiaten eigene Diskretion verbot es Odt, mich direkt danach zu fragen, und von mir aus sah ich keine Notwendigkeit, ihn einzuweihen. Nora und Ming thematisierten unsere Geschäfte ebenfalls nicht, das verstand sich fast von allein. Insbesondere Ming hätte niemals in Gegenwart anderer über unsere Geschäfte gesprochen.

»In einer Woche wird geheiratet«, erklärte Nora, nachdem ich zwischen Odt und Oi Platz genommen hatte. »Früher geht es nicht.«

»Und anschließend beantrage ich sofort ein Visum für die USA«, ergänzte Ming mit einem zufriedenen Lächeln.

»Was für Papiere brauchst du denn eigentlich? Habt ihr euch da schon schlau gemacht?«,

»Haben wir. Ich brauche nur meinen Pass und eine Bescheinigung des Einwohnermeldeamts von Brooklyn, dass ich ›ehefähig‹ bin, was immer das heißt.«

»Es bedeutet, dass du weißt, wie man einen legalen Geschlechtsverkehr einleitet«, gab ich Auskunft.

Ming grinste.

»Das kann ich bestätigen. Eidesstattlich, wenn es sein muss!«

»Spaß beiseite«, sagte ich und wandte mich an Nora. »Bist du eigentlich schon von Enrico geschieden?«

Nora hatte seinerzeit auf Ibiza Pacos Freund Enrico kennengelernt, ihn einige Monate später geheiratet und war anschließend mit ihm nach Deutschland gegangen. Die Ehe hatte zwar nicht sehr lange gehalten, aber unter welchen Umständen die beiden sich getrennt hatten, das war mir nicht bekannt.

»Davon gehe ich aus. Zumindest war dem Standesamt in New York nicht bekannt, dass ich in Deutschland schon mal verheiratet war. Als ich letzte Woche dort war, haben sie mir meine *marriage ability* bescheinigt.«

Sie kramte in ihrer Handtasche und holte das Dokument heraus. Ich überflog es und nickte.

»Muss das nicht noch ins Thailändische übersetzt und beglaubigt werden?«

»Möglich. Das alles finden wir morgen heraus. Im Übrigen kann man hier in Bangkok mit einem Bakschisch viele bürokratischen Hürden umgehen, nicht wahr, Ming?«

»Oder wenigstens beschleunigen«, bestätigte der.

Ming zahlte und wir begaben uns in den zweiten Stock, wo sich das Restaurant befand.

Unter Chinesen ist es üblich, möglichst viele und möglichst teure Gerichte zu ordern. Mit dem Ziel, den Gast zu beeindrucken und mit dem Fernziel, bei anstehenden Geschäften (die stehen bei Chinesen meist an) gute Konditionen auszuhandeln. In unserem Fall war das nicht nötig, und ich schlug vor, à la carte auszuwählen.

Aber dabei hatte ich nicht an Ming gedacht. Obwohl ich die Einladung ausgesprochen hatte, bestellte er Gericht um Gericht und bestand darauf, die Rechnung zu übernehmen. Ich sträubte mich nur halbherzig, denn ich wusste schließlich, dass er die Taschen voller Geld hatte, und wenn ein Chinese sein Gesicht wahren möchte, sollte man ihn daran nicht hindern.

Das Essen war reichhaltig und lecker. Zum ersten Mal speiste ich nach kantonesischer Art. Wir probierten solch ausgefallene Delikatessen wie Schlangensuppe und Seegurke, Quallensalat und zu einem Auflauf gebackene Mehlwürmer. Odt und Oi hätten zwar Thai-Gerichte bevorzugt, aber sie fügten sich in ihr Schicksal und waren am Ende sogar zufrieden. Nora und ich waren ohnehin offen für alles, was neu war. Sie war übrigens selbst eine hervorragende Köchin, was mir aus den Tagen, die wir in München zusammen in der Wohngemeinschaft verbracht hatten, in Erinnerung geblieben war.

Während wir das üppige Mahl mit einem doppelten XO-Cognac abrundeten, fragte Ming, ob ich zur Hochzeitsfeier kommen werde. Da es sich um eine reine Zweckheirat handelte, sah ich keinen Grund für eine Feier, erst recht nicht, weil ich dann bis zum Hochzeitstag hätte in Thailand bleiben müssen. Ich erklärte dem Zweckbrautpaar meine Einstellung zu dem Vorschlag und meinte, wir sollten die Fete auf später verschieben. Nora schlug vor, demnächst in New York im Studio 54 zu feiern, da könne sie wenigstens ein paar ihrer Freunde einladen. Ming war einverstanden.

Gegen Mitternacht brachen Odt und Oi auf. Wir wollten uns am nächsten Mittag an seiner Arbeitsstelle vor dem Juweliergeschäft treffen. Mit Ming besprach ich das weitere Vorgehen unsere Geschäfte betreffend. Wir planten die nächste Lieferung für die dritte Märzwoche. Treffpunkt sollte das Hyatt in San Francisco sein, den exakten Ankunftstag würde er Nora mitteilen. Offenbar gefiel es ihr in Thailand in Begleitung ihres Ehemannes in spe.

Ehe wir uns verabschiedeten, gab Ming mir noch eine Telefonnummer in Bangkok, über die ich ihm falls nötig etwas ausrichten lassen könne. Das erwies sich im Nachhinein als hilfreich, denn ich sollte in einer Woche außerplanmäßig wieder in der Stadt sein. Die frisch Verlobten begleiteten mich noch aufs Zimmer, wo Nora ihre Sachen packte und anschließend zu Ming zog, der sich ebenfalls im Ambassador einquartiert hatte. Wir verabredeten uns zum Frühstück im Café des Hotels.

Für den Nachmittag des nächsten Tages hatte ich den Weiterflug nach Singapur gebucht. Nora wollte ihren Rückflug nach New York am 15. März antreten, womit sie ihr dreiwöchiges Visum voll ausschöpfen würde. Ich kündigte an, sie am Abend des 16. in Brooklyn anzurufen. Endlich allein, relaxte ich auf dem ausladenden King-Size-Bett und ließ mich von der hotelinternen Telefonvermittlung mit Joey in Fort Lauderdale verbinden. Wir unterhielten uns eine Stunde, ehe ich auflegte. Da der Mobilfunk seinerzeit noch Zukunftsmusik war, ich aber viel telefonierte, hatte ich oft einen erheblichen Posten für Kommunikation auf den Hotelrechnungen. Ehe ich das Licht löschte, ließ ich mich noch mit meiner Mutter verbinden, um mich zu erkundigen, ob das Geld, welches ich ihr vor ein paar Tagen aus New York geschickt hatte, auf ihrem Konto verbucht sei. Das war der Fall, aber ihre Frage, wo und wie ich denn so viel Geld verdient hätte, beantwortete ich ausweichend.

»Das ist kein Thema, das wir am Telefon besprechen sollten. Bloß so viel: Es ist Schwarzgeld, Mutter.«

»Und was soll ich jetzt damit?«

»Lass es so lange liegen, bis es weiß wird. Das hat Schwarzgeld nämlich so an sich: mit der Zeit wird es weiß, es bleicht sozusagen aus.«

Schweigen, Stille. Ironie verliert per Fernsprecher viel des ihr eigenen Humors

»Dir wird schon was einfallen«, legte ich nach. »Kauf dir was Nettes zum Anziehen!«

Endlich lachte sie und meinte: »Du hast Recht, ich könnte mir ein Paar neue Schuhe leisten.«

»Na siehste!«

3.28 Madé Tambùn

Nachdem ich mit Ming und Nora gefrühstückt und dabei noch einmal alles Wichtige durchgesprochen hatte, lief ich zu Fuß die Sukhumvit hinunter bis zu der belebten Kreuzung mit der Soi Nana, in deren Nähe Odt seinen Verkaufsstand auf dem Bürgersteig installiert hatte. Er lebte dort in Symbiose mit einem Juwelier, dem Odt schon wiederholt Kundschaft vermittelt hatte. Insbesondere deutschen Touristen empfahl er, einen Blick in den Laden zu werfen, wo es den schönsten und preiswertesten Saphirschmuck in der Stadt gebe. Mit Echtheitsgarantie, wie er betonte. Dieses Wort hatte ihm vor einiger Zeit jemand beigebracht. Dass Odt angesichts seiner ansonsten eher rudimentären Deutschkenntnisse einen vergleichsweise komplizierten Begriff kannte, verblüffte viele Kunden, so dass sie anschließend geneigt waren, einen Blick in den Juwelierladen zu werfen. Mehrmals war ich Zeuge geworden, wie er Leute mit dem ihm eigenen Charme um den Finger wickelte und ihnen anschließend die Tür öffnete. Mit schlitzohrigem Grinsen im Gesicht gestand er mir, dass er von der Juweliersgattin eine kleine Kommission erhielt, sofern Kunden, die er vermittelt hatte, etwas kauften. Sie war es auch, die ihm seit einiger Zeit gestattete, seine Elefanten über Nacht im Laden unterzustellen. Manus lavat manum!

Guter Dinge flog ich am Nachmittag nach Singapur. Der Flug dauerte mehr als zwei Stunden, weil wir unterwegs einen Zwischenstopp in Medan auf Sumatra einlegten, was ich bei der Buchung übersehen hatte. So hatte ich die Gelegenheit, nach dem Start in Medan, an der Nordostküste Sumatras gelegen, den Lake Toba zu bewundern, der unter Weltenbummlern als einer der schönsten Seen überhaupt gilt.

Kurz darauf, hoch über der Straße von Malakka, machte der Kapitän uns auf die Stadt Kuala Lumpur aufmerksam, die östlich hinter der Küste Malaysias auftauchte. Mir fielen die Bücher von Joseph Conrad ein, insbesondere die Erzählung »Freya von den sieben Inseln«, die sich in dieser Gegend abgespielt haben soll, eine ebenso zarte wie traurige Liebesgeschichte. Abgesehen davon war die Straße von Malakka in der Frühzeit der europäischen Kolonialisierung des Fernen Ostens Schauplatz vieler Seeschlachten und Piratenüberfälle. Die ganze Gegend roch nach Abenteuer und ich beschloss, einmal eine Reise entlang der Küste von Penang bis Singapur zu machen und anschließend ein paar Wochen Badeurlaub am Lake Toba, in dessen Mitte eine riesige Insel schwimmt. André, der Schweizer Nomade, den ich auf Koh Samui kennengelernt hatte, war mit dem Bus durch Sumatra gereist, und ich erinnere mich noch an sein Fazit: Sumatra ist ein hartes Land … Und als seine damaligen Zuhörer ihn erwartungsvoll anblickten, fügte er in seinem Dialekt hinzu: wie die Schweiz!

Der Zwischenstopp in Singapur war jedes Mal notwendig, weil Europäer für Indonesien ein Visum benötigten, und das war in Singapur am schnellsten zu bekommen. Da es schon zu spät war, um noch am selben Tag zur Botschaft zu gehen, war ich gezwungen, bis zum nächsten Morgen zu warten. Ich quartierte mich im Cairnhill-Hotel ein, einem gut geführten Haus auf dem Hügel gleichen Namens. Während ich in der Cafeteria des Hotels eine kleine Abendmahlzeit einnahm, fiel mir ein, dass ich im vergangenen Jahr bei einem alten Rikscha-Kuli eine Kugel Opium gekauft hatte, leckerer Stoff, den ich sehr genossen hatte.

Ich beschloss, mich umzusehen, ob ich jemanden fände, der mir etwas Ähnliches besorgen könne. Also ging ich hinunter zur Orchard Road, wo gerade ein weiteres Einkaufszentrum gebaut wurde. Das Gebäude stand im Rohbau, im Erdgeschoss war man dabei, die Scheiben für die späteren Schaufenster einzusetzen. Ich suchte mir einen Platz auf einer noch unverputzten Mauer, um von dort aus die Leute zu beobachten und gegebenenfalls jemanden anzusprechen. Gegenüber auf der anderen Straßenseite hockten vier Chinesen, drei junge Burschen und ein älterer Mann. Sie scherzten und schienen sich zu amüsieren. Nachdem ich sie eine Weile beobachtet hatte, fiel mir auf, dass zuweilen ein Taxi bei ihnen hielt, das Fenster heruntergekurbelt wurde und der Fahrgast die Typen ansprach. Dann sprang einer der Kerle hinab und unterhielt sich mit ihm. Mit dem Ergebnis, dass er entweder kurz darauf einstieg und sie davonfuhren, oder aber er kehrte zurück und schwang sich wieder auf die Mauer. Das Spiel ging eine ganze Weile so, aber ich kam nicht dahinter, was genau hier gespielt wurde. Waren es Stricher? Konnte es sein, dass eine zivile Polizeistreife Informationen von als Taxifahrer getarnten V-Männern erhielt? Oder waren es Mitglieder einer Triade, die den Taxifahrern Dope verkauften? Ich konnte mir keinen Reim darauf machen, bis einer der Jungs über die Straße kam und mich ansprach. Offenbar war auch ich ihnen ein Rätsel, ein Tourist, der am Rand einer wenig befahrenen Seitenstraße einfach auf einer Mauer saß und sie beobachtete.

»Hallo«, begrüßte er mich. »Suchen Sie etwas? Ich meine, warum sitzen Sie hier auf der Mauer und schauen meinen Freunden und mir bei der Arbeit zu?«

Arbeit? Was zum Teufel denn für eine Arbeit?

»Ich wohne da oben im Cairnhill und wollte mir ein wenig die Füße vertreten«, erwiderte ich. »Und als ich genug gelaufen war, setzte ich mich auf die Mauer. Aber sagen Sie, welcher Arbeit gehen Sie denn nach?«

»Wir vermitteln hübsche Mädchen. Die Taxifahrer bringen uns die Kunden. Wollen Sie die Nacht mit einer Thailänderin verbringen?«

»Nein, ich komme gerade aus Bangkok«, erklärte ich. »Aber vielleicht können Sie mir verraten, wo ich ein wenig Opium her bekomme.«

Das war eine riskante Anfrage. Auf Drogenhandel standen drakonische Strafen im konsequent sich präsentierenden Stadtstaat, selbst Konsumenten hatten mit einem Dutzend Stockschlägen zu rechnen. Doch ich vertraute auf meine Menschenkenntnis und im Falle eines Falles auf meine soliden Arschbacken.

»Nicht unser Geschäft, sorry. Aber warum kommen Sie nicht rüber zu uns? Wir haben ein paar Flaschen Bier dabei.«

Ich rutschte von der Mauer, und wir wechselten die Straßenseite, wo ich mich der kleinen Bande vorstellte. Ihre Namen waren Francis, Freddy und Toni, den Alten stellten sie mir als Mister Ho vor. Sie erkundigten sich, was für ein Landsmann ich sei, was ich in Singapur mache, ob es das erste Mal sei, dass ich hier wäre, ob ich nicht wisse, dass Drogenbesitz hart bestraft werde und ähnliche Fragen mehr. Ich gab Auskunft und nahm die Dose Bier, die sie mir anboten.

Während wir da saßen, tranken und uns unterhielten, tauchten immer wieder Taxis mit einem oder zwei männlichen Fahrgästen auf. Francis sprang von der Mauer, trat ans Fenster und verhandelte mit dem Freier. Etwa jeder Dritte war d'accord. Dann stieg Francis zu, und sie fuhren die Straße hinunter, um nach fünfzig Metern in einen von Bäumen und Büschen gesäumten Parkplatz einzubiegen. Dort hatten sie ihren weißen Cadillac geparkt, in dem auf Abruf vier junge Frauen warteten. Der Fahrgast nahm sie in Augenschein, suchte sich die aus, die ihm gefiel und drückte Francis die Kohle in die Hand. Das Mädchen stieg zu ihm in den Wagen und das Taxi brachte sie zum Hotel des Kunden. Kurz darauf war Francis zurück. Das ging so eine ganze Weile.

Ab und zu kam eine der Frauen zurück, stieg an der Einfahrt zum Parkplatz aus und gesellte sich wieder zu ihren Kolleginnen. Ich fragte mich, warum sie das alles so kompliziert organisierten, bis ich mich an den Taxichauffeur erinnerte, der mir beim ersten Singapur-Aufenthalt mit Paco erklärt hatte, dass in Singapur Prostitution verboten war. Und weil einheimische Frauen mit Hieben therapiert wurden, waren es vornehmlich Ausländerinnen, als Touristinnen eingereist, die dem riskanten Geschäft nachgingen. Bei ihnen verzichtete man auf die Prügelstrafe, wahrscheinlich, um das Image des Sauberstaates nicht zu gefährden. Was sollten die Thais davon halten, wenn ihre Orchideen im befreundeten Singapur den nackten Hintern versohlt bekamen, bloß weil sie auf Geschäftsbasis gevögelt hatten? Wirklich nicht einfach, einem in erotischen Dingen liberal eingestellten Thai das zu vermitteln.

Während wir also auf der Mauer saßen und Bier tranken, die Temperatur war nach Einbruch der Dunkelheit kaum gesunken, rollte ein mit fünf Männern besetztes Taxi heran und versprach das Geschäft des Abends. Umso überraschter war ich, als meine Saufkumpane mit einem Mal aufsprangen und in alle Richtungen davon sprinteten. Zeitgleich waren die Türen des Wagens aufgeflogen, vier junge Zivilbullen sprangen heraus und machten sich unverzüglich an die Verfolgung der Bande, wobei jeder von ihnen einem der Fliehenden hinterher eilte. Selbst der alte Ho hatte Fersengeld gegeben, ich sah ihn gerade noch mit unerwartet flotter Gangart um die Ecke des Rohbaus verschwinden. Lediglich der Taxifahrer blieb zurück.

Ich war auf der Mauer sitzen geblieben, schließlich hatte ich nichts zu befürchten. Nach zwei Minuten kehrte einer der Zivilen zurück. Er hatte Tony geschnappt, der jetzt in Handschellen vor ihm her lief. Nach und nach tauchten die Sexfahnder wieder auf. Die anderen Zuhälter waren ihnen entwischt. Über Funk riefen sie Verstärkung herbei, und ein schlecht gelaunter Tony kletterte in den vergitterten Wagen. Erst jetzt schienen mich die Polizisten wahrzunehmen.

»Was machen Sie denn hier? Wissen Sie nicht, dass Prostitution in Singapur verboten ist?«

»Ich prostituiere mich nicht!«, empörte ich mich. »Ich bin verheiratet.«

»Woher kennen Sie denn diese Leute?«

»Ich kenne sie gar nicht!«, sagte ich.

»Lügen Sie nicht«, fuhr der Officer mich an. »Wir haben euch eine ganze Weile beobachtet. Ihr habt euch unterhalten und in der Öffentlichkeit Alkohol getrunken. Ich könnte Sie einsperren.«

Das Gespräch nahm eine Richtung, die mir nicht gefiel. Ich erinnerte mich daran, dass der Taxifahrer mir damals auch gesagt hatte, dass derjenige, der einen Polizisten belügt, ebenfalls damit rechnen kann, den Rohrstock zu schmecken. Mit einem Satz war ich von der Mauer und wollte gerade verschwinden, als der Bulle mich aufforderte, stehen zu bleiben.

»Haben Sie denn hier irgendwelche Prostituierten gesehen?«

»Prostituierte? Keine Ahnung, ob das Nutten waren. Da gingen vorhin ein paar junge Mädchen mit einem der Kerle in diesen Rohbau«, erklärte ich, indem ich auf das im Bau befindliche Shopping Center deutete.

»Das sind sie. Dann müssen sie noch da drin sein. Los, durchsuchen wir die Baustelle!«

Die Polizisten zogen Taschenlampen aus dem Koppel und drangen in das Gebäude ein. Ehe sie auf die Idee kommen konnten, weitere Fragen zu stellen, machte ich, dass ich fort kam. Auf schnellstem Weg eilte ich zu dem Parkplatz, wo die Mädchen im

Cadillac saßen. Der weiße Hai war nicht zu übersehen. Ich pochte ans Fenster. Eine der Türen ging auf und ich erklärte den Frauen, dass sie in Gefahr seien.

»Kannst du fahren?«, fragten sie mich sofort und blickten ängstlich um sich.

»Klar kann ich fahren. Wo wollt ihr denn hin?«

»Egal, bloß weg von hier!«

Ich ging um den großen Wagen herum, öffnete die Fahrertür, rutschte auf den Sitz, tastete nach dem Zündschlüssel und startete den Motor. Dann fand ich den Lichtschalter, löste die Handbremse und Sekunden später glitt die Karosse geräuschlos auf die Straße. Ich fuhr nach links den Hügel hinauf, gab Gas und hielt erst wieder an, als ich in der Tiefgarage des Cairnhill Hotels vor einer Betonwand stand. Keine Ahnung, ob ich später in der Lage sein würde, das Schiff aus dieser engen Garage zu manövrieren. Aber das sollte im Augenblick nicht meine Sorge sein.

»Wir sind da«, sagte ich. »Ich schlage vor, ihr kommt mit zu mir. Ich habe ein Zimmer in diesem Hotel, dort seid ihr vorerst sicher.«

Als vorteilhaft erwies sich, dass man von der Tiefgarage aus im Aufzug direkt auf die Zimmeretagen fahren konnte. An der Rezeption bemerkte somit keiner, dass ich in Begleitung der vier jungen Damen war.

Ming, Noi, Kim und Lek (eine von ihnen hieß tatsächlich Ming!) machten es sich im Zimmer bequem. Zwei hatten Hunger, eine wollte duschen und eine schaltete den Fernseher ein. Ich bestellte Essen à la carte, eine große Portion gebratener Reis mit Huhn, Gado-Gado und eine Papaya. Als der Etagenkellner anklopfte und die Speisen brachte, huschten die Mädels lautlos ins Bad und schlossen die Tür. Es lagen zwar noch einige verräterische Utensilien herum, aber ich betäubte den jungen Mann mit einem übertriebenen Trinkgeld. Rückwärts gehend und unter tausend Verbeugungen verließ er das Zimmer, nicht ohne mir einzuschärfen, sein Name sei Sammy, sollte ich ihn noch einmal benötigen.

Die Mädchen machten es sich bequem, und da nur ein Löffel und eine Gabel auf dem Tablett lagen, aßen zwei ihren Reis mit den Fingern. Im Nu hatte sich eine entspannte Atmosphäre eingestellt, und wir hätten nach dem Essen sicher zum erotischen Teil des Abends übergehen können. Dass es damals nicht zum ersten »Fünfer« meines Lebens kam, hatte zwei Gründe: Mein Heroinkonsum dämpfte derartige erotische Neugier. Zweitens fühlte ich mich der kleinen Loddelbande von dem Augenblick an verbunden, als die Sittenpatrouille auftauchte, um sich in Dinge einzumischen, die sie meiner Ansicht nach nichts angingen. Ich entschied mich somit gegen eine Party mit den Mädels, sondern hinauszugehen und zu sehen, ob die Jungs wieder auftauchen würden, und um sie zu beruhigen, dass sowohl ihr Caddy als auch ihre Arbeitskräfte in Sicherheit seien.

Ehe ich aufbrach, riet ich den Frauen, sich ruhig zu verhalten und nicht ans Telefon zu gehen. In spätestens einer Stunde wollte ich zurück sein.

Ich verließ das Hotel durch die Garage. Der Caddilac stand schlecht da und behinderte ein halbes Dutzend Fahrzeuge. Ich manövrierte ihn ein wenig und besetzte vier reguläre Stellflächen. Der Fußweg zu dem Parkplatz war nicht weit. Vorsichtig näherte ich mich der Straßenecke, an der wir von der Polizei aufgeschreckt worden waren. Niemand war zu sehen, weder von den Jungs, noch von den Jägern. Alles schien sich beruhigt zu haben. Ich beschloss, mich eine Weile auf das Mäuerchen zu setzen und zu warten. Kaum hatte ich mir eine Zigarette angezündet, als unvermittelt der alte Ho auftauchte.

Mister Ho sprach leider kein Englisch, besser gesagt, sein Englisch war so schlecht, dass ich es als nicht vorhanden einstufte. Aber er verstand es, sich durch Gesten auszudrücken. Im Anschluss an seine Pantomime hatte ich begriffen, dass Tony in Gewahrsam, Francis und Freddy davongekommen waren. Zu gerne hätte ich erfahren, wie er selbst es geschafft hatte, sich auf seinen krummen Beinen in Sicherheit zu bringen, aber das zu erklären, überforderte ihn.

Wir saßen noch keine drei Minuten da, als aus dem Rohbau gegenüber ein leiser Pfiff ertönte. Francis hatte sich herangeschlichen, um zu sehen, ob die Luft rein wäre. Als er uns erkannte, kam er näher. Vorsichtshalber riet er uns, den Posten zu verlassen und das Gespräch in einem Café an der Orchard Road fortzusetzen, wo Freddy uns erwartete. Unterwegs hatte ich erzählt, dass die Mädchen in Sicherheit seien.

Die Jungs waren erleichtert, denn die jungen Frauen waren ihr Kapital. Hätte man sie erwischt, wären sie noch am selben Abend über die Grenze nach Malaysia abgeschoben worden, und es hätte womöglich Wochen gedauert, bis Ersatzpersonal eingetroffen wäre. Ich wurde zum Held des Abends gekürt, mein Einsatz hatte alles übertroffen, was sie sich hatten vorstellen können. Und nachdem ihr Geschäft für diesen Abend gelaufen war, boten sie an, mir mit zwei der Frauen einen netten Abend zu machen. Dass ich ihr Angebot mit der Ausrede ablehnte, ich sei müde und hätte morgen einen anstrengenden Tag vor mir, konnten sie nicht recht nachvollziehen.

Francis hatte vor, zur Polizeiwache zu fahren und Tony gegen eine Kaution aus dem Gewahrsam zu holen. Ihm war ohnehin nichts nachzuweisen, aber in Singapur musste die Polizei offenbar keine Beweise haben, ihr Verdacht war ausreichend, um Kerle, die sich nachts in düsteren Seitenstraßen herumtrieben, einzubuchten.

Als er mich fragte, ob ich Lust hätte, ihn zur Wache zu begleiten, war ich einverstanden. Tonys Befreiung verlief dann recht unspektakulär. Wir traten in die Wache, Francis erklärte unser Begehr, zahlte ein paar hundert Singapore Dollars, nahm die Quittung entgegen und zwei Minuten später schritt ein inzwischen wieder besser gelaunter Tony durch die Gittertür. Zusammen fuhren wir zum Cairnhill und nahmen dort die Treppe zum ersten Stock, wo die hoteleigene Cafeteria lag. Ich ging nach oben und holte die Frauen.

Wir feierten den gelungenen Coup, als solchen sahen es die Chinesen, und erst als das Café gegen Mitternacht dicht machte, brachen sie auf. Francis gab mir seine Nummer und ich musste versprechen, ihn anzurufen, falls ich wieder einmal einen Zwischenstopp in Singapur einlegen sollte. Ich begleitete meine neuen Freunde noch in die Tiefgarage zum Hai, als sie mir erneut anboten, ich möge mir eine Begleiterin für die Nacht aussuchen. Es muss der Alkohol gewesen sein, dem wir im Laufe des Abends zugesprochen hatten, dass ich ohne ein Wort zu sagen, Kim bei der Hand nahm und sie zu mir heran zog. Alle lachten, stiegen ins Taxi, und damit war der abenteuerliche Tag fast beendet. Kim und ich fuhren im Aufzug nach oben, wo wir zusammen duschten und uns gegenseitig den Rücken schrubbten. Im Bett griff ich nach meiner Lektüre, während sie sich warm anschmiegte. Irgendwann löschte ich das Licht und wir schliefen Arm in Arm ein. Mehr war bei mir nicht drin, aber mit einer weichen Frau an der Seite einzuschlafen, war ja auch nicht verkehrt.

Der morgendliche Gang zur indonesischen Botschaft war inzwischen Routine: Ich begrüßte Ali, den Sicherheitschef, der meist draußen auf der Freitreppe stand, uniformiert und wachsam. Wachsam in erster Linie in Bezug darauf, dass er keinen Antragsteller verpasste, dem er möglicherweise ein Bakschisch abhandeln konnte. So, wie er Paco und mich damals überredet hatte, ihm die Visa-Anträge in die Hand zu drücken und uns auf diese Weise gegen Bares einen Tag Bearbeitungszeit zu sparen, so hielt er es mit allen Reisenden, die, um nach Indonesien zu gelangen, diese hohle Gasse Singapur passieren mussten. Ali nahm sich meines Visums an und nach einer Stunde erhielt ich meinen gestempelten Pass zurück. Diese Schmiergeld-Mentalität war in Indonesien sehr verbreitet, praktisch jeder kleine Staatsbedienstete war auf dem bürokratischen Stolperpfad eine Hürde, die mit der Zahlung eines Obolus genommen werden wollte. Perfektioniert hatte dieses System die Polizei. Touristen, die mit dem Auto oder dem Motorrad unterwegs waren, betrachtete jeder Verkehrspolizist als sprudelnde Quelle, an der er sich laben konnte.

Mit dem Visum im Pass begab ich mich zum Flughafen und checkte auf der nächsten Maschine nach Denpasar ein. Gegen Abend erreichte ich Bali. Die Überraschung, von der ich zuvor sprach, erhielt einen Namen: Angel Canto. Zusammen mit Paco war er zum Flughafen gekommen, um mich abzuholen. Wir begrüßten uns in der überschwänglichen Form, die wir uns auf Ibiza angewöhnt hatten, wobei uns ein choreographiertes Ritual aus Abklatschen und Bruderküssen, Umarmungen und Begrüßungsfloskeln versichern sollte, dass wir uns als Freunde, mehr noch als Brüder verstanden. Angel und ich hatten uns das letzte Mal gesehen, als wir auf Ibiza die denkwürdige Fete hatten steigen lassen, als er spätabends mit Paco und den Musikern auf Cana Ventura aufgetaucht war. Die letzten Jahre war er, mit Ausnahme der Reisen nach Kolumbien und Indien, auf denen er Paco begleitet hatte, auf Ibiza geblieben, wo er sich auskannte und wo ein arbeitsloser Philosoph auf dem Pfad der harten Drogen überleben konnte. Angel war ein Lebenskünstler. So hätte sein Auftauchen auf Bali mich auch nicht wirklich überraschen müssen, mit ihm war immer zu rechnen. Paco hatte ihn vor einer Woche spontan eingeladen, ihn nach Indonesien zu begleiten, bezahlte ihm das Ticket, welches er in Bogotá bei einer Fluggesellschaft abholen konnte: Dann ging es von Bogotá via Mexico City und Manila nach Bali.

Jetzt stand Angel grinsend vor der Ankunftshalle und fragte mich gleich, ob ich ein Pferd mitgebracht hätte: *Tienes cavallo? Cavallo* ist im Spanischen ein Synonym für Heroin, und Angel hatte Zeit seines Lebens ein freundschaftliches Verhältnis zum »Pferd«, das ihn durch das Labyrinth seiner Seele führte, nachdem er ein paar Mal nach dem Genuss psychotroper Pflanzen in den inneren Abgrund geblickt hatte. Daher fand er auch nicht, dass sein Konsum im Laufe der Zeit seine Lebensqualität gemindert habe. Der Mann wollte sich beruhigen, und ich konnte ihm aushelfen.

Paco hatte, um mich abzuholen, einen Pritschenwagen geliehen. Wir luden mein Gepäck auf die Ladefläche, quetschten uns zu dritt ins Führerhaus und machten uns auf den Weg nach Legian, wo sie ein Haus von David Ely gemietet hatten, einem umtriebigen Balinesen, der als einer der ersten gelernt hatte, wie man Touristen abkocht. Lisa war aus dem Golden Village ausgezogen und lebte jetzt in diesem Haus mit Paco und Angel. Kein Problem für mich.

Um mich irgendwo daheim zu fühlen, benötigte ich lediglich einen Kassettenrekorder mit guter Musik, ein Tagebuch, in welches ich alle paar Tage meine Gedanken und Eindrücke schreiben konnte, und die Droge, die mir half, auf Kommando zu entspannen. Wenn dann auch noch die Familie und Freunde in der Nähe waren, fehlte mir so gut wie nichts. Andererseits hatte ich keine Probleme, allein in einer Stadt unterwegs zu sein, ohne dort einen einzigen Menschen zu kennen. Mich also auf Bali zuhause zu fühlen, war kein psychischer Kraftakt, und ich gehe davon aus, Paco,

Angel und all die anderen Nomaden, mit denen ich seit ein paar Jahren um die Welt reiste, fühlten ähnlich.

Als ich das Haus betrat, welches Lisa jetzt bewohnte, erschrak ich, als ich unsere Tochter Mirabell auf den Arm nahm. Sie war in den vier Monaten, seit wir München verlassen hatten, um mehrere Kilo abgemagert. Sie hatte keinen Appetit, trank und aß viel zu wenig. Lisa war mit ihr beim Arzt gewesen, und der hatte ihr geraten, die Insel und das Klima zu verlassen, anderenfalls werde sie nicht mehr lange leben! Das war eine alarmierende Nachricht, die sofortiges Handeln erforderte.

Als ich mit Agung den Bau des Hauses vereinbart hatte, konnte niemand ahnen, dass unser Kind das tropische Klima nicht vertragen würde. Lisa und ich besprachen die Lage und beschlossen, sobald wie möglich nach Hawaii zu fliegen, dem nächstgelegenen Ort, wo es ein Kinderkrankenhaus gab, in dem man Mirabell hoffentlich würde helfen können.

Schon am darauffolgenden Tag buchten wir einen Flug nach Honolulu, mit Zwischenstops in Bangkok und Tokio, wo wir jeweils zwei Tage ausruhen wollten, denn ein allzu langer Flug sei nicht unproblematisch für Mirabells geschwächte Gesundheit, so der Arzt auf Bali. Bis zum Abflug waren noch zwei Tage Zeit, um unsere Koffer zu packen und mit Agung die letzten Details, den Hausbau betreffend, zu klären.

Für den Abend war im Restaurant Kayu Api eine Party angekündigt. Da es damals auf Bali noch keine Diskothek gab, wurden die Musikabende im Restaurant Kayu Api veranstaltet. Das Lokal lag direkt an der Straße von Kuta nach Legian, es war immer gut besucht. Dort erlebte ich Überraschung Nummer drei: Unter den Gästen entdeckte ich Roman und seine Freundin Edith. Roman hatte ich zuletzt im vergangenen Sommer gesehen, als wir zusammen in Bangkok waren, von wo aus er in die Schweiz geflogen war. Seither hatten sich unsere Wege nicht mehr gekreuzt. Er hatte geplant, in Bangkok Heroin zu kaufen und es nach Europa zu bringen, er und Edith wollten je ein Paket schmuggeln. Die beiden hatten schon wiederholt versucht, ihre Sucht zu besiegen, waren aber jedes Mal rückfällig geworden. Und da man sich als Normalverdiener in Europa eine solche Krankheit nicht lange leisten konnte, tauchten sie alle paar Monate im Fernen Osten auf, um sich für den Eigenbedarf einzudecken. Roman bat mich, ihm die Ware in Bangkok zu besorgen, denn nach wie vor hatte er keine zuverlässige Bezugsquelle. Ich sagte zu, unter der Bedingung, dass sie sich nach unserem Zeitplan richteten, das heißt, sie müssten spätestens mit uns zusammen aufbrechen.

Im Laufe des Abends benahm sich eine Gruppe angetrunkener Australier derart daneben, dass Madé Tambùn der Kragen platzte. Er ging zum Diskjockey, hob unsanft die Nadel vom Plattenspieler und schickte Bob Marley in die Warteschleife. Dann nahm er das Mikrofon.

»Dear Friends Toris*«, begann er seine Ansprache. »Einige von euch wissen scheinbar nicht, wie man sich als Gast in einem anderen Land benehmen sollte. Ich bin Balinese, und dies hier ist meine Insel und meine Heimat. Die Götter haben sie meinem Volk anvertraut, und wir müssen sie pflegen und beschützen. Es gefällt uns nicht, wie einige von euch sich hier mit Bier betrinken und dann herumgrölen, Mädchen belästigen und auf die Straße kotzen. Bali ist kein Ort für Trinker, solche Touristen wollen wir hier nicht. Wer von euch in den Ferien Alkohol trinken möchte, der soll in Australien bleiben. Hier im Kayu Api wird deshalb jeder Betrunkene fortgeschickt. Wir wollen heute Abend tanzen und miteinander Spaß haben. Dazu brauchen wir kein Bier.«

Während seiner Ansprache war er ganz ernst, was mich bei dem lebensfrohen Burschen überraschte, denn so hatte ich ihn bisher noch nicht erlebt. Das spürten auch die angesprochenen Australier, denen Paco als einer der Dienstältesten unter uns Touristen nahelegte, mit dem Saufen aufzuhören oder zu verschwinden. Dann legte der DJ die Scheibe von Bob Marley wieder auf, die Aussies gaben klein bei, und Madé fand nach einer Weile zu seiner guten Laune zurück.

Paco und Angel, die über Mirabells Gesundheitszustand im Bilde waren, hatten sich vorsorglich im Losmen Belgi einen Bungalow gemietet, wo wir uns im vergangenen Jahr schon einquartiert hatten und wo sie nach unserem überhasteten Aufbruch wohnen wollten.

---

* Toris = Touristen

Am letzten Tag vor der notwendigen Abreise besuchte ich Agung, um mit ihm über das Bauprojekt zu sprechen und ihm eine Anzahlung zu übergeben. Ich fand ihn bei guter Laune inmitten seiner Familie. Um uns ungestört unterhalten zu können, gingen wir zum Bauplatz hinüber, wo schon gearbeitet wurde.

Irgendwo in den sozialen Ausläufern der Großfamilie Agung hatte sich ein angehender Architekt gefunden, der gerade vor Ort war, um den beiden Arbeitern auf die Finger zu sehen, die dabei waren, das erweiterte Fundament des Hauses der Familie Agung auszuheben, was bei dem sandigen Boden rasch voran ging. Ich legte dem jungen Mann meine Vorstellungen bezüglich des Hauses dar und bat ihn, einen professionellen Bauplan zu erstellen. Er versprach, den Entwurf fertig zu haben, bis ich das nächste Mal nach Bali käme.

Am 1. März 1981 gingen Lisa, Santi, Mirabell und ich an Bord einer Garude-Maschine nach Bangkok. Roman und Edith waren schon am Tag zuvor aufgebrochen. Wir trafen sie im Kings Hotel, wo ich mit Roman schon einmal gewohnt hatte. Da ich nicht viel Zeit hatte, besorgte ich ihm bei Tiger die Ware, die er benötigte. Und um Lisa keinen Herzschmerz zu bereiten, mied ich die Gegend, wo Odt normalerweise seine Elefanten verkaufte.

Am Abend suchte ich Nora auf, die nach wie vor im Ambassador Hotel logierte. Inzwischen hatten sie und Ming geheiratet, diskret, ohne Hochzeitsfeier, wenngleich ich sicher bin, es hätte einen Konzertsaal gefüllt, wären Mings Verwandte alle eingeladen worden. Aber das war nicht der Sinn der Sache, ihm ging es nicht darum, eine Frau fürs Leben zu finden, sondern ein *multiple entry visum* für die USA. Also entschlossen wir uns spontan, eine abgespeckte Hochzeitsfete zu feiern. Ming ließ es sich nicht nehmen, uns in ein traditionelles China-Restaurant einzuladen, wo er uns bewirtete, wie nur Chinesen dies verstehen. Dabei eröffnete mir Nora, dass sie bis Mitte des Monats in Bangkok zu bleiben gedenke, weil ihr die Stadt so gut gefalle. Unter normalen Umständen wären auch wir länger geblieben, aber Mirabells Gesundheitszustand ließ das nicht zu.

Ming und ich besprachen noch einmal den Fortgang der Geschäfte. Inzwischen hatte er die nächste Amerika-Reise geplant, in Hongkong hatten sich vier »Touristen« gefunden, die bereit waren, mit einer Reisegesellschaft nach Amerika zu fliegen. Am 20. März wollten wir uns im Detroit Plaza Hotel treffen. Damit war alles vorbereitet und ich konnte mit meiner Familie am Tag darauf weiterreisen. Der nächste Zwischenstopp auf unserem Flug nach Hawaii war Tokio. Dort quartierten wir uns im New Otani Hotel ein, wo ich zuvor schon mehrmals abgestiegen war. Ich bat Lisa, Saeko anzurufen, die unglücklich verheiratete junge Frau, mit der Wacki seinerzeit eine Affäre gehabt hatte. Wir verabredeten uns mit ihr am Abend, nachdem die Kinder im Bett lagen und das Hotel uns eine Babysitterin geschickt hatte, die während unserer Abwesenheit auf Mirabell und Santi aufpasste.

Saeko hatte in einem »Café Charlston« in Roppongi einen Tisch reserviert, allerdings erinnere ich mich daran nicht mehr, hätte ich es nicht im Tagebuch vermerkt. Wir unterhielten uns angeregt, davon gehe ich jedenfalls aus, und beschlossen den Abend in einer Diskothek namens »Lexington Queen«.

Das »Lex«, wie es in Tokio genannt wird, ist einer der bekanntesten Clubs der Stadt. Es liegt mitten in Roppongi und war damals noch kein ganzes Jahr in Betrieb. Dennoch war es eine der ersten Adressen, wollte man gute Rockmusik hören, neben oder mit schönen Frauen tanzen und ein internationales Publikum erleben. Das Lex bestand praktisch aus einer langen Bar, einer großen Tanzfläche und einem höher gelegenen Podium, von wo aus man den ganzen Club im Auge behielt. An Sitzplätze erinnere ich mich nicht. Die Wände waren mit großformatigen Fotografien von Prominenten geschmückt, was den Eindruck erweckte, man befinde sich in einer Fotogalerie.

Der Besuch im Lex trug maßgeblich mit dazu bei, dass ich Tokio als Weltstadt erlebte, mit Besuchern aus allen Kontinenten, mit unzähligen japanischen Models und Hostessen, die in der Nähe ihre Clubs und Agenturen hatten. Wer in Tokio seinen erotischen Appetit anregen wollte, für den war das Lexington Queen ein *Must*.

Es war schon früh, als wir uns von Saeko verabschiedeten. Sie gab mir einen Gruß an Wacki mit, den sie aus welchem Grund auch immer »Lucky« nannte, einen Namen, den er längst angenommen hatte, jedenfalls außerhalb seines bayerischen Bekanntenkreises. Er hatte übrigens im Anschluss an seine gescheiterte Schmuggelreise nach Kalifornien resigniert, hatte angefangen zu fixen und hielt sich mit kleinen Geschäften in München am Leben. Davon erzählte ich Saeko nichts, denn sie hatte ihn als humorvollen Joker und einfühlsamen Lover in Erinnerung, der sie wenigstens für ein paar Tage aus der Trostlosigkeit ihrer Ehe herausgeholt hatte.

Am nächsten Tag wurde es vorfrühlingshaft warm in Tokio. Wir beschlossen, einen Ausflug zum Fujiyama zu machen, der nicht nur in Japan als einer der schönsten Berge der Erde gilt. Die etwa hundert Kilometer legten wir im Shinkansen zurück, dem damals schnellsten Zug der Welt, der immer pünktlich war. Tatsächlich dauerte die Reise bloß eine halbe Stunde. Vom Bahnhof aus nahmen wir einen Bus, dessen Endhaltestelle auf einer Höhe von 2.300 Metern lag. Der Vulkan ist etwa 3.700 Meter hoch, das oberste Drittel davon ganzjährig mit Schnee bedeckt, zumindest war er es damals, ob auch der Schnee des Mount Fuji im Zuge der Erderwärmung abschmilzt, ist mir nicht bekannt, aber davon ist auszugehen. Der Berg verlöre viel von seiner ästhetischen Faszination, würde er seiner weißen Kappe beraubt.

Wir blieben etwa eine Stunde auf der Aussichtsplattform, auf der wir erstaunlicherweise ganz allein waren. Der Anblick des Berges einerseits und der Blick hinunter zum Pazifik gehören zu den faszinierendsten Erinnerungen an Japan, vergleichbar mit dem Blick auf den Grand Canyon oder auf Los Angeles beim Landeanflug. Für die Gläubigen des Shintoismus, der Religion, an deren Versprechungen die meisten Japaner glauben, ist der Fujiyama mehr als ein Berg: Als Sitz diverser Gottheiten ist er heilig und der Shinto-Schrein am Fuße des Fuji wird von vielen als heiliger Ort betrachtet, ähnlich der Kaaba für die Muslime oder dem Petersdom für die Katholiken. Der Shintoismus ist die älteste und am meisten verbreitete Religion in Japan, gefolgt vom Buddhismus, aber ich hatte nie die Gelegenheit, mich näher mit der japanischen Kultur zu befassen, das heißt, das Land und seine Menschen sind mir immer ein Faszinosum geblieben. Ein bleibendes Resultat dieses Ausflugs zum Fujiyama ist meine Bewunderung des Malers Hokusai, dessen

»36 Ansichten des Berges Fuji« den Touristen auf Ansichtskarten verkauft wurden, deren berühmtester Holzschnitt den Titel »Die große Welle vor Kanagawa« trägt, eines der bekanntesten Kunstwerke überhaupt. Es entstand zur gleichen Zeit, als in Europa Herr Goethe den Faust schrieb und Beethoven seine Sinfonien komponierte, also zu Beginn des 19. Jahrhunderts.

Ehe wir Japan verließen, machte unser Sohn auf sich aufmerksam, indem er mit Lisas Nagelschere, die Bettdecke des Hotels in einen Scherenschnitt verwandelte. Wohl oder übel mussten wir die Decke bezahlen, aber der Tadel gegenüber dem Kleinen fiel milde aus. Wie hätten wir dem Kind seine ersten Schritte als kreativer Mensch verübeln können … Mirabell hielt sich erstaunlich tapfer, ihr Zustand verschlechterte sich während der langen Reise nicht erkennbar. Zum Schluss telefonierte ich mit Lisa Stone auf Maui und kündigte unser Kommen an. Sie versprach, uns am Flugplatz abzuholen.

3.29 Honolulu

Woran ich mich am deutlichsten erinnere, wenn ich an den Flug von Tokio nach Honolulu zurückdenke: Wir schleppten vierzehn Gepäckstücke vom Förderband. Allein, um all die Taschen, Koffer und Kinderwagen vom internationalen Ankunftsterminal zur nationalen Abflughalle zu transportieren, musste ich den Trolley dreimal einen halben Kilometer weit schieben, während Lisa die Kinder auf dem Arm hatte und gleichzeitig auf das restliche Gepäck achtgab. Schließlich saßen wir in der 737 der Hawaiian Air, Ziel Kahului auf Maui. Wir wollten uns zuerst eine Basis schaffen, und dabei sollte uns Lisa Stone helfen. Auch was die ärztliche Versorgung anging, wollten wir hören, welches Krankenhaus sie uns empfehlen würde.

Während des kurzen Fluges von Oahu nach Maui hatten wir Gelegenheit, einige der Hawaii-Inseln von oben zu betrachten. Welch ein Glück, hier leben zu dürfen, dachte ich mir. Allein der Umstand, dass der eine in den Slums von Bombay zur Welt kommt, die andere hingegen im Palast der Königsfamilie oder eben auf einer der Inseln im Stillen Ozean, zeigt, dass es Gleichheit für den Menschen nicht gibt auf der Welt, von Gerechtigkeit ganz zu schweigen. All das sind von Menschen erdachte Utopien, bestenfalls theologisch unterstützte Ideen, bei deren Verwirklichung irgendwann Gott oder Götter eingreifen müssen. Dass mich beim Anblick dieser sand- und schaumumkränzten Inseln Gedanken von derartiger Schwerkraft überfielen, sollte nicht verhindern, dass die Ästhetik der Bilder sich nachhaltig in meiner Erinnerung festsetzte: Vielleicht gehören sie zu den Aufnahmen, die mein Konzept von Schönheit bestimmen sollten, ähnlich einem Gedicht von Rilke, einer Statue von Michelangelo oder einer Platte von Pink Floyd. Und Schönheit und Glück und Liebe gehören zu den höchsten Gütern, die wir im Leben auf der Erde finden können. Fand ich, aber darüber lässt sich reden.

Lisa Stone erwartete uns in der Ankunftshalle. Sie bestand darauf, dass wir fürs Erste bei ihr in Kula wohnten.

»Die beste Kinderklinik auf den Inseln ist das Kapiolani-Children's Medical Center in Honolulu«, erklärte sie, nachdem wir bei ihrem Holzhaus angekommen waren. »Ich habe mit einer Sozialarbeiterin dort gesprochen, die meinte, ihr solltet das Kind vorbei bringen, sobald ihr vor Ort wäret.«

»Dann sollten wir keine Zeit verlieren«, sagte die Mutter. »Mirabells Zustand hat sich seit Bali zwar nicht weiter verschlechtert, aber wenn ich das kleine Würmchen anschaue, wird mir ganz elend.«

»Also gut. Dann rufe ich das Krankenhaus jetzt an und mache einen Termin für morgen früh aus«, sagte Lisa Stone. »Seid ihr einverstanden?«

»Und ich rufe Hawaiian Air an und buche den Flug«, sagte ich. »Wir hätten Mirabell gleich vom Flughafen Honolulu aus einliefern sollen.«

Als wir am nächsten Morgen vor dem Hospital in der Punahou Street aus dem Taxi stiegen, ahnten wir noch nicht, wie kritisch der Zustand unserer Tochter wirklich war. Wir meldeten uns an und Lisa wurde mit dem Baby auf dem Arm gleich ins Sprechzimmer eines Arztes geführt, derweil ich mit Santi in ein Büro gebeten wurde, um die Aufnahmeformulare auszufüllen.

»Ich muss Sie darauf aufmerksam machen, dass Sie vor der Aufnahme des Kindes eine Kaution hinterlegen müssen. Die richtet sich danach, wie lange das Kind hier behandelt werden muss. In derartigen Fällen von Unterernährung sind drei bis vier Wochen Behandlung das Minimum«, erklärte Judy, die Dame, mit der Lisa Stone zuvor telefoniert hatte.

»Wir haben eine Krankenversicherung«, entgegnete ich. »Die wird für die Behandlung unserer Tochter aufkommen.«

»Eine US-Versicherung?«

»Nein. Wir sind in Deutschland versichert.«

»Ich fürchte, das wird Ihnen hier nicht viel nützen. Wir erkennen ausländische Versicherungen grundsätzlich nicht an. Da müssen Sie schon in Vorleistung treten«, sagte die Sozialarbeiterin.

»Von welchem Betrag sprechen wir denn überhaupt?«, wollte ich wissen.

»Kommt darauf an, was Dr. Bechtel sagt. Wie lange das Kind behandelt werden muss. Pro Tag fallen etwa 500 Dollar an.«

Ich zählte zusammen, wie viel Geld ich noch in der Tasche hatte. Nach wie vor hatte ich noch keine Kreditkarte beantragt, was sich jetzt als nachteilig erwies. Nachdem ich Agung fast meine ganze Barschaft für den Hausbau übergeben hatte, blieben mir nur knapp 2.000 Dollar, die unter normalen Umständen gereicht hätten, die auf der Reise anfallenden Kosten zu bestreiten. Das teure Hotel in Tokio hatte (inklusive einer Bettdecke) mehr als 800 Dollar gekostet, auch ansonsten fielen täglich Kosten an, Kosten für Taxis, Restaurants, Flughafengebühren und dergleichen mehr. Es zeichnete sich ab, dass ich nicht in der Lage wäre, die anstehende Kaution aus der Tasche zu bezahlen. Als Lisa nach einer halben Stunde in Begleitung des Arztes im Büro auftauchte, kam Klarheit in die Sache.

»Mirabell muss mindestens vier Wochen hier bleiben. Sie muss sofort auf die Intensivstation. Der Arzt meint, dass sie sonst innerhalb einer Woche sterben wird«, sagte mir Lisa unter Tränen.

Dann erklärte mir der Doktor, was seine Untersuchung ergeben habe. Mirabell hatte aufgrund des feuchtheißen Klimas auf Bali den Appetit verloren und war inzwischen lebensbedrohlich dehydriert. Eine unverzügliche intravenöse Versorgung mit Wasser und Nährstoffen war erforderlich, um sie zu stabilisieren. Die Behandlungszeit veranschlagte er mit dreißig Tagen, was eine Kaution von etwa 15.000 Dollar* erforderte. Das Geld würden wir aller Voraussicht nach von unserer Versicherung zurückerstattet bekommen, aber hier und jetzt musste eine Sicherheitsleistung erbracht werden.

»Wie viel Geld können Sie denn hinterlegen?«, fragte Dr. Bechtel.

»Zweitausend Dollar«, sagte ich.

»Und wie lange benötigen Sie, um den Rest zu beschaffen?«

»Ein paar Tage. Ich muss es bei meiner Bank in New York anfordern. Keine Ahnung, wie schnell die sind.«

»Auf jeden Fall sind Sie in der Lage, die Kaution zu stellen?«

»Das sind wir, es dauert halt ein paar Tage.«

»Gut. Wenn Sie mir Ihr Wort geben, dass Sie das Geld innerhalb einer Woche hinterlegen, werde ich für Sie bürgen und wir können die Kleine sofort aufnehmen.«

Per Handschlag besiegelten wir mein Versprechen. Drei Minuten später tauchten zwei Schwestern auf, um Mirabell in Empfang

* An den genauen Betrag erinnere ich mich nicht, aber es war erheblich mehr, als ein normaler Mensch auf die Schnelle griffbereit hat.

zu nehmen. Lisa begleitete den Arzt und die Frauen zum Aufzug. Während ich auf ihre Rückkehr wartete, übergab mir Judy eine Broschüre des Krankenhauses und ich versprach, die fehlenden 13.000 unverzüglich anzufordern. 2.000 Dollar zahlte ich sofort.

Nachdem Lisa zurück war, liefen wir bei herrlichem Hawaii-Wetter die Straße hinunter in Richtung Ala Wei und Waikiki. Erleichtert, dass unsere Tochter in guten Händen war und zuversichtlich, dass Dr. Bechtel ihr wieder zu Appetit verhelfen werde, setzten wir uns in ein Straßencafé und bestellten unserem Söhnchen ein Sahneeis.

»Ein feiner Mensch, dieser Dr. Bechtel«, sagte Lisa.

»Das kann man wohl sagen. Hätte er dem Hospital gegenüber nicht gebürgt, hätte ich Lisa Stone darum gebeten. Ich bin sicher, sie hätte das auch getan.«

Meine Frau schwieg. Sie und ihre Namensvetterin hatten ein schwer zu definierendes Verhältnis. Die Amerikanerin war fünf Jahre älter und reifer. Sie liebte mich, war aber zu anständig, unsere Ehe aktiv zu gefährden. Meine Frau hatte keinen Grund, eifersüchtig zu sein, wenngleich dieses Gefühl in ihr nagte. So begegneten die beiden sich mit höflicher Distanz und ich gab Acht, dass ich kein Öl auf die schwelende Glut schüttete. Ich mochte sie beide, und ich fand kein vernünftiges Argument, das es einem verbot, nicht mehrere Menschen zu mögen oder gar zu lieben, sofern man dazu überhaupt in der Lage war.

Nachdem wir am darauffolgenden Morgen in Honolulu gelandet waren, checkten wir zuerst in ein Hotel ein. Wir hatten das meiste Gepäck auf Maui zurückgelassen und nur das Notwendigste dabei. Das Hotel lag in einem ruhigen Wohnviertel, und obwohl es weit davon entfernt war, eine noble Adresse zu sein, kostete das Zimmer 80 Dollar am Tag. Noch waren wir uns nicht einig, wo wir wohnen sollten, solange unsere Tochter im Krankenhaus behandelt wurde. Wir konnten jederzeit bei Lisa in Maui unterkommen und alle paar Tage nach Honolulu fliegen, um Mirabell zu besuchen. Meine Frau zog es aber vor, ein Zimmer in einem kleinen Hotel oder in einer Pension vor Ort zu mieten, von wo aus sie täglich zu Fuß zum Hospital gehen konnte.

Während wir überlegten, was das Beste sei, fiel mir plötzlich ein, dass Pauline, die Amerikanerin, mit der ich vor einigen Jahren in der Münchener Wohngemeinschaft zusammengelebte, mir die Adresse ihres Bruders gegeben hatte, der an der Universität von Hawaii studierte. Sein Name war Gregg, und er wohnte im Manoa Valley, einem der Täler, in welches die Stadt Honolulu im Laufe der Jahre gekrochen ist. Vor drei Jahren, während unseres ersten Hawaii-Aufenthaltes, hatte ich ihn schon einmal besucht. Vielleicht könnten wir ja bei ihm wohnen.

Leider fand ich seine Telefonnummer nicht, und auch meine Bemühungen, ihn über die Auskunft ausfindig zu machen, blieben erfolglos. Wahrscheinlich hatte er sein Studium längst abgeschlossen und lebte wieder in Boston, wo Pauline und er ursprünglich zu Hause waren. Also blieb uns nichts anderes übrig, als so lange in dem überteuerten Hotel auszuharren, bis wir wieder liquide wären. Mit der Anzahlung der Kaution hatte ich mich nämlich völlig verausgabt.

Am nächsten Morgen rief ich bei der Bank in New York an und bat um die sofortige Überweisung von 15.000 Dollar an ein Geldinstitut in Honolulu. Als wir am späten Vormittag im Krankenhaus eintrafen, um zu sehen, wie es unserem Kind erging, lag Mirabell, bis auf eine Windel völlig nackt, unter einem Sauerstoffzelt. Wir durften sie nur aus keimfreier Distanz heraus betrachten. Man hatte ihr eine Magensonde gelegt und einen Port, durch den permanent Flüssigkeit in den geschwächten kleinen Körper tröpfelte. Um sie herum standen diverse Monitore, die die Lebensfunktionen abbildeten und eine Krankenschwester war eigens für sie abgestellt. Auch wenn uns der Anblick all dieser Apparaturen erschreckte, war nicht zu übersehen, dass man sich große Mühe gab, das Leben unserer Tochter zu retten. Da wir sie nicht berühren durften, überließen wir sie nach einer viertel Stunde den Medizinern und machten uns auf den Weg zurück zum Hotel.

Dort erlebten wir eine Überraschung der besonders geschmacklosen Art. Als ich an der Rezeption um den Zimmerschlüssel bat, forderte ein junger Angestellter, dessen Gesicht mich an eine Spitzmaus erinnerte, die Zimmermiete für den anbrechenden Tag. Ich erklärte dem Mann, dass ich meine gesamte Barschaft für eine

Kaution im Krankenhaus benötigt hätte und nun auf eine Überweisung warte. Man möge bitte so entgegenkommend sein, und mir die Rechnung bei unserer Abreise in ein paar Tagen vorlegen. Meinerseits überzeugt, dass ich den Mann überzeugt hatte, sich um die Zimmermiete keine Sorgen machen zu müssen, bat ich um den Schlüssel. Erstaunt musste ich indes zur Kenntnis nehmen, dass der Kerl sich weigerte, den Schlüssel herauszugeben, was nach dem ganzen Stress der letzten Tage meine Geduld überstrapazierte und mir die gute Laune verdarb. Ich herrschte ihn an, mir unverzüglich den Schlüssel zu geben. Lisa erklärte ihm, dass wir ein Kind dabei hätten, das erkältet sei und seine Medizin brauche, die auf dem Zimmer … und so weiter, aber all das beeindruckte den Mann nicht. Weil er irgendeinen dümmlich-arroganten Spruch brachte, und weil mein kleiner Sohn und meine Frau hinter mir standen, und ich vor ihnen nicht wie ein Idiot dastehen wollte, der sich von einem dahergelaufenen Hotelfuzzi den Schneid abkaufen ließ, packte ich ihn beim Kragen und zog ihn halb auf die Rezeptionstheke, bis sich unsere Nasen fast berührten und zischte ihn an: *»Gimme that fuckin key, or you're gonna curse the day you were born, asshole!«*

Dabei hatte ich mich scheinbar um eine Nuance im Ton vergriffen. Kaum hatte ich ihn losgelassen, sprang er zurück und verschwand im Büro, von wo aus er die Polizei alarmierte. Keine Ahnung, was er denen wohl erzählt haben mochte, jedenfalls dauerte es keine drei Minuten, und zwei stramme Maxe vom Honolulu-Police-Department betraten die Lobby.

Die Spitzmaus, die sich inzwischen mit zwei Mann Verstärkung wieder aus dem Loch getraut hatte, deutete auf mich, und ehe ich mich versah, hatten die Bullen mir Handschellen angelegt. Genau das hatte ich vermeiden wollen, dass mein Sohn mitbekam, wie sein Vater gedemütigt wurde, ohne sich zur Wehr setzen zu können.

Lisa mischte sich jetzt ein und erklärte den Beamten die Lage, und als feststand, dass ich niemanden verletzt hatte, und es sich nur um einen verbalen Streit gehandelt hatte, nahmen sie mir die Fessel ab und belehrten mich. Selbstverständlich habe das Hotel das Recht, mir den Schlüssel zu verweigern, so lange ich die Zimmermiete nicht bezahle, da könne die Polizei nichts dran ändern, ganz egal, ob besondere Umstände vorlägen oder nicht. Sie gaben mir den Rat, mich gesittet zu benehmen, anderenfalls brächten sie mir bei, was man auf Hawaii unter gesittet versteht. Mit der Aussicht, mir eine Zelle für die Nacht frei zu halten, sollten sie noch einmal vorbeikommen müssen, ließen sie uns stehen.

Mit dem Hotelpersonal – inzwischen hatten sich der Koch, sein Gehilfe und zwei korpulente Putzfrauen eingefunden, um der Spitzmaus beizustehen – war kein Kompromiss mehr zu schließen. Dem Vorschlag der Polizisten folgend, gestatteten sie Lisa, eine der Frauen aufs Zimmer zu begleiten und ein paar Dinge herauszuholen. Fünf Minuten später standen wir auf der Straße.

»Wie viel Geld hast du noch einstecken?«, wollte ich von meiner Frau wissen.

»Nur noch ein paar Yen und zwanzig Mark.«

»Ich hab noch zwölf Dollar.«

»Und was machen wir jetzt?«, sagte Lisa vorwurfsvoll. »Ich begreife nicht, wie du uns immer wieder in eine solche Situation bringen kannst!«

Was sollte ich sagen? Lisa hatte vollkommen Recht. Inzwischen besaß ich ein halbes Dutzend Konten, auf denen genügend Kohle lag, um ein Haus zu kaufen. Weil aber Geld damals in meinen Gedanken keine prominente Rolle spielte, plante ich, was die finanzielle Seite des Lebens anging, nie lange voraus. In den vergangenen Jahren war mir schon mehrfach im fernen Ausland das Bargeld ausgegangen, so vor zwei Jahren in Bogotá, als ich eine Woche mit Angel auf eine Überweisung warten musste, dann einmal mit Roman und Walter in Tokio, später auf Bali, als ich ein paar Wochen mit Paco festsaß, dann in Bangkok, wo ich Lisa und die Kinder ohne Mittel in Odts Obhut zurücklassen musste und jetzt wieder in Honolulu, was ganz besonders ärgerlich war, denn ich hatte ja ausreichend Geld bei den Banken liegen.

»Ich werde meinen Freund Joey in Fort Lauderdale anrufen und ihn bitten, uns tausend Dollar per Western Union zu überweisen«, schlug ich vor.

»Das hättest du heute Morgen schon in die Wege leiten sollen, nachdem du im Krankenhaus dein ganzes Geld hergegeben hast!«

»Da dachte ich, du hättest noch genügend einstecken.«

»Dachtest du. Aber wie sollte ich, wenn du mich so kurz hältst.«

Auch damit hatte sie Recht. Ob es damit zu tun hatte, dass Geld, Besitz und Reichtum mir nicht viel bedeuteten oder ob es etwas mit meinem Heroinkonsum zu tun hatte, ich kann es im Nachhinein schlecht erklären. Jedenfalls war diese Geschichte in Honolulu der Auslöser, dass ich mir beim nächsten Aufenthalt in Deutschland eine Kreditkarte von der Deutschen Bank ausstellen ließ. Aber im Augenblick half uns das nicht weiter.

Während wir vor dem Hotel auf der Straße standen – Lisa hatte einen Ibiza-Korb mit ein paar Klamotten geschultert, und ich Santi auf den Schultern trug – kam vom Meer her ein Käfer die Straße heraufgefahren. Ein VW-Käfer war damals ein seltener Anblick auf Amerikas Straßen und wer dort einen solchen Wagen fuhr, muss ein Liebhaber sein, ein Idealist. Dieser Gedanke ging mir durch den Kopf, und aus einer vagen Hoffnung heraus, der Käfer könne unsere Rettung sein, stellte ich mich ihm in den Weg und breitete beide Arme aus. Santiago, damals dreieinhalb Jahre alt und in der Lernphase des Imitierens, tat es mir gleich, was den Herankommenden im Dämmerlicht wie ein Patriarchenkreuz erscheinen musste. Der Wagen hielt an, und ein junges Paar stieg aus. Die Leute sahen uns freundlich fragend an.

Ich entschuldigte mich ob der ungewöhnlichen Straßensperre und begann sofort, sie mit unserer Notlage zu konfrontieren. Wir hatten Glück. Bei den beiden handelte es sich um Menschen, denen das Mitgefühl noch nicht abhanden gekommen war. Aus dem Gefühl anteilnehmender Empörung heraus, empört über das Verhalten des Hotelpersonals, forderten sie uns ohne Umschweife auf, einzusteigen. Unterwegs erklärten sie, sie seien Studenten, dann erkundigten sie sich nach dem Befinden unserer Tochter und brachten uns zum Holiday Inn, wo der Mann seine Kreditkarte präsentierte und uns für drei Tage einquartierte. Da sie in Eile waren, hinterließen sie uns ihre Visitenkarte und kündigten an, am nächsten Morgen vorbeizukommen. Die junge Frau steckte Lisa noch fünfzig Dollar zu, dann entschuldigten sie sich, nicht mehr Zeit zu haben und verabschiedeten sich herzlich.

Was sollte man jetzt dazu sagen? Nach allem, was ich bisher in Amerika erlebt hatte, war die Hilfsbereitschaft dieses Paares außergewöhnlich. Man hätte glatt zum Glauben an Gott zurückfinden können, dessen Eingreifen ins Leben der Menschen von vielen Leuten eher als Erklärung herhalten muss, als der Zufall oder die statistische Wahrscheinlichkeit. Wir hatten am Ende einer Pechsträhne einfach Glück gehabt.

Im Holiday Inn bezogen wir ein schönes Zimmer, ließen uns aus der Hotelküche einen gegrillten Fisch bringen und sahen uns anschließend noch einen Film im Fernsehen an. Dann fiel mir Joey ein, den ich sofort anrief und bat, mir am Morgen tausend Dollar anzuweisen.

Bref: Am Vormittag lag eine Nachricht von Western Union an der Rezeption, der Transfer meines Freundes war eingegangen. Die hilfsbereiten Studenten kamen vorbei und aßen mit uns zu Mittag. Wir gaben ihnen zurück, was sie für uns ausgelegt hatten und versprachen, in Kontakt zu bleiben. Zwei Tage darauf teilte die Bank of Amerika mit, dass die 15.000 für die Kaution eingetroffen seien. Wir holten das Geld ab, nahmen ein Taxi zur Kinderklinik und entlasteten Dr. Bechtel, der sichtlich erleichtert war, aus der nicht ganz risikolosen Bürgschaft entlassen worden zu sein. Blieb noch, die Rechnung mit dem ursprünglichen Hotel zu begleichen, an dessen Namen ich mich leider nicht mehr entsinne. Allzu gerne hätte ich an dieser Stelle jeden davor gewarnt, sich dort einzuquartieren.

Zum Glück war die Spitzmaus nicht an der Rezeption, als ich vorbeikam, um das Gepäck aus dem Zimmer zu holen. Ich bedankte mich überschwänglich dafür, dass man uns ausgesperrt und einen Wucherpreis verlangt hatte, dass man mir die Polizei auf den Hals gehetzt und dass mein Eindruck von Amerika und den Amerikanern einen Fleck bekommen hatte. Zum Schluss versprach ich dem Manager, der sich persönlich um die Abwicklung der Angelegenheit kümmerte, die Tourismusbehörde über die zuvorkommende Behandlung in seinem Haus zu informieren. Und weil sich gerade zwei Ehepaare aus Spanien anschickten, einzuchecken, ergriff ich die Gelegenheit beim Schopf und klärte die Leute auf. Und da ich sogar mit einem Preisvergleich zum Holiday Inn aufwarten konnte, 80 Dollar hier, 50 Dollar dort, beschlossen die Gäste aus Europa, auf der Stelle kehrt zu machen und mir im Taxi zu folgen. Nie zuvor und nie danach wurde ich mit derart frostigen Mienen aus einem Hotel verabschiedet.

Nach ein paar Tagen kam die Entwarnung aus dem Krankenhaus. Mirabell erholte sich langsam. Lisa beschloss, mit Santi in Honolulu zu bleiben, wo sie sich in einem kleinen Hotel einquartierten. Unterdessen flog ich nach Maui, um einen Teil des Gepäcks zu holen, welches sie benötigte. Lisa Stone und ihr Sohn begleiteten mich auf dem Flug nach Honolulu. Was anschließend geschah, habe ich im Detail vergessen. Lisa und Santi blieben jedenfalls auf Hawaii, während ich nach einer Woche in Richtung Kalifornien aufbrach.

In San Francisco besuchte ich Susan und Kim, die beiden Damen vom Reisebüro, die Zugang zu dem Konto hatten, welches ich im Vorjahr bei Wells Fargo eingerichtet hatte. Susan teilte mir den Kontostand mit (viel war nicht mehr drauf) und ich versprach, demnächst eine Überweisung auf den Weg zu bringen. Zweifellos waren die Flüge der größte Einzelposten unter all den Ausgaben, die damals zu Buche standen.

Ehe ich San Francisco in Richtung Detroit verließ, rief ich Hunter an, um ihn wegen der erheblichen Summe, die er mir noch schuldete, zur Rede zu stellen. Tatsächlich hob er ab.

»Das ist aber eine Überraschung«, fing ich an. »Du kannst dir denken, weshalb ich anrufe?«

»Keine Ahnung. Du wirst es mir sicher gleich sagen.«

»Ich rufe zum letzten Mal an, um nachzufragen, wie es mit der Kohle aussieht, die du mir seit letztem Sommer schuldig bist. Du erinnerst dich gewiss, dass da noch 60 Mille offen sind. Im Übrigen stehst du bei meinem Freund Wacki ebenfalls mit 60.000 in der Kreide«, stellte ich fest. »Sag mal, was hast du dir denn eigentlich dabei gedacht? Bist du schließlich vom Ehrenmann zum Betrüger mutiert?«

»Red keinen Blödsinn, deinem Kumpel schulde ich gar nichts. Der hat mir einen Beutel mit total verstrecktem Dreck übergeben und gehofft, dass ich ihm das Zeug verkaufe. Ich habe monatelang gebraucht, bis es mir jemand abgenommen hat. Für einen Spottpreis. Ich war froh, dass ich es überhaupt los wurde.«

»Darin erkenne ich aber keinen Grund, den armen Kerl komplett außen vor zu lassen. Irgendwas hättest du ihm schließlich zahlen können. Das heißt, du kannst ihm ja seinen Anteil jetzt noch überweisen. Schließlich ist er das Risiko eingegangen und hat das Paket in die Staaten gebracht.«

»Das kann er vergessen. Ich bin dreimal wegen dem Zeug in L.A. gewesen, habe also einiges an Spesen ausgegeben. Außerdem hat er versucht, mich über den Tisch zu ziehen, indem er mir sagte, die Ware sei sauber und unverschnitten, aber am Ende waren es gerade mal 30 Prozent.«

»Das kann ich nicht beurteilen. Was ich aber beurteilen kann, ist die Ware, die du von mir bekommen hast. Und die war in Ordnung. Du hattest damals versprochen, mir das Geld auf mein New Yorker Konto zu überweisen. Das ist bis heute nicht geschehen. Woran hängt's?«

»Jetzt mäßige dich mal! Du weißt ganz genau, dass ich dir von Anfang an einen viel zu hohen Preis gezahlt habe. Da war es nicht mehr als recht und billig, einen Ausgleich herzustellen. Das heißt, aus meiner Sicht schulde ich dir gar nichts mehr«, befand er.

Zugegebenermaßen verschlug es mir angesichts dieser dreisten Argumentation kurz die Sprache.

»Ich erinnere mich, dass wir ein klares Geschäft vereinbart hatten. Du hast den Deal sogar noch auf einem Block ausgerechnet. *Remember?* Von zu viel bezahlt war nie die Rede. Hättest du mir damals gesagt, dass du bei der Kalkulation nicht auf deine Kosten kommst, ich hätte mit mir reden lassen. Aber gut, wollen wir die Sache sauber zu Ende bringen. Ich erlasse dir die Hälfte, du schuldest mir also bloß noch 30.000. Einverstanden?«

»Vergiss es. Wir beide sind quitt. Lassen wir es so stehen, wie es ist, dann hatten wir beide was davon«, sagte er mit einer Dreistigkeit, die ich ihm nicht zugetraut hätte.

»Hunter: Zwing mich nicht, vorbeizukommen und es abzuholen. Das könnte unangenehm für dich werden. Ich könnte zum Beispiel auch einen Inkassomann bei dir vorbei schicken. Der hat aber sicher nicht so viel Geduld wie ich. Du erinnerst dich doch an Boualem im Knast von Palma, der für uns beide die säumigen

Zahler aufsuchte? Seine erste Mahnung war ein Messerstich in die Arschbacke!«

»Der Typ lebt wahrscheinlich nicht mehr. Zudem lasse ich mir auch kein Messer wo auch immer hinein stecken. Du selbst würdest dich ohnehin nicht trauen, so was zu tun. Im Übrigen ist das Gespräch für mich beendet. Pass auf dich auf!«

Noch ehe ich etwas erwidern konnte, hatte er aufgelegt. Ich verzichtete darauf, noch einmal anzurufen. Es hätte zu nichts mehr geführt. Mehr noch als über den finanziellen Verlust ärgerte ich mich über seine Unverschämtheit und über die kaltschnäuzige Art, mit der er unsere Freundschaft beendete, die immerhin fast vier Jahre gehalten hatte. Am liebsten wäre ich nach Lagunitas gefahren, um ihm vor seiner Frau eine Abreibung zu verpassen. Aber Gewalt war mein Ding nun mal nicht, also ließ ich diesen Gedanken erst gar nicht keimen. Den Fall Hunter vertagte ich vorerst, irgendeine Reaktion würde mir schon einfallen, da war ich mir sicher. Allerdings stiegen seine Chancen, ungestraft davonzukommen, denn ich gehöre zu denen, die recht schnell vergessen und deren Zorn bald verraucht. Im Übrigen war ich von der Logik überzeugt, es sei besser, seine Energie in die Zukunft zu investieren, statt sich umzudrehen und sie auf abgetrampelten Pfaden zu vergeuden. Ich hatte andere Dinge zu erledigen, in ein paar Tagen erwartete ich Mings Ankunft in Detroit.

3.30 Komplizen

Das Flugzeug von San Francisco nach Detroit überquerte die Rocky Mountains, und weil ich diesmal am Tag unterwegs war und kaum Wolken zwischen uns und der Erde lagen, genoss ich einen ungehinderten Blick auf die größte Bergkette Nordamerikas. Wir überflogen den Grand Canyon, Nevada, Utah und den nördlichen Teil von Colorado, ließen die Prairiestaaten unter uns, wo allerdings weder Prairien noch Büffel zu sehen waren, sondern Weizen- und Maisfelder so weit das Auge reichte. Der Zwischenstopp in Chicago dauerte nur kurz, von der Stadt bekam ich außer einem Blick auf die Skyline beim Landeanflug nichts mit.

Ich hatte Jerry in Detroit angerufen und ihm meine Ankunft mitgeteilt. Er war zum Flughafen gekommen, um mich abzuholen. Im Plaza-Hotel hatte er mir wieder ein Zimmer reserviert, was keine schlechte Wahl war, denn von den nach Süden gelegenen Zimmern in den oberen Stockwerken hatte man einen beeindruckenden Ausblick über den Fluss bis tief nach Kanada hinein. Das Detroit-Plaza war mehr als ein Hotel: Kulturzentrum, Einkaufs-Mall, Aussichtsturm und Sicherheitszone im Paket. Wir besprachen das kommende Geschäft und Jerry freute sich, dass es wieder Arbeit gab, denn seit drei Wochen hatte er keine Ware mehr, dafür Kunden, die ihm auf der Pelle lagen. Der weiße Stoff aus China hatte sich inzwischen so etabliert, dass die Kunden sich weigerten, etwas anderes als *China White* zu konsumieren. Den braunen Verschnitt aus der Türkei und aus Mexiko, das Heroin früherer Jahre, ließ sich kaum noch verkaufen. Ich vertröstete Jerry, wenngleich ich den Tag von Mings Ankunft für mich behielt. Längst hatte ich erkannt, dass Geschwätz und Gerüchte bezüglich illegaler Geschäfte nicht zu unterschätzende Risikofaktoren bedeuteten. Daher gab ich meinen Partnern immer nur so viel Information, wie sie tatsächlich benötigten. Vorerst brauchte Jerry nicht mehr zu wissen, als dass in den nächsten Tagen eine neue Lieferung erwartet werde.

Pünktlich landete mein chinesischer Komplize am vereinbarten Tag auf dem Internationalen Flughafen von Detroit. Wie zuvor war er, mit einer Reisegesellschaft aus Hongkong kommend, in San Francisco gelandet und hatte sich anschließend wieder von der Gruppe getrennt. Die Koffer, in denen das Heroin versteckt war, hatte er von den betagten Schmugglern übernommen, drei identische Hartschalenkoffer mit jeweils zwei Kilo Inhalt. Da Jerry drängte, musste ich mich beeilen, die Verstecke aufzubrechen, das Pulver zu entnehmen, es zu wiegen und es anschließend um ein Drittel zu strecken. Am Abend kam er vorbei, um die ersten zwei Kilos abzuholen und gegen Mitternacht stand ein mit Dollarnoten vollgestopfter Lederkoffer in unserem Hotelzimmer. Ming setzte sich in Lotusposition auf das breite Brett und fing an zu zählen. Ich telefonierte derweil mit Lisa in Honolulu, um mich nach Mirabell zu erkundigen, die sich weiter auf dem Weg der Genesung befand. Dann rief ich bei Joey an, um mich für die tausend Dollar zu bedanken und kündigte an, in ein paar Tagen nach Fort Lauderdale zu kommen. Zum Schluss ließ ich es noch bei Mings frisch angetrauter Ehefrau in Brooklyn läuten, um ihr unser baldiges Kommen anzukündigen. Sie schien sich zu freuen und schlug für den Abend ein Essen in einem neu eröffneten Restaurant in Manhattan vor.

Vorerst hatten Ming und ich allerdings noch in Detroit zu tun. Der Verkauf der neun Kilo war dabei nicht so sehr die Schwierigkeit, vielmehr waren es die großen Mengen Bargeld, die Jerry fortwährend bei uns anlieferte, denn wir konnten die Kohle nicht so schnell aus dem Land schaffen, wie wir sie einnahmen. Nach wenigen Tagen waren Ming und ich bei allen größeren Banken im Stadtzentrum gewesen und hatten jeweils zwischen 7.500 und 9.500 Dollar nach Asien und Europa überwiesen, aber kaum hatten wir einen Koffer halb geleert, da tauchte Jerry schon mit dem nächsten auf. Um das Schwarzgeld außer Landes zu schaffen, beschloss ich, jemanden zu suchen, der mir dabei half.

In »Baker's Keyboard Lounge«, dem bekanntesten Jazzclub von Detroit, in der Livernois-Avenue unweit der 8-Mile-Road gelegen, konnte man das Glück haben, Weltstars im kleinen Kreis auftreten zu sehen. An diesem Abend trat dort die Jazz-Flötistin Althea Rene auf. An der Bar sprach ich einen Mann an, der von der Musik begeistert mit den Fingern schnippte und irgendwie entrückt vor sich hin grinste. Er hieß Randy, war Musiker und wir kamen ins Gespräch. Randy zeigte sich interessiert, mir bei den Devisen-

Transfers zu helfen, wobei er darauf verzichtete, mir zur Herkunft des Geldes Fragen zu stellen. Zusätzlich heuerte ich einen Taxifahrer an, mit dem ich schon mehrmals unterwegs gewesen war, und der einen vertrauenswürdigen Eindruck auf mich machte. Die Tatsache, dass die beiden frisch angeworbenen Geldwäscher, wie übrigens die meisten Leute in Downtown Detroit, afrikanischer Abstammung waren, erleichterte es mir, ihnen Vertrauen zu schenken, denn mit den Nachkommen der Sklaven hatte ich bisher nur gute Erfahrungen gemacht. Ohne zu zögern gaben sie mir ihre Adressen. Wir verabredeten uns für den nächsten Tag. Carl, der Taxifahrer holte mich in der Früh vor dem Plaza Hotel ab. Er brachte mich zu Randy, der in einem kleinen Einfamilienhaus in Highland Park unweit der Woodward Avenue lebte. Carl selbst wohnte unter ähnlichen Verhältnissen mit seiner Frau und drei Kindern in einem der nördlichen Stadtbezirke. Schließlich hatte ich vor, den Männern Summen anzuvertrauen, die groß genug waren, um den Gedanken an Lauf-und-versteck-dich aufkommen zu lassen. Bei einem Mann mit festem Wohnsitz und Familie war das eher unwahrscheinlich. Ein Risiko musste ich dennoch eingehen, lag aber mit meiner Einschätzung ihre Korrektheit betreffend richtig. Wie Nora in New York bezahlte ich ihnen zwei Prozent der Summe, die sie ins Ausland überwiesen. Die beiden erledigten in den nächsten drei Tagen ein erstaunliches Pensum, indem sie je sechs bis acht Überweisungen am Tag schafften. Nach vier Tagen war die Arbeit erledigt. Einen Rest von etwa 150.000 Dollar nahm ich mit nach New York. Um dorthin zu gelangen mieteten Ming und ich einen bequemen Schlitten und machten uns auf den Weg. Ming hatte den größten Teil seines Verdienstes in zwei Koffern verstaut, die er wieder seinem Kontaktmann in Chinatown übergeben wollte. Er hatte mit Sicherheit die bequemere Methode, sein Geld zu waschen. In dieser Hinsicht sollte auch ich mir möglichst bald etwas einfallen lassen.

Wir verabschiedeten uns von Jerry und machten uns auf die lange Reise. Ich weiß nicht mehr, wie weit es von Detroit nach New York per Autobahn war, aber wir waren viele Stunden unterwegs. Der Flug hätte etwa anderthalb Stunden gedauert, aber Gepäck beförderte man mit dem Auto oder dem Zug sicherer, diese Erfahrung hatten wir schon gemacht. Ich erinnere mich noch, dass wir an einer Stadt namens Toledo vorbeifuhren, und später ließen wir Cleveland links liegen.

Unterwegs erzählte mir Ming die abenteuerliche Geschichte, wie er als Kind mit seinen Eltern während der Kulturrevolution zu Fuß durch Yünnan und das Goldene Dreieck nach Thailand geflüchtet war. Andere Familienmitglieder hatten Zuflucht in Indonesien gesucht, wieder andere auf den Philippinen. Einige waren in Kanton geblieben. Dadurch, dass sie international aufgestellt waren, war die Triade so gut vernetzt. Als ich allerdings mehr über die Organisation und ihre Geschäfte wissen wollte, wechselte Ming das Thema. Derartige Auskünfte waren ihm verboten, und daran hielt er sich.

Bis dahin hatte ich keine Ahnung, dass Millionen Chinesen über ganz Südostasien verstreut lebten, die in mehreren historischen Wellen, zum großen Teil jedoch nach dem Sieg der Kommunisten unter Mao Tse Tung das Land verlassen hatten. Auf dieser langen Reise lernten Ming und ich uns kennen und vertrauen. Stundenlang fuhren wir durch die Hügel und Wälder von Pennsylvania, bis wir endlich New Jersey und kurz darauf New York erreichten. Als wir aus dem Lincoln-Tunnel auftauchten, der unter dem Hudson-River hindurchführt, befanden wir uns im Schatten der Wolkenkratzer von Manhattan. Wir fuhren zum Sheraton-Hotel und ließen den Wagen dort von der Autovermietung abholen. Um Noras Einladung zum Essen zu folgen, waren wir allerdings beide zu müde, wir wollten nur noch schlafen. Nicht einmal das warme Bett im Haus seiner frisch angetrauten Gattin lockte Ming, in ein Taxi nach Brooklyn zu steigen. Wir genehmigten uns noch einen Drink auf dem Zimmer, und ich füllte mir die obligatorische Abendzigarette mit Heroin, dann überfiel uns die Müdigkeit.

Als ich am späten Morgen erwachte, lag Nora bei ihrem Ehemann im Bett. Trotz des Türanhängers *»Do not disturb!«* hatte sie es geschafft, die Zimmerfrau (*»my sista«*) zu überreden, die Tür aufzuschließen und sie einzulassen. Jetzt lag sie an Ming gekuschelt und schlief mit dem Gesichtsausdruck eines lächelnden Engels.

Das Erste, um das sich ein Heroinabhängiger nach dem Aufwachen kümmert, ist, dafür zu sorgen, dass der Opiatspiegel im Blut auf das erforderliche Niveau gehoben wird. Erst danach wird er fit für den Tag. Ich duschte, kleidete mich an und weil die Langschläfer noch immer keine Anstalten machten, aufzuwachen, verließ ich das Zimmer und nahm gut gelaunt den Aufzug nach unten. Im Frühstückssalon verlor ich mich am üppigen Buffet. Hier traf ausnahmsweise einmal eine der Volksweisheiten zu, in denen oft größter Unsinn poetisch verklärt ist: die Geschichte von der Wahl und der Qual. Sollte es Rührei mit Schinken auf Toast sein, oder lieber ein Müsli mit Früchten, oder *Hashbrown Potatoes* mit Grillwürstchen, oder eine Macedonia aus Mango, Papaya und Banane, oder lieber ein gekochtes Ei mit Brötchen, Butter und Marmelade? Das üppig beladene Büffet war geeignet, einem ein schlechtes Gewissen zu bereiten, wenn man an all die Menschen in Indien und Indonesien dachte, die den Tag mit einer Handvoll Reis beginnen …

Nachdem meine Komplizen wach waren und bereit waren, dem Schicksal des Tages mutig ins Auge zu blicken, machten wir uns an die Arbeit. Ming fuhr im Taxi zu seinem Geldwäscher nach Chinatown, Nora und ich gingen auf die Ochsentour, von Bank zu Bank durch Manhattan. Dabei nutzte ich die Gelegenheit, bei der Bank of America ein weiteres Konto zu eröffnen und dort so viel Geld zu deponieren, dass ein Engpass wie zuletzt in Honolulu nicht mehr auftreten konnte, zumindest in den USA nicht, denn eine Filiale dieser Bank war in fast jeder mittleren Kleinstadt zu finden. Bis auf die Summe, mit der ich das Konto eröffnete und noch 40.000, die ich in bar mit nach Hawaii nehmen wollte, transferierte ich alles ins Ausland, unter anderem nach Bali auf das kürzlich neu eröffnete Konto Agungs, um die Bauarbeiten finanziell abzusichern.

Wenn ich so ausführlich und detailliert über Geld berichte, so nicht in dem Bewusstsein, dass Reichtum in unserer kapitalistischen Gesellschaft längst die Bedeutung einer Charaktereigenschaft angenommen hatte, oder um zu suggerieren, was wir für tolle Hechte waren, sondern weil es tatsächlich auf einmal leichter erschien, die verbotene und verpönte Ware ins Land, als das Geld hinaus zu schmuggeln. Je größer unser Umsatz wurde, umso mehr Zeit nahm der Geldtransfer in Anspruch. Nach zwei Tagen hatten wir auch diesen Koffer geleert und stattdessen steckte ein dickes Bündel Überweisungsquittungen in meiner Ledermappe. Um bei einer etwaigen Kontrolle nicht in Erklärungsnot zu geraten, steckte ich die Papiere in ein Kuvert und schickte sie nach Deutschland an meine Mutter, die sie für mich aufbewahrte.

Als die Arbeit erledigt war, plante ich die Weiterreise. Ich hatte Joey versprochen, ihm in Fort Lauderdale einen Besuch abzustatten. Spontan lud ich Nora dazu ein, mich zu begleiten. Gegen eine Reise nach Florida hatte sie keine Einwände. Am Vorabend unserer Abreise schlug sie ihrem jüngst angetrauten Gatten und mir einen Besuch in der berüchtigten Diskothek Studio 54 vor. Vom Studio 54 hatte ich schon gehört, nicht zuletzt, weil John Belushi dort zu den Stammgästen zählte, den ich erst kürzlich in dem Film *Continental Divide* gesehen hatte. Den Laden hatte die Staatsanwaltschaft vor zwei Jahren durchsuchen lassen und seinen Besitzer, einen umtriebigen Burschen namens Steve Rubell verhaftet. Wegen Steuerhinterziehung buchtete man ihn dreieinhalb Jahre ein, aber seit ein paar Monaten war er wegen guter Führung wieder auf freiem Fuß.

Das Studio 54 gehörte zu jenen Orten in New York, die ich kennenlernen wollte, seit mir Richie vor ein paar Jahren davon erzählt hatte: Im Keller der Disco sollte es angeblich verschiedene Zimmer geben, wo gekokst und gesext wurde, während man oben im Lokal Rock'n'Roll tanzte, und wo die Drag-Queens den Zuschauern ein Spektakel boten. Das Studio 54 gehörte zu jenen Läden, die jeder New Yorker, der hip sein wollte, einmal besucht haben musste. Wer zu den Stammgästen zählte, fühlte sich geadelt.

Nora hatte Mark kennengelernt, den Türsteher, und wer den Türsteher kannte, der stand nicht lange vor der Tür. Der Türsteher war ein Diktator: Nur wen er durch Handzeichen einließ, der war dabei. Zu den gelegentlichen Gästen zählten so illustre Persönlichkeiten wie Andy Warhol, Bianca Jagger, Robert de Niro, Liza Minnelli und Truman Capote. Das war definitiv ein Haus, welches ich besuchen wollte, und ich freute mich, dass Nora diesen Türsteher kannte, denn draußen auf der Straße standen Hunderte von Menschen, die den Türsteher nicht kannten und die keine Chance hatten, eingelassen zu werden. Auch wenn wir an dem besagten Abend keinen der Prominenten im Studio 54 zu Gesicht bekamen, wurde es ein Discobesuch, den ich nicht vergessen habe.

Am nächsten Tag flog Ming nach San Francisco, wo seine Reisegruppe sich auf den Rückflug nach Hongkong vorbereitete. Die chinesischen Touristen, die die Koffer mit dem brisanten Inhalt in die USA geschmuggelt hatten, erhielten je 10.000 Dollar, ein kleines Vermögen für die Rentner, die ihr ganzes Leben geschuftet und kaum tausend Yuan auf der hohen Kante hatten. Mehr als erschreckend war der Gedanke, diese Leute wären erwischt und zum Sterben in eines dieser furchtbaren amerikanischen Gefängnisse verbannt worden.

Nora und ich blieben noch einen Tag in New York, ehe wir nach Florida aufbrachen. Nach der Woche Detroit und New York, wo es noch immer bitter kalt war, freuten wir uns auf die karibische Sonne. Meine Freude wäre gewiss arg getrübt worden, hätte ich geahnt, was uns in den kommenden Tagen am Flughafen von Miami erwartete. Es ist ja zumeist ein Glück, dass der Mensch nichts ahnt von dem, was ihm die Zukunft bringt, denn sonst wäre das Leben für die meisten von uns unerträglich.

Anhang

Resistiré
von Chris Morena und Carlos Nilson

Wenn ich alle Partien verliere
wenn ich mit der Einsamkeit einschlafe
wenn sich mir alle Ausgänge versperren
und die Nacht mich nicht in Ruhe lässt
wenn ich Angst vor der Stille habe
wenn es mir schwerfällt, mich auf den Beinen zu halten
wenn meine Erinnerungen rebellieren
und mich an die Wand drücken:
dann werde ich erst recht gegen alles Widerstand leisten
ich werde mich in Eisen hüllen um meine Haut zu stählen
auch wenn die Winde des Lebens heftig blasen
dann bin ich wie die Binsen die sich biegen
aber ich werde immer standhaft bleiben
ich werde Widerstand leisten um weiter zu leben,
ich werde die Schläge aushalten und mich niemals ergeben
auch wenn mir meine Träume zerplatzen sollten
werde ich Widerstand leisten, werde widerstehen, ich werde widerstehen!

(Übersetzung von Seite 340)

Nachbemerkung

Als ich den dritten Band OSTEN der Tetralogie Globale Nomaden Anfang 2021 zum letzten Mal Korrektur las, steckte die Welt mitten in der Coronakrise. Die dokumentierten Ereignisse der Globalen Nomaden lagen mehr als 40 Jahre zurück. Mit der Niederschrift des Bandes SÜDEN hatte ich 2004 begonnen und von da an nach mehreren Schreibpausen, in denen ich an anderen Projekten arbeitete, bis zum Jahr 2014 benötigt, ehe ich den Roman abgeschlossen hatte. Letztlich sind drei Zeitepochen in die Bücher eingeflossen: Die Siebziger des vorigen Jahrhunderts, in denen die beschriebenen Ereignisse sich zugetragen haben; dann die Nullerjahre, in denen die Niederschrift erfolgte; und schließlich das Jahr vor der Veröffentlichung, in denen ich letzte Korrekturen vornahm und beschloss, die Geschichte in vier Teile zu gliedern. Das bedeutet, dass die Gedanken, die die dokumentierten Ereignisse beleuchten und miteinander verweben, aus verschiedenen Zeiten stammen. Insbesondere die Dialoge habe ich dem Zeitgeist der siebziger Jahre unterworfen, sobald ich mich aber »redaktionell« zur damaligen Lage äußere, so stammen diese Überlegungen zumeist aus der Zeit der Niederschrift, während das in Vor- und Nachworten ergänzte die aktuelle Lage der Erde und der Gesellschaften berücksichtigt. Während ich diese Zeilen schrieb, teilte mir mein Freund Joey aus Florida mit, dass in den USA der Prozess der Legalisierung von Marihuana begonnen habe, in Washington State sei sogar der Besitz geringer Mengen Heroin und Kokain nicht länger strafbar. Gleichzeitig bläst unsere Strohfrau für die differenzierte Betrachtung von Rauschdrogen, die Bundesdrogenbeauftragte, eine CSU-Dame aus dem bayerischen Schützengraben, ins verbeulte Horn des Prohibitionismus, während sie der Alkoholindustrie charmant zuzwinkert. Dabei wäre es sicher sinnvoll, den von Lockdown und LogIn geplagten Menschen zu raten, daheim zu bleiben, coole Mucke aus den Siebzigern aufzulegen und einen Joint zu rauchen. Das bekäme gewiss dem psychosozialen Klima in unserem coronageplagten Lande gut. Cannabis als Medizin gegen die Covid-Depression!

Überblick über die Hauptpersonen

Name	Beziehung, Funktion, Beruf	zum ersten Mal erwähnt auf Seite			eigenes Kapitel
		Süden	Westen	Osten	
Agung Raka	Lebenskünstler, Freund auf Bali			311	3.22
Andy	Österreicher, Schmuggler			71	
Angel Canto	Taucher, Schmuggler, Philosoph	238	12		2.14
Armando Valdez	Kolumbianer, Projektleiter			17	
Barry	Basils Cousin und Komplize			297	
Basil Mitchell	Clanchef, Großdealer auf den Bahamas		214	297	
Big Fred	Marihuana Großhändler in Fort Lauderdale		214		
Dennis Moore	Seemann, Schmuggler	306	19		
Danny Reno	Australier, Feuerwehrmann, Schmuggler			309	3.20
Elsa Carrillo	Pacos Ehefrau		76		
Enrique Domingo	Versicherungsvertreter auf Ibiza, Schmuggler	238	38		
Francisco »Paco« Carrillo	Berufstaucher, Schmuggler, Partner des Autors	237	12	52	1.16
Geoffrey Ramos	Puerto Ricaner, Musiker, Schmuggler	280	12		1.17
Hagen Cooper	Barbesitzer, Smaragd-Schmuggler, Abenteurer		371	9	3.1
Hangman	Outlaw in Florida, Geschäftspartner		213		2.22
Hans Hass jr.	Musiker, Lebenskünstler, Bohemien	195	260		
Harry »Elvis« Schulz	Lebenskünstler auf Bali, Nomade			178	
Hektor Blades	Mexikaner, Lebemann, Betrüger			121	
Hunter James	Filmemacher, Schmuggler, Bohemien	368	11	52	
Jerry Woodward	Dealer in Detroit, Freund des Autors			368	
Joey Palmano	Kokainhändler in Florida, Freund des Autors		360	49	2.23
Karl Engelmann	Weltenbummler, Schmuggler in Thailand			80	

Lila Sexton	Hippie auf Maui, Reisegefährtin in Kolumbien		109		
Lisa Boell	Frau des Autors, Mutter zweier Kinder	237	7	40	1.14
Lisa Stone	Freundin des Autors auf Maui		109	91	3.15
Lynn Jaye	Malerin, Freundin auf Bali			196	3.12
Madé Tambùn	Balinese, Freund Pacos			183	3.28
Mauricio Lieberman	Freund des Autors und seiner Frau Lisa in München		35	51	
Martina	Freundin von Geoffrey, Ehefrau von Dennis	275	74		
Ming	Partner, Triadenmitglied, Drogenhändler			295	3.27
Nico Gerber	Dealer aus Ulm			116	
Nora	Freundin aus New York	195	75	370	1.12
Odt Tongyod	Thai, Straßenhändler, Freund	336		155	3.13
Oi	Odts Frau			155	3.13
Osiris Castro	Freund aus Kolumbien, Lebenskünstler		76		2.7
Paul Jendruschewitz	Künstler, Einsiedler (Country-Paul), Dealer			81	
Rashid	Opiumhöhlenbesitzer in Bombay		19	57	
Richie Alex	Freund auf Ibiza, WG-Mitbewohner d. Autors	120	37	77	1.7
Roman Elder	Österreicher, Dealer, Schmuggler	40	37	136	3.8
Ruben Galván	Kolumbianer, Pfadfinder			20	
Saeko	Japanerin, Freundin von Wacki			99	
Sissy	Österreicherin, Schmugglerin			71	
Smoker »Joe«	Kumpel aus Florida, Bodyguard			350	3.25
Tito Robredo	Santis Freund auf Ibiza	15	50		
Umberto Soler	Junkie, Schmuggler auf Bali			323	3.23
Walter Fleischer	Dealer, Schmuggler, Partner des Autors		43		1.2
Wacki Stein	Dealer, Schmuggler, Freund des Autors	41	37	51	1.3 3.4
Werinher Völler	WG-Chef, Photograph, Schmuggler	145	50		2.17

Inhalt

Hubertus Becker, Jahrgang 1951, am Niederrhein geboren, auf dem Hunsrück groß geworden, verbrachte als Erwachsener viele Jahre in Spanien, Amerika, Indonesien, China und im deutschen Gefängnis, wo er mit dem Schreiben begann. Zwei seiner Erzählungen wurden mit dem Ingeborg-Drewitz-Literaturpreis ausgezeichnet. Heute lebt und schreibt Becker in Görlitz.

www.globalenomaden.de

Globale Nomaden

»Globale Nomaden – Süden« lautet der erste von vier Bänden des Autors Hubertus Becker, der als Mitglied einer internationalen Bande von Schmugglern aufgeschrieben hat, wie es ihm und seinen Komplizen während der siebziger und achtziger Jahre gelang, trotz Ronald Reagans erklärtem Drogenkrieg, trotz DEA, FBI und Interpol die Märkte in den Metropolen Europas und Amerikas mit Haschisch, Kokain und Opiaten zu versorgen. Der weitgehend dokumentarische Roman führt die Leser in Weltgegenden, in denen die Menschen andere Probleme zu bewältigen haben als im saturierten Europa. Dabei begegnen die Protagonisten prominenten Zeitgenossen wie Paco de Lucía, Nastassja Kinski, Sylvester Stallone und Bob Marley, um einige zu nennen.

Der Autor nimmt uns mit ins marokkanische Rif-Gebirge, wo heute 90 Prozent des in Europa konsumierten Haschischs angebaut wird; wir begleiten die Globalen Nomaden nach Indien und ins Goldene Dreieck, wir sind dabei wie sie Geschäfte in Kolumbien anbahnen und im großen Stil Marihuana in die USA schmuggeln.

ISBN 978-3-89801-429-8 • 396 Seiten • Broschur • 13,50 EUR

Globale Nomaden

»Globale Nomaden – Westen« ist der zweite von vier Bänden des Autors Hubertus Becker. Die Bande verlegt ihre Operationsbasis von Europa nach Amerika. Wir begleiten die Drogenschmuggler zunächst nach Indien und Thailand und anschließend nach Amerika. Auf einer Expedition in Kolumbien besuchen sie den Indianerstamm der Arhuaco. In Miami fliegt ein Kokaintransport auf, und zwei der Komplizen landen im Bundesgefängnis von Florida.
Auf Reisen nach Fernost und in die Karibik lernen sie weitere Kulturen kennen, unvorhergesehene Schwierigkeiten müssen gelöst werden. Während ein Großteil der Bande den Sommer auf Ibiza verbringt, kommt es dort zu dem legendären Konzert der Musiker »Elkin y Nelson«, bei dem auch Paco de Lucía anwesend ist. Nach einer willkürlichen Verhaftung des Autors durch die Polizei auf Ibiza beschließt er, seine Zelte auf der Insel abzubrechen und zurück nach München zu ziehen. Einige der Bandenmitglieder fliegen in die USA, wo sie sich im groß angelegten Schmuggel von Marihuana zwischen Kolumbien und Florida engagieren. Dort lernt der Autor einen ehemaligen Präsidenten des Outlaws MC kennen, mit dem er eine geschäftliche Zusammenarbeit vereinbart. Die Rocker sollen bei einem größeren »Gras«-Import für Sicherheit sorgen. Die illegalen Geschäfte nehmen Fahrt auf.

ISBN 978-3-89801-430-4 • 410 Seiten • Broschur • 13,50 EUR

Oktober 2021 erscheint:

Globale Nomaden **Norden:** Am Ende steht Verrat
978-3-89801-432-8

Weitere Bücher von und mit Hubertus Becker

Hier erzählt der Autor seine ersten zwanzig Lebensjahre, beginnend mit seiner Kindheit auf dem Hunsrück, seiner Schulzeit am Rhein und seinem Dienst bei der Bundeswehr in Bayern. Er beschreibt das Leben in einem Hunsrückdorf in den 1950er und 60er Jahren und lässt den Leser teilhaben, wie er sich nach und nach von der Familie, dem Dorf und der Heimat emanzipiert. Sein ungekünstelter Schreibstil, oft selbstironisch und immer facettenreich, garantiert eine unterhaltsame Lektüre.
Wer die beschriebenen Ereignisse überdenkt, findet die Ursachen, die dazu führten, dass der Autor mit dem Gesetz in Konflikt geriet und mehrfach zu Gefängnisstrafen verurteilt wurde. Unter diesem Gesichtspunkt sind die vorliegenden Jugenderinnerungen mehr als die Biographie eines Zeitgenossen.

ISBN 978-3-89801-075-7 • 342 Seiten • Broschur • 12,00 EUR

Die hier vorliegenden Texte kommen direkt aus der Unterwelt. Authentischer ist über das Verbrechen selten geschrieben worden. Alle Autoren haben mehr als zehn Jahre ihres Lebens im Gefängnis verbracht und dort mit dem Schreiben begonnen. In den spannenden Beiträgen von Peter Zingler, Hubi Becker, Sabine Theisen, Maximilian Pollux und Ingo Flam wird Insiderwissen verarbeitet, welches Einblicke in ein breites Spektrum gängiger Kriminalitätsfelder als auch in die Psyche ihrer Protagonisten ermöglicht.

ISBN 978-3-89801-094-8 • 284 Seiten • Broschur • 12,00 EUR

Maximilian Pollux: Kieleck

Kieleck ist mehr als ein übereifriger Beamter in einem Hochsicherheitsgefängnis. Er ist der wahre Herrscher hinter diesen Mauern. Nicht nur Gefangene, auch unliebsame Kollegen fallen seinen Intrigen zum Opfer. Zur Aufrechterhaltung seiner Ordnung ist ihm jedes Mittel recht.
Doch Kieleck hat ein Geheimnis. Bei einer Briefkontrolle verliebt er sich in Annabelle, die Frau eines Gefangenen. Als der Gefangene sich eines Tages von Annabelle scheiden lassen will, droht Kielecks Verstand zusammenzubrechen. Beim Versuch die Trennung zu verhindern kommt seine dunkle Seite zum Vorschein. Die eines grausamen, sadistischen Psychopathen.

ISBN 978-3-89801-409-0 • 396 Seiten • Broschur • 13,50 EUR

Maximilian Pollux war selbst ein jugendlicher Intensivtäter und verbrachte fast zehn Jahre in Haft. In dem Roman »Kieleck« verarbeitet er seine Erfahrungen hinter Gittern.

Nach seiner Entlassung gründete er den Verein »SichtWaisen e.V.« für den er als Coach tätig ist. Heute gibt er deutschlandweit Workshops zur Kriminalprävention in Schulen, Jugendhäusern und Wohngruppen. Außerdem betreut er jugendliche Täter in Gefängnissen und nach der Haft.
www.sichtwaisen-ev.de

Weitere Einblicke in den Knastalltag gibt er auf seinem YouTube-Channel: